V&R

Grenzüberschreitende Religion

Vergleichs- und Kulturtransferstudien
zur neuzeitlichen Geschichte

Herausgegeben von Thies Schulze
unter Mitarbeit von Christian Müller

Vandenhoeck & Ruprecht

Bibliografische Information der Deutschen Nationalbibliothek
Die Deutsche Nationalbibliothek verzeichnet diese Publikation in
der Deutschen Nationalbibliografie; detaillierte bibliografische Daten
sind im Internet über http://dnb.d-nb.de abrufbar.

ISBN 978-3-525-31021-2
ISBN 978-3-647-31021-3 (E-Book)

Gedruckt mit Unterstützung des Exzellenzclusters
»Religion und Politik in den Kulturen der Vormoderne und Moderne«
an der Westfälischen Wilhelms-Universität Münster.

Umschlagabbildung: 50 Jahre Pax Christi © KNA-Bild

Satz: textformart, Göttingen
Druck und Bindung: ⊕ Hubert & Co, Göttingen

Gedruckt auf alterungsbeständigem Papier.

Inhalt

Mischformen religiöser Praktiken

Religion in den kulturellen Verflechtungen Nordamerikas

Dank

Der vorliegende Sammelband enthält im Wesentlichen Beiträge, die auf einem Editorial Workshop am 24. und 25. März 2011 in Münster diskutiert wurden. Der Workshop wie auch der Sammelband sind der großzügigen finanziellen Unterstützung durch den Münsteraner Exzellenzcluster »Religion und Politik« zu verdanken. Es sei darüber hinaus allen sehr herzlich gedankt, die an der Veröffentlichung dieses Buches mitgewirkt haben: Christian Müller hat bei der Konzeption und Organisation der Münsteraner Tagung mitgeholfen und seinen Sachverstand vielfältig eingebracht. Mit ihren kritischen, kenntnisreichen und sachkundigen Kommentaren haben Prof. Dr. Silke Hensel, Prof. Dr. Nils Jansen, PD Dr. Thomas Clark und Prof. Dr. Matthias Pohlig die Diskussion der einzelnen Beiträge sehr bereichert. Dr. Theo Riches und Dr. David West haben als Muttersprachler sehr bei der Redaktion der englischsprachigen Beiträge geholfen und Sarah Scheunemann und Sandra Koprowska mit großem Einsatz die Register erstellt. Lukas Dovern hat den Workshop tatkräftig unterstützt, ebenso wie Eva Bündgens, die auch an der Redaktion der hier gesammelten Beiträge mitgewirkt hat und mit ihrer Hilfsbereitschaft, Kompetenz und Gründlichkeit eine große Hilfe war. Ein herzlicher Dank gilt selbstverständlich den Autoren für die gute Zusammenarbeit. Schließlich ist die überaus erfreuliche Zusammenarbeit mit dem Verlag Vandenhoeck & Ruprecht und seinen Mitarbeiterinnen und Mitarbeitern besonders hervorzuheben. Allen ein herzliches Dankeschön!

Münster, im September 2012   Thies Schulze

Thies Schulze

Einleitung

»Religion«, schrieb Thomas Nipperdey schon 1988 in einem Essay, sei »ein Stück Deutungskultur, die die ganze Wirklichkeit der Lebenswelt konstituiert, das Verhalten der Menschen und ihren Lebenshorizont, ihre Lebensinterpretation prägt, gesellschaftliche Strukturen und Prozesse, ja auch die Politik«.[1] Nicht zuletzt aus diesem Grund hat sich die Geschichtswissenschaft in den letzten Jahrzehnten verstärkt mit Religionen und ihren Wechselwirkungen mit Gesellschaft und Politik beschäftigt. Wenngleich dabei nicht selten religiöse Prozesse im Vordergrund gestanden haben, die sich innerhalb staatlicher Grenzen vollzogen, war das Wirken religiöser Ideen oder ihrer Verfechter selten auf vordefinierte territoriale Einheiten beschränkt. Oftmals wohnt der Religion also eine grenzüberschreitende Dynamik inne: Religiöse Gemeinschaften mögen (zumindest in einigen Fällen) eine gewisse Nähe zu bestimmten Staaten aufweisen, wirken aber selten ausschließlich in vorgegebenen geographischen Räumen. Aber auch in einem anderen Sinne ist Religion »grenzüberschreitend«: Sie lässt sich nur schwer auf spezifische gesellschaftliche Bereiche festlegen, steht also oftmals in Wechselverhältnissen zu politischen, ökonomischen oder kulturellen Prozessen. Auch untereinander können Religionsgemeinschaften in Dialog treten, sich voneinander abgrenzen oder sich bekämpfen. Die historische Forschung steht mithin einem großen Themenfeld gegenüber, das nicht nur ein breites Spektrum an Fragestellungen zulässt, sondern auch auf bestimmte methodische Herangehensweisen angewiesen ist. Unter ihnen sind die in der Geschichtswissenschaft intensiv diskutierten Methoden von Vergleich und Kulturtransfer zentrale Konzepte.[2]

---

1 Thomas Nipperdey, Religion im Umbruch. Deutschland 1870–1918, München 1988, S. 7.
2 Auch im Rahmen der Globalgeschichte ist dieses methodische Instrumentarium als grundlegend angesehen worden. Vgl. z. B. Reinhard Sieder / Ernst Langthaler, Einleitung: Was heißt Globalgeschichte?, in: dies. (Hg.), Globalgeschichte 1800–2010, Wien 2010, S. 9–36, hier S. 10 f. u. S. 14–19; Sebastian Conrad / Andreas Eckert, Globalgeschichte, Globalisierung, multiple Modernen: Zur Geschichtsschreibung der modernen Welt, in: dies. / Ulrike Freitag (Hg.), Globalgeschichte. Theorien, Ansätze, Themen, Frankfurt a. M. 2007, S. 7–49, hier S. 14.

Methodische Diskussionen um den historischen Vergleich haben eine lange Tradition. Bereits Marc Bloch, der 1927 auf dem Internationalen Historikerkongress in Oslo ein ebenso erhellendes wie zukunftsweisendes Plädoyer für die vergleichende Methode hielt, diskutierte Potentiale, aber auch methodische Probleme des historischen Vergleichs. Die vergleichende Methode, so Bloch, sei zwar kein »Zaubermittel«, biete jedoch die Chance, den Dialog zwischen den Nationalgeschichtsschreibungen zu fördern und »nationale« Analysekategorien zu hinterfragen.[3] Das Postulat sollte von der Geschichtswissenschaft des Öfteren aufgegriffen werden, wenngleich sich nur wenige Komparatisten auf Blochs Vortragstext beriefen. Besonders im Rahmen der Sozialgeschichte der 1970er und 1980er Jahre fand der vergleichende Zugriff zahlreiche Fürsprecher. Das deutlich jüngere Konzept des Kulturtransfers befindet sich immerhin seit den 1980er Jahren in der wissenschaftlichen Diskussion.[4] Obwohl das Konzept zunächst als methodische Alternative zum klassischen Vergleich propagiert wurde, die programmatisch das Ziel verfolgte, nationale Konstruktionen aus den Untersuchungskategorien fernzuhalten, ist die Forschung immer stärker von dieser Sichtweise abgekommen. Es existiert mittlerweile ein breites Spektrum von Kulturtransferstudien, die die Zugriffe von Vergleich und Kulturtransfer auf verschiedene Weise miteinander kombinieren und mithin als sich ergänzende Herangehensweisen verstehen.

Gemein ist beiden Ansätzen, dass sie im Kontext konkreter historischer Forschungstrends diskutiert wurden. Zu Recht spricht Hannes Sigrist vom historischen Vergleich als einem »Mittel der Theoriebildung im Wechselspiel von Deduktion und Induktion, Abstraktion und Konkretion«.[5] Die Forschungsgeschichte hat also erheblich zu den methodischen Entwicklungen auf dem Gebiet vergleichender- und Kulturtransferforschung beigetragen. Diskussionen wie die Sonderwegsdebatte, aber auch das starke Interesse

3 Marc Bloch, Für eine vergleichende Geschichtsbetrachtung der europäischen Gesellschaften, in: Matthias Middell / Steffen Sammler (Hg.), Alles Gewordene hat Geschichte. Die Schule der ANNALES in ihren Texten 1929–1992. Mit einem Essay von Peter Schöttler, Leipzig 1994, S. 121–67, hier bes. S. 121 u. 158 f.
4 Sicherlich lässt sich diskutieren, ob es nicht auch frühere Vorläufer des Konzeptes gab. Hierzu die Bemerkung von Florian Hartmann / Kerstin Rahn, Kulturtransfer – Akkulturation – Kulturvergleich. Reflexionen über hybride Konzepte, in: Quellen und Forschungen aus Italienischen Archiven und Bibliotheken 90 (2010), S. 470–492, hier S. 484, und Matthias Middell, Kulturtransfer und Historische Komparatistik – Thesen zu ihrem Verhältnis, in: Comparativ 10 (2000), S. 7–41, hier S. 17.
5 Hannes Sigrist, Perspektiven der vergleichenden Geschichtswissenschaft. Gesellschaft, Kultur und Raum, in: Hartmut Kaelble / Jürgen Schriewer (Hg.), Vergleich und Transfer. Komparatistik in den Sozial-, Geschichts- und Kulturwissenschaften, Frankfurt a. M. 2003, S. 251–281, hier S. 309.

der Geschichtswissenschaft für thematische Schwerpunkte wie Nationalismus- oder Bürgertumsforschung haben den Ruf nach einer vergleichenden Herangehensweise lauter werden lassen. In ähnlicher Weise haben der Trend zur Globalgeschichte und zur Erforschung von Globalisierungsprozessen, zu postcolonial studies und zur Erforschung grenzüberschreitender Prozesse auch die Theoriebildung auf dem Gebiet entsprechender verflechtungsgeschichtlicher Herangehensweisen vorangetrieben.[6] Die enge Verknüpfung thematischer Forschungsschwerpunkte mit der Entwicklung und Diskussion methodischer und theoretischer Zugriffe ist eine pure Notwendigkeit, die sich auf allen Forschungsfeldern und Theoriegebieten zeigt. Dennoch bewirkt diese Verknüpfung nicht nur, dass sich theoretische Annahmen der historischen Vergleichs- und Kulturtransferforschung trotz aller interdisziplinären Bestrebungen mitunter deutlich von den Maßgaben anderer Disziplinen unterscheiden,[7] sondern hat auch Konsequenzen, wenn bislang weniger beachtete Forschungsgegenstände in den Fokus des wissenschaftlichen Interesses rücken.

Wenn das Thema Religion, wie Rebekka Habermas feststellt, »aus guten, hochaktuellen Gründen in der deutschen Geschichtswissenschaft Konjunktur«[8] hat, so zieht dies fast zwangsläufig die Frage nach sich, wie das methodische Inventar, welches im Rahmen anderer Forschungskontexte entwickelt worden ist, für dieses Gebiet fruchtbar gemacht werden kann. Sicherlich ist – etwa im Rahmen der Religionswissenschaften – auf vielfache Weise vom Mittel des Vergleichs Gebrauch gemacht worden, und interreligiöse Beziehungen sind Gegenstand zahlreicher Studien geworden. Es wäre mithin unnötig, das Rad neu erfinden zu wollen. Dennoch bietet jede neue Fallstudie nicht nur Einblicke in die jeweilige Thematik, sondern auch in die angewandte methodische Herangehensweise – in ihre Potentiale, aber auch in ihre Grenzen und Problematiken. Die hier versammelten Aufsätze untersuchen verschiedene Aspekte aus der neuzeitlichen Religionsgeschichte, sie sollen aber zugleich zur methodischen Diskussion anregen.

Alle Aufsätze sind Themen der neuzeitlichen Geschichte gewidmet. Dies bedeutet keineswegs, dass sich religiöse Prozesse in anderen Epochen nicht ebenfalls mit den methodischen Instrumenten von Vergleich und Kultur-

---

6 Vgl. hierzu den Beitrag von Hartmut Kaelble.
7 Vgl. Joachim Matthes, The Operation Called »Vergleichen«, in: ders. (Hg.), Zwischen den Kulturen? Die Sozialwissenschaften vor dem Problem des Kulturvergleichs, Göttingen 1992, S. 75–99, hier S. 76–78.
8 Rebekka Habermas, Mission im 19. Jahrhundert – Globale Netze des Religiösen, in: Historische Zeitschrift 287 (2008), S. 629–679, hier S. 629.

transfer untersuchen ließen.[9] Obwohl historische Zäsuren notwendigerweise Konstrukte bleiben, erscheint eine gemeinsame Sammlung von Beiträgen zur Früh- und Spätneuzeit nicht alleine aus pragmatischen Gründen sinnvoll. Die bisherigen methodischen Debatten um Vergleich und Kulturtransfer sind in erster Linie mit der Absicht geführt worden, territoriale Analyseeinheiten zu hinterfragen. Im Bereich der frühneuzeitlichen Geschichte ist die Konfessionalisierung oftmals als (zumindest unintendierte) Grundlage staatlichen Machtzuwachses gesehen worden.[10] Diese strukturelle Veränderung hat zum Bedeutungszuwachs zwischenstaatlicher Grenzen beigetragen, deren Existenz das Interesse an der grenzüberschreitenden Dynamik religiöser Ideen und Gemeinschaften in besonderer Weise begründet.

Im Bereich der Frühneuzeitforschung bieten zahlreiche Themenbereiche Anknüpfungspunkte, um die Wirkungsmacht von Religionen bzw. Handlungen von Religionsgemeinschaften auf inter- oder transnationaler Weise zu untersuchen. Zu den Beispielen hierfür zählen etwa Prozesse der Konfessionalisierung, die Gegenstand mehrerer Vergleichsstudien geworden sind.[11] Fragen nach Übersetzungsvorgängen (etwa im Bereich von Bibelübersetzungen) bieten sich als Gegenstand der Frühneuzeitforschung an und eröffnen zugleich einen Anknüpfungspunkt für die Methodik von Kulturtransfers. Obwohl nicht alle Studien bewusst auf dieses methodische Instrumentarium zurückgreifen, sind Anleihen an ihm thematisch naheliegend.[12] Phänomene wie das der »Glaubensflüchtlinge«[13] im Zeitalter der Konfessionalisie-

---

9 Auch in der Mittelalter-Forschung wird vom methodischen Rüstzeug des Vergleichs bzw. Kulturtransfers verstärkt Gebrauch gemacht. Vgl. z. B. Dominik Waßenhoven, Skandinavier unterwegs in Europa (1000–1250). Untersuchungen zu Mobilität und Kulturtransfer auf prosopographischer Grundlage, Berlin 2006, bes. S. 30–32; Thomas Foerster, Vergleich und Identität. Selbst- und Fremddeutung im Norden des hochmittelalterlichen Europa, Berlin 2009; Stamatios Gerogiorgakis u. a., Kulturtransfer vergleichend betrachtet, in: Michael Borgolte u. a. (Hg.), Integration und Desintegration der Kulturen im europäischen Mittelalter, Berlin 2011, S. 385–466.

10 Vgl. Wolfgang Reinhard, Was ist katholische Konfessionalisierung?, in: ders./Heinz Schilling (Hg.), Die katholische Konfessionalisierung, Münster 1995, S. 419–452, hier S. 433.

11 Heinz Schilling, Der Gesellschaftsvergleich in der Frühneuzeitforschung – ein Erfahrungsbericht und einige (methodisch-theoretische) Schlussfolgerungen, in: Kaelble/Schriewer, S. 283–304, hier S. 293–298.

12 Peter Burke, Cultures of translation in early modern Europe, in: ders./R. Po-chia Hsia (Hg.), Cultural Translation in Early-Modern Europe, Cambridge u. a. 2007, S. 7–38, hier S. 11. Siehe hierzu auch den Sammelband von Lynne Long (Hg.), Translation and Religion. Holy Untranslatable?, Clevedon 2005.

13 Vgl. Matthias Asche, Glaubensflüchtlinge und Kulturtransfer. Perspektiven für die Forschung aus Sicht der sozialhistorischen Migrations- und der vergleichenden Minderheitenforschung, in: Michael North (Hg.), Kultureller Austausch. Bilanz und Perspektiven der Frühneuzeitforschung, Köln 2009, S. 89–114.

rung sind ebenso geeignet für eine Kulturtransfer-Analyse wie Handlungen der Kirchen, welche »in ihren konfessionell unterschiedlich ausgeprägten interkulturellen Beziehungen«[14] als Institutionen kultureller Transferprozesse betrachtet werden können. Trotz solcher und vieler weiterer Anknüpfungsmöglichkeiten, und obwohl die Frage nach kulturellen Transfers grundsätzlich stärker in das Zentrum der Frühneuzeitforschung rückt,[15] sind die Herangehensweisen von Vergleich und Transfer im Bereich der Religions- und Kirchengeschichte nur in begrenztem Maße verwendet worden.

Wenngleich es für die Spätneuzeit nicht weniger vielversprechend ist, sich kirchen- und religionsgeschichtlichen Themen mit den Instrumentarien von Vergleich und Kulturtransfer zu nähern, können auch hier zahlreiche transnationale oder interreligiöse Themengebiete als noch nicht ausgiebig erforscht gelten. So wird etwa am Beispiel der katholischen Kirchengeschichte sichtbar, dass immer noch relativ selten vom Mittel des historischen Vergleichs Gebrauch gemacht wird, obwohl dieses Defizit seit längeren beklagt wird.[16] Da die Forschungslandschaft immer noch stark in Bezug auf einzelne Religionsgemeinschaften segmentiert ist, werden auch interkonfessionelle Vergleiche eher selten geführt. Für den Bereich der Kirchengeschichte ist wegen der dem Vergleich innewohnenden ›glaubensrelativierenden‹ Tendenz von einer »implizit desakralisierende[n] Wirkung« gesprochen worden.[17] Die Geschichtswissenschaft hingegen hat die Methoden von Vergleich und

---

14 Thomas Fuchs / Sven Trakulhun, Kulturtransfer in der Frühen Neuzeit. Europa und die Welt, in: dies. (Hg.), Das eine Europa und die Vielfalt der Kulturen. Kulturtransfer in Europa 1500–1850, Berlin 2003, S. 7–24, hier S. 13.

15 Wolfgang Schmale (Hg.), Kulturtransfer. Kulturelle Praxis im 16. Jahrhundert, Innsbruck 2003; Gesa Stedman / Margarete Zimmermann, Kulturtransfer der Frühen Neuzeit unter dem Zeichen von Raum und Gender: eine Problemskizze, in: dies. (Hg.), Höfe – Salons – Akademien. Kulturtransfer und Gender im Europa der Frühen Neuzeit, Hildesheim 2007, S. 1–17; North.

16 Hans Günter Hockerts, Brennpunkte, Perspektiven, Desiderata zeitgeschichtlicher Katholizismusforschung, in: Karl-Joseph Hummel (Hg.), Zeitgeschichtliche Katholizismusforschung. Tatsachen, Deutungen, Fragen. Eine Zwischenbilanz, Paderborn 2004, S. 233–245, hier S. 243; Urs Altermatt, Plädoyer für eine Kulturgeschichte des Katholizismus, ebd., S. 169–187, hier S. 186–187. Allerdings nehmen vergleichende Perspektiven mittlerweile einen größeren Raum ein. Als Beispiele seien hier genannt: Wilhelm Damberg, Abschied vom Milieu? Katholizismus im Bistum Münster und in den Niederlanden 1945–1980, Paderborn 1997; Urs Altermatt, Katholizismus und Nation. Vier Modelle in europäisch-vergleichender Perspektive, in: ders., Franziska Metzger (Hg.), Religion und Nation. Katholizismen im Europa des 19. und 20. Jahrhunderts, Stuttgart 2007, S. 15–33. In vielen Fällen sorgen Sammelbände zumindest für eine Nebeneinanderstellung von Aspekten der Katholizismen in verschiedenen Ländern.

17 So der Religionswissenschaftler Christoph Bochinger, Religionsvergleiche in religionswissenschaftlicher und theologischer Perspektive, in: Kaelble / Schriewer, S. 251–281, hier S. 252 u. S. 268.

Kulturtransfer lange Zeit auf Gebieten wie der Nationalismusforschung eingesetzt und den religionsgeschichtlichen Hintergründen spätneuzeitlicher Prozesse eine geringere Aufmerksamkeit geschenkt. Folglich hat sie die – durchaus berechtigte – Frage nach den Beziehungen von Nationalstaaten und Religionen oftmals aus einem Interesse an der Nationalstaatsbildung heraus versucht zu beantworten.[18] Die hohe Bedeutung, welche Religionen und Kirchen als grenzüberschreitende Institutionen zukommt, ist deshalb lange Zeit nur unzureichend erkannt worden.[19] Neben von ihnen ausgehenden transnationalen Impulsen gibt es zahlreiche weitere historische Phänomene, die eine vergleichende Perspektive nahelegen. Zu ihnen zählt das Nebeneinander verschiedener Religionen innerhalb nationaler Grenzen.[20] Aktuelle politische Debatten, die nach dem 11. September 2001 über das Gewaltpotential von Religionen und über die Möglichkeiten der Verständigung zwischen christlich-»westlicher« und »muslimischer« Kultur geführt wurden, verstärken indes das Interesse an vergleichenden Studien und Transferuntersuchungen: Letzten Endes drehen sie sich nicht selten um das Verhältnis von »Eigenem« und »Fremdem« in der Kultur, genauer gesagt: um die Frage, welche als »fremd« geltenden Elemente die »eigene« Kultur mitgeprägt haben.

Solche Beispiele – von denen zahlreiche weitere angeführt werden könnten – zeigen, dass trotz vorhandener Studien die Potentiale der Vergleichsund Kulturtransferforschung gerade im Bereich der Religionsgeschichte noch lange nicht ausgeschöpft sind. Wenn der Zusammenhang von religiösen Phänomenen und ihrer politischen Wirkungsmacht untersucht werden soll, ist dies oft mit Fragen verbunden, wie sich religiöse Gemeinschaften in den verschiedenen territorialen Einheiten verhielten, welche Konflikte und Span

---

18 So z.B. Heinz-Gerhard Haupt, Nation und Religion aus westeuropäischer Perspektive: Einige einleitende Bemerkungen, in: Monica Juneja / Margrit Pernau (Hg.), Religion und Grenzen in Indien und Deutschland. Auf dem Weg zu einer transnationalen Historiographie, Göttingen 2008, S. 171–185.

19 Vincent Viaene, International History, Religious History, Catholic History: Perspectives for Cross-Fertilization (1830–1914), in: European History Quarterly 38 (2008), S. 578–607, hier S. 584. Sicherlich gibt es zahlreiche Ansätze, etwa bei der Erforschung der Tätigkeit von Missionaren. Vgl. hierzu das Sonderheft von Geschichte und Gesellschaft, das von Sebastian Conrad und Rebekka Habermas herausgegeben wurde. Geschichte und Gesellschaft 36, H. 2 (2010). Ferner Habermas sowie die Beiträge von Felicity Jensz und Ulrike Kirchberger in diesem Sammelband. Als Beispiel für die vergleichende Betrachtung staatlicher Normen für die Religion siehe z.B. Jean-Paul Cahn / Hartmut Kaelble (Hg.), Religion und Laizität in Frankreich und Deutschland im 19. und 20. Jahrhundert, Stuttgart 2008.

20 Vgl. z.B. Thomas Mergel, Konfessionelle Grenzen und überkonfessionelle Gemeinsamkeiten im 19. Jahrhundert: Europäische Grundlinien, in: Juneja / Pernau, S. 79–104, hier S. 81 u. 84.

nungen, aber auch welche Verbindungen sich zwischen ihnen ergaben. Dabei kann der Fokus auf politischen, aber auch auf religiösen Analyseeinheiten liegen. Die Frage, auf welche Weise eine in dem Forschungsdesign angelegte nationalstaatliche Perspektive überwunden werden kann – die bei der Methodendiskussion um den Vergleich und den Kulturtransfer eine erhebliche Rolle gespielt hat[21] – stellt sich nicht notwendigerweise, da u.a. auch religiöse Gruppierungen, Ideen oder Werte als Untersuchungseinheiten gewählt werden können. Wolfgang Schmale hat zu Recht darauf hingewiesen, dass prinzipiell »die ›nationale‹ Folie keine Voraussetzung von Kulturtransferforschung« darstelle, wenngleich nicht ohne Grund »der Schwerpunkt der diesbezüglichen Forschung auf dem Zeitalter der Nationen«[22] liege.

Nationalstaatliche Untersuchungseinheiten sind folglich nur für einige Beiträge dieses Sammelbandes maßgeblich. Einige Aufsätze untersuchen etwa territoriale Einheiten wie Städte oder Regionen, andere richten ihr Augenmerk auf Teile eines Kolonialreiches. Unter den Beiträgen befinden sich aber auch solche, deren Erkenntnisinteresse nur bedingt geographischen Untersuchungseinheiten gilt. In ihnen spielen soziale Gruppen und Netzwerke eine wichtigere Rolle, oder sie richten ihren Fokus auf eine Person als vermittelnde Instanz in einem Kulturtransfer-Prozess, ohne freilich die Kulturen aus den Augen zu verlieren, zwischen denen der Transfer vollzogen wird.

Da die kulturell bestimmten Einheiten, die verglichen werden oder zwischen denen Transferprozesse feststellbar sind, mitunter vom nationalstaatlichen Schema abweichen, das methodische Instrumentarium allerdings wesentlich mit Blick auf die Geschichte der Nationalstaaten entwickelt wurde, ist es notwendig, den Rahmen des methodischen Instrumentariums abzustecken. Im Gegensatz zur Ansicht Michel Espagnes, der Vergleich und Kulturtransfer als konkurrierende Zugriffe begreift,[23] sollen beide Zugriffe – und mit ihnen verbundene Methoden – als sich ergänzende Herangehensweisen

---

21 Vgl. Michael Werner / Bénédicte Zimmermann, Vergleich, Transfer, Verflechtung. Der Ansatz der Histoire croisée und die Herausforderung des Transnationalen, in: Geschichte und Gesellschaft 28 (2002), S. 607–636, hier S. 610 f.

22 Schmale, Einleitung, S. 43.

23 Michel Espagne, Jenseits der Komparatistik. Zur Methode der Erforschung von Kulturtransfers, in: Ulrich Mölk in Zusammenarbeit mit Susanne Friede (Hg.), Europäische Kulturzeitschriften um 1900 als Medien transnationaler Wahrnehmung. Bericht über das Zweite Kolloquium der Kommission »Europäische Jahrhundertwende – Literatur, Künste, Wissenschaften um 1900 in grenzüberschreitender Wahrnehmung« (Göttingen, am 4. und 5. Oktober 2004), Göttingen 2006, S. 13–32; ders., Der theoretische Stand der Kulturtransferforschung, in: Wolfgang Schmale (Hg.), Kulturtransfer. Kulturelle Praxis im 16. Jahrhundert, Innsbruck 2003, S. 63–75.

verstanden werden.[24] Die Erforschung von Kulturtransferprozessen ist immer mit einer Abgrenzung der Analyseeinheiten verbunden, was implizit einen Vergleich voraussetzt.[25] Ähnliches gilt, wenn man das Zusammenwirken verschiedener personeller Netzwerke oder transnationale Verflechtungsprozesse untersucht; als Grundannahme wird immer eine vergleichende Betrachtung der Analysekategorien vorausgesetzt. Umgekehrt können die Ergebnisse eines Vergleichs oftmals besser erklärt werden, wenn man sich die gegenseitigen Beziehungen unter den Analyseeinheiten vergegenwärtigt.[26]

Deshalb soll bewusst darauf verzichtet werden, einzelnen methodischen Zugriffen aus programmatischen Gründen eine Priorität einzuräumen oder »Königswege« zu benennen.[27] Wie Michael Werner feststellt, haben die zahlreichen Diskussionen um die nationalstaatliche Perspektive, die die eine oder andere Herangehensweise impliziere, letzten Endes ein grundsätzliches Problem der sozial- und kulturwissenschaftlichen Erkenntnis nicht beheben können: »Um einen Gegenstand im raumzeitlichen Koordinatensystem des historischen Geschehens zu bestimmen, bedürfen wir einer Reihe von Vorannahmen (Prämissen), die wir als solche nicht mehr hinterfragen.«[28] Von diesem Problem sind Vergleich, Kulturtransfer oder Verflechtungsstudie – wie auch jeder andere methodische Zugriff – gleichermaßen betroffen. So können viele Beiträge dieses Sammelbandes zwar einem »nationalen« Paradigma entgehen, indem sie sich auf nicht-nationale Analyseeinheiten konzentrieren; auch sie kommen aber nicht umhin, nicht hinterfragte Kategorien als Ausgangspunkte zu wählen. Dies können etwa Religionen oder soziale Gruppen sein, die (eigentlich) selbst bereits Ergebnisse religiöser Hybridisierungen oder von Kontakten unterschiedlicher sozialer Gruppierungen sind, oder Städte und Regionen, deren Grenzen und Identitätskonstruktionen

24 Diese Auffassung setzt sich in der methodischen Debatte zunehmend durch. Vgl. Agnes Arndt u. a., Europäische Geschichtsschreibung zwischen Theorie und Praxis, in: dies. u. a. (Hg.), Vergleichen, Verflechten, Verwirren? Europäische Geschichtsschreibung zwischen Theorie und Praxis, Göttingen 2011, S. 11–30, hier S. 14 f.

25 Johannes Paulmann, Internationaler Vergleich und interkultureller Transfer. Zwei Forschungsansätze zur europäischen Geschichte des 18. bis 20. Jahrhunderts, in: Historische Zeitschrift 267 (1998), S. 649–685, hier S. 681; vgl. dagegen Heinz-Gerhard Haupt / Jürgen Kocka, Historischer Vergleich: Methoden, Aufgaben, Probleme. Eine Einleitung, in: dies. (Hg.), Geschichte und Vergleich. Ansätze und Ergebnisse international vergleichender Geschichtsschreibung, Frankfurt a. M. 1996, S. 9–45, hier S. 9 f.

26 Jürgen Osterhammel, Transkulturell vergleichende Geschichtswissenschaft, in: Haupt / Kocka, Geschichte, S. 271–313, hier S. 299.

27 Der Begriff wird Hans-Ulrich Wehler zugeschrieben. Haupt / Kocka, Vergleich, S. 9–45, hier S. 20; Paulmann, S. 662 u. 671.

28 Michael Werner, Zum theoretischen Rahmen und historischen Ort der Kulturtransferforschung, in: North, S. 15–23, hier S. 17.

einem permanenten Wandel unterlagen. »Jede nationale Gestaltung oder religiöse Gemeinde ist aus früheren Hybridisierungen entstanden«, konstatiert Michel Espagne, betont allerdings auch die forschungspragmatische Erfordernis »stabile[r] Momente«, welche im Rahmen der jeweiligen Untersuchung als »relativ kohärente Konstellationen betrachtet« werden.[29] Für klassische Vergleichsstudien ließe sich Ähnliches feststellen.

Vergleich und Kulturtransfer bieten unterschiedliche Instrumente, um mehrere Analyseeinheiten miteinander in Beziehung zu setzen. Der historische Vergleich steht spätestens seit den sozialhistorischen Arbeiten der 1970er und 1980er Jahre in dem Ruf, über ein besonders streng handhabbares Instrumentarium zu verfügen,[30] während die »Uferlosigkeit« des Kulturtransfer-Konzeptes oftmals bemängelt worden ist.[31] Sicherlich sind Vergleiche – die nicht ohne Grund in wesentlich mehr wissenschaftlichen Disziplinen angewandt werden als Kulturtransfers – durch ein stärker formalisiertes Vorgehen gekennzeichnet. Dennoch sind sie keineswegs frei von subjektiven Perspektiven.[32] Auch zeigt ein Blick auf verschiedene wissenschaftliche Disziplinen, dass sich die einzelnen Vorstellungen vom Aufbau eines Vergleiches durchaus voneinander unterscheiden.[33] In der Geschichtswissenschaft sind längst skeptischere Töne hinsichtlich der positivistischen Annahme von »Vergleichsexperimenten« laut geworden. Thomas Welskopp etwa hat darauf hingewiesen, dass viele Fragen, die im Zusammenhang mit dem Vergleichen diskutiert worden sind – etwa die Frage der Auswahlkriterien von Vergleichsgrößen, der Konsequenzen von Modellbildung, oder der Problematik, welche der Isolation einzelner Faktoren und der Behauptung von Kausalzusammenhängen innewohnt – »kein Spezifikum der Komparatistik«, sondern Teil der methodischen Problematik der geschichtswissenschaftlichen Forschung sind.[34] Der Vergleich sei kein eigenes Genre, sondern Teil des methodischen Rüstzeugs der Geschichtswissenschaft, welchem zu-

---

29 Espagne, Komparatistik, hier S. 17.
30 Vgl. die Ausführungen von Haupt / Kocka, Vergleich; dies., Comparison and Beyond. Traditions, Scope, and Perspectives of Comparative History, in: dies. (Hg.), Comparative and Transnational History. Central European Approaches and New Perspectives, New York 2009, S. 1–30.
31 Vgl. Werner, S. 15 f., hier S. 15.
32 Vgl. Nils Jansen, Comparative Law and Comparative Knowledge, in: Mathias Reimann / Reinhard Zimmermann (Hg.), The Oxford Handbook of Comparative Law, Oxford 2006, S. 305–338, bes. S. 310–318.
33 Vgl. Matthes, S. 75–99, hier S. 76–78.
34 Thomas Welskopp, Stolpersteine auf dem Königsweg. Methodenkritische Anmerkungen zum internationalen Vergleich in der Gesellschaftsgeschichte, in: Archiv für Sozialgeschichte 35 (1995), S. 339–367, hier S. 345.

dem »wenig genuine Erklärungskraft« zukomme.[35] Die Einwände gegen eine
Idealisierung komparativer Zugriffe ließen sich durch die Bemerkung erweitern, dass sich die narrative Struktur geschichtswissenschaftlicher Texte
und ihre Bindung an eine Sprache (die oftmals vor der Aufgabe steht, aus der
Sprache der Quellen zu übersetzen) einer streng systematischen, »exakten«
Ermittlung von Ähnlichkeiten und Unterschieden entzieht und in vielen Fällen dazu tendieren dürfte, selbst eine Angleichung oder Differenz der Untersuchungsgegenstände zu generieren.[36]

Solche Einwände sprechen freilich nicht dagegen, Vergleiche zu führen. Sie verdeutlichen lediglich, dass auch der vergleichende Zugriff nicht
zu »genaueren« Ergebnissen führt als andere Herangehensweisen. Zudem
sind die Übergänge von einer methodisch-komparativen Untersuchung zu
einer bloßen vergleichenden Betrachtungsperspektive fließend. Auf nahezu
trivialer Ebene ist der Vergleich in allen historischen Studien präsent: Erst
durch einen impliziten Vergleich kann die zeitliche Abfolge von Vorher und
Nachher festgestellt und interpretiert werden. Auf synchroner Ebene enthalten viele Aussagen historischer Texte implizit vergleichende Elemente, etwa
wenn sie Handlungen von Akteuren bewerten (und damit unausgesprochen
Handlungsalternativen »mitgedacht« werden, auf deren Grundlage die erfolgte Handlung als positiv oder negativ wahrgenommen wird).[37] Im engeren Sinne sollte man allerdings nur solche Studien als »vergleichend« bezeichnen, die eine vergleichende Fragestellung verfolgen. Demnach sollen
folgende Faktoren für einen Vergleich als kennzeichnend betrachtet werden:
(1) mindestens zwei historische Phänomene, die nach Ähnlichkeiten und Unterschieden untersucht werden; (2) ein tertium comparationis, das einen Be-
zugspunkt für die jeweilige Fragestellung bildet; und (3) eine Schlussfolgerung, welche in Verbindung mit möglichen Erklärungen für die festgestellten
Ähnlichkeiten und Unterschiede steht.[38]

---

35 Welskopp, S. 342, 363.
36 Zu Problemen sprachlicher Übersetzung vgl. Philippe Büttgen / Christophe Duhamelle,
    Introduction, in: dies. (Hg.), Religion ou confession. Un bilan franco-allemand sur
    l'époque moderne (XVIe–XVIIIe siècles), Paris 2010, S. 1–6, hier S. 2; Christian Grosse,
    L'Histoire comparée des religions. Enjeux d'une anthropologie historique appliquée au
    christianisme moderne, in: ebd., S. 439–458, hier bes. S. 446–455.
37 Vgl. auch Peter Baldwin, Comparing and Generalizing: Why all History is Compara-
    tive, yet no History is Sociology, in: Deborah Cohen / Maura O'Connor (Hg.), Compa-
    rison and History. Europe in Cross-National Perspective, New York 2004, S. 1–22, hier
    S. 6 f. Zum Ansatz der »Counterfactual history« siehe z. B. Aviezer Tucker, Historiogra-
    phical Counterfactuals and Historical Contingency, in: History and Theory 38 (1999),
    S. 264–276.
38 Vgl. Haupt / Kocka, Vergleich, S. 9; Bloch, S. 122 f.

Gegenüber dem klassischen Vergleich ist das Konzept des Kulturtransfers zweifellos offener und weniger stark formalisiert. Die methodischen Postulate sind hier wesentlich enger an bestimmte Untersuchungsgegenstände gekoppelt: Nur bestimmte Forschungsthemen ermöglichen (bei entsprechender Quellenlage) eine Kulturtransferanalyse. Die Offenheit des Konzeptes wird bereits in der zum Teil verwirrenden Bandbreite der Bezeichnungen und Schlagwörter deutlich, die für jeweils ähnliche Forschungsansätze gewählt werden: Neben dem klassischen »Kulturtransfer«[39] wurden etwa die Begriffe »interkultureller Transfer«,[40] »Interkulturalität«,[41] »interkulturelle Vernetzung«[42] oder »Kulturaustausch«[43] (und zahlreiche weitere Bezeichnungen)[44] vorgeschlagen, die die Interaktionen zwischen mehreren kulturellen Einheiten in (teils deutlich, teils nur unerheblich) unterschiedlicher Weise bezeichnen. Hinzu kommen Begriffe wie »Verflechtungsgeschichte«,[45] »Histoire croisée«[46] oder »Entangled history«,[47] die auf verschiedene Weise auf interkulturellen Prozessen aufbauen, allerdings in unterschiedlich starkem Maße theoretisch entwickelt worden sind. Da es sich hierbei zumindest teilweise um programmatische Theorievorgaben handelt, die sich abwandeln und miteinander kombinieren lassen, wird in diesem Sammelband der Be-

39 Hierzu u. a. Michel Espagne / Michael Werner, Deutsch-französischer Kulturtransfer im 18. und 19. Jahrhundert, in: Francia 13 (1985), S. 502–510; dies. (Hg.), Transferts. Les relations interculturelles dans l'espace franco-allemand, Paris 1988, sowie zahlreiche weitere Publikationen beider Autoren.

40 Vgl. Paulmann, S. 649–685, hier bes. S. 678.

41 Vgl. z. B. Martin Baumann, Zugewanderte Religionen Asiens in Europa. Geschichte, Begegnung und Interkulturalität, in: Mariano Delgado / Guido Vergauwen (Hg.), Interkulturalität. Begegnung und Wandel in den Religionen, Stuttgart 2010, S. 181–195; Siegrist, S. 334.

42 Vgl. Rolf Reichardt, Arbeitsperspektiven zur interkulturellen Kommunikation zwischen Ancien Régime und Moderne, in: Fuchs / Trakulhun, S. 27–46, hier S. 36.

43 So etwa bei Schmale, Kulturaustausch.

44 So z. B. »Transkulturalität«, »Translokalität«, »Appropriation«, »Cultural Hybridity«, oder »Akkulturation«. Diesen Konzepten ist bei aller Unterschiedlichkeit gemein, dass sie sich mit Beziehungsgeflechten zwischen unterschiedlichen kulturellen Einheiten befassen. Vgl. Hartmann / Rahn. Margrit Pernau, Transnationale Geschichte, Göttingen 2011, S. 67–75. Gleiches gilt für den Begriff der »kulturellen Übersetzung«. Vgl. hierzu Burke, S. 8.

45 Hierzu Werner / Zimmermann, Vergleich, S. 618–620.

46 Werner / Zimmermann, Vergleich. Michael Werner / Bénédicte Zimmermann, Beyond Comparison: Histoire Croisée and the Challenge of Reflexivity, in: History and Theory 45 (2006), S. 30–50.

47 Das Konzept der »entangled history« ist eher ein Forschungspostulat als ein theoretischer Zugriff. Theoretische Ansätze in Shalini Randeria, Geteilte Geschichte und verwobene Moderne, aus dem Englischen übersetzt von Friedrich Mader, in: Jörn Rüsen u. a. (Hg.), Zukunftsentwürfe. Ideen für eine Kultur der Veränderung, Frankfurt a. M. 1999, S. 87–95; dies., Geteilte Geschichte und verwobene Moderne, Berlin 1999.

griff »Kulturtransfer« eher weit und in partieller Anlehnung an die Definition von Hans-Jürgen Lüsebrink[48] wie folgt gefasst: Mit »Kulturtransfer« bezeichnet man die Vermittlung von Texten, Objekten, Diskursen, Praktiken,
Erfahrungen oder Ideen zwischen zwei oder mehreren unterschiedlichen
kulturellen Einheiten, wobei diese nach einem Selektionsprozess aus mindestens einer Ausgangskultur über eine Vermittlungsinstanz in mindestens
einer Aufnahmekultur rezipiert, angeeignet und damit verändert werden.
Mit dem Aneignungsprozess geht zugleich eine Veränderung der Aufnahmekultur einher. Diese Definition erweitert die von Michel Espagne propagierten Vorstellungen. Während Espagne nämlich den Schwerpunkt des Er-
kenntnisinteresses auf die Aufnahmekultur und ihre Veränderung legt,[49]
erlaubt die hier verwendete Definition eine größere Bandbreite an Zugriffen,
die den Fokus auch auf vermittelnde Instanzen oder Verflechtungsprozesse
legen können.

Noch stärker als im Fall des historischen Vergleichs ist es indes notwendig, den Begriff »Kulturtransfer« von Operationen abzugrenzen, die in der
Geschichtswissenschaft alltäglich sind. Zwar ist es sicherlich richtig, auf
die »hybride« Beschaffenheit hinzuweisen, die allen kulturellen Einheiten
wie auch Religionen innewohnt; dennoch erscheint es aus forschungsprag-
matischen Gründen sinnvoll, zwischen Ausgangs- und Aufnahmekultur
als getrennte Einheiten zu unterscheiden und nicht – wie es etwa Federico
Celestini und Helga Mitterbauer vorschlagen[50] – auch innergesellschaftliche
Kommunikationsprozesse als Kulturtransfers aufzufassen. Obwohl einer
solchen Herangehensweise im Forschungskontext des Vielvölkerstaates der
Habsburgermonarchie sicherlich eine gewisse Berechtigung nicht abzuspre-
chen ist,[51] führt sie in letzter Konsequenz dazu, alle historisch-kulturellen
Prozesse als Kulturtransfer-Konzepte beschreibbar zu machen. Wenn die
Aussagekraft des Konzeptes fortbestehen soll, lässt sich also das »Dilemma
zwischen der Anerkennung des hybriden Charakters von Kulturen und der
Verwendung abgrenzender Begrifflichkeiten«[52] kaum beheben.

---

48 Vgl. Hans-Jürgen Lüsebrink, Kulturtransfer – methodisches Modell und Anwendungs-
    perspektiven, in: Ingeborg Tömmel (Hg.), Europäische Integration als Prozess von An-
    gleichung und Differenzierung, Opladen 2001, S. 211–226, hier S. 215–219.
49 Zu Espagnes Definition siehe Espagne, Komparatistik, S. 14–18.
50 Federico Celestini / Helga Mitterbauer, Einleitung, in: dies. (Hg.), Ver-rückte Kulturen.
    Zur Dynamik kultureller Transfers, Tübingen 2003, S. 11–17, hier S. 12.
51 Vgl. Helga Mitterbauer, Grenzüberschreitungen. Kulturelle Transfers als aktuelle For-
    schungsperspektive, in: Károly Csúri u. a. (Hg.), Kulturtransfer und kulturelle Identität.
    Budapest und Wien zwischen Historismus und Avantgarde, Wien 2008, S. 47–58.
52 Katharina Scherke, Kulturelle Transfers zwischen sozialen Gruppierungen, in: Celestini /
    Mitterbauer, S. 99–115, hier S. 101.

Einige der hier präsenten Studien bedienen sich einer Herangehensweise, die Elemente des Vergleichs mit solchen des Kulturtransfers verbindet.[53] Die Herangehensweisen von Vergleich und Kulturtransfer bieten hierzu eine Vielzahl von Möglichkeiten, die von der jeweiligen Fragestellung abhängig sind und deshalb in den Einleitungen der entsprechenden Aufsätze erörtert werden. Von dem Begriff der »Histoire croisée« wurde bis auf wenige Ausnahmen Abstand genommen. Das äußerst komplexe Verfahren, das Michael Werner und Bénédicte Zimmermann vorgeschlagen haben,[54] enthält zahlreiche wertvolle theoretische Reflexionen, ist allerdings zumindest im Rahmen von Forschungsaufsätzen kaum umsetzbar.

Den geographischen Schwerpunkt legt der vorliegende Band auf den europäischen Raum. Lediglich die vierte Sektion erweitert diesen Fokus um eine transatlantische Perspektive. Die meisten Beiträge drehen sich folglich um Christentum und Judentum, bzw. Aspekte ihrer Glaubensinhalte, Normen- und Wertesyteme, Vergemeinschaftungs- und Repräsentationsformen oder Kommunikationsnetzwerke.[55] Es soll indes keinesfalls behauptet werden, dass sich ein Religionsbegriff ausschließlich auf dieser Grundlage definieren ließe. Vieles spricht gerade im Rahmen von außereuropäischen transkulturellen Vergleichs- und Kulturtransferstudien dafür, den Religionsbegriff selbst als Gegenstand von Übersetzungsprozessen und damit »als kommunikative Schnittstelle für den Kontakt religiöser Traditionen« zu betrachten.[56] Eine systematische Entwicklung eines solchen dynamischen Religionsbegriffes würde indes den Rahmen dieses Sammelbandes bei weitem überschreiten und bleibt Aufgabe weiterer Studien.

53 Eine solche Kombination der Methoden hat mehrere Fürsprecher gefunden. Christiane Eisenberg weist beispielsweise darauf hin, dass im Gegensatz zu den angenommenen Ausgangspunkten eines Kulturtransfers ein Endstadium von Transferprozessen nicht erfassbar wird, und diskutiert die Möglichkeit, die Transferanalyse mit kontextualisierenden Vergleichen zu ergänzen. Christiane Eisenberg, Kulturtransfer als historischer Prozess. Ein Beitrag zur Komparatistik, in: Kaelble, Vergleich, S. 399–417, hier S. 400 f., 408 u. 416.

54 Werner / Zimmermann, Vergleich; dies., Comparison. Zur Kritik siehe u. a. Arndt, Geschichtsschreibung, S. 16.

55 Zum Religionsbegriff und den Möglichkeiten einer Definition siehe Detlef Pollack, Was ist Religion? Probleme der Definition, in: Zeitschrift für Religionswissenschaft 3 (1995), S. 163–190.

56 Knut Martin Stünkel, ›Religion‹ als kommunikative Schnittstelle für den Kontakt religiöser Traditionen, in: Arnulf von Scheliha / Eveline Goodman-Thau (Hg.), Zwischen Formation und Transformation. Die Religionen Europas auf dem Weg des Friedens, Osnabrück 2011, S. 105–120, hier bes. S. 117. Zur Rolle der Religion im Kontext der Globalisierung siehe Thomas J. Csordas, Introduction. Modalities of Transnational Transcendence, in: ders. (Hg.), Transnational Transcendence. Essays on Religion and Globalization, Berkeley 2009, S. 1–29.

In einem Rückblick auf die Forschungsdebatten über den historischen Vergleich geht Hartmut Kaelble einleitend der Frage nach, welche Konsequenzen sich aus ihnen für die gegenwärtige historische Forschung ergeben. Er diskutiert dabei den Einfluss von Forschungsströmungen und -konjunkturen, welche die Geschichtswissenschaft seit den 1970er Jahren geprägt haben und zeigt, dass der historische Vergleich mittlerweile zu einem allgemein anerkannten und vielfältig angewandten Instrument der historischen Forschung geworden ist. Obwohl der historische Vergleich folglich kein »methodisches Abenteuer« mehr sei, verweist sein Beitrag auf zahlreiche Forschungsgebiete, auf denen sich der vergleichende Zugriff noch immer als nützlich und notwendig erweist.

Der vorliegende Band ist in vier thematische Abschnitte untergliedert, die empirische Einzelfallstudien über religiöse Normen, Prozesse, Netzwerke oder Konzepte in den Epochen der Frühen und der Späten Neuzeit enthalten. Die Untergliederung erhebt keinesfalls Anspruch auf Vollständigkeit. Neben anderen geographischen Schwerpunkten wären auch andere Themenschwerpunkte denkbar gewesen, etwa die Bereiche der Armenfürsorge, Spiritualität oder Identitätsbildung. Die in den Kapiteln gesetzten Schwerpunkte auf »Herrschaft und Recht«, »Bildung, Erziehung und Schule«, »Mischformen religiöser Praktiken« und »Religion in den kulturellen Verflechtungen Nordamerikas« zeigen beispielhaft auf, auf welchen thematischen Gebieten, aber auch mit welcher Perspektive die historische Forschung sich religionsgeschichtlichen Themen nähern kann. Sie geben exemplarische Einblicke in Teilaspekte, die für die politischen Dimensionen religiöser Praktiken und Prozesse eine wichtige Rolle spielen. Die ersten beiden Kapitel widmen sich dabei thematischen Schwerpunkten aus dem Spannungsfeld zwischen territorialer Herrschaft und Religiosität, während es in den beiden weiteren Kapiteln überwiegend um Aspekte religiöser Vermittlungsprozesse geht.

Der erste thematische Abschnitt befasst sich mit den rechtlichen Rahmenbedingungen, unter denen sich die Aushandlungsprozesse zwischen religiöser und politischer Sphäre vollzogen. Er setzt sich mithin mit einem Themenbereich auseinander, der seit der Frühneuzeit verstärkt in den Fokus des europäischen Geschehens rückte. Die vergleichende Studie Iris Fleßenkämpers untersucht die Ehegerichtsbarkeit in Emden und Bremen im späten 16. Jahrhundert, in der sich das Zusammenspiel von Konfession und Herrschaft manifestiert. Der individualisierende Vergleich stellt trotz ähnlicher rechtlicher Rahmenbedingungen, die in beiden Städten erkennbar und Folge der Genfer Eheordnung von 1561 sind, Differenzen in der Organisation von rechtsprechenden Instanzen und ihren Möglichkeiten der Machtdurchsetzung fest. Auf dem Gebiet des Frühkonstitutionalismus' zeigt der Aufsatz

von Jens Späth, wie die Verfassung von Cádiz (1812) im Jahr 1820 zunächst
in Spanien wiedereingeführt und dann in den Königreichen beider Sizilien
und Sardinien-Piemont auf revolutionärem Weg etabliert wurde. Die nahezu
vollständige Adaption der Verfassung mit ihrem Artikel 12, der die katholische Konfession als Staatsreligion festlegte, ist eine in der Verfassungsgeschichte wohl seltene Ausprägung eines interkulturellen Transfers. Späths
Studie, die die Rezeption der religiösen Verfassungsnormen in den einzelnen
Staaten implizit vergleicht, stellt dabei vor allem Ähnlichkeiten in der Rezeption in Ausgangs- und Aufnahmekultur fest, macht aber auch deutliche Unterschiede sichtbar.

Die Sektion »Bildung, Erziehung und Schule« weist bereits in ihrer Benennung auf die Unterschiedlichkeit von Bildungskonzepten und -traditionen
in Europa hin. Der Themenkomplex, der besonders im Rahmen der Kultur-
kämpfe des späten 19. Jahrhunderts eine wichtige Rolle spielte, war auch in
anderen Epochen ein Feld religiös-politischer Austauschprozesse und Konflikte. Der Beitrag von Stefan Ehrenpreis befasst sich mit der Verbreitung von
Schulbüchern als Medium von Kulturtransferprozessen in der Frühen Neuzeit. Nach einer summarischen Übersicht über transnationale und transreli-
giöse Verflechtungen im Bereich von Erziehungs- und Unterrichtsmodellen,
bei denen sich sowohl überkonfessionelle Gemeinsamkeiten als auch nationale Unterschiede erkennen lassen, geht er näher auf die Übersetzungs- und
Aneignungspraxis von Schulbüchern aus anderen nationalen Kontexten ein
und untersucht die Rolle religiöser Netzwerke im Rahmen solcher Kultur-
transfer-Prozesse. Der Beitrag von Christian Müller widmet sich den Debatten, die in der zweiten Hälfte des 19. Jahrhunderts in Frankreich, Belgien
und den Niederlanden über die Schulpflicht und die Stellung religiöser und
moralischer Werte im Schulunterricht geführt wurden. Dabei bildet der Vergleich zwischen den Konflikten einzelner Länder die Voraussetzung, um die
Wirkungen transnationaler Kongresse auf die im nationalen Rahmen geführten Debatten zu untersuchen. Für den Zeitraum von 1857 bis 1870 geht
der Aufsatz insbesondere der Frage nach, zu welchem Grad internationale
Nicht-Regierungsorganisationen in den 1860er Jahren für eine nationsübergreifende Dialektik der Eskalation in den »Culture Wars« ursächlich waren,
die nach 1866/70 die öffentlichen Konflikte in den europäischen Kirchen-
kämpfen wesentlich bestimmte. Der Aufsatz von Thies Schulze vergleicht
die Schulkonflikte, die nach Ende des Ersten Weltkriegs in Elsass-Lothringen und Südtirol um die Rolle der Religion im Grundschulunterricht geführt
wurden. Trotz unterschiedlicher politischer Rahmenbedingungen stellt er
zahlreiche Parallelen im Verlauf der Konflikte fest. Zum Teil trugen diplomatische Aushandlungsprozesse, welche im Hintergrund beider Konflikte zwi-

schen den beteiligten Nationalstaaten und dem Vatikan abliefen und beide Konflikte im gleichen Maß beeinflussten, zu den Unterschieden und vor allem zu den Ähnlichkeiten zwischen beiden Konflikten bei.

Neben diesen thematischen Einblicken in Teilbereiche des Spannungsfeldes von Religion und Politik enthält der Sammelband zwei weitere Abschnitte, die jeweils unterschiedliche Perspektiven auf das Verhältnis von religiöser und politischer Sphäre behandeln. In dem Abschnitt, welcher sich mit »Mischformen religiöser Praktiken« befasst, untersucht Dominic Green die Rolle Lord George Gordons als Mittler zwischen verschiedenen Kulturen und verfolgt dabei einen verflechtungsgeschichtlichen Ansatz. Gordon, der durch die Gordon Riots (1780) bekannt wurde und der von seinen vielfältigen Kontakten ins Ausland wie auch zu obskuren Personen wie dem Wunderheiler Chaim Falk und dem sizilianischen Hochstapler Graf Alessandro Cagliostro beeinflusst wurde, nahm erheblichen Einfluss auf die politische und religiöse Ideenwelt Großbritanniens. An diesem Beispiel anknüpfend diskutiert Green die Frage, welche Schnittmengen sich zwischen biographischer Geschichtsschreibung und der Transferhistorie ergeben. Der Aufsatz von Ekaterina Emeliantseva analysiert vergleichend zwei Gruppierungen, die sich zwischen ausgehendem 18. und beginnendem 19. Jahrhundert in Osteuropa bildeten: Der St. Petersburger Kreis von Glaubensenthusiasten um Ekaterina Tatarinova und die Warschauer Anhänger des jüdischen Konvertiten Jakob Frank sind Beispiele für Religionsgemeinschaften, wie sie sich im osteuropäischen Raum seit dem späten 18. Jahrhundert bildeten. Der generalisierende Vergleich zwischen beiden Gruppierungen zeigt unter anderem, wie wichtig situative Selbstidentifikation in beiden Fällen ist. Der Beitrag analysiert deshalb Elemente dieser situativen Religiosität, welche für den jeweiligen Fall unterschiedlich sind. Die Studie von Markus Hero analysiert die Adaption des Zen-Buddhismus durch die jugendlichen Protestbewegungen der Nachkriegszeit. Nach dem Vorbild der »Beatniks« wurden spirituelle Elemente zur Symbolisierung und Legitimation eines alternativen Lebensstils herangezogen. Den Prozess, in dem fernöstliche Spiritualität angeeignet und verändert wurde, beschreibt Hero als Kulturtransfer, in dessen Rahmen der fernöstliche Religionsimport Teil des alternativkulturellen Systems wurde.

Schließlich wird sich ein vierter Abschnitt dieses Bandes mit außereuropäischen Aktivitäten europäischer Religionsgemeinschaften und ihrer Ideen befassen. Exemplarisch liegt hier der geographische Schwerpunkt auf Nordamerika, was freilich nur eine von vielen denkbaren Möglichkeiten ist, die »europäische« Perspektive zu erweitern. Der Beitrag von Ulrike Kirchberger untersucht Schöpfungsmythen der Delaware-Indianer, die protestantische Missionare der »Society in Scotland for Propagating Christian Knowledge«

in ihren Berichten niedergeschrieben haben. Dabei diskutiert sie, ob und in wieweit die indianischen Erzählungen aus den Missionars-Berichten rekonstruierbar sind, welche Funktion den Schöpfungsmythen im Kommunikationszusammenhang mit den Missionaren zukam und wie die Berichte der Geistlichen in Großbritannien rezipiert wurden. Obwohl der Beitrag Ansätze von Kulturtransfer-Prozessen aufzeigt, plädiert er für einen vorsichtigen Gebrauch dieses Instrumentes: Die Berichte der Missionare seien in erster Linie zum Zweck der religiösen Erbauung gelesen worden und hätten wenig zur Auseinandersetzung mit den Indianern beigetragen. Der Beitrag von Felicity Jensz untersucht das Verhältnis zwischen indigener Bevölkerung und Kolonialmacht aus einer anderen Perspektive. Er vergleicht die gesetzlichen Rahmenbedingungen der Bildungspolitik in zwei Teilen des Britischen Empires (Australien und Kanada) im 19. Jahrhundert und untersucht dabei ebenfalls die Rolle von Missionsgesellschaften. Der Zugang zur Bildung galt als zentral für die Assimilation der indigenen Bevölkerung innerhalb der Kolonialgesellschaft und war zugleich mit der Notwendigkeit verbunden, sich gesellschaftlichen Vorstellungen der Kolonialherren anzupassen. Der Beitrag zeigt die Unterschiede der gesetzlichen Normen für diese Teile des Britischen Empires auf und hebt besonders die hohe Bedeutung hervor, die Normen und Strukturen für die Partizipationsmöglichkeiten indigener Bevölkerungen innerhalb des Bildungssystems spielen. Der Aufsatz von Dominik Höink befasst sich hingegen mit dem Import eines »europäischen« Kulturguts: Im Rahmen einer Kulturtransfer-Analyse widmet er sich der US-amerikanischen Auseinandersetzung mit der religiösen Gattung des Oratoriums im 19. Jahrhundert. Er zeigt, dass die oftmals in Deutschland geschulten amerikanischen Komponisten das Konzept des Oratoriums durchaus aufgriffen, es allerdings auf der Suche nach eigener Traditionsbildung veränderten. Der Beitrag diskutiert dabei unter anderem die Gründe, weshalb »nationale« Ausdeutungen der religiösen Musikgattung in den Vereinigten Staaten – im Unterschied zum deutschsprachigen Raum – eher die Ausnahme blieben.

Die Beiträge zeigen somit eine Vielzahl von Themen und methodischen Zugängen auf. Das globale Wirken religiöser Gemeinschaften, die grenzüberschreitende Wirkung ihrer Normvorstellungen und Netzwerke, Prozesse religiöser »Hybridisierung«, Aushandlungen von Normen zwischen Staaten und Religionsgemeinschaften und die Adaption religiöser Praktiken aus anderen Kulturen sind Gegenstände, mit denen sich die historische Forschung auch in Zukunft auseinandersetzen wird.

Hartmut Kaelble

Der internationale Vergleich seit den 1970er Jahren

Der internationale historische Vergleich zum 19. und 20. Jahrhundert hat sich in den letzten drei Dekaden erheblich verändert. Die Räume, die Epochen, die Themen, die grundlegenden Ziele und Theorien, die stimulierenden Nachbardisziplinen und die Reflexivität des Vergleichens sieht heute anders aus als in der Aufbruchszeit der 1970er und 1980er Jahre. Drei Interpretationen findet man heute unter Historikern zum Wandel des Vergleichs seit jener Zeit.

1. Drei Interpretationen

Nach einer ersten Interpretationen geriet der Vergleich unter Historikern in die Kritik und ist deshalb im Niedergang begriffen: Die vergleichende Methode zwingt, so wird argumentiert, zu einer starren und übersteigerten Konstruktion von historischen Gegensätzen zwischen den verglichenen Nationen und damit eher zu einer Verengung, nicht zu einer wirklichen Öffnung der nationalen Geschichtsschreibungen. In dieser Sicht wurde der internationale Vergleich immer häufiger durch die Verflechtungsgeschichte ersetzt, weil sich nur durch Forschung über internationale Transfers von Menschen, von Waren, von Kapital, von Ideen die Forschung international wirklich öffnet. Diese Kritik am internationalen Vergleich wurde zuerst in den 1990er Jahren in Frankreich von Michel Espagne vorgetragen.[1] Heutzutage wird diese Kritik am häufigsten in der deutschen Forschung geäußert.

---

1 Michel Espagne, Au delà du comparatisme, in: ders., Les transferts culturels franco-allemands, Paris 1999, S. 35–49; ders., Jenseits der Komparatistik. Zur Methode der Erforschung von Kulturtransfers, in: Ulrich Mölk (Hg.), Europäische Kulturzeitschriften um 1900 als Medien transnationaler und transdisziplinärer Wahrnehmung, Göttingen 2006, S. 13–32; ders., Les transferts culturels, in: H-Soz-u-Kult, 19.1.2005, <http://hsozkult. geschichte.hu-berlin.de/forum/id=576&type=artikel> [Zugriff am 12.1.2011].

Eine zweite Interpretation geht davon aus, dass der internationale Vergleich nicht zurückgeht, sondern auf dem Weg der Normalisierung ist. Der Enthusiasmus der Pioniere der 1970er und 1980er Jahre ist vergangen. Der Vergleich ist eine normale Methode der Historiker geworden, die von etablierten Wissenschaftlern ebenso wie von Doktoranden oft praktiziert wird und nicht mehr den Reiz der *nouvelle cuisine*, der methodischen Innovation und des intellektuellen Abenteuers besitzt. Zu dieser Normalisierung gehörte freilich auch ein Wandel des historischen Vergleichs: Er wurde erheblich verfeinert und profitierte dabei von der größeren Erfahrung der Historiker. Der Vergleich wird zudem in der Regel nicht mehr wie noch in den Anfängen in purer Form eingesetzt, sondern meist mit anderen Zugriffen kombiniert und auch in der Auswahl der Fälle, der Quellen, der Methoden und der Anleihen aus andere Disziplinen eingehender reflektiert. Eine reiche, wenn auch durchaus überschaubare methodologische Literatur über den historischen Vergleich ist inzwischen entstanden.

Nach einer dritten Interpretation schließlich entstehen neue Herausforderungen, die zu einer Renaissance des Vergleichs führen könnten. Eine erste neue Herausforderung ist die vieldiskutierte Globalisierung. Sie wird in Europa oft als eine von außen kommende Bedrohung wahrgenommen, sei es als eine wirtschaftliche Bedrohung durch die Abwanderung von Arbeitsplätzen in andere Weltregionen oder durch die neue Vorherrschaft fremder Investoren, sei es als eine gesellschaftliche Bedrohung durch Einwanderung, sei es als eine kulturelle Bedrohung durch Überfremdung von außen. Hinter diesen Bedrohungsängsten stehen immer implizite oder explizite Vergleiche mit Anderen. Die Chance des historischen Vergleichs liegt darin, diese Ängste auf den Seziertisch der Wissenschaft zu legen und zu verfolgen, wieweit Europa im Vergleich zu anderen Weltregionen wirklich Opfer oder wieweit es Profiteur der Globalisierung war und ist. Die zweite Herausforderung stammt von internationalen Organisationen wie der Europäischen Union, der OECD oder der Weltbank. Der Vergleich innerhalb Europas und mit der außereuropäischen Welt, etwa in der Form des *benchmarking*, ist ein wirkungsvolles Politikinstrument geworden, um Diskussionen über brennende sozio-ökonomische Fragen auszulösen und politischen Druck auf die Regierungen zu erzeugen. Das offene Verfahren der Koordination der Europäischen Union und die internationalen Bildungsstudien der OECD, etwa der PISA-Studien, sind nur die am besten bekannten Beispiele für eine Politik, die auf einem internationalen Vergleich beruht. Der historische Vergleich kann dabei eine neue Dimension eröffnen, weil es für die Bewertung eines internationalen Unterschieds entscheidend sein kann, ob er sich in der historischen Perspektive verschärft oder abmildert. Schließlich ist der selbst gezogene Vergleich auch Teil unseres Alltagslebens geworden, Teil unserer heutigen Lebensweise, in der die internationale Begegnung und der eigene Vergleich mit dem Anderen auf Reisen, in der Migration, im Konsum, in internationalen Medien und in internationalen Familien zur Regel geworden sind. International Vergleichen ist längst nicht mehr ausschließlich eine Tätigkeit von Gelehrten, sondern ist zu einer alltäglichen Denkweise geworden.

Welche dieser Interpretationen erfasst den Wandel des Vergleichs am besten? Der vorliegende Artikel wird zuerst den klassischen internationalen Vergleich rekapitulieren. Anschließend wird er auf die Veränderungen dieses Vergleichs seit den 1980er Jahren eingehen. In der Zusammenfassung wird er dann eine Wahl zwischen den drei genannten Interpretationen treffen.

2. Der klassische Vergleich

Der klassische internationale Vergleich der 1970er und 1980er Jahre war nicht homogen. Eine einheitliche Schule des internationalen historischen Vergleichs hat niemals bestanden. Tiefgreifende Unterschiede bestanden zwischen dem quantitativen Vergleich von Wirtschaftshistorikern oder historischen Demographen wie etwa Angus Maddison oder Peter Laslett und dem kontextuellen Vergleich nationaler Sonderentwicklungen, wie ihn etwa Jürgen Kocka oder Barrington Moore vertraten, oder dem globalen Vergleich etwa Fernand Braudels.[2] Trotz dieser großen Vielfalt von Zugängen lassen sich in den 1970er und 1980er Jahren aber doch mehrere gemeinsame Tendenzen beobachten.

Erstens besaß der internationale historische Vergleich damals noch die Aura der Pionierleistung und der wissenschaftlichen Neuerung, der neuen wissenschaftlichen Öffnung gegenüber internationalen und interdisziplinären Themen, auch der neuartigen Begegnung zwischen Historikern verschiedener Länder in gemeinsamen international vergleichenden Projekten. Der internationale Vergleich wurde zwar nur von einer kleinen Gruppe von

---

2 Angus Maddison, Economic Progress and Policy in Developing Countries, London 1970; ders., Phases of Capitalist Development, Oxford 1982; Peter Laslett, Family Life and Illicit Love in Earlier Generations, Cambrige 1977; Jürgen Kocka, Angestellte zwischen Faschismus und Demokratie. Zur politischen Sozialgeschichte der Angestellten: USA 1890–1940 im internationalen Vergleich, Göttingen 1977; Barrington Moore, Soziale Ursprünge von Diktatur und Demokratie, Frankfurt 1969; Fernand Braudel, La Grammaire des civilisations, Paris 1987 (zuerst erschienen als: Le Monde actuel. Histoire et civilisations, Paris 1963).

Historikern praktiziert, blieb aber in seiner Präsenz in der wissenschaftlichen Öffentlichkeit nicht marginal. So trafen etwa das Projekt W. W. Rostows zum Vergleich der Industrialisierungen, der große Wurf von David Landes zur europäischen Wirtschaftsgeschichte des 19. Jahrhunderts, das Bielefelder Projekt über die vergleichende Geschichte des westlichen Bürgertums, die englisch-deutschen Vergleiche Gerhard A. Ritters oder die Cambridge Group in der Demographie auf eine breite Aufmerksamkeit.[3]

Ermutigt wurde der internationale Vergleich durch den erleichterten Zugang von Wissen über andere Länder, auch über Forschung in anderen Ländern: Eine neue Generation von Wissenschaftlern profitierte von mehr Stipendien für wissenschaftliche Aufenthalte im Ausland, von mehr Einladungen an auswärtige Professoren, von mehr internationalen Tagungen und Workshops, von größeren Bibliotheksetats für ausländische Bücher und Zeitschriften. Neue Institutionen wie die mission historique française in Deutschland und später das Berliner Centre Marc Bloch, die neuen Deutschen Historischen Institute in Paris, London und Washington (ergänzt durch das ältere Institut in Rom), die Forschung über andere Länder und andere Weltregionen an der EHESS in Paris, an der Londoner School of Oriental and African Studies, an der Amsterdam School of Social Science Research und in den regional studies zahlreicher amerikanischer Universitäten waren wichtige günstige Voraussetzungen für die Entwicklung des historischen Vergleichs.

Darüber hinaus erhielt der historische Vergleich entscheidende Anstöße aus den Sozialwissenschaften, insbesondere aus der Soziologie und aus den Politikwissenschaften, den beiden anregendsten Disziplinen der Epoche. Amerikanische Sozialwissenschaftler spielten dabei eine besonders stimulierende Rolle, etwa Reinhart Bendix, Charles Tilly, Barrington Moore, Carl J. Friedrich oder Karl W. Deutsch, die zum Teil vom dem nationalsozialistischen Regime ins Exil getrieben worden waren und daher auch aus politischen Gründen zum Vergleich zwischen Ländern des Westens motiviert waren. Zugleich wurden europäische Soziologen und Politikwissenschaftler wie etwa Stein Rokkan, Ralf Dahrendorf oder Peter Flora viel von den verglei-

---

3 Walt Whitman Rostow, The Stages of Economic Growth: A Non-Communist Manifesto, Cambridge 1960; David S. Landes, The Unbound Prometheus: Technological Change and Industrial Development in Western Europe from 1750 to the Present, Cambridge 1969; Jürgen Kocka (Hg.), Bürgertum im 19. Jahrhundert. Deutschland im europäischen Vergleich, 3 Bde., München 1988; Gerhard A. Ritter, Deutscher und britischer Parlamentarismus. Ein verfassungsgeschichtlicher Vergleich, Tübingen 1962; ders., Der Sozialstaat. Entstehung und Entwicklung im internationalen Vergleich, München 1989; für die Cambridge group: Peter Laslett (Hg.), Household and Family in Past Time, Cambridge 1972.

chenden Historikern rezipiert.[4] Neben den zeitgenössischen Forschern waren auch die Werke der damals nicht mehr lebenden Väter des sozialwissenschaftlichen Vergleichs, vor allem Max Weber, eine wichtige Inspiration. Da damals eine lebendige Tradition vergleichender Forschung in der Geschichtswissenschaft fehlte, weil die Kontinuitäten zu den Vätern des historischen Vergleichs wie Marc Bloch, Otto Hintze oder Henri Pirenne abgebrochen war, wurden Soziologen und Politikwissenschaftler, die historische Interpretationen boten, entscheidende Orientierungen.

Der klassische Vergleich war in dieser Verbindung zu den Sozialwissenschaften stark von den damals sehr einflussreichen Modernisierungstheorien meist in nichtmarxistischer, seltener auch in marxistischer Variante beeinflusst. Vergleichen bedeutete oftmals, in Kategorien von Fortschrittlichkeit und Rückständigkeit, von Modernität und Traditionalität zu denken. Man verglich moderne mit vormodernen Gesellschaften und arbeitete dafür in Themenfeldern wie Industrialisierung, Urbanisierung, Alphabetisierung, Säkularisierung, Entstehung moderner sozialer Klassen und sozialer Mobilität, Organisierung sozialer Konflikte, moderne politische Parteien und *pressure groups*, Verfassungen und Rechtstaat, Wohlfahrtsstaaten und Bildungspolitik, moderne Arbeits- und Familienformen. Unterschiedliche Pfade der Modernisierung, Widersprüche der Modernisierung, »unzeitgemäße« Koexistenz von Moderne und Tradition wurden oft als der besondere Beitrag angesehen, den Historiker zur Modernisierungsforschung leisten konnten.[5]

Nach Unterschieden zu fragen war die häufigste Fragerichtung der historischen Vergleichsforschung. Die Analyse von Unterschieden erschien manchen Historikern sogar als die wichtigste Besonderheit des historischen Ver-

---

4 Vgl. für diese Auswahl: Reinhard Bendix, Herrschaft und Industriearbeit, Untersuchungen über Liberalismus und Autokratie in der Geschichte der Industrialisierung, Frankfurt a. M. 1960; Barrington Moore, Social Origins of Dictatorship and Democracy: Lord and Peasant in the Making of the Modern World, Boston 1966; Charles Tilly, Big Structures, Large Processes, Huge Comparisons, New York 1984; Carl J. Friedrich mit Zbigniew Brzezinski, Totalitarian Dictatorships and Autocracy, Cambridge (Mass.) 1956; Ralf Dahrendorf, Gesellschaft und Demokratie in Deutschland, München 1965; Stein Rokkan, Vergleichende Sozialwissenschaft: Die Entwicklung der inter-kulturellen, inter-gesellschaftlichen und inter-nationalen Forschung, Frankfurt 1972 (dazu auch: Peter Flora / Elisabeth Fix (Hg.), Stein Rokkan. Staat, Nation und Demokratie in Europa. Die Theorie Stein Rokkans aus seinen gesammelten Werken, Frankfurt a. M. 2000); Peter Flora, Indikatoren der Modernisierung, Opladen 1975.
5 Vgl. als wichtigster damaliger Orientierungstext: Hans-Ulrich Wehler, Modernisierungstheorie und Geschichte, Göttingen 1975; für einen ganz anderen heutigen Zugang mit vergleichenden Ansätzen: Christophe Charle, Discordance des temps. Une brève histoire de la modernité, Paris 2011.

gleichs. Gründe dafür zu finden, warum Frankreich das Land der Großen Revolution, Großbritannien das Land der ersten industriellen Revolution, Russland das Land der ersten kommunistischen Revolution, die USA das Land der ersten erfolgreichen Unabhängigkeit einer europäischen Kolonie, der »first new nation« wurde und warum in Deutschland 1933 die Nationalsozialisten die Macht übernahmen, waren Fragen nach Unterschieden, die die Historiker mit besonderer Energie verfolgten. In der Theorie behandelte die vergleichende Methode gleichermaßen auch regionale und lokale Unterschiede, aber in der Forschungspraxis überwogen solche Forschungen zu nationalen Unterschieden.

Der geographische Raum, mit dem sich die klassischen Vergleichsarbeiten befassten, war im Allgemeinen die atlantische Welt. Historische Vergleiche behandelten vor allem die in diesem Raum auftretende Entwicklungsunterschiede und verglichen die Vereinigten Staaten als Maßstab der Modernität und die Unzulänglichkeiten der politischen oder wirtschaftlichen Modernisierung in Deutschland, Frankreich oder Großbritannien, sehr viel seltener auch die modernen skandinavischen Länder und die Schweiz oder als weniger moderne Länder Italien, Ostmitteleuropa und Russland bzw. die UdSSR. Für nichtwestliche Räume, aber auch für die Peripherie Europas blieb das Interesse gering.

3. Die Veränderungen seit den 1990er Jahren

Seit den 1990er Jahren hat sich der historische Vergleich sowohl in den methodologischen Debatten als auch in der Forschungspraxis stark gewandelt.[6] Dabei fallen sechs Veränderungen besonders stark ins Auge.

6 Christoph Conrad / Sebastian Conrad, Wie vergleicht man Historiographien?, in: dies. (Hg.), Die Nation schreiben. Geschichtswissenschaft im internationalen Vergleich, Göttingen 2002, S. 11–48; Marcel Detienne, Comparer l'incomparable, Paris 2000; Heinz-Gerhard Haupt / Jürgen Kocka (Hg.), Geschichte im Vergleich. Ansätze und Ergebnisse international vergleichender Geschichtsschreibung, Frankfurt a. M. 1996; Heinz-Gerhard Haupt, Comparative History, in: International Encyclopedia of the Social and Behavioral Sciences, Bd. 4, Amsterdam 2001, S. 2397–2403; ders. / Jürgen Kocka, Comparative history. Method, Aims, Problems, in: Deborah Cohen / Maura O'Connor (Hg.), Comparison and History. Europe in Cross-National Perspective, New York 2004, S. 23–39; dies. (Hg.), Beyond Comparison? Debates on Comparative and Transnational History in Germany, New York 2010; Heinz-Gerhard Haupt, European History as Comparative History, in: Ab Imperio 1 (2004), S. 111–119; ders., Historische Komparatistik in der internationalen Geschichtsschreibung, in: Gunilla Budde u. a. (Hg.), Transnationale Geschichte. Themen, Tendenzen und Theorien, Göttingen 2006, S. 137–149; ders., Comparative History –

(1) Erstens kam eine wachsende Skepsis gegenüber dem historischen Vergleich in den methodologischen Diskussionen besonders in Frankreich und Deutschland auf. Hinter dieser Skepsis stand vor allem die schon erwähnte Befürchtung, dass der Vergleich dazu zwinge, starr abgeschlossene Nationalstaaten als Vergleichseinheiten zu konstruieren und damit die belastende historische Verfilzung zwischen Nationalstaat und Geschichtswissenschaft neu zu zementieren. Den internationalen Austauschprozessen und Verflechtungen über die nationalen Grenzen hinweg wurde deshalb in den methodologischen Debatten der Vorzug gegenüber dem historischen Vergleich gegeben, weil sie nicht Grenzen betonten, sondern grenzüberschreitende Prozesse erschlossen.[7] Diese Skepsis galt nicht nur dem historischen Vergleich zwischen Nationen, sondern manchmal auch dem Vergleich zwischen Europa als

A Contested Method, in: Historisk Tidskrift 127 (2007), S. 697–716; Hartmut Kaelble, Der historische Vergleich. Eine Einführung zum 19. und 20. Jahrhundert, Frankfurt a. M. 1999 (chinesische Übersetzung 2009); ders., Les mutations du comparatisme international, in: Les cahiers Irice 5 (2010), S.9–20 (andere Version des vorliegenden Aufsatzes); ders., Historischer Vergleich, in: Docupedia-Zeitgeschichte, 14.8.2012, <https://docupedia.de/zg/Historischer_Vergleich?oldid=84038> [Zugriff am 11.9.2012]; Jürgen Kocka, Comparison and beyond, in: History and Theory 42 (2003), S. 39–44; Jürgen Kocka, Aysmetrical Historical Comparison: The Case of the German »Sonderweg«, in: History and Theory 38 (1999), S. 40–51; Chris Lorenz, Comparative Historiography: Problems and Perspectives, in: ebd., S. 25–39; Hannes Siegrist, Comparative History of Cultures and Societies. From Cross-Societal Analysis to the Study of Intercultural Interdependencies, in: Comparative Education 42 (2006), S. 377–404; ders., Perspektiven der vergleichenden Geschichtswissenschaft. Gesellschaft, Kultur, Raum, in: Hartmut Kaelble/Jürgen Schriewer (Hg.), Vergleich und Transfer. Komparatistik in den Sozial-, Geschichts- und Kulturwissenschaften, Frankfurt a. M. 2003, S. 305–330.

7 Zur Debatte über den Transfer: Ulrike Freitag und Achim von Oppen, Translokalität als ein Zugang zur Geschichte globaler Verflechtungen, in: H-Soz-u-Kult 10.6.2005, <http://hsozkult.geschichte.hu-berlin.de/forum/type=artikel&id=632> [Zugriff am 12.1.2011]; Madeleine Herren u.a., Transcultural History. Theories, Methods, Sources, Heidelberg 2011; Wolfram Kaiser, Integration als Europäisierung. Transnationale Netzwerke und grenzüberschreitende Interaktion, in: Arnd Bauerkämper/Hartmut Kaelble (Hg.), Europa als Gesellschaft, Wiesbaden vorauss. 2012; Hartmut Kaelble, Die interdisziplinären Debatten über Vergleich und Transfer, in: Kaelble/Schriewer, S. 469–494; ders., Die Debatte über Vergleich und Transfer und was jetzt?, in: H-Soz-u-Kult 8.2.2005, <http://hsozkult. geschichte.hu-berlin.de/forum/id=574&type=artikel> [Zugriff am 11.1.2012]; ders., Herausforderungen an die Transfergeschichte, in: Barbara Schulte (Hg.), Transfer lokalisiert: Konzepte, Akteure, Kontexte, in: Comparativ 16 (2006), S. 7–12; Matthias Middell (Hg.), Kulturtransfer und Vergleich, Leipzig, 2000; ders., Kulturtransfer und Historische Komparatistik – Thesen zu ihrem Verhältnis, in: Comparativ 10 (2000), S. 7- 41; ders., Histoire européenne et transfert culturel, in: Diogène 48 (2000), S. 30–40; ders., Schwierigkeiten des Historiographievergleichs – Bemerkungen anhand der deutsch-deutschen Nachkriegskonstellation, in: Conrad/Conrad, Nation, S. 360–395; Johannes Paulmann, Internationaler Vergleich und interkultureller Transfer. Zwei Forschungsansätze zur europäischen Geschichte des 18. bis 20. Jahrhunderts, in: Historische Zeitschrift 267 (1998), S. 649–685.

Ganzem und anderen Weltregionen. Dahinter standen nicht nur politische Ängste vor einer zu mächtigen Europäischen Union und deren Vorgaben an die Geschichtswissenschaft, sondern auch Ängste vor einer Neubelebung der Konstruktion einer Überlegenheit der europäischen Zivilisation und einer intellektuellen »Festung Europa«. In den letzten Jahren liest man allerdings in den methodologischen Debatten von einer solchen Skepsis gegenüber dem historischen Vergleich weniger. Die Skepsis verschob sich eher zu einer Indifferenz gegenüber dem Vergleich. Vor allem in den jüngeren programmatischen Aufsätzen zur transnationalen Geschichte wird der Vergleich sehr selten attackiert, sondern überwiegend nicht mehr erwähnt.[8]

(2) Die zweite Veränderung besteht in der schon erwähnten Normalisierung des historischen Vergleichs in der Forschungspraxis. Anders als man angesichts der methodologischen Debatten erwarten würde, ist das Vergleichen zu einer normalen und häufig praktizierten Vorgehensweise von Historikern geworden, die inzwischen auch in Abschluss- und Qualifikationsarbeiten eingesetzt wird. Das Vergleichen ist heute kein methodisches Abenteuer und auch keine Pionierleistung mehr. Dies gilt vor allem für Vergleiche innerhalb des Westens und Europas, die zudem wegen der zunehmenden Gemeinsamkeiten in Europa als immer weniger aufregend wahrgenommen werden. Ein wichtiger Bestandteil dieser Normalisierung ist aber auch, dass der historische Vergleich nuancierter wurde und das Reflexionsniveau stark angestiegen ist. Im Konzept der »Histoire croisée«, das Michael Werner und Bénédicte Zimmermann entwickelt haben, wird dies sehr gut zusammengefasst:[9] Der historische Vergleich ist insgesamt viel komplexer geworden: das »jeu d'échelles«, das Ineinandergreifen von verschiedenen politischen Ebenen, Vorstellungs- und Handlungsweisen, in dem die unterschiedlichen lokalen und nationalen Ebenen in derselben Arbeit verschachtelt zusammengeführt werden, ist innerhalb der Einzelforschungen gängiger

---

8 Vgl. Akira Iriye/Pierre-Yves Saunier (Hg.), The Palgrave Dictionary of Transnational History, Houndsmill New York 2009, S. VIII; Gunilla Budde u. a. (Hg.), Transnationale Geschichte. Themen, Tendenzen und Theorien, Göttingen 2006; Winfried Loth/Jürgen Osterhammel (Hg.), Internationale Geschichte. Themen – Ergebnisse – Aussichten, München 1999; Kiran Patel, Transnationale Geschichte, in: Ego. Europäische Geschichte online, 12.3.2012, <http://www.ieg-ego.eu/de/threads/theorien-und-methoden/transnationale-geschichte/klaus-kiran-patel-transnationale-geschichte/?searchterm=Patel&set_language=de> [Zugriff am 10.7.2012]; Albert Wirz, Für eine transnationale Gesellschaftsgeschichte, in: Geschichte und Gesellschaft 27 (2001), S. 489–498.

9 Michael Werner/Bénédicte Zimmermann, Penser l'histoire croisée. Entre empirie et réflexivité, in: Annales. Histoire, Sciences sociales 58 (2003), S. 7–36 (dt. Version: Michael Werner/Bénédicte Zimmermann, Vergleich, Transfer, Verflechtung. Der Ansatz der Histoire croisée und die Herausforderung des Transnationalen, in: Geschichte und Gesellschaft 28 (2002), S. 607–636).

geworden.[10] Quantitative und qualitative Methoden werden oft miteinander kombiniert. Es ist zudem üblicher geworden, Transfer- und Verflechtungsuntersuchungen mit der Analyse von historischen Unterschieden und Gemeinsamkeiten zu kombinieren. Dafür nur drei Bespiele: Dominic Sachsenmaier verfolgt in seinem Buch über Globalgeschichtsschreibung während der jüngsten Jahrzehnte nicht nur die Unterschiede und Gemeinsamkeiten zwischen der chinesischen, der amerikanischen und auch der deutschen Geschichtsschreibung mit ihrer besondere Weltabgeschlossenheit, sondern diskutiert gleichzeitig eingehend auch die wachsende, wenn auch ungleiche und unvollkommene internationale Verflechtung der Historiker durch Fremdsprachenkenntnisse und Ausbildung in anderen Ländern, durch internationale Tagungen und Forschungsnetzwerke, durch Forschungs- und Lehraufenthalte. Christophe Charle vergleicht in seinem Buch über das Theater im 19. Jahrhundert nicht nur die unterschiedlichen Entwicklungen des französischen, englischen, österreichischen und deutschen Theaters, sondern behandelt auch den grenzüberschreitenden Austausch von Personen, Theaterstücken und Theaterkonzepten und entwickelt daraus seine These einer Internationalisierung des modernen Theaters über die dominante Rolle des Pariser Theaters. Iris Schroeder behandelt in ihrer vergleichenden Studie über die Europa- und Afrikarepräsentationen der französischen, englischen und deutschen Geographen des späten 18. und 19. Jahrhunderts vor allem Gemeinsamkeiten, aber auch Unterschiede zwischen Paris, London und Berlin und befasst sich dabei auch eingehend mit dem engen Austausch und den dichten Netzwerken unter den Geographen der drei Städte, für sie ein entscheidender Grund für ähnliche Entwicklungen.[11] Generell hat es sich eingebürgert, sich in die oft unterschiedlichen Historiographien der verglichenen Länder einzuarbeiten, die anderen Logiken zu verstehen und sich nicht ausschließlich von der Geschichtsschreibung des eigenen Landes für die Formulierung der vergleichenden Fragestellungen inspirieren zu lassen, die Ausgangshypothesen nicht nur aus den eigenen nationalen Zusammenhängen zu entwickeln und die Geschichte anderer Länder nicht nur als Projektionsflächen für die eigenen nationalen Fragen zu benutzen.

(3) Auch der geographische Raum, den der historische Vergleich untersucht, ist nicht mehr ganz derselbe wie in den 1970er und 1980er Jahren.

---

10 Vgl. Jacques Revel (Hg.), Jeu d'échelles. La micro-analyse à l'expérience, Paris 1996.
11 Dominic Sachsenmaier, Global Perspectives on Global History, Theories and Approaches in a Connected World, Cambridge 2011; Christophe Charle, Théâtres en capitales. Naissance de la société du spectacle à Paris, Berlin, Londres et Vienne, Paris 2008; Iris Schroeder, Das Wissen von der ganzen Welt. Globale Geographien und räumliche Ordnungen Afrikas und Europas, 1790–1870, Paderborn 2011.

Er hat sich erweitert. Ohne Zweifel bleiben der Westen und dort vor allem Europa der wichtigste Rahmen der vergleichenden Forschung der europäischen Historiker. Die Mehrzahl der historischen Vergleiche behandelt zwei oder drei europäische Länder, meist weiterhin das zentrale Dreieck Großbritannien, Frankreich und Deutschland und darum herum gruppierte europäische Länder. Die günstigen Finanzierungsmöglichkeiten, die Sprachkompetenzen der Forscher und enge universitäre Netzwerke haben viel zur Präferenz für dieses magische Dreieck des europäischen historischen Vergleichs beigetragen.

Gleichzeitig hat sich der historische Vergleich gegenüber den nicht westlichen Ländern geöffnet. Der historische Vergleich wurde nicht mehr nur wie in den 1970er und 1980er Jahren als ein Ausbruch aus der abgeschlossenen Nationalgeschichte verstanden, sondern mehr und mehr als ein Ausbruch aus der geschlossenen Geschichte Europas oder des Westens. Die europäische Geschichte als die Geschichte eines abgeschlossenen Kontinents zu schreiben ist inzwischen unter ähnliche Kritik geraten wie früher das Schreiben abgeschlossener Nationalgeschichten.[12]

Drei neue Wege eröffneten sich seit den 1990er Jahren. Erstens stellte der Vergleich zwischen östlichem und westlichem Europa nach dem Zusammenbruch des Sowjetimperiums eine besondere Herausforderung dar und nahm stark zu. Sein besonderer Reiz lag in der neuen, engen, allerdings auf ganz unterschiedlichen Erfahrungen aufbauenden Zusammenarbeit zwischen Forschern beider Teile Europas. Diese vergleichende Forschung profitierte auch von wichtigen Stiftungsinitiativen etwa seitens der Maison des Sciences de l'Homme in Paris oder der Stiftung Volkswagen. Das Berliner Kolleg für vergleichende Geschichte Europas förderte viele vergleichende Dissertationsprojekte und organisierte zahlreiche Begegnungen zwischen Forschern aus dem östlichen und dem westlichen Europa auf Tagungen und durch Gasteinladungen. Einen zweiten Weg eröffnete der Vergleich mit den neuen dynamischen Weltregionen namentlich in Ostasien, Südasien und Lateinamerika. Dieser Vergleich traf freilich auf erheblich größere Schwierigkeiten als der innereuropäische oder atlantische Vergleich: das Meistern schwieriger asiatischer Sprachen und Schriften, die Kompliziertheiten beim

---

12 Diese Tendenz wird besonders auf der Ebene der Schulbücher über europäische Geschichte deutlich. Das Handbuch von Frédéric Delouche und Jacques Aldebert, Histoire de l'Europe, Paris 1993, ein gutes Lehrbuch, das auch in mehrere Sprachen übersetzt wurde, war aber gleichzeitig das Beispiel einer abgeschlossenen Darstellung Europas. Das neue deutsch-französische Lehrbuch ist hingegen offen gegenüber anderen Weltregionen. Vgl. Guillaume Le Quintrec / Peter Geiss (Hg.), Europa und die Welt seit 1945, Leipzig 2006.

Zugang und der Nutzung der oft wenig geordneten Archive und die Erschwe-
rungen der historischen Recherche in Diktaturen, die Freiheit und Autonomie der Forschung nicht respektieren. Einen dritten Weg schließlich eröffneten die historischen Vergleiche zwischen Europa und der arabischen Welt,
eigentlich eine Selbstverständlichkeit zwischen zwei benachbarten und miteinander stark verflochtenen Regionen. Leider wird dieser vergleichende
Weg immer noch zu selten beschritten.

(4) Unterschiede stehen nicht mehr so ausschließlich im Zentrum des Er-
kenntnisinteresses historischer Vergleichsforschung wie früher. Um nur drei
Beispiele sowohl aus der Globalgeschichte als auch aus dem bilateralen historischen Vergleich zu nennen: Jürgen Osterhammel und Christopher Bayly
haben in ihren Büchern zur Globalgeschichte des 19. Jahrhunderts nicht nur
die Unterschiede, sondern auch weltweite Ähnlichkeiten untersucht. Jürgen
Osterhammel präsentiert in seinen beeindruckenden Typologien zu großen
Themen der Geschichte, etwa zu Nationen und Imperien, neben unüberseh-
baren Unterschieden auch überzeugende, wohl überlegte Gemeinsamkeiten über Ländergrenzen hinweg. Christopher A. Bayly kommt in zahlreichen
globalen Vergleichen, in denen er Unterschiede und Gemeinsamkeiten verfolgt, sogar zu der Grundthese, dass im Verlauf des langen 19. Jahrhunderts
die Gesellschaften der Welt ähnlicher und damit die Welt uniformer wurde.
Die historischen Vergleiche zu Frankreich und Deutschland konzentrieren
sich ebenfalls weniger ausschließlich auf die Differenzen und verfolgen auch
zunehmend ähnliche deutsch-französische Entwicklungen. Als Beispiel sei
dafür die deutsch-französische Geschichte seit 1963 von Hélène Miard-Dela-
croix genannt, die für das vergangene halbe Jahrhundert viele Parallelen zwischen Frankreich und Deutschland herausarbeitet.[13]

(5) Der Einfluss der amerikanischen Komparatistik schwächte sich seit
den 1980er Jahren trotz vieler Parallelen zwischen der amerikanischen und
der europäischen vergleichenden historischen Forschung vor allem aus zwei
Gründen ab: Die Generation der schon erwähnten Exilforscher, die vom
NS-Regime aus Europa vertrieben worden waren und den atlantischen Raum
als einen klassischen historischen Vergleichsraum mit herausragenden intellektuellen Leistungen etabliert hatten, trat allmählich von der Bühne ab.
Gleichzeitig verringerte sich das Interesse der USA und in der Folge auch das

---

13 Chistopher Alan Bayly, The Birth of the Modern World, 1780–1914. Global Connections
     and Comparisons, Oxford 2004; Jürgen Osterhammel, Die Verwandlung der Welt. Eine
     Geschichte des 19. Jahrhunderts, München 2009; ders., Geschichtswissenschaft jenseits
     des Nationalstaats. Studien zur Beziehungsgeschichte und Zivilisationsvergleich, Göttin-
     gen 2001; Hélène Miard-Delacroix, Deutsch-französische Geschichte. 1963 bis in die Ge-
     genwart, Darmstadt 2011.

Interesse der amerikanischen Historiker an Europa und wandte sich stärker dem pazifischen Raum und Asien zu. Die Geschichte der »Western Civ«, deren Kern Europa darstellte, wurde im Lehrplan an amerikanischen Universitäten durch eine Weltgeschichte (»world history«) ersetzt, die stärker multipolar ausgerichtet war.[14] Die europäischen Debatten über die Methoden des Vergleichs und die Entwicklung neuer, schon erwähnter wissenschaftlicher Ausdrücke wie »Transfers«, »Histoire croisée«, »Histoire connectée«, »geteilte Geschichte«, »Entangled history« oder »Shared history« wurden von amerikanischen Historikern kaum rezipiert. Europäische wie amerikanische Gründe haben dazu geführt, dass die vergleichende amerikanische Forschung für die europäischen vergleichenden Historiker nicht mehr die einstige Rolle der Leitforschung spielt. Auch hier trat eine Normalisierung ein.

(6) Auch die stimulierende Rolle der Sozialwissenschaften für die vergleichend arbeitenden Historiker verblasste aus verschiedenen Gründen, die teils in der Geschichtswissenschaft, teils in den Sozialwissenschaften zu finden sind. Ein beträchtlicher Teil der Historiker orientierte sich um und nahm eher andere Fächer in den Blick wie die Ethnologie, die Kulturwissenschaften, die Kunst- und Bildgeschichte, aber auch die Philosophie, die Geographie und die Rechtswissenschaften. Historiker ließen sich daher weniger als zuvor von Politologen und Soziologen inspirieren. Die Passion der Historiker für Epocheneinteilungen und Epochenumbrüche wurde durch den Umbruch von 1989 eher noch verstärkt und der Unterschied zu den Sozialwissenschaften und deren Passion für Typologien eher noch sichtbarer. Die historische Soziologie als klassische Verbindung von Geschichte und Soziologie gerade auch im historischen Vergleich behielt nicht ihr altes Gewicht. Die soziologischen und politologischen Methoden der Umfragen und der Quantifizierung wurden immer komplexer und ließen sich in der historischen Analyse immer schwerer anwenden. Die sozialwissenschaftliche Forschung spezialisierte sich zudem, während die allgemeinen sozialwissenschaftlichen Analysen, die auch die Brücke zur Geschichtswissenschaft geschlagen hatten, von außen gesehen eher zurückgingen. Schließlich reagierten Geschichtswissenschaften und Sozialwissenschaften auf die neuen Herausforderungen der Globalisierung für die Vergleichsforschung ganz unterschiedlich. Die Historiker haben mit wenigen Ausnahmen ihre Rolle in der Debatte über die Globalisierung noch nicht gefunden. Zudem reagierten auf die schon erwähnte, neue Vergleichspolitik der internationalen Organisationen nur die

---

14 Vgl. als Beispiele für amerikanische globalgeschichtliche Handbücher: Pamela Kyle Crossley u. a., Global Society. The World since 1900, Boston 2004; Peter N. Stearns, Globalization in World History, London 2009.

Sozialwissenschaften lebhaft, während die Antworten der Historiker marginal blieben.

(7) Eine leitende Theorie ist in der vergleichenden historischen Forschung nur noch schwer auszumachen. Das Interesse an Modernisierungstheorien und Entwicklungskonzepten, die früher eine zentrale Klammer zwischen Geschichts- und Sozialwissenschaften ausmachten, ist unter den Historikern stark zurückgegangen. Reflexive Modernisierung, wie sie einige Soziologen vorgeschlagen haben, findet weit weniger Echo unter Historikern als früher die klassische Modernisierungstheorie auch deshalb, weil Geschichtsforschung dabei weit weniger gefragt ist. Untersuchungen über Entwicklungsprozesse, über fortgeschrittenere oder rückständigere Länder, Lebensformen, Werte oder Institutionen sind zwar nicht gänzlich verschwunden, aber in der historischen Forschung deutlich seltener geworden. Wenn es noch eine Klammer für die vergleichende historische Forschung gibt, dann ist es eher das bessere Verstehen anderer Kulturen und über diesen scheinbaren Umweg auch das bessere Erkennen des Eigenen. Der Vergleich etwa von Erinnerungsorten, von kolonialer Politik und Dekolonisierungsprozessen, von Gewalt und Kriegen, von Wissen und Transfer, von Unternehmenskulturen oder der Vergleich von Geschichtsschreibungen dient häufig dem besserem Verständnis des Anderen, seiner Entscheidungsmotive und Handlungskontexte.

4. Zusammenfassung

Die Veränderungen, die in der vergleichenden Forschung seit den 1970er und 1980er Jahren eingetreten sind, sollte man sicher nicht überbewerten. Die klassische Definition des historischen Vergleichs, die klassischen Vergleichsansätze und Vergleichsergebnisse sind nicht völlig überholt. Wichtigen Themenfelder des Vergleichs wie die historische Demographie, die wirtschaftlichen Entwicklungen, Familie, und Arbeit, Bildung, Stadt, Migration, soziale Milieus, Alltagsleben und Konsumverhalten, Wohlfahrtsstaat, Verfassungs- und Rechtsgeschichte, politische Parteien und Wahlen, Imperien und Dekolonisierung und Bilder des Anderen sind heute so wichtig wie eh und je.

Die vergleichende historische Forschung von heute hat aber dennoch ein anderes Erscheinungsbild. Sie wird nicht mehr von einem Pioniergeist geprägt, sondern steht eher unter dem Eindruck der Normalisierung. Sie öffnet sich einem größeren Raum als nur dem atlantischen Westen. Sie wird weniger von sozialwissenschaftlichen Modellen und von amerikanischen

Vergleichsvorbildern angetrieben und will weniger eine Variation der Modernisierungstheorien sein, sondern stärker von der Reichhaltigkeit der Theorieangebote profitieren, die viele andere Disziplinen anbieten. Die Neigung zum Erkennen von Unterschieden dominiert nicht mehr so sehr in der vergleichenden Forschung. Das Interesse an Gemeinsamkeiten hat sich verstärkt. Schließlich speist sich die vergleichende Forschung weniger aus der Passion für fortschrittliche Entwicklungen und interessiert sich mehr für das Verstehen des Anderen auch außerhalb von Europa oder in den Übergangszonen zu anderen Weltregionen.

Welche der drei Interpretationen des Wandels des historischen Vergleichs, die anfangs erwähnt wurden, leuchtet am Ende am meisten ein?

Es wäre voreilig, von einem Niedergang der vergleichenden Forschung zu sprechen. Zwar ist die Vergleichsforschung nicht mehr eine aufregende Innovation und die Debatte über die Methoden der vergleichenden Forschung ist in den letzten Jahren auch abgeklungen. Sicher sind auch die Grenzen und die Schwierigkeiten einer Vergleichsforschung den Historikern deutlicher bewusst geworden. Dass der Vergleich lediglich ein Ansatz unter mehreren innerhalb der transnationalen Geschichte und nicht mehr eine einzigartige, besonders prestigeträchtige Methode der Geschichtswissenschaft ist, wurde eine verbreitete Einsicht. In der Forschungspraxis hat sich der Vergleich aber etabliert und ist keineswegs zurückgegangen, sondern wird um 2010 eher häufiger praktiziert als in den 1990er Jahren.

Es wäre umgekehrt ebenso voreilig und wenig realistisch, von einer Wiederkehr des Vergleichs unter Historikern zu sprechen. Die großen Herausforderungen von außen, die zu Beginn angesprochen wurden, finden bisher kein großes Echo in der vergleichenden Geschichtswissenschaft. Die Herausforderung des politischen Gegenwartsvergleichs durch internationale Organisation stimulierte bisher vor allem die Forschungen von Soziologen, Politik- und Wirtschaftswissenschaftlern, weniger aber die Arbeit von Historikern. Die Globalisierungsdebatte hat zwar manche Historiker dazu angeregt, allzu vereinfachte Periodisierungen der Globalisierung zu revidieren und auch die Rolle Europas in der Geschichte der Globalisierungsprozesse zu überdenken. Aber eine gewichtige Rolle haben Historiker in der Debatte über Globalisierung bisher nicht gespielt. Auch Vergleiche des täglichen Lebens, die alltägliche Vergleichspraxis in einer internationalisierten Welt, wurden bisher selten Thema historischer Vergleichsforschungen, auch wenn das wissenschaftliche historische Vergleichen dazu beitragen könnte, Vorurteile zu revidieren.

Es bleibt die eher unspektakuläre dritte Option, die Normalisierung der vergleichenden Forschung als einer akzeptierten und praktizierten Methode.

Diese dritte Option hat am meisten für sich. Der Vergleich wird viel praktiziert, besitzt weiterhin seine Vorzüge, beruht inzwischen auf viel Erfahrung,
ist erheblich verfeinert worden, wird reflektiert verwandt und mit anderen
Methoden kombiniert. Es gehört zu der Normalisierung, dass gleichzeitig
empfindliche Lücken bestehen bleiben, von denen die drei wichtigsten erwähnt seien: die Abwesenheit einer internationalen Debatte über die vergleichende Forschung jenseits des deutsch-französischen Wissenschaftsraumes,
besonders auch mit Nicht-Europäern; das Fehlen einer globalen Bilanz über
den Stand der vergleichenden Forschungen und der Forschungen zu Transfers; auch das Fehlen von Lehrveranstaltungen über den historischen Vergleich und Transfer außerhalb von Doktorandenschulen und das weitge-
hende Fehlen von Handbüchern für die ersten Studienjahre.

Herrschaft und Recht –
Praxis und Institutionen

Iris Fleßenkämper

»Wo idt mit dem hilligen ehestand soll geholden werden«

Das frühneuzeitliche Eherecht in Emden und Bremen
zwischen weltlichen und geistlichen Ordnungsansprüchen

1. Einleitung

In der Frühneuzeitforschung bietet sich die protestantische Konfessionalisierung als thematische Bezugsgröße für vergleichende Untersuchungen an: Als
Prozess der Neuordnung und Verfestigung von Bekenntnissen und Kirchen-
verfassungen war die Konfessionalisierung zwar ein grenzüberschreitender
Vorgang, der sich jedoch in den protestantischen Territorien des römisch-
deutschen Reiches auf unterschiedliche Weise gestaltete. Theologische Vorstellungen von der Ordnung der Kirche und ihrem Einfluss auf die weltliche
Regierung korrelierten oder kollidierten mit säkular-politischen Machtan-
sprüchen, mit vorreformatorischen Rechtstraditionen sowie mit den kulturellen Praktiken der im konfessionellen Umbruch befindlichen Territorien
und Städte. Die Umsetzung neuer klerikaler Ordnungsvorstellungen in vorgegebenen politischen, auf traditionalem Recht beruhenden Herrschafts-
strukturen führte daher nicht selten zu Dominanzkonflikten zwischen Klerus und weltlicher Obrigkeit, die auch (und vor allem) im Eherecht und hier
in der Frage der Strafkompetenz zum Tragen kamen.

Das Verhältnis zwischen geistlicher und weltlicher Strafgewalt im frühneuzeitlichen Eherecht bildet deshalb als Aspekt des Zusammenspiels von
Konfession und Herrschaft die thematische Grundlage der vorliegenden Untersuchung. Als regionale Vergleichseinheiten stehen die nordwestdeutschen
Städte Emden und Bremen im Mittelpunkt, die im (späten) 16. Jahrhundert
dem reformierten Glauben beitraten. Neben einer Rekonstruktion der wichtigsten calvinistischen Ehereformen wird es hier vor allem um die norma-
tive Entwicklung des Eherechts und die Frage nach der gerichtlichen Zuständigkeit in den genannten Städten gehen. Der Aufsatz zielt entsprechend
auf einen zweischichtigen Vergleich ab: Einerseits wird das frühneuzeitliche Eherecht auf territorialer Ebene zwischen den Städten, andererseits auf

normativer und institutioneller Ebene zwischen den beteiligten weltlichen und kirchlichen Ordnungsmächten verglichen. Vor dem Hintergrund neuerer Forschungsansätze, die »dem spezifischen Eigengewicht des christlichen Glaubens« und seiner Ordnungsvorstellungen in den »Konfessionskulturen« der Frühen Neuzeit Rechnung tragen,[1] soll vor allem danach gefragt werden, inwieweit die Ehegesetzgebung in den unterschiedlichen reformierten Städten theologisch inspiriert war und folglich eine ähnliche Entwicklung aufwies, und inwieweit sie im Zusammenhang mit lokalen politischen und rechtlichen Prozessen beurteilt werden muss. Auf einer allgemeineren Ebene geht es also um die Frage, auf welche spezifische Art und Weise und mit welcher Begründung geistliche Wertvorstellungen, Instanzen und Praktiken nach der Einführung des Reformiertentums in die Sphäre des Weltlich-Staatlichen eingebunden waren und welche Konflikte mit dieser »Verzahnung«[2] einhergingen. Der Vergleich zwischen zwei reformierten Städten bietet dabei die Chance, Erklärungen für die unterschiedlichen Verlaufsformen dieser Konflikte sowie für die unterschiedliche Qualität und Intensität der Verzahnung zwischen Kirche und weltlicher Macht geben zu können.

Die Untersuchung wird zunächst ganz im Sinne von Marc Bloch[3] mit einer Beschreibung der stadt- und kirchengeschichtlichen Rahmenbedingungen beginnen, die für die Entwicklung des frühneuzeitlichen Eherechts in Emden und Bremen eine bedeutende Rolle spielten und in politischer, sozialer und wirtschaftlicher Hinsicht einige Parallelen aufweisen. Das folgende Kapitel wird sich dann eingängig mit den eherechtlichen Entwicklungen in beiden Städten auseinandersetzen und dabei Gemeinsamkeiten und vor allem Unterschiede herausstellen. Eine wichtige Bezugsgröße stellt hier die vom Genfer Stadtrat erlassene calvinistische Eheordnung des Jahres 1561

---

1 Thomas Kaufmann, Einleitung, in: Kaspar von Greyertz u. a. (Hg.), Interkonfessionalität-Transkonfessionalität-binnenkonfessionelle Pluralität. Neue Forschungen zur Konfessionalisierungsthese, Gütersloh 2003, S. 9–16, hier S. 10; ders., Universität und lutherische Konfessionalisierung, Gütersloh 1997.

2 Vgl. Robert von Friedeburg / Luise Schorn-Schütte, Einleitung, in: dies. (Hg.), Religion und Politik. Eigenlogik oder Verzahnung?, München 2007, S. 1–12.

3 Marc Bloch erklärt sowohl eine »gewisse Ähnlichkeit« als auch eine »gewisse Verschiedenartigkeit« der beobachteten Erscheinungen und ihrer Entstehungsmilieus zu den Grundbedingungen des historischen Vergleichs. Vergleichen bedeute in diesem Sinne »aus einem oder mehreren verschiedenen sozialen Milieus zwei oder mehr Phänomene auszuwählen, die scheinbar auf den ersten Blick gewisse Analogien aufweisen, den Verlauf ihrer Entwicklung zu beschreiben, Ähnlichkeiten und Unterschiede festzustellen und diese so weit wie möglich zu erklären.« Marc Bloch, Für eine vergleichende Geschichtsbetrachtung der europäischen Gesellschaften (1928), in: Matthias Middell / Steffen Sammler (Hg.), Alles Gewordene hat Geschichte. Die Schule der ANNALES in ihren Texten 1929–1992, Leipzig 1994, S. 121–167, hier S. 122.

dar, die für viele reformierte Städte im späten 16. Jahrhundert eine Modellfunktion entwickelte.[4] Im Einklang mit neueren Forschungsperspektiven zum Kulturtransfer werden hier jedoch weniger die Beeinflussungen der »Exportkultur« Genf als vielmehr die »Rezeptionsbedürfnisse« in der Emder und Bremer »Aufnahmekultur« zur Sprache kommen.[5] Neben der (material-)rechtlichen Basis werden schließlich auch die an der Ehegerichtsbarkeit beteiligten weltlichen und geistlichen Institutionen erforscht und im Hinblick auf ihre überlappenden Tätigkeitsbereiche, ihre Kooperationsbereitschaft und wechselseitigen Konflikte untersucht. Im Anschluss folgt eine Erklärung und Interpretation der zwischen beiden Städten herausgestellten Gemeinsamkeiten und Unterschiede.[6]

2. Stadt- und kirchengeschichtliche Rahmenbedingungen: Bremen und Emden im 17. Jahrhundert

Die norddeutschen Städte Emden und Bremen gehörten zu Beginn des 17. Jahrhunderts zu den wichtigsten Zentren des deutschen Reformiertentums. Beide Städte waren keine freien Reichsstädte, sondern blieben zunächst einer weltlichen oder geistlichen Landesherrschaft unterstellt: Emden war die Residenzstadt der Reichsgrafschaft Ostfriesland, die seit 1453 von der Adelsfamilie der Cirksenas regiert wurde; die Stadt Bremen blieb als Landstand des Erzstifts Bremen formell der Landesherrschaft der Bremer Erz-

---

4 Die Eheordnung gehörte zur allgemeinen reformierten Kirchenordnung der Stadt Genf, die Calvin unter dem Titel »Ordonnances ecclésiastiques« zusammen mit den Mitgliedern des Stadtrates zunächst 1541 verfasst, dann 1561 revidiert hatte.

5 Matthias Middell, Von der Wechselseitigkeit der Kulturen im Austausch. Das Konzept des Kulturtransfers in verschiedenen Forschungskontexten, in: Andrea Langer / Georg Michels (Hg.), Metropolen und Kulturtransfer im 15./16. Jahrhundert, Stuttgart 2001, S. 15–51, hier S. 18 f. Kulturtransferprozesse werden nach Ansicht von Middell nicht durch einen Willen zum Export, sondern hauptsächlich durch eine Bereitschaft zum Import gesteuert. Vgl. auch Michel Espagne, Der theoretische Stand der Kulturtransferforschung, in: Wolfgang Schmale (Hg.), Kulturtransfer. Kulturelle Praxis im 16. Jahrhundert, Innsbruck 2003, S. 63–75, hier S. 64. Espagne stellt vor allem die Frage nach den »Übersetzungsprozesse[n], d. h. die semantische Umwertung der importierten Güter« im »Aufnahmekontext« in den Vordergrund der Kulturtransferforschung.

6 Jede zielführende vergleichs- und transfergeschichtliche Untersuchung setzt eine gewisse »Selektion, Abstraktion und Lösung aus dem Kontext« voraus. Vgl. Heinz-Gerhard Haupt / Jürgen Kocka (Hg.), Geschichte und Vergleich. Ansätze und Ergebnisse international vergleichender Geschichtsschreibung, Frankfurt 1996, S. 23. Die frühneuzeitliche Ehegerichtsbarkeit in Emden und Bremen kann hier lediglich anhand einiger Schlaglichter durchleuchtet werden, die Anregungen für weiterführende Studien geben sollen.

bischöfe untergeordnet. Als Gewerbe- und Handelszentren mit eigenem Hafen hatten beide Städte für die Landesherrschaft eine besondere wirtschaftliche und geostrategische Bedeutung. Emden hatte als Absatzmarkt von Agrarprodukten von der günstigen Konjunkturlage des 16. Jahrhunderts profitiert und nicht zuletzt auch von der Zuwanderung protestantischer Glaubensflüchtlinge – vornehmlich Kaufleute und Handwerker – aus England und den Niederlanden, die den wirtschaftlichen Aufschwung vor allem im gewerblichen Sektor verstärkten.[7] Emdens Kontakte etwa zu auswärtigen Handelsfirmen, die ihren Stapel zeitweilig in Emden errichteten,[8] banden die Stadt in ein weiträumiges Beziehungsgeflecht ein, das von England über die Niederlande bis nach Frankreich reichte.[9] Auch die Stadt Bremen hatte sich bereits im Spätmittelalter durch den Überseehandel mit England, den Niederlanden und Norwegen zu einer regionalen Wirtschaftsmacht an der Unterweser und Nordseeküste entwickelt und spielte zudem im Städtebund der Hanse bis Mitte des 17. Jahrhunderts eine zunehmend aktive und führende Rolle.[10] Der Aufschwung von Schifffahrt und Handel hatte die Stadt in den Jahrzehnten von etwa 1600 bis zum Ausbruch des Dreißigjährigen Krieges zu einer wirtschaftlichen Blüte geführt, die vor allem im öffentlichen Bauwesen, in der Stadtentwicklung und auch im Repräsentationsbedürfnis der höheren Bürgerschichten ihren kulturellen Ausdruck fand.[11] Mit der soliden Wirtschaftslage in Bremen und Emden ging eine demographische Aufwärtsentwicklung einher, die in Emden durch den kontinuierlichen Zustrom vor

---

7 Heinz Schilling, Reformierte Kirchenzucht als Sozialdisziplinierung? Die Tätigkeit des Emder Presbyteriums in den Jahren 1557–1562, in: Wilfried Ehbrecht / Heinz Schilling (Hg.), Niederlande und Nordwestdeutschland Studien zur Regional- und Stadtgeschichte Nordwestkontinentaleuropas im Mittelalter und in der Neuzeit, Köln 1983, S. 261–327, hier S. 268; *Heinz Schilling,* Reformation u. Bürgerfreiheit. Emdens Weg zur calvinistischen Stadtrepublik, in: Bernd Moeller (Hg.), Stadt und Kirche im 16. Jahrhundert, Gütersloh 1978, S. 128–161, hier S. 141; Alfred Rauhaus, Fürstentum Ostfriesland, in: Elwin Lomberg u. a. (Hg.), Die Evangelisch- reformierte Kirche in Nordwestdeutschland. Beiträge zu ihrer Geschichte und Gegenwart, Weener 1982, S. 154–177, hier S. 169 f.
8 Zwischen 1580–1587 und 1599–1602 wählte England die Stadt Emden zu ihrem wichtigsten Hafen- und Lagerplatz für Waren an Land. Vgl. Josef Kulischer, Allgemeine Wirtschaftsgeschichte des Mittelalters und der Neuzeit. Handbuch der mittelalterlichen und der neueren Geschichte, Bd. 1: Das Mittelalter, München 1928, S. 240 f.
9 Schilling, Reformierte Kirchenzucht, S. 268. Zur wirtschaftlichen Situation Emdens in der zweiten Hälfte des 16. Jh. vgl. auch Schilling, Reformation und Bürgerfreiheit.
10 Zur Bedeutung Bremens in der Hanse vgl. Herbert Schwarzwälder, Bremen als Hansestadt im Mittelalter, in: Hansische Geschichtsblätter 112 (1994), S. 1–38; Raoul Zühlke, Bremen und Riga. Zwei mittelalterliche Metropolen im Vergleich, Münster 2002; Thomas Hill, Die Stadt und ihr Markt. Bremens Umlands- und Außenbeziehungen im Mittelalter (12.–15. Jh.), Wiesbaden 2004.
11 Konrad Elmshäuser, Geschichte Bremens, München 2007, S. 50.

allem niederländischer Flüchtlinge noch verstärkt wurde: Sowohl in Emden als auch in Bremen lebten Ende des 16. Jahrhunderts schätzungsweise zwanzigtausend Einwohner.[12] Das Wachstum der Städte führte schließlich auch zu einer stärkeren sozialen Differenzierung der Einwohnerschaft, die vom kaufmännischen Großbürgertum und den städtischen, meist juristisch geschulten Beamten über die mittelständischen Handwerker und »Schiffer« bis hin zu den niederen Dienstboten und Hafenarbeitern hauptsächlich wirtschaftliche Berufsgruppen umfasste.[13]

Die sozio-ökonomischen Entwicklungen erhöhten das politische Selbstbewusstsein und Autonomiestreben des Emder und Bremer Stadtrates auch und gerade ihren Landesherren gegenüber. Das politische Verhältnis zwischen Magistrat und Territorialherr war deshalb nicht selten mit Spannungen verbunden, die durch den konfessionellen Konflikt im 16. Jahrhundert noch verschärft wurden. Bremen nahm in den 1520er Jahren zunächst auf Initiative des einflussreicheren Bürgertums den lutherischen Glauben an.[14] 1534 erließ der Magistrat die erste protestantische Kirchenordnung, die bereits wesentliche kirchliche Aufgabenfelder – etwa die Superintendentur oder die Ehegerichtsbarkeit – dem Rat zusprach.[15] Mit der Berufung Albert Riza-

---

12 Vgl. Schilling, Reformation und Bürgerfreiheit, S. 141; Franz Mathis, Die deutsche Wirtschaft im 16. Jahrhundert, München 1992, S. 8; Elmshäuser, S. 54.

13 Zu Emden vgl. Schilling, Reformation und Bürgerfreiheit, S. 141. Zu Bremen vgl. Elmshäuser, S. 49. Zeitgenössische Angaben zur sozialen Differenzierung der Bremer Bürgerschaft finden sich auch in Bremer Hochzeitsordnungen des 16. und 17. Jh., Staatsarchiv Bremen (hiernach StA Bremen), 2-D.20.g.2. Weder Bremen noch Emden verfügten über eine eigene Universität. Dennoch konnten die Stadträte als Gründer und Förderer einer hiesigen Lateinschule (Emden) und eines Gymnasium Illustre (Bremen) ihren Bürgern eine humanistisch-protestantische Grundausbildung und den akademisch ausgebildeten Theologen ein gelehrtes Betätigungsfeld bieten. Zum Gymnasium Illustre in Bremen vgl. Wim Janse, Grenzenlos reformiert: Theologie am Bremer Gymnasium Illustre (1528–1812), in: ders. / Barbara Pitkin (Hg.), The Formation of Clerical and Confessional Identities in Early Modern Europe, Leiden 2006, S. 89–114.

14 Friedrich Seven, Die Bremer Reformation im Spiegel der Kirchenordnung, in: Niedersächsisches Jahrbuch für Landesgeschichte 56 (1984), S. 59–72, hier S. 61. Seven revidiert die gängige Forschungsmeinung, die Reformation in Bremen sei primär eine politische Maßnahme des Rates gewesen. Er spricht vor allem auch den Gemeinden, die auf eine Fortsetzung evangelischer Predigertätigkeiten in den 1520er Jahren drängten, eine wichtige Rolle bei der Unterstützung protestantischer Reformen in Bremen zu.

15 Im gleichen Jahr 1534 wurde zwischen Rat und Gemeinde eine »Neue Eintracht« geschlossen, die den Rat für »vullmechtig« erklärte. Bürgerversammlungen waren nun auf das Einverständnis des Rates angewiesen. Mit dem Erlass der »Neuen Eintracht« und der Kirchenordnung 1534 konnte der Stadtrat daher seine Souveränität sowohl gegenüber der Bürgerschaft als auch gegenüber der Kirche stärken. Vgl. hierzu auch Anneliese Sprengler-Ruppenthal, Die Bremer Kirchenordnung von 1534, in: Zeitschrift der Savigny-Stiftung für Rechtsgeschichte 113 (1996), S. 107–269, hier S. 140, Anm. 107.

eus Hardenbergs zum Domprediger im Jahre 1547 und Marcus Menings zum
Superintendenten 1571 wurden in Bremen in den folgenden Jahrzehnten die
Grundlagen für den Übergang zum reformierten Bekenntnis geschaffen.[16]
Unter der Federführung des reformierten Theologen Christoph Pezel entstand 1595 schließlich der Consensus Bremensis als neue Ordnung der Bremer Kirche, die nach Genfer Vorbild auch die Einrichtung von Presbyterien
»umb eusserlicher zucht und fridens willen« forderte.[17] Die reformatorischen
Maßnahmen der Stadt zogen langfristige politische Konflikte mit dem zunächst katholischen Erzbischof, ab 1566 mit dem lutherischen Administrator
des Erzstifts sowie seinem in der Stadt Bremen weiterhin angesiedelten Dom-
kapitel nach sich, die ihre landesherrlichen Einflussmöglichkeiten über die
Stadt zunehmend gefährdet sahen.[18] Die Konfessionskonflikte zwischen dem
Erzstift und der Stadt Bremen sind deshalb auch vor dem Hintergrund der
städtischen Forderungen nach politischer Selbständigkeit zu interpretieren:
In ihren Auseinandersetzungen mit dem Erzbischof ging es der Stadt Bremen
einerseits um die Verteidigung erst der lutherischen, dann der reformierten
Lehre, andererseits aber auch um ihre Emanzipation vom Erzstift Bremen.
Obwohl Karl V. im Juli 1541 in mehreren Privilegien die traditionelle Rats-
verfassung der Stadt und zugleich die Herrschaft des Magistrats über das gesamte Stadtgebiet mit seinen vier Gohen bestätigt hatte, befand sich Bremen
als Landstand des Erzstifts weiterhin in einer rechtlichen Grauzone und blieb
damit auch vor späteren Interventionen des Landesherrn nicht gefeit.

Ähnlich wie in Bremen waren auch in Emden die ersten Anzeichen refor-
matorischer Strömungen bereits in den 1520er Jahren zu erkennen. Im Unterschied zum Bremer Erzbischof stellte sich Graf Edzard I. als Landesherr
Ostfrieslands jedoch der Reformation nicht offensiv entgegen, bat anfänglich
sogar Martin Luther um die Entsendung evangelischer Prediger in die Grafschaft.[19] Während sein Nachfolger Enno II. (1528–1540) mit der Unterstützung vor allem des Bremer Theologen Johann Timann erfolglos versuchte,
ein einheitlich lutherisches Kirchenregiment durchzusetzen, machte es sich

---

16 Zur Geschichte der reformierten Kirche in Bremen vgl. die einschlägige Studie von Otto
    Veeck, Geschichte der reformierten Kirche Bremens, Bremen 1909.
17 Consensus Ministerii Bremensis Ecclesiae 1595, neu ediert von Ernst Friedrich Karl Mül-
    ler (Hg.), Die Bekenntnisschriften der reformierten Kirche, Waltrop 1999, S. 739–798,
    hier S. 796.
18 Zum Widerstand des Erzschischofs in der ersten Hälfte des 16. Jh. vgl. Hartmut Mül-
    ler, Karl V., Bremen und die Kaiserdiplome von 1541, in: Bremisches Jahrbuch 79 (2000),
    S. 13–28; Seven, Bremer Reformation, S. 61.
19 Hans-Walter Krumwiede, Kirchengeschichte Niedersachsens, Göttingen 1996, S. 143;
    Rauhaus, S. 158. Insgesamt verhielt sich der Graf jedoch eher zurückhaltend, um einen
    Bruch mit der katholischen Kirche zu vermeiden.

seine Gattin Anna von Oldenburg (1542–1575), die nach dem Tod Ennos die vormundschaftliche Regentschaft ihrer drei Söhne übernahm, zur Aufgabe, die kirchlichen Verhältnisse auf der Grundlage des reformieren Bekenntnisses neu zu ordnen. 1542/43 berief sie den Theologen Johannes a Lasco in das Amt des Superintendenten, der bereits ein Jahr später neben dem Coetus als Versammlungsinstanz aller reformierten Prediger Ostfrieslands einen Kirchenrat als Leitungsorgan der Emder Kirche gründete und damit das Fundament für eine reformierte Kirchenordnung der Stadt Emden schuf.[20] Als die Söhne der Gräfin, Edzard, Christoph und Johann, 1558 durch den Kaiser mit der Herrschaft über Ostfriesland belehnt wurden, kam es zu einer Spaltung der ostfriesischen Kirche: Während Edzard II. in der Tradition seines Vaters erneut die lutherische Lehre und Kirchenverfassung in der Grafschaft durchzusetzen versuchte, unterstützte sein Bruder Johann die Reformierten. 1567 berief er den ehemaligen Freund a Lascos und Schüler Martin Bucers, Albert Hardenberg, an die Große Kirche nach Emden, der als Domprediger bereits einige Jahre zuvor in der Nachbarstadt Bremen den Übergang zum reformierten Bekenntnis vorbereitet hatte. Stärker noch als Hardenberg setzte sich Menso Alting gemeinsam mit Mitgliedern der Emder Bürgerschaft für die landesweite Anerkennung der reformierten Kirchenverfassung in Emden ein und zog dabei den Widerstand des Grafen Edzard und seines lutherischen Hofpredigers Johannes Ligarius auf sich. Als Graf Johann 1591 starb, versuchte Edzard durch das Verbot des reformierten Coetus einen größeren Einfluss auf die Emder Kirche zu erlangen und verschärfte damit den seit Jahrzehnten schwelenden Konflikt zwischen der Emder Kirche und Bürgerschaft auf der einen und dem lutherischen Grafen auf der anderen Seite.[21] Der Konflikt führte 1594 zur »Emder Revolution«,[22] einem Aufstand der Emder Bürgerschaft gegen die lutherische Herrschaft über die Stadt, der Emden schließlich die landesherrliche Anerkennung ihrer politischen Selbständigkeit einbrachte.

Obwohl Bremen und Emden Ende des 16. Jahrhunderts ein großes Maß an politischer Autonomie genossen, waren sie de jure keine freien Reichsstädte. Die Frage, unter welchen Bedingungen und in welchen gesellschaftlichen Bereichen sich die Landesherrschaft in städtische Angelegenheiten einmischen

---

20 Zur Ekklesiologie Johannes a Lascos und ihrer Umsetzung in Emden vgl. Judith Becker, Gemeindeordnung und Kirchenzucht. Johannes a Lascos Kirchenordnung für London (1555) und die reformierte Konfessionsbildung, Leiden 2007.

21 Ebd., S. 107–119.

22 Zur Problematik des – anachronistischen – Begriffs »Emder Revolution« vgl. u.a. Walter Deeters, Was geschah am 18. März 1595 in Emden?, in: Hajo van Lengen (Hg.), Die »Emder Revolution« von 1595, Aurich 1995, S. 9–16.

durfte und in welchen nicht, war rechtlich nicht immer eindeutig geklärt. Diese uneindeutigen Grenzen zwischen territorialer und städtischer Herrschaft führten nicht selten zu politischen Konflikten, die durch den Machtanspruch der reformierten Kirche zusätzlich verstärkt wurden. Ein wichtiger Bereich, in dem der politische Kampf um Herrschaftshoheit in der Frühen Neuzeit auch symbolisch ausgetragen wurde, war der Bereich des materiellen Rechts und der Gerichtsbarkeit.[23] Ein besonderes Konfliktfeld stellte hier vor allem das Eherecht dar, das als »res mixta« in den Zuständigkeitsbereich sowohl der weltlichen (d.h. konkret der landesherrlichen und/oder städtischen) als auch der geistlichen Gerichtsbarkeit fiel.

3. Die Normierung der Ehe im Zuge der Konfessionalisierung: Emden und Bremen im Vergleich

3.1 Zum protestantischen Eherecht in der Frühen Neuzeit

Die Institution der Ehe basiert auf unterschiedlichen Rechtstraditionen: Sowohl im römischen als auch im kanonischen Recht wurde nach dem Prinzip *consensus facit matrimonium* das Einvernehmen der Brautleute als Voraussetzung für eine gültige Ehe anerkannt. Die Verlobung, die meist durch den Beischlaf bekräftigt wurde, galt also bereits als begonnene Ehe – und zwar auch dann, wenn sie nicht im Rahmen einer kirchlichen Zeremonie vollzogen wurde. Die meisten evangelischen Kirchenordnungen haben diese Maxime zunächst beibehalten.[24] Nach Ansicht von Martin Luther war eine kirchliche Trauung für die Wirksamkeit der Eheschließung rechtlich nicht konstitutiv, da er die Ehe als eine weltliche Angelegenheit, »ein eusserlich weltlich Ding« betrachtete.[25] Obwohl die Ehe als eine moralisch hochwertige Form der Lebensführung Gott wohlgefalle, sprach Luther der Ehe den Sakra-

---

23 Einen aktuellen Forschungsüberblick über die Frage der ›Rechtspolitik‹ als Form symbolischer Herrschaftsrepräsentation bietet André Krischer, Neue Forschungen zur Kriminalitätsgeschichte, in: Zeitschrift für Historische Forschung 33 (2006), S. 387–415, bes. S. 402 ff.

24 Marion Lischka, Liebe als Ritual. Eheanbahnung und Brautwerbung in der frühneuzeitlichen Grafschaft Lippe, Paderborn 2006, S. 53; Karla Sichelschmidt, Recht aus christlicher Liebe oder obrigkeitlicher Gesetzesbefehl? Juristische Untersuchungen zu den evangelischen Kirchenordnungen des 16. Jahrhunderts, Tübingen 1994, S. 124.

25 Martin Luther, Von Ehesachen (1530), in: Weimarer Ausgabe (hiernach WA) 30/III, S. 205–248, hier S. 205.

mentcharakter ab.[26] Die alleinige Anerkennung der freien Willenserklärung als ehestiftendes Moment zog jedoch ordnungspolitische Probleme nach sich, zumal im Konfliktfall nicht eindeutig festgestellt werden konnte, wer überhaupt verheiratet war. Luther band das Verlöbnis daher an die Voraussetzung, dass es öffentlich vor Zeugen, vor allem aber im Einvernehmen mit den Eltern bzw. Vormündern der Brautleute vollzogen werden sollte. Der weltlichen Obrigkeit sprach er dabei die Aufgabe zu, den elterlichen Konsens als Bedingung einer gültigen Eheschließung auch gesetzlich festzuschreiben und die »heimlich« versprochenen Ehen entsprechend zu ahnden.[27]

Nach Johannes Calvin war für die Rechtsgültigkeit eines Eheversprechens nicht nur die elterliche Zustimmung und öffentliche Bezeugung erforderlich, sondern auch die staatliche Registrierung und vor allem der kirchliche Segen.[28] Als »Ebenbild der Verbindung Christi mit der Kirche«[29] basierte die Ehe für Calvin auf einer Bundesbeziehung zwischen den am Ehevollzug beteiligten weltlichen und geistlichen Parteien, die »unterschiedlichen Dimensionen der Mitwirkung Gottes am Bund der Ehe« entsprachen und deshalb die Rechtmäßigkeit der Ehe aus sich selbst heraus konstituierten.[30] Mit der Begründung des göttlichen Reinheitsgebotes sprach sich Calvin vehement gegen jede Form von vor- und außerehelichem Geschlechtsverkehr aus und verurteilte damit im Unterschied zu Luther auch die eheeinleitende Sexualität.[31] Die Sanktionierung von sexueller Devianz sollte im Rahmen einer Kirchenzucht mit dem Ziel erfolgen, die sittliche Reinheit der Gemeinde wiederherzustellen.[32] Im Vergleich zu Luther, der die Ehe gemäß seiner Zwei-Regimente-Lehre als eine weltliche Angelegenheit betrachtete und sie des-

---

26 Ders., Von der babylonischen Gefangenschaft (1520), in: WA 6, S. 497–573. In seinem »Sermon vom ehelichen Stand« (1519) hatte Luther die Ehe noch als Sakrament betrachtet.

27 Luther, Von Ehesachen, S. 207 f., S. 217. Luther bezeichnete die Ehe auch als einen »öffentlichen Stand« (ebd., S. 207).

28 Vgl. u. a. Johannes Calvin, Institutio Christianae Religionis (1559), Buch II, Kap. 8,41 (hiernach Inst. II,8,41); Inst. IV,19,37. Calvin führte seine Ehereformen in einer Vielzahl von theologischen Schriften, Predigten und Kommentaren aus. Viele von ihnen fanden Eingang in konkrete Gesetze, etwa in die »Ordonnances Ecclésiastiques« (1541), die »Liturgie der Eheschließung« (1542), die »Verordnung zu bürgerlichen Ämtern« (1543) und in die »Eheordnung« (1546). John Witte Jr., Ehe und Familie, in: Herman J. Selderhuis (Hg.), Calvin Handbuch, Tübingen 2008, S. 449–459, hier S. 450.

29 Inst. IV,12,24; Übersetzung nach: Unterricht in der christlichen Religion, nach der letzten Ausgabe von 1559 übers. u. bearb. v. Otto Weber, bearb. u. neu hg. v. Matthias Freudenberg, Neukirchen-Vluyn 1997.

30 Witte, S. 452.

31 Inst. II,8,41.

32 Inst. IV,11,1–2; 12,1; Komm. Mt 16,19; 18,17 f. Grundlegend zur Kirchenzucht bei Calvin vgl. Günther H. Haas, Ethik und Kirchenzucht, in: Selderhuis, S. 326–338, hier S. 336 ff.

halb primär der Jurisdiktion der weltlichen Obrigkeit zugeordnet hatte, spielte die Kirche bei Calvin sowohl für die Eheschließung als auch für die Verfolgung und Bestrafung devianten Verhaltens eine zentrale Rolle. Calvins Ehegesetze wie auch seine Vorstellungen von kirchlicher Zucht und Ordnung mussten sich jedoch an sehr unterschiedlich organisierte Herrschaftssysteme anpassen. Nicht selten war das Verhältnis von weltlicher und geistlicher Gewalt auch weiterhin konfliktträchtig, vor allem, was die Regelungen zur Kirchenzucht betraf. Eine trennscharfe Aufteilung der weltlichen und geistlichen Kompetenzen war in praxi nicht immer leicht zu treffen und oft Gegenstand zahlreicher Verhandlungen.

3.2 Die eherechtlichen Verhältnisse in Emden

In der zweiten Hälfte des 16. Jahrhunderts wurden im ostfriesischen Raum zahlreiche landesherrliche, städtische und kirchliche Verordnungen erlassen, die für die Emder Gemeinde gleichermaßen rechtliche Relevanz besaßen. Für die Regulierung der Ehe im 17. Jahrhundert waren vor allem zwei calvinistisch inspirierte Ordnungen von Bedeutung, die beide im Kontext der »Emder Revolution« entstanden sind: Zum einen die Emder Kirchenordnung von 1594, zum anderen die Eheordnung von 1607, eine revidierte Version der ursprünglich 1596 vom Magistrat erlassenen Eheordnung.[33]

Menso Alting hatte zusammen mit anderen Mitgliedern des Emder Kirchenrates die städtische Kirchenordnung von 1594 zunächst als Reaktion auf einen Vorstoß des lutherischen Grafen Edzard II. verfasst, der seinen Hofprediger im gleichen Jahr beauftragt hatte, eine für das gesamte ostfriesische Territorium geltende lutherische Kirchenordnung auszuarbeiten. Eine obrigkeitliche Bestätigung erhielt die Kirchenordnung 1595 im Rahmen des Delfzyler Vertrages, der nach Beendigung des Emder Aufstands den vorläufigen Abschluss der Friedensverhandlungen zwischen dem Grafen und der Stadt bildete.[34] Die Emder Kirchenordnung von 1594 enthielt bereits einige wich-

---

33 Summarische beschryvinge der ordnung in der christlicken kercken to Embden (1594), in: Die evangelischen Kirchenordnungen des XVI. Jahrhunderts (hiernach EKO), Band VII/2, 1. Halbband, begr. v. Emil Sehling, bearb. v. Anneliese Sprengler-Ruppenthal, Tübingen 1963, S. 480–513; Eheordnung, wo idt mit dem hilligen ehestand und allem, wat dem angehorich [...] geholden werden (1596), in: EKO VII/2,1, S. 527–536.

34 Anneliese Sprengler-Ruppenthal, Zur reformatorischen Kirchenrechtsbildung in Ostfriesland (1964), in: dies., Gesammelte Aufsätze. Zu den Kirchenordnungen des 16. Jahrhunderts, hg. v. Martin Hechel, Tübingen 2004, S. 29–80, hier S. 61; Becker, S. 118. Der Delfzyler Vertrag wurde neu ediert von Harm Wiemann, Die Grundlagen der landständischen Verfassung Ostfrieslands. Die Verträge von 1595–1611, Aurich 1974.

tige Bestimmungen zum Eheschließungsverfahren:[35] Ganz im Sinne reformierter Kirchenordnungen sollte das Verlöbnis des Brautpaares mit Einverständnis der Eltern, vor allem aber im Beisein eines Predigers vollzogen werden, um der ›Gefahr‹ einer heimlichen Ehe zu entgehen. Die Forderung nach einem öffentlichen Verlöbnis stand hier jedoch auch in der Tradition des vorreformatorischen Emsgauer Sendrechts, das sich bereits dezidiert gegen heimliche Ehen ausgesprochen hatte.[36] Laut Kirchenordnung musste die Ehe darüber hinaus an drei aufeinanderfolgenden Sonntagen öffentlich in der Gemeinde proklamiert werden, bevor sich das Paar vom Stadtsekretär schriftlich registrieren ließ. Sollte der Sekretär nach einer eingehenden Prüfung die Heiratsfähigkeit des Paares in Zweifel ziehen, musste der Stadtrat informiert werden. Wenn keine Einwände gegen eine Heirat sprachen, konnte das Paar in der Kirche getraut werden.[37]

Bei Verstößen gegen die Bestimmungen der Ordnung sollte der Kirchenrat eingreifen, der sich gleichermaßen aus Predigern und Ältesten zusammensetzte und im Einklang mit der Ekklesiologie Calvins über die sittliche Reinheit der Abendmahlsgemeinde wachen sollte. Mit Verweis etwa auf Mt. 18, 17 und 1 Tim 1, 20 sah sich der Kirchenrat primär in der Verpflichtung, die »reine lehre unde ceremonien, guder ordnung und disciplyn der kercken« aufrechtzuerhalten.[38] Im Rahmen der Kirchenzuchtmaßnahmen gegen »gefallene« Gemeindemitglieder, die sich »mangelhaftich im geloven und wandel« gezeigt hatten und keine Buße taten, wird zwischen dem Ausschluss vom Abendmahl und der Exkommunikation als kleiner und großer Bann unterschieden.[39] Keinesfalls aber beabsichtige der Kirchenrat, »etwas vorgenahmen, dar to beratslagen edder to vorhandeln«, das der weltlichen Obrigkeit und ihrem Amte zustehe und gebühre.[40] Wo aber genau die Grenze zwischen weltlichen und kirchlichen Angelegenheiten verlaufen sollte, geht aus der Ordnung nicht explizit hervor.

---

35 Summarische beschryvinge, in: EKO VII / 2, 1, S. 495 f.

36 Vgl. Anneliese Sprengler-Ruppenthal, Heiraten in Ostfriesland um 1600, <http://www.sprengler-ruppenthal.de/docs/Heiraten.pdf>, S. 7 [Zugriff am 12.4.2012].

37 Diese Bestimmungen entsprechen auch der Genfer Eheordnung von 1561. Vgl. Johannes Calvin, Ordonannces Ecclésiastiques (1541) 1561, bearb. von Peter Opitz, in: Eberhard Busch u. a. (Hg.), Reformierte Bekenntnisschriften, Bd. 1 / 2: 1535–1549, Neukirchen-Vluyn 2006, S. 229–278, hier S. 263 ff.

38 Summarische beschryvinge, in: EKO VII / 2,1, S. 502.

39 Ebd., S. 493. Bereits in einer der frühesten reformierten Kirchenordnungen, der sog. Bremer Ordnung von 1529, wurden mit Ehe und Heirat, Blasphemie, Fasten, Alkoholkonsum und -ausschank, Totschlag und Luxus die Konfliktbereiche angeführt, die im Mittelpunkt der Emder Kirchenzucht standen. Becker, S. 129.

40 Summarische beschryvinge, in: EKO VII / 2,1, S. 502.

Die vom Emder Magistrat zwei Jahre später erlassene Eheordnung von 1596 / 1607 enthielt neben einer ausführlichen Darstellung des ordnungsgemäßen Eheschließungsverfahrens (mit öffentlichem Verlöbnis, Proklamation, städtischer Registrierung und kirchlicher Einsegnung, wie bereits in der Kirchenordnung von 1594 vorgeschrieben) auch einige Bestimmungen gegen die Ehe unter Verwandten bestimmter Grade sowie zur Bestrafung von Ehebruch und Unzucht.[41] Auch die Hochzeitsfeier nach dem Kirchgang oblag strengen Regeln der Mäßigung: Sowohl die Brautfamilie als auch die Gäste sollten bei der Organisation und Ausrichtung der Feier hohe Unkosten vermeiden. Für die Ahndung von Verstößen gegen die Eheordnung wie auch für Scheidungsverfahren war vornehmlich die weltliche Obrigkeit zuständig: Nachdem Emden 1595 weitgehend politische Selbständigkeit erlangt hatte, richtete der Landesherr im Rahmen des Osterhusischen Akkordes (1611) ein Ehegericht ein, das ausschließlich für den Einzugsbereich der Stadt Emden zuständig war und sich aus drei landesherrlichen Kommissaren, zwei Emder Ratsmitgliedern und einem vom Magistrat delegierten Emder Prädikanten zusammensetzte.[42] Zwischen 1595 und 1611 – und auch danach – zeigte sich jedoch vornehmlich der Emder Stadtrat für die Verhandlung von Eheangelegenheiten verantwortlich.[43] Bei Verstößen gegen die Bestimmungen zur Ehe legte die Ordnung im Sinne einer Polizeiordnung Strafzahlungen in unterschiedlicher Höhe fest.[44] Obwohl die Eheordnung deutliche calvinistische Akzente setzte, so war sie im Unterschied zur Emder Kirchenordnung von 1594 doch vornehmlich ein Instrument der weltlichen und nicht der geistlichen Gerichtsbarkeit.

Über Ermahnungen versuchte der Kirchenrat jedoch, den Stadtrat in seinen juristischen und politischen Entscheidungen zu beeinflussen. Aus

41 Eheordnung, in: EKO VII / 2,1, S. 527–536.
42 Heinz Schilling, Frühneuzeitliche Formierung und Disziplinierung von Ehe, Familie und Erziehung im Spiegel calvinistischer Kirchenratsprotokolle, in: Paolo Prodi (Hg.), Glaube und Eid. Treueformeln, Glaubensbekenntnisse und Sozialdisziplinierung zwischen Mittelalter und Neuzeit, München 1993, S. 199–235, hier S. 205. Zum Vertragstext des Osterhusischen Akkords, der nach anhaltenden, teils militärischen Konflikten das Verhältnis zwischen dem Grafenhaus und der Stadt Emden endgültig regeln sollte, vgl. Wiemann, S. 212–262. Zur weltlichen Matrimonialjurisdiktion in Emden vor und nach dem Osterhusischen Akkord vgl. auch Joseph König, Verwaltungsgeschichte Ostfrieslands bis zum Aussterben seines Fürstenhauses, Göttingen 1955, S. 275–283 u. S. 384–385.
43 König, S. 385, geht davon aus, dass sämtliche Ehesachen der Stadt Emden vor der Einrichtung des Ehegerichts 1611 offenbar zunächst allein durch die landesherrlichen Matrimonialkommissare entschieden wurden. Die vom Emder Magistrat erlassene Eheordnung von 1596 spricht die gerichtlichen Kompetenzen bei Übertretungen in Ehesachen jedoch eindeutig dem Stadtrat zu, der seine richterliche Funktion den Kirchenratsprotokollen zufolge auch wahrnahm.
44 Für den Geschlechtsverkehr vor der Ehe etwa verlangte die Ordnung ein Bußgeld in Höhe von 20 Goldgulden. Eheordnung, in: EKO VII / 2,1, S. 532.

den Emder Kirchenratsprotokollen geht hervor, dass der Kirchenrat den Magistrat wiederholt aufforderte, seinen Ämtern und Pflichten gewissenhaft nachzugehen, mitunter auch wiederholt Edikte zu erlassen, um die Bürger stärker zu disziplinieren.[45] Mehrmals wies der Kirchenrat den Magistrat auf die mangelnde Umsetzung der ursprünglich 1596 erlassenen Eheordnung hin und verlangte von ihm, die Eheordnung zu revidieren und jährlich von der Kanzel verlesen zu lassen. Der Bürgermeister Hermann Mejer veranlasste daraufhin im Dezember 1607 unter der gemeinsamen Beteiligung von Delegierten des Stadt- und Kirchenrates eine »revisie« der Eheordnung, welche schließlich wenige Wochen später mit Ergänzungen und Korrekturen neu veröffentlicht wurde.[46] Der Kirchenrat war somit an der Entstehung der neuen Eheordnung und damit auch im weiteren Sinne an der Entstehung und Verbreitung weltlicher Normen maßgeblich beteiligt.

Auch für den Bereich der Strafverfolgung von städtischen Einwohnern, die gegen die Eheordnung verstoßen hatten, lassen sich in den Kirchenratsprotokollen mehrere Beispiele für eine produktive Zusammenarbeit zwischen Kirchen- und Stadtrat finden: Am 13. Januar 1606 etwa beschloss der Kirchenrat, den Magistrat bei »erster gelegenheit« von der Straftat des Dirk Jansen zu unterrichten, der offenbar Ehebruch und Blutschande begangen hatte – der Kirchenrat verwies den Fall also ordnungsgemäß an den Stadtrat.[47] Der Kirchenrat wirkte hier gewissermaßen als »Katalysator« an der weltlichen Strafzucht mit und beteiligte sich auf diese Weise aktiv an der Regulierung des öffentlichen Lebens.[48] Auch die Mitglieder des Magistrats fanden sich zuweilen beim Kirchenrat ein und baten um Rat bei der Verhandlung und Bestrafung von Ehedelikten.[49]

---

45 Becker, S. 140. Am 25. November 1615 etwa mahnten die Prediger, der städtische Sekretär möge die Brautleute im Vorfeld der Registrierung sorgfältiger überprüfen, da die Prediger oftmals unwissentlich auch ungetaufte Personen trauten. Vgl. das Kirchenratsprotokoll vom 25.11.1615 in: Heinz Schilling u. a. (Hg.), Die Kirchenratsprotokolle der reformierten Gemeinde Emden 1557–1620, 2 Bde., Köln / Wien 1989 / 1992 (hiernach KRP); vgl. auch die Anmerkungen Sprengler-Ruppenthals zur Eheordnung 1596 in: EKO VII / 2,1, S. 531, bes. Anm. 53.
46 Vgl. KRP 26.9.1597; KRP 11.12.1607; Eheordnung, in: EKO VII, 1, S. 536, Anm. 31.
47 KRP 13.1.1606.
48 Vgl. Sprengler-Ruppenthal, Ostfriesland, S. 7. Zur »Ehepolitik« des Kirchenrats im Rahmen der Kirchenzucht vgl. vor allem die wegweisenden Studien Heinz Schillings. Ders., Reformierte Kirchenzucht; ders., Frühneuzeitliche Formierung; ders., Sündenzucht und frühneuzeitliche Sozialdisziplinierung. Die calvinistische presbyteriale Kirchenzucht in Emden vom 16. bis 19. Jahrhundert, in: Georg Schmidt (Hg.), Stände und Gesellschaft im Alten Reich, Stuttgart 1989, S. 265–302.
49 Vgl. KRP 20.7.1606. Hier ging es z. B. um die Frage, ob der Emder Bürger Gerd Becker, der sich mit »Ammecke Hindricks ehlick verlavet [und] dieselvige fleischlich erckant« hatte, seine geschwängerte Verlobte zur Frau nehmen oder der Stadt verwiesen werden sollte.

Im Unterschied zur Genfer Kirchenordnung von 1561 enthielt jedoch weder die Kirchen- noch die Eheordnung eine allgemeine Regelung, auf welche Weise die Entscheidungskompetenzen zwischen dem kirchlichen und weltlichen Gericht aufgeteilt werden sollten. Ungeklärt blieb auch die Frage, ob die Kirchenzucht der weltlichen Matrimonialjurisdiktion, wie sie die Eheordnung von 1596 / 1607 festschrieb, vorangestellt werden sollte, sie teilweise ersetzen durfte oder ihr untergeordnet war.[50] Diese Unklarheit über die gerichtlichen Verhältnisse verschaffte den verschiedenen Rechtsinstanzen wie auch den Einwohnern Emdens zwar einerseits einen größeren (Ver-)Handlungsspielraum,[51] führte andererseits aber auch zu juristischen Konflikten, die gleichsam in langfristige politische Auseinandersetzungen münden konnten. Entsprechende Urteile in den Kirchenratsprotokollen belegen, dass die Kirche ihren Rechtsanspruch auch auf weltliche Angelegenheiten auszuweiten suchte: So richtete der Kirchenrat seit seiner Einsetzung Mitte des 16. Jahrhunderts auch wissentlich über Delinquenten, die nicht nur gegen die Kirchenordnung, sondern auch gegen die landesherrliche Polizeiordnung (1545) verstoßen hatten.[52] Darüber hinaus forderte der Emder Kirchenrat seine Gemeinde mehrfach auf, sich in sämtlichen Streitfällen zunächst an die Kirche und nicht an weltliche Gerichte zu richten.[53] Dies erklärt auch, warum der Kirchenrat zahlreiche Fälle behandelte, die laut Eheordnung vor dem weltlichen Ehegericht hätten verhandelt werden müssen: Klagen auf Einlösung oder Auflösung eines Eheversprechens, Trennungs- und Scheidungsklagen kamen ebenso vor den Kirchenrat wie Fälle von Unzucht und Ehebruch.[54] An weltliche Gerichte, Rechtsgelehrte oder obrigkeitliche

---

50 Die calvinistische Genfer Kirchenordnung von 1561 (Ordonnances Ecclésiastiques) äußerte sich hierzu wesentlich präziser: »Da Streitigkeiten auf dem Gebiet der Ehe keine geistliche Angelegenheit, sondern mit dem Bereich staatlicher Ordnung verwoben sind, gehören sie in den Sachbereich des Rats. Dennoch haben wir beschlossen, dass dem Konsistorium die Aufgabe überlassen werden soll, die Parteien anzuhören. Es soll danach dem Rat seine Meinung zur Sache mitteilen, damit dieser sein Urteil sprechen kann.« Calvin, Ordonannces Ecclésiastiques, S. 263. In der nachträglich eingefügten Eheordnung heißt es allerdings weiter, dass das Kirchengericht nur die Eheklagen an den Rat weiterleiten sollte, die erstinstanzlich im Konsistorium nicht zu einem friedlichen Abschluss gebracht werden konnten. Vgl. ebd., S. 270.

51 Vgl. die Supplikation der Emder Bürgerin Susanna Schmidt, die sich an den Stadtrat mit der Bitte wandte, gegen ihre Diffamierung als Ehebrecherin und daraus folgende Misshandlung und Verstoßung durch ihren Ehemann vorzugehen (August 1630): Stadtarchiv Emden, I, Nr. 427.

52 Becker, S. 134.

53 Ebd.; vgl. z. B. KRP 30.11.1573: Diakone wurden ermahnt, nicht sofort vor weltliche Gerichte zu ziehen. Vgl. auch Schilling, Reformierte Kirchenzucht, S. 283, zur frühen Tätigkeit des Kirchenrats.

54 KRP 1557–1620.

Beamte wandte sich der Kirchenrat zunächst nur dann, wenn er die Expertise auswärtiger Juristen zur Lösung schwieriger Fälle benötigte oder Delinquenten nach der Ausübung des kleinen Bannes keine Reue zeigten und weiterhin straffällig blieben. Der Kirchenrat aber beabsichtigte weiterhin, die erste und nach Möglichkeit auch die entscheidende Instanz zu bleiben.[55]

In der historischen Forschung ist diese Haltung mitunter auf den calvinistischen Versöhnungsgedanken der Kirche zurückgeführt worden, zumal sich vor allem der Kirchenrat für die christliche Reinheit der Stadt und damit auch für die Abwendung einer göttlichen Sanktion verantwortlich fühlte.[56] Erkennbar wird hier aber auch der politische Anspruch der Kirche, sich in innerstädtische Angelegenheiten aktiv einzumischen und dafür notfalls in Opposition zum Stadtrat zu treten. Der Fall des Gemeindemitglieds Johann Hindrichs zum Beispiel, der die Schwester seiner verstorbenen Frau heiratete, führte 1606 zu einer Grundsatzdebatte über die Frage nach der politischen Entscheidungskompetenz des Kirchenrates, der über zehn Jahre die politische Agenda der kirchlichen und staatlichen Führungsschicht Emdens beeinflusste.[57] Während die Kirche die Wiederverheiratung eines Witwers mit Blutsverwandten auf der Grundlage der Eheordnung und des kanonischen Rechts prinzipiell ablehnte und deshalb auch die Ehe Johann Hindrichs für ungültig erklärte, orientierte sich der Magistrat in diesem Fall am Römischen Recht, das eine Ehe zwischen Verwandten vierten Grades erlaubte. Obwohl der Stadtrat den Fall letztlich für sich entscheiden konnte, kam es zwischen Magistrat und Kirchenrat immer wieder zu konfliktreichen Auseinandersetzungen über die Auslegung und Umsetzung der Eheordnung. So widersetzte sich zum Beispiel der Magistrat 1626 der wiederholten Forderung des Kirchenrates, die weiterhin üblichen kostenintensiven Hochzeitsfeierlichkeiten stärker zu regulieren und die Missstände bei der Eheschlie-

---

55 Becker, S. 135. Dies galt auch für die Einwohner der Stadt, die nicht der reformierten Konfession angehörten (d.h. für die lutherischen, täuferischen oder katholischen Einwohner). Der Einzugsbereich der Emder Kirche beschränkte sich nicht nur auf die Calvinisten, wie dies etwa in der Nachbarstadt Groningen der Fall gewesen war. Schilling, Frühneuzeitliche Formierung, S. 211.

56 Zur Abkehr göttlichen Zorns als Legitimationsbasis der Kirchenzucht vgl. Helga Schnabel-Schüle, Kirchenzucht als Verbrechensprävention, in: Heinz Schilling (Hg.), Kirchenzucht und Sozialdisziplinierung im frühneuzeitlichen Europa, Berlin 1994, S. 47–64. Zum Versöhnungsgedanken s. Becker, S. 134; Schilling, Sündenzucht, S. 297 f.

57 Schilling, Frühneuzeitliche Formierung, S. 203 f., auch Anm. 20. Ein ähnlicher Konflikt geht aus einem Schreiben vom 26. März 1604 an die Stadt Emden hervor, in dem sich Menso Alting und Daniel Bernhard Eishemius auf der Grundlage des dritten Buches Mose (Lev. 18,6–18) für das Verbot der Eheschließung eines Witwers mit der Nichte seiner verstorbenen Frau aussprechen. Stadtarchiv Emden, I, Nr. 427, 26.3.1604.

ßung konsequenter zu bestrafen.[58] Er zögerte eine gemeinsame Revision der Eheordnung wohl auch hinaus, um dem Kirchenrat zu signalisieren, dass er sich in die juristischen Kompetenzen des Stadtrates nicht einzumischen habe. Die Frage nach der Entscheidungsbefugnis in Ehesachen hing immer auch mit der Frage zusammen, inwieweit Kirche und Magistrat sich berechtigt sahen, in weltliche oder geistliche Angelegenheiten einzugreifen.

3.3 Die eherechtlichen Verhältnisse in Bremen

Ähnlich wie auch in Emden sind die Regularien zur Ehe in der reformierten Stadt Bremen sowohl in kirchlichen als auch in weltlichen Verordnungen zu finden. Zum einen sind die vom Stadtrat in hoher Zahl erlassenen Hochzeitsordnungen zu nennen, die nicht nur die Feierlichkeiten der Trauung regelten, sondern auch konkrete Bestimmungen zum Eheschließungsverfahren enthielten.[59] Zur Beantwortung der Frage nach der gerichtlichen Zuständigkeit in der Verfolgung sittlicher Vergehen muss zum anderen vor allem der Consensus Bremensis von 1595 berücksichtigt werden, der ursprünglich als neue Lehr- und Kirchenordnung in Bremen den Abschluss des Übergangs zum reformierten Bekenntnis bilden und die lutherische Kirchenordnung aus dem Jahre 1534 ablösen sollte. Wichtig ist hier vor allem der dritte Hauptabschnitt des Consensus, in dem das Ministerium der Bremer Kirche ganz im Sinne Calvins die Einführung der Kirchenzucht forderte: Zum Auftrag der Kirche gehöre neben der Verkündung des Evangeliums (potestas ordinis) auch eine Sanktionsgewalt (potestas juridictionis), verstanden hier als »ausschlissung öffentlicher und unbußfertiger sünder auß der gemeind Christi, und wieder auffnehmung derselben, wo sie warhafftige Buß erzeigen«.[60] Obwohl das Ministerium zwischen den Funktionen eines geistlichen und weltlichen Richteramts unterschied, sahen sich die Prediger in der Verpflichtung, die Obrigkeit regelmäßig an ihr weltlich-richterliches Amt zu erinnern, und sprachen sich auch gleichzeitig die Aufgabe zu, durch Predigten, individuelle Ermahnungen und verschiedene Formen des Kirchenbanns mensch-

---

58 Heinz Antholz, Die politische Wirksamkeit des Johannes Althusius in Emden, Aurich 1955, S. 90.

59 Die Ordnungen befinden sich teils in handschriftlicher, teils in gedruckter Form im Staatsarchiv Bremen (hiernach StA Bremen), Kleider-, Kindtaufen-, Hochzeits- und Begräbnisordnungen 1546–1807, 2-D.20.g.2.; ebd., Proclamata Impressa (Vol. I, 1588–1727), 2-P.5.c.2.a.2.a.

60 Consensus, S. 794.

liche Verfehlungen zu strafen.[61] Zur Ausübung des kleinen und großen
Banns sollte der Bremer Stadtrat nach Genfer Vorbild ein aus Geistlichen
und Laien zusammengesetztes Konsistorium einrichten, das sich in erster Linie mit sittlichen Vergehen auseinandersetzen sollte. Über besonders schwerwiegende Sittendelikte wollte die Kirche den Magistrat erst nach einer ausführlichen innergemeindlichen Beratung informieren: Ganz klar sollte hier
die weltliche Strafe der geistlichen folgen.[62] Mit dieser Forderung orientierte
sich der Consensus an der Genfer Kirchenordnung, die die richterliche Entscheidung bei Eheklagen nur unter der Bedingung in die Kompetenz des
Stadtrates verlagerte, dass sich die Konflikte mit Hilfe der Kirche nicht ein-
vernehmlich lösen ließen.[63] Letztlich wollte es sich das Ministerium bei gra-
vierenden Straftaten auch vorbehalten, eine »öffentliche vorbannung von der
Cantzel anzustellen«.[64]

Obwohl sämtliche städtische Geistliche den Consensus als neue Kirchenordnung unterschrieben hatten, wurde er vom Magistrat auch nach zahlreichen Verhandlungen mit dem Ministerium offiziell nicht sanktioniert.
Aus diesem Grund kam es auch nicht zur Einführung einer institutionalisierten Kirchenzucht, wie sie es etwa in Emden gegeben hatte.[65] Zwar erkannte der Stadtrat den Consensus im Laufe der nächsten Jahrzehnte zunehmend als Richtmaß der Lehre an, eine presbyteriale Kirchenverfassung aber
lehnte er auch weiterhin ab. Aus dem Brief eines Ratsmitglieds Anfang des
17. Jahrhunderts geht hervor, dass sich der Magistrat selbst als »Diener Gottes«, als »Nährer der Kirche« und »Wächter über beide Tafeln« verstand und
entsprechend die Fürsorge über die weltliche und kirchliche Ordnung wahr-
zunehmen beabsichtigte: Ihm obliege folglich die Bestrafung aller menschlichen Verfehlungen, darunter auch die Ahndung von Ungläubigen, Irrgläu-
bigen und Lästerern.[66] Dem Ministerium blieb trotz zahlreicher Beschwerden
nichts anderes übrig, als die Obrigkeit regelmäßig an ihre Pflichten zu erinnern und ihren vermeintlich laxen Umgang mit straffälligen Bürgern anzu-

---

61 Ebd., S. 796; vgl. auch Veeck, S. 58.
62 Consensus, S. 798; vgl. Veeck, S. 59.
63 Siehe Anm. 50.
64 Vgl. Consensus, S. 799.
65 Um 1600 wurde in der Stadt Bremen lediglich der Heidelberger Katechismus als überge-
    ordnete reformierte Bekenntnisschrift eingeführt, die 1619 auf der Dordrechter Synode
    ihre offizielle Anerkennung fand.
66 Veeck, S. 63. Die Definition »Wächter über beide Tafeln« als Aufgabe der weltlichen Ob-
    rigkeit stammt von Melanchthon (Loci Communes, 1535), der aber auch hier die Gren-
    zen des obrigkeitlichen Auftrags in der christlichen Gemeinschaft unscharf ließ. Luise
    Schorn-Schütte, Obrigkeitskritik und Widerstandsrecht. Die *politica christiana* als Legi-
    timitätsgrundlage, in: dies. (Hg.), Aspekte der politischen Kommunikation im Europa
    des 16. und 17. Jahrhunderts, München 2004, S. 195–232, hier S. 219 f.

mahnen. Oft forderten die Prediger den Magistrat zur härtesten Bestrafung der städtischen Sünder auf. Der Ehebruch etwa sollte mindestens mit dem Pranger oder einem Stadtverweis, nicht aber nur mit einer geringen Geldstrafe geahndet werden.[67] Auch die lutherische Kirchenordnung von 1534, die formal nie außer Kraft gesetzt worden war, verlangte für Ehebruch »tom aldergeringsten stupede [Auspeitschung] mit vorwysinge ut der stadt«, befürwortete in Anlehnung an das 3. und 5. Buch Mose[68] sogar auch die Todesstrafe.[69] Außerdem sollten für Hochzeiten ganz im Sinne calvinistischer Mäßigung spezifische Kostordnungen festgelegt werden, um Ausschweifungen bei den Festivitäten zu unterbinden.[70] In ihren Bittgesuchen nahmen die Prediger nicht selten Bezug auf den Consensus als kirchlich anerkannter Lehrmeinung, der jedoch aufgrund der fehlenden Sanktionierung durch den Rat zunehmend die Funktion einer Beschwerdeschrift annahm.

Im Vergleich zur Nachbarstadt Emden hatte sich in Bremen also keine institutionalisierte Kirchendisziplin durchsetzen können: Für alle wichtigeren Bereiche der städtischen Justiz – so auch für Ehe- und Vormundschaftssachen – blieb das Ratsgericht zuständig. Bei Eheklagen beriefen sich die Bremer Bürger auf die jeweils aktuell revidierte Hochzeitsordnung, die der Stadtrat in einem regelmäßigen Turnus von etwa zehn Jahren ab 1546 erlassen hatte.[71] Ähnlich wie auch in Emden durfte sich in Bremen ein Paar nur in Anwesenheit verwandtschaftlicher Zeugen, ab 1624 schließlich nur mit Zustimmung der Eltern verloben. Daneben verlangte der Rat vor der kirchlichen Einsegnung ganz im Sinne Calvins eine städtische Registrierung des Brautpaars, eine persönliche Anmeldung beim Prediger des entsprechenden Kirchspiels (bei Vorlage des Bremer Bürgerrechts), schließlich eine

---

67 Veeck, S. 60.
68 Lev. 20,10–21; Dtn. 22,13 ff.
69 Ein Nachdruck der Kirchenordnung von 1534 (hiernach KO 1534) findet sich in Sprengler-Ruppenthal, Kirchenordnung, S. 119–269, bes. S. 116, 165. Die Bremer Chroniken belegen, dass Leibesstrafen, in sehr seltenen Fällen auch Todesstrafen, zuweilen bei Ehebruch im 17. Jh. eingesetzt wurden. Zu den Leibesstrafen vgl. die im Jahr 1716 zusammengestellten Manuskriptbände von Friedrich Stöver: Tomus II dus der Extractum von Criminal-Geschichten und dahin gehörigen Sachen der kayserl. Freyen Reichs-Stadt Bremen sich anhebend ab anno 1600 bis 1716, Bd. 2., S. 800, 803, 876, 950 (StA Bremen, 2-D.16.d.-e). Zu Leibes- und Todesstrafen vgl. Peter Koster, Chronik der kaiserlichen Freien Reichs- und Hansestadt Bremen 1600–1700, bearb. u. hg. v. Hartmut Müller, Bremen 2004, S. 33, 85, 349.
70 Veeck, S. 60.
71 Die erste aktenkundige Hochzeitsordnung aus dem Jahre 1546 ist nur als Manuskript überliefert. Seit 1577 liegen gedruckte Versionen von Hochzeitsordnungen vor, die etwa alle 10 Jahre neu veröffentlicht wurden. Siehe Anm. 59.

öffentliche (zweimalige) Proklamation der Hochzeit vor der Gemeinde.[72] Jeder Verstoß gegen die Ordnung sollte »bey wilkührlicher Straff«[73] durch den Rat geahndet werden. In einer gesonderten Verordnung von 1589 setzte der Stadtrat zudem für den Tatbestand der »Unzucht« oder »Horerye« eine hohe Geldstrafe fest, »Ehebrock und Averspill« bestrafte er mit Freiheitsentzug »in des Rahdes Veste«.[74]

Ähnlich wie in Emden gingen hier jedoch nicht alle Bestimmungen auf den Einfluss protestantischer Reformatoren zurück: In Fällen von Verlobungsklagen konnte der Stadtrat bereits auf ein Statut des Stadtrechts von 1433 verweisen, das von einem minderjährigen Brautpaar die Zustimmung ihrer gesetzlichen Vormünder zur Verlobung verlangte.[75] Ebenso waren Freiheits- und Geldstrafen für Ehebrecher und Unzüchtige in Bremen Teil einer Rechtstradition, die bis in das Spätmittelalter zurückreichte. Als Ergänzung des »neuen« Stadtrechts von 1433 schrieben Verträge zwischen dem Rat und der Bürgerschaft aus den Jahren 1450 und 1489 – auch »Kundige Rullen« genannt – für Delikte wie Unzucht und Ehebruch in erster Linie Geldstrafen, alternativ auch Ehren- und Freiheitsstrafen vor.[76] Neben den Polizeiordnungen und Mandaten, die nach der Reformation in steigender Zahl erlassen wurden, waren es vor allem das Stadtrecht von 1433 und die später folgenden »Kundigen Rullen«, die die politische Autorität des Rates auf eine schriftliche Grundlage stellten und ihm auch noch im 17. Jahrhundert die Legitimation für Strafurteile gaben, die wesentlich milder ausfielen als etwa von der Kirche verlangt.[77]

---

72 Mit diesen Bestimmungen orientierten sich die Hochzeitsordnungen an der lutherischen Kirchenordnung von 1534, die jedoch noch nicht explizit die Zustimmung der Eltern, sondern lediglich der »fründe« zur Trauung verlangte. KO 1534, S. 152. Auch der Einfluss der Genfer Kirchenordnung von 1561 wird hier erneut erkennbar.

73 StA Bremen, Proclamata Impressa (Vol. I, 1588–1727), 2-P.5.c.2.a.2.a.: Ordnung Eines Ehrenbesten Hochweisen Rahts der Stadt Bremen / Wie es mit den Kleidungen / Verlöbnussen / Hochzeiten / Kindtauffen und Begräbnussen gehalten werden soll. Bremen 1656, bes. S. 16.

74 StA Bremen, Proklame, Verordnungen und Gesetze (Vol. I, 1567–1654), 2-P.5.c.2.a.1.a.: Nr. 146 [Manuskript].

75 Stadtrecht von 1433, Statut 82, in: Karl A. Eckhardt, Die mittelalterlichen Rechtsquellen der Stadt Bremen. Schriften der Bremer wissenschaftlichen Gesellschaft, Bremen 1931, S. 219. Vgl. auch Hermann Daniel Watermayer, Das Recht der Verlöbnisse, in: ders. u. a. (Hg.), Beiträge zur Kenntniß des Rechts der freien Hansestadt Bremen, Bd. 1, Bremen 1837, S. 9.

76 Kundige Rulle 1450, Statuten 36–38; Kundige Rulle 1489, Statuten 53–58, in: Eckhardt, S. 254, 281.

77 Der Grund für eine mildere Urteilspraxis kann allerdings auch auf das Bedürfnis des Stadtrates nach rechtlicher Abgrenzung gegenüber dem Einzugsbereich des Erzstifts zurückgeführt werden. Vgl. Anm. 87.

Obwohl der Rat in Bremen keine Kirchenzucht eingeführt hatte, hielt er die Geistlichkeit nicht aus allen Eheprozessen heraus. Nicht selten wurden bei Verlobungsklagen die Prediger als Vermittler eingeschaltet, die sich in der Pflicht sahen, beide Konfliktparteien zur Einwilligung in die Ehe zu bewegen. Aus den Gerichtsprotokollen geht mitunter hervor, dass Beklagte, die ihr Eheversprechen zu brechen beabsichtigten, von den Predigern ihres Kirchspiels öffentlich und »ernstlich« von der Kanzel ermahnt wurden. Obwohl die Kirchenordnung von 1534 nur eine allgemeine, anonyme Unterweisung in diesem Zusammenhang vorsah, setzte sich in Bremen offenbar auch eine öffentliche Mahnpraxis durch, die der Kirchenzucht nicht ganz unähnlich war. Laut Gerichtsakten aus den Jahren 1634/35 wurde zum Beispiel einem Beklagten, der ein Eheversprechen nicht eingehalten haben soll, der Zugang zum »hochwürdigen Abentmahl« in seiner Gemeinde verwehrt.[78] Ebenso geben Schriftstücke des Ministeriums preis, dass Eltern entehrter Töchter mitunter zunächst die Bremer Geistlichkeit um Hilfe baten, die »Verführer« ihrer Töchter aufzufinden und zur Eheeinwilligung zu nötigen. Auch in anderen Eheangelegenheiten holten sich die Bremer Bürger zuerst beim Ministerium Gutachten ein, so etwa über die Frage nach den verbotenen Verwandtschaftsgraden.[79] In den Akten der Hochzeits- und Begräbnisverordnungen befinden sich außerdem mehrere Konvolute, die Aufschluss über die Entstehung der Bremer Verordnungen geben: Unmittelbar vor dem Erlass der Hochzeitsordnung 1656 etwa hatte der Stadtrat mehrere Sitzungen unter der Beteiligung von juristischen Experten wie auch von Delegierten des Ministeriums abgehalten, in denen über die Veränderung und Ergänzung einiger Regularien verhandelt wurde.[80] Ähnlich wie in Emden war also auch die Bremer Kirche an der Revision der weltlichen Hochzeits- und Eheverordnungen beteiligt gewesen.

---

78 StA Bremen, Sponsalia, 2-N.4.t.1.b.: Akte Joachim Lahmeyer mit Tochter Gesche gegen Heinrich Schnelle wegen Erfüllung eines Eheversprechens.

79 Veeck, S. 290 f.

80 StA Bremen, Kleider-, Kindtaufen-, Hochzeits- und Begräbnisordnungen 1546–1807, 2-D.20.g.2.: Acta betreffend die Erlassung der Ordnung wie es mit den Kleidungen, Verlöbnissen, Hochzeiten, Kindtaufen und Begräbnissen gehalten werden soll / dadurch entstandenen Sitzungen mit dem Collegium Seniorum und dem Ministerium so wie Verhandlungen mit den Doctoren 13. Feb. – 13. Mai 1656.

4. Zusammenfassende Interpretation

Die Regularien der Eheordnungen in Emden und Bremen haben gezeigt, dass sich beide Städte im Eheschließungsverfahren auf die gleiche Rechtsbasis stützten. Viele Regeln, die in den verschiedenen kirchlichen und städtischen Ehe- und Hochzeitsverordnungen angesprochen werden, gehen fast deckungsgleich auf die calvinistische Genfer Eheordnung von 1561 zurück. Dennoch sollte die Frage nach dem theologischen Einfluss Calvins auf die Ordnung der Ehe in den reformierten Städten differenziert beantwortet werden. Ein Blick in die jeweilige städtische und landesherrliche Rechtstradition zeigt, dass einige Regularien – etwa die Zustimmung der Eltern beim Verlöbnis – auf Gesetze zurückgehen, die teilweise bis ins Spätmittelalter zurückreichen. Auch die in beiden Städten verordnete Einschränkung der Hochzeitsfeierlichkeiten, die deutliche calvinistische Akzente setzte, ging nicht zuletzt auf ordnungspolitische Überlegungen zurück: In der Bremer Hochzeitsordnung von 1634 etwa werden üppige Feierlichkeiten erstmals nicht nur als Verschwendung von »Gottes Gaben an Speise und Trank« verboten, um den »Zorn des Allmächtigen« abzuwenden, wie in den vorherigen Ordnungen dargestellt. Im Kontext des Dreißigjährigen Krieges waren es vor allem ökonomische Gründe, die der Senat als Begründung für eine bescheidene Feier anführte.[81] Es darf nicht vergessen werden, dass selbst die Eheordnung Calvins aus einem Kompromiss hervorgegangen war, den der Reformator mit den Mitgliedern des Genfer Stadtrates ausgehandelt hatte. Auch in der calvinistischen Modellstadt Genf wurden bereits Übereinkünfte zwischen weltlichen und geistlichen Interessen erzielt, die nicht zuletzt ordnungspolitisch motiviert waren.

Trotz ihrer gemeinsamen Rechtsbasis im Bereich der Eheschließung hatten sich in Emden und Bremen jedoch unterschiedliche Gerichtsinstanzen entwickelt, die unterschiedlich viel Macht bei der Durchsetzung ihrer Interessen besaßen. Dies wirkte sich nicht zuletzt auch auf die Praxis der Ehegerichtsbarkeit aus. Anders als in Bremen hatte sich in Emden in Anlehnung an die Genfer Kirchenordnung langfristig ein Konsistorium etablieren können, das das landesherrlich sanktionierte Recht besaß, auf der Grundlage bi-

---

81 So sollten »bey diesen kümmerlichen und fast nahrlosen zeiten« die »Gastereyen« nach Möglichkeit auf ein Minimum reduziert werden. StA Bremen, Kleider-, Kindtaufen-, Hochzeits- und Begräbnisordnungen 1546–1807, 2-D.20.g.2.: Ordnung Eines Ehrbarn Rahts der Stadt Bremen Wie es hinführo Mit den verlobnussen / hochzeiten / kleidunge / kindbette / begräbnussen / Fenstergeldern / und wasdem anhängug / in dieser Statt gehalten werden soll, Bremen 1634, bes. S. 8.

blischer Verse Kirchenzucht zu betreiben. Der 1544 von Johannes a Lasco gegründete Kirchenrat hielt seine erste Sitzung spätestens im Jahre 1557 ab und
übte zu diesem Zeitpunkt bereits die Kirchenzucht aus. Obwohl die Posten
der Laienmitglieder des Kirchenrates zu jener Zeit noch vom Landesherrn
besetzt wurden,[82] entwickelte der Kirchenrat vor dem Hintergrund späterer
(innerer) dynastischer Unruhen eine nahezu eigenständige Handlungsfähig-
keit, die ihn schließlich auch dazu ermutigte, in Opposition zur Landesregie-
rung eine eigene reformierte Kirchenordnung zu schreiben. Als Emden Ende
des 16. Jahrhunderts politische Selbständigkeit erlangte, besaß der Kirchenrat bereits eine lange Tradition, die auch vom Stadtrat nicht in Zweifel gezogen wurde: Denn schließlich waren die Ältesten im Zuge der ›Emder Revolution‹ geschlossen für die Selbstverwaltung der Stadt eingetreten und hatten
den Magistrat in seiner politischen Auseinandersetzung mit dem lutherischen Grafen gestärkt. Konflikte um das (versuchte) Eingreifen der Stadt-
obrigkeit in kirchliche Angelegenheiten und umgekehrt hat es dagegen wohl
vermehrt erst Anfang des 17. Jahrhunderts gegeben, als die politische Selbständigkeit der Stadt gesichert schien und die Notwendigkeit eines gemeinsames Widerstandes gegen die landesherrliche Interventionspolitik nachließ.

In Bremen hingegen ist es trotz konkreter Forderungen seitens des reformierten Ministeriums nicht zur Einrichtung eines Kirchenrates gekommen.
Die Gründe dafür sind vielschichtig: Bremen erhielt erst im Jahre 1646 vom
Kaiser die Reichsunmittelbarkeit und konnte auch sein reformiertes Kir-
chentum erst zwei Jahre später im Zuge des Westfälischen Friedens dauer-
haft sichern. Der Rat war sich der Fragilität seines politischen Status permanent bewusst, zumal seine Souveränität als Obrigkeit einerseits vom
Landesherrn des Erzstifts, andererseits von der städtischen Bürgerschaft regelmäßig angefochten wurde.[83] Die Gerichtsbarkeit erfüllte hier die wichtige
Funktion, den Herrschaftsanspruch des Rates nach innen und nach außen
zu legitimieren. Vor allem gegenüber dem Erzbischof versuchte der Rat auch
deshalb seine Hoheitsgewalt zu demonstrieren, weil dem Erzstift weiterhin
bis zu seiner Säkularisierung 1648 die Hoch- und Blutsgerichtsbarkeit zukam, die nach dem »frühmodernen Rechtsdenken geradezu den Inbegriff
des souveränen Herrschaftsrechtes« darstellte.[84] Mit einem Privileg aus dem
Jahre 1541 hatte Kaiser Karl V. zwar die Gerichtsbarkeit des Rates über die

---

82 Becker, S. 110.
83 Zu den Aufständen der Bürgerschaft vgl. Friedrich Seven, Der Aufstand der 104 Männer
     und die Bremer Kirchenordnung von 1534, in: Bremisches Jahrbuch 64 (1986), S. 15–31.
84 Gerd Schwerhoff, Straf-Akte(n). Zur visuellen Repräsentation der Kriminaljustiz in
     frühneuzeitlichen Gerichtsbüchern, in: Reiner Schulze (Hg.), Symbolische Kommunika-
     tion vor Gericht in der Frühen Neuzeit, Berlin 2006, S. 317–334, hier S. 333.

Stadt und ihr Einzugsgebiet bestätigt, die Hegung des Hals- und Blutgerichts blieb jedoch weiterhin in der Gewalt des Erzbischofs.[85] Die hochgerichtliche Kompetenz blieb ein wesentlicher Konfliktpunkt in den Auseinandersetzungen zwischen Erzstift und Stadtrat um die politische Selbständigkeit der Stadt, die auch dann fortgesetzt wurden, als das Stift 1648 an das Königreich Schweden fiel, das die bischöflichen Rechte gegen die Opposition des Rates aufrechterhalten konnte.[86] Der Rat verfügte also de facto nur über die niedere Straf- und Zivilgerichtsbarkeit. Deshalb war er auch wenig daran interessiert, die Ehegerichtsbarkeit, die mit der Kirchenordnung 1534 in die alleinige Zuständigkeit des Ratsgerichts gefallen war, mit einem kirchlichen Ministerium zu teilen, das sich ein primäres Mahn- und Strafrecht zugestand.[87]

Ein kurzer Blick in die Rechtspraxis hat jedoch gezeigt, dass die Kirche an den Verhandlungen von Eheangelegenheiten nicht völlig unbeteiligt blieb. Legitimation und Vertrauen als ordnungssetzende Obrigkeit erhielt der Senat nicht nur durch das Erlassen von Mandaten und Verboten, sondern auch, indem er dem Klerus genügend Raum zur Austragung von Konflikten bot und ihn als Vermittler und Berater bei normsetzenden Verfahren einschaltete. Denn letztlich blieb auch der Stadtrat in seiner richterlichen Funktion auf die aktive Mithilfe seiner Amtsträger, vor allem der Prediger in den vier Kirchspielen angewiesen, um seine Ordnungsvorstellungen verwirklichen zu können. Dennoch fehlte der Bremer Kirche die institutionelle und rechtliche Grundlage für die Ausübung der Kirchenzucht und damit auch das Instrument zur Verwirklichung ihrer eigenen Rechtsvorstellungen. Der Vergleich mit Emden legt nahe, dass der Bremer Magistrat die Einrichtung eines ähnlich politisch motivierten Kirchenrates zu verhindern suchte, der genügend Legitimität erzielen konnte, um die Entscheidungskompetenzen des Stadtrates in Frage zu stellen.

---

85 Jan Hiemsch, Die bremische Gerichtsverfassung von der ersten Gerichtsordnung bis zur Reichsjustizgesetzgebung 1751–1879, Bremen 1964, S. 19.
86 Ebd. S. 17, 22. Hiemsch macht hierfür eine doppeldeutige Formulierung im Westfälischen Friedensvertrag (Artikel X Absatz 8) verantwortlich.
87 Consensus, S. 799. Das Bedürfnis nach Abgrenzung gegenüber dem Einflussbereich des Erzbischofs hat den Rat wohl auch dazu veranlasst, Verbrechen wie etwa den Ehebruch durch mildere Strafen wie z. B. Geldbußen oder Landesverweisung zu vergelten, um den Vogt an seiner Amtsausführung zu hindern. Lediglich während der Vakanzen der Vogtei hatte der Rat auch die Blutgerichtsbarkeit inne. Vgl. Hiemsch, S. 22 f., 31.

5. Fazit

Das frühneuzeitliche Eherecht im römisch-deutschen Reich war Teil einer politischen Kultur, die durch die konfliktreiche Überlappung von Herrschaftsbereichen, von Rechts- und Gerichtslandschaften gekennzeichnet war. Letztlich kann also die Frage, welche theologischen Konzeptionen für die Ehegesetzgebung der reformierten Städte zur Anwendung kamen, nur unter der Berücksichtigung der spezifischen herrschaftspolitischen Kontexte beantwortet werden. So hing der Einfluss von calvinistisch inspirierten Ehe- und Kirchenreformen hauptsächlich von der Frage ab, ob sich Kirche und Obrigkeit in ihrer Ordnungsmächtigkeit gestärkt sahen. Im Bereich des Eheschließungsverfahrens konnten vor allem deshalb Übereinstimmungen zwischen den weltlichen und kirchlichen Verordnungen festgestellt werden, weil Magistrat und Kirche hier das gemeinsame ordnungspolitische Interesse verfolgten, heimliche Verlobungen, illegitime Kinder und deren Versorgung aus der Armenkasse zu verhindern. Unterschiede und Konflikte ergaben sich hingegen aus der (machtpolitischen) Frage der jurisdiktionellen Zuständigkeit: In den kirchlichen und weltlichen Eheverordnungen waren hauptsächlich die Bestimmungen, die die gerichtliche Ahndung von Verstößen betrafen, trotz ihrer gemeinsamen calvinistischen Bezugsquelle nicht notwendig miteinander kompatibel. In Emden blieb vor allem die Frage nach der erstinstanzlichen gerichtlichen Zuständigkeit weitgehend offen, was einerseits zu einer kooperativen Verschränkung beider Sphären, andererseits aber auch zu politischen Abgrenzungskonflikten führte. Eine kirchengerichtliche Konkurrenz versuchte der Bremer Stadtrat mit der Unterdrückung des Consensus hingegen rechtzeitig zu verhindern, da ein kirchlicher Eingriff in den juristischen Kompetenzbereich des Rates zugleich seine rechtliche und damit politische Position gegenüber der Landesherrschaft geschwächt hätte. Dennoch konnte auch der Bremer Magistrat nicht gänzlich auf die Mitwirkung der Kirche an der (Aus-) Gestaltung des materiellen Eherechts verzichten, zumal die Prediger hilfreiche Informationen über die Gemeindemitglieder besaßen und – in Anbetracht der langen kirchlichen Tradition eherechtlicher Verordnungen – auch für die Bürger offensichtlich noch über die notwendige »innere Legitimität« verfügten, um sich in Ehekonflikte aktiv einzumischen.[88]

---

88 Vgl. Gerhard Dilcher, Religiöse Legitimation und gesellschaftliche Ordnungsaufgabe des Eherechts in der Reformationszeit, in: Prodi, S. 189–198, hier S. 196, 198.

Obwohl das Eherecht in Emden und Bremen im Zuge der protestantischen Konfessionalisierung zunehmend als weltliche Angelegenheit betrachtet wurde, kam der Kirche und ihren Amtsträgern bei der Entstehung, Implementierung und Umsetzung eherechtlicher Normen – wenn auch in unterschiedlichem Ausmaß – weiterhin eine wichtige Rolle zu. Die Intensität und Qualität der Verschränkung zwischen weltlicher und geistlicher Strafgewalt hing dabei von der Art der Herrschaftsverteilung, vor allem von der Größe und Bedeutung des kirchlich-theologischen Gestaltungsspielraums ab, der sich je nach politischer Machtkonstellation von der informellen Mediation über den Anspruch auf Obrigkeitskritik bis hin zur institutionalisierten Kirchenzucht und erstinstanzlichen Rechtsprechung bei sittlichen Vergehen erstrecken konnte. Die geistlich-weltliche Verzahnung lag nicht zuletzt auch darin begründet, dass zwischen gesetztem Recht, seiner Auslegung und Umsetzung eine »Kluft«[89] bestand, die Verhandlungen und Kompromisse zwischen Kirche und weltlicher Obrigkeit auch langfristig notwendig machte. Es bleibt Aufgabe der zukünftigen Forschung, die Praxis und Wirkung dieser Verhandlungsprozesse auf die Beziehung zwischen Religion und Politik im frühneuzeitlichen Recht gerade auch im Hinblick auf die postulierte »Entflechtung«[90] beider »Wertsphären« (Max Weber) im 18. Jahrhundert zu untersuchen.

89 Vgl. von Friedeburg / Schorn-Schütte, S. 7.
90 Reinhard Blänkner, Historizität, Institutionalität, Symbolizität. Grundbegriffliche Aspekte einer Kulturgeschichte des Politischen, in: Barbara Stollberg-Rilinger (Hg.), Was heißt Kulturgeschichte des Politischen?, Berlin 2005, S. 73–96, hier S. 84.

Jens Späth

»La religión de la Nación española es y será perpetuamente la católica, apostólica, romana, única verdadera«

Liberalismus und Religion in Südeuropa im frühen 19. Jahrhundert
am Beispiel der Verfassung von Cádiz

1. Einleitung

Zwischen 1817 und 1825 wurde Europa erstmals nach Napoleon von einer
Reihe von Aufständen gegen die bestehende Ordnung der Restauration
erfasst, auf die sich die Monarchen und führenden Politiker der großen
europäischen Staaten 1814–1815 auf dem Wiener Kongress geeinigt hatten.
1820–1823 erlebte dieser Kampf zwischen Absolutismus und Konstitutionalismus seinen unbestrittenen Höhepunkt, als sich nacheinander Revolutionäre im gesamten Mittelmeerraum erhoben. In den Königreichen Spanien,
beider Sizilien, Portugal und Sardinien-Piemont trat jeweils die spanische
Verfassung von 1812, nach ihrem Entstehungsort auch Verfassung von Cádiz
genannt, in Kraft. Diese Konstitution legte – wie im Titel zitiert – in Artikel 12 die katholische Konfession als einzig zulässige Staatsreligion aller
vier Staaten fest, woraus sich vielfältige Spannungen zwischen Religion und
Politik ergaben, die der Beitrag anhand der Beispiele Spaniens und Italiens
näher beleuchten will.[1]

---

1 Zu den Ereignissen in Spanien und Italien vgl. (Auswahl) Juan Ferrando Badía, Die
  Spanische Verfassung von 1812 und Europa, in: Der Staat 2 (1963), S. 153–180; Werner
  Daum, Historische Reflexion und europäische Bezüge. Die Verfassungsdiskussion in
  Neapel-Sizilien 1820–21, in: Martin Kirsch / Pierangelo Schiera (Hg.), Denken und Umset-
  zung des Konstitutionalismus in Deutschland und anderen europäischen Ländern in der
  ersten Hälfte des 19. Jahrhunderts, Berlin 1999, S. 239–272; Werner Daum, Oszillationen
  des Gemeingeistes. Öffentlichkeit, Buchhandel und Kommunikation in der Revolution des
  Königreichs beider Sizilien 1820–21, Köln 2005; Gonzalo Butrón Prida, Nuestra sagrada
  causa. El modello gaditano en la revolución piamontesa de 1821, Cádiz 2006; Jens Späth,
  Revolution in Europa 1820–23. Verfassung und Verfassungskultur in den Königreichen
  Spanien, beider Sizilien und Sardinien-Piemont, Köln 2012.

Um einen historischen Prozess sichtbar zu machen, verbindet der Aufsatz Elemente des analytischen Vergleichs und der Kulturtransferforschung. Diese Herangehensweise wird dabei nicht als das idealtypische Modell der Histoire croisée von Michael Werner und Bénédicte Zimmermann verstanden,[2] sondern als Chance, durch eine Kombination von Vergleich und Transfer die Reflexivität zu erhöhen, nationale Blickwinkel aufzubrechen und auf die inter- und transnationalen Verflechtungsmomente hinzuweisen. Der Transferbegriff ist, in Anlehnung an Martin Kirsch, im Folgenden weit gefasst und reicht von der Perzeption (freiwillig; verborgen; auferlegt; bewusst) über die Rezeption (Aneignung; Auswahl; Speicherung) bis hin zur Implementation (Assimilation; Synthese des Fremden und des Eigenen; Zurückweisung).[3] Im vorliegenden Fall lassen sich alle drei Stufen nachweisen. Jedoch würde bereits eine Stufe genügen, um von Kulturtransfer sprechen zu können. Die Vergleichsräume bilden die drei Königreiche Spanien – genauer gesagt: das heutige Spanien –, beider Sizilien und Sardinien-Piemont im zweiten und dritten Jahrzehnt des 19. Jahrhunderts mit einem Schwerpunkt auf den Revolutionsjahren 1820–1823. Obgleich in dieser Untersuchung die verschiedenen Elemente einer Beziehungsgeschichte wie die Publizistik über andere Staaten, die Diplomatie, die Kontakte von Geheimgesellschaften, Reiseberichte und Exilerfahrungen nicht in den Blick genommen werden,[4] ergibt sich das Transfermoment aus der Rezeption und Einführung der Verfassung von Cádiz sowie im konkreten Fall aus der einheitlichen Regelung der Religionsfrage in den genannten Staaten. Wir haben es also mit einem klassischen Fall von »legal transplants« zu tun, wie die Rechtswissenschaft die »Übertragung rechtlicher Normen von einem Rechtskreis in einen anderen in historischer Perspektive« bezeichnet.[5] Verglichen werden in einem ersten Schritt die konstituierenden Bedingungen für das Verhältnis von Religion und Politik in den drei Staaten, in einem zweiten Schritt die positive Resonanz auf die Regelung der Religionsfrage. Drittens werden die zeitgenössischen Regelungen in anderen Verfassungstexten und die Äußerungen

---

2 Vgl. Michael Werner / Bénédicte Zimmermann, Vergleich, Transfer, Verflechtung. Der Ansatz der Histoire croisée und die Herausforderung des Transnationalen, in: Geschichte und Gesellschaft 28 (2002), S. 607–636.

3 Vgl. Martin Kirsch, Los cambios constitucionales tras la revolución de 1848. El fortalecimiento de la democratización europea a largo plazo, in: Nuria Tabanera / Alberto Aggio (Hg.), Política y culturas políticas en América Latina, Madrid 2008, S. 199–239, bes. Anm. 38–43.

4 Vgl. hierzu das fünfte Kapitel von Späth, S. 335–399.

5 Vanessa Duss u.a., Vorwort, in: dies. (Hg.), Rechtstransfer in der Geschichte, München 2006, S. IX. Den Begriff führte Alan Watson, Legal Transplants: An Approach to Comparative Law, Edinburgh 1974, in die Wissenschaft ein.

zur Religionsfreiheit angesprochen, bevor im vierten Schritt die antiliberalen Kräfte untersucht werden. Wenn sich dabei ein leichtes Ungleichgewicht zugunsten der spanischen Diskussion ergibt, dann deshalb, weil sich dort der religiöse Diskurs über dreieinhalb Jahre hinweg entfalten konnte, während dafür in den beiden Sizilien nur knapp neun Monate Zeit blieb und es in Sardinien-Piemont gar nicht erst zur Abhaltung von Parlamentswahlen kam. Die Frage, die es am Ende zu beantworten gilt, lautet: Bildete die katholische Religion ein konstituierendes Element des italienischen und spanischen frühliberalen Konstitutionalismus, falls ja, warum, und war dieses ein südeuropäisches Spezifikum?

2. Religion und Politik in Spanien und Italien im frühen 19. Jahrhundert

Spanien war zu Beginn des 19. Jahrhunderts eine religiös weitestgehend homogene Gesellschaft. Die über Jahrhunderte, besonders seit den Reyes Católicos Ferdinand II. von Aragonien und Isabel I. von Kastilien ausgeprägte katholische Konfession bildete ein wichtiges Fundament der kollektiven nationalen Identität.[6] So standen die Spanier einerseits auch im Unabhängigkeitskampf gegen Napoleon 1808–1814 treu zu Monarchie, Vaterland und katholischer Religion. Dementsprechend verankerten die Väter der ersten originär spanischen Verfassung 1812 in Cádiz als unumstößliche Grundpfeiler »den Fortbestand der Religion in all ihrer Reinheit« und die »Sicherheit und Macht des spanischen Thrones, der für immer in Händen des aufgeklärten Hauses der Bourbonen bleibt«.[7] Andererseits läuteten sie mit der Abschaffung kirchlicher Konvente 1808 und der Inquisition 1813 Reformen ein, die stellvertretend für den säkularen Wandel in der Einstellung zur Kirche in Spanien im 19. Jahrhundert bzw. für die »Modernisierung« des Katholizismus in Reaktion auf die revolutionären Herausforderungen nach 1789 in ganz Europa stehen. Hierzu zählt auch die Überführung des Besitzes der

---

6 Vgl. Jesús Millán, Crisis social y levantamiento nacional: del agotamiento del Antiguo Régimen a la sublevación patriótica de 1808, in: Alfredo Blanco Solis u. a. (Hg.), Ilustración y liberalismo 1788–1814, Madrid 2008, S. 256.

7 So erläuterte eine der einflussreichsten gemäßigt-liberalen Tageszeitungen, El Universal. Observador español, Nr. 1 vom 12.5.1820, S. 1, ihren Lesern einige der Vorzüge der Verfassung von 1812, nachdem diese per Dekret König Ferdinands VII. am 7. März 1820 wieder in Kraft gesetzt worden war. Die spanischen und italienischen Zitate werden hier und im Folgenden in einer vom Verfasser angefertigten Übersetzung wiedergegeben.

»Toten Hand« in Privateigentum. Das bedeutet, dass nun die meist unbeweglichen Wirtschaftsgüter der Kirche, die aufgrund eines früheren Stifterwillens dem Privatrecht entzogen, also amortisiert, sprich nicht veräußer- und vererbbar waren, wieder in Privatrechtsverhältnisse kamen und somit desamortisiert wurden.[8]

Als Piemont und das Königreich Neapel bereits Teil des französischen Staatsgebiets waren bzw. zuerst von Napoleons Bruder Joseph, dann von seinem Schwager Joachim Murat regiert wurden, besetzten 1808 napoleonische Truppen auch Spanien. Aufgrund des Widerstands und der neuartigen Guerilla-Taktik der spanischen Bevölkerung gelang es in den folgenden Jahren aber nie, die gesamte iberische Halbinsel zu kontrollieren. Unter dem Schutz der britischen Flotte versammelten sich im September 1810 in Cádiz gewählte Vertreter der gesamten spanischen Nation, also auch aus den Kolonien in Südamerika, um eine liberale Verfassung für das Land zu erarbeiten. Der am 19. März 1812 proklamierte Text wurde allerdings zunächst keine Verfassungsrealität, da Spanien bis 1814 besetzt blieb und anschließend der Absolutismus mit dem zuvor in Frankreich gefangen gehaltenen König Ferdinand VII. zurückkehrte. Erst 1820 trat die Verfassung von Cádiz nach einer Revolution liberaler Offiziere wieder in Kraft. Die Königreiche beider Sizilien – aus der Personalunion der Königreiche Neapel und Sizilien war 1816 die Realunion des Königreichs beider Sizilien geworden –, Portugal und Sardinien-Piemont folgten bis 1821 aufgrund verwandtschaftlicher Bindungen, persönlicher Überzeugung und taktischer Abwägungen dem spanischen Vorbild und führten ebenfalls die Verfassung von Cádiz ein. Während die Revolution in Süditalien in ihrer Selbstwahrnehmung regional beschränkt blieb und überwiegend vom Provinzbürgertum getragen wurde, das politische Partizipation und ein Ende der feudalen und klerikalen Privilegien forderte, wählten die zumeist adligen und gemäßigten Liberalen im Nordwesten ebenfalls das spanische Modell, um bessere Chancen auf ein geeintes Italien ohne österreichischen Einfluss zu haben.

Wie Spanien waren auch die Königreiche beider Sizilien und Sardinien-Piemont in der überwältigenden Mehrheit ihrer Bevölkerung traditionell katholisch geprägt, wobei im Nordwesten Italiens Juden und besonders Waldenser größere konfessionelle Minderheiten bildeten. Wichtig zu erwähnen

---

8 Vgl. die Texte zur Abschaffung der kirchlichen Konvente vom 4. Dezember 1808 (Dok. 8.9.1) und zur Abschaffung der Inquisition vom 22. Februar 1813 (Dok. 8.9.2), in: Peter Brandt u.a. (Hg.), Quellen zur europäischen Verfassungsgeschichte im 19. Jahrhundert. Institutionen und Rechtspraxis im gesellschaftlichen Wandel, Teil 1: Um 1800, Bonn 2004. Die Desamortisation zog sich über das gesamte 19. Jahrhundert hin und wurde erst 1836 unter der Regierung Mendizábal verbindlich geregelt.

ist ferner, dass in allen drei Staaten das Schulwesen selbst in den konstitutionellen und napoleonischen Phasen fast ausnahmslos in kirchlicher Hand lag und höhere Schulen oft von konservativen Jesuiten geleitet wurden. Dergestalt erhielt sich die katholische Kirche neben der Möglichkeit der sonntäglichen Predigt und im alltäglichen Gemeindeleben besonders im Bildungsbereich großen Einfluss auf eine zu zwei Dritteln bis drei Vierteln analphabetische Bevölkerung. Die starke Stellung der katholischen Kirche blieb auch in den konstitutionellen Monarchien bestehen, nicht zuletzt weil sie auf ihre Volkstümlichkeit und das Unverständnis einfacher Bevölkerungsschichten gegenüber Reformmaßnahmen zählen konnte. Stärker als in den anderen beiden Königreichen sicherte sich die Kirche in den beiden Sizilien im Konkordat von 1818 eine gewichtige politische und wirtschaftliche Position, was in der konstitutionellen Phase zwangsläufig zu Spannungen mit den Liberalen in Regierung und Parlament führen musste, etwa in Fragen der Bildungspolitik.[9]

3. Positive Rezeptionen der Religionsfrage

Wenden wir uns nun den positiven Reaktionen bezüglich der Entscheidung für die katholische Konfession als Staatsreligion in den konstitutionellen Monarchien 1820–1823 zu. In Spanien unterstrich die liberale Presse des Trienniums stets, die Verfassung von Cádiz stehe in bestem Einklang mit Tradition, Charakter, Religion und Sitten der Nation seit dem »Goldenen Zeitalter« des 16. Jahrhunderts.[10] Beispielhaft in dieser Hinsicht wirkte die gemäßigt-liberale Madrider Zeitung »El Universal. Observador español«. Mit dem Anknüpfen an den Katholizismus als Staatsreligion sollten die Kontinuitäten mit der spanischen Geschichte und Tradition bewahrt werden.[11] Hinzu kamen allerdings seit der Aufklärung neue Gedankenkonstruktio-

9 Unverzichtbar zur Thematik »Religion und Politik« ist die Studie von Gennaro Maria Monti, Chiesa e Stato durante la rivoluzione napoletana del 1820–1821, in: Chiesa e Stato. Studi storici e giuridici per il decennale della conciliazione tra la Santa Sede e l'Italia, Milano 1939, Bd. 1; ferner das fünfte Kapitel von Aurelio Lepre, La rivoluzione napoletana del 1820–1821, Roma 1967, S. 177–253.

10 Vgl. La Constitucion y las leyes, Segunda edicion 36 (27.8.1822), S. 417–422. Zum Rückgriff Spaniens auf seine Geschichte vgl. Henry Kamen, Imagining Spain. Historical Myth & National Identity, New Haven 2008.

11 Vgl. etwa in diesem Sinne das Gebet, das Agustín de Castro in der feierlichen Messe anlässlich des Eides auf die Verfassung in Infantes sprach: El Constitucional: ó sea, Crónica científica, literaria y política, Nr. 356 vom 29.4.1820.

nen, die Spaniens Identität weniger als katholische Monarchie, sondern als katholische Nation verstanden und diese Idee im staatsphilosophischen Diskurs in den Mittelpunkt rückten.[12]

In zahlreichen Schriften betonten liberale Journalisten, Offiziere und Gelehrte die Vereinbarkeit der Verfassung von Cádiz mit der katholischen Religion, da diese – wie die konstitutionelle Monarchie – weder Tyrannei noch Despotismus erlaube.[13] Ausgangspunkt aller Überlegungen hierzu bildete Artikel 12 der Verfassung: »Das Ziel dieses wichtigen Verfassungsartikels ist es, die Religion Jesu Christi zu bewahren, zu der sich unsere Väter bekannt haben und die Religion der Spanier seit Reccared gewesen ist.«[14] Besonders wichtig war es den Anhängern der Verfassung aus kirchlichen Kreisen zu betonen, dass die katholische Religion und die Kirche keinesfalls schlechter gestellt worden seien, sondern vielmehr deren überragende Position in der konstitutionellen Monarchie Spaniens gestärkt worden sei. Aus kirchlicher Sicht könne man sich ergo nur für die Verfassung einsetzen: »Diese heilige Religion befiehlt uns, der Verfassung in all ihren 384 Artikeln, die sie umfasst, zu gehorchen und sie zu befolgen. Von nun an müssen wir sie lieben, ihr gehorchen, sie schützen, sie unterstützen und für sie sterben [...].«[15] Die Unterstützung des liberalen Regimes mit der Verfassung von Cádiz reichte bis in höchste Kirchenkreise hinauf: Kardinal Luis María de Borbón y Vallabriga amtierte ab 9. März 1820 als Präsident der Übergangsjunta bis zur Eröffnung der Cortes im Juli, um dann im Staatsrat mehrfach mit den konstitutionellen Regierungen zusammenzuarbeiten.[16]

Eigens der christlich-katholischen Verteidigung diente eine in den Jahren 1820 und 1823 in Valladolid publizierte Samstagszeitung: die »Defensa cristiana católica de la Constitución novísima de España«.[17] Sie ging zum

---

12 Vgl. hierzu José María Portillo Valdés, Revolución de nación. Orígenes de la cultura constitucional en España, 1780–1812, Madrid 2000; Mario Onaindía, La construcción de la nación española. Republicanismo y nacionalismo en la Ilustración, Barcelona ²2002.

13 Vgl. stellvertretend El Universal. Observador español, Nr. 2 vom 13.5.1820; ebd., Nr. 14 vom 25.5.1820.

14 Discurso de Don Juan Antonio Posse, Sobre la Constitución Española cuando se publicó esta á sus feligreses, Madrid 1820, S. 21. Reccared I. war König der Westgoten von 586–601. Auf dem III. Konzil von Toledo trat er 589 mit seinem gesamten Stamm zum Christentum über.

15 Discurso de Don Juan Antonio Posse, S. 28.

16 Vgl. Carlos M. Rodríguez López-Brea, Luis María de Borbón y Vallabriga. Don Luis María de Borbón y Vallabriga, el Cardinal hijo de Cardenal, in: Gobierno de Aragón (Hg.), Luis María de Borbón y Vallabriga. Francisco de Goya, Saragossa 2008, S. 59–69, bes. S. 68 f.

17 Vgl. Alberto Gil Novales, Las sociedades patrióticas (1820–1823). Las libertades de expresión y de reunión en el origen de los partidos políticos, Bd. 2, Madrid 1975, S. 1005, Nr. 219.

einen davon aus, dass der in der Verfassung festgelegte Katholizismus vollkommen mit den alten spanischen Kodizes übereinstimmte. Auch die überaus würdigen Kongressabgeordneten seien sich bewusst, dass der allgemeine
Wille Gesetze mache; und der allgemeine Wille zur Rolle der katholischen
Religion sei bekannt.[18] Zum anderen solle man nicht annehmen, Kritiker des
Textes seien gute christlich-katholische Menschen. Ihnen dürfe man die Verfassung nicht anvertrauen, »nicht einmal hundert bessere Verfassungen, die
die Engel vom Himmel herab diktierten«.[19]

Der verteidigenden Worte für die Verfassung von Cádiz aus geistlichen
Kreisen nicht genug, pries auch der Presbyter Baldomero de Frías in der
Pfarrkirche San Sebastián in Madrid am 30. April 1820 »die weise und unver-
gleichliche Verfassung, die uns heute glücklicherweise lenkt«. Er meinte, man
müsse »all jene Personen, die schlecht über die Verfassung reden oder sich ihrer Befolgung widersetzen, als Feinde Gottes, der Nation, des Königs und von
euch selbst betrachten«.[20] Inwieweit diese Äußerungen »echte« Überzeugungen waren, oder vor allem propagandistische Absichten hatten, ist eine interessante Frage, die sich allerdings kaum eindeutig beantworten lässt.

Die Einheit von Religion und Verfassung manifestierte sich ferner in
weiteren Texten wie einem aus Málaga überlieferten politischen Glaubens-
bekenntnis.[21] Einen noch wichtigeren Baustein der liberalen Propaganda
freilich bildeten besondere Festgottesdienste, in denen einmal mehr die enge
Verbindung von Liberalismus und katholischer Religion symbolisiert werden sollte. Durch Gedenksteine und -monumente in den Gemeinden, öffentliche Proklamationen, Feiern zum Jahrestag der Verkündung und eine reiche
Publizistik präsentierte sich die jeweilige Verfassung als Verkörperung von
Glück und Wohlergehen der gesamten Nation. Stets schwang das religiöse
Moment mit, um zu zeigen, dass sich in der Verfassung göttliches und welt-
liches Gesetz verbunden hatten. In den Augen der gemäßigten Liberalen je-
denfalls bildete die katholische Religion einen unangefochtenen Stabilitäts-
faktor für Politik und Gesellschaft.[22] Selbst der Nuntius des Heiligen Stuhls

---

18   Defensa cristiana católica de la Constitución novísima de España, Nr. 14 vom 17.10.1820.
19   Ebd., Nr. 22 vom 2.12.1820, S. 264.
20   Baldomero de Frías, Discurso pronunciado en la parroquia de San Sebastián de Madrid
     en el día 30 de abril de 1820, zitiert nach: Blanca Esther Buldain Jaca, Las elecciones de
     1820. La época y su publicística, Madrid 1993, S. 163–167.
21   Credo político de la Constitución, Málaga. Reimpreso por el ciudadano Quincoces [Euse-
     bio de], zit. nach: Adolfo de Castro, Cortes de Cádiz. Complementos de las sesiones ve-
     rificados en la isla de Leon y de Cádiz extractos de las discusiones, datos, noticias, docu-
     mentos y discursos publicados en periódicos y folletas de la época, Madrid 1913, S. 326 f.
22   Vgl. Manuel de Puelles Benítez, Estado y educación en la España liberal (1809–1857). Un
     sistema educativo nacional frustrado, Barcelona 2004, S. 127.

äußerte nur leise Bedenken, die Einheit der katholischen Religion, die Spanien so viele Vorteile gebracht habe, könnte in der konstitutionellen Monarchie beschädigt werden, lobte aber zugleich Artikel 12 der Verfassung von Cádiz, in dem dieses Prinzip eindeutig positiv geregelt sei.[23]

Auch wenn sich die Liberalen bemühten, das neue politische System auf den Grundlagen der Vernunft und des Gesetzes zu errichten – auf die Religion als Bindeglied zur Masse der Bevölkerung und als emotionalen Mobilisationsfaktor sowie Transmissionsriemen ihrer Botschaften konnten sie auch im Königreich beider Sizilien nicht verzichten. In diesem Rahmen wird verständlich, warum die Anhänger der konstitutionellen Monarchie in Süditalien ebenfalls versuchten, die Verfassung von Cádiz mittels Adjektiven wie »heilig« mit einer sakralen Aura zu umgeben, und sie als »politische Staatsbibel« bezeichneten.[24] Diese religiöse Aufladung des Verfassungstextes war geboten, um die Macht und Reichweite der Kirche zumindest teilweise für die eigenen politisch-gesellschaftlichen Zwecke auszunutzen. Dabei setzten die Liberalen auch auf die kircheninterne Kritik, die sich in Form der meist ökonomisch bedingten Unzufriedenheit des niederen Klerus manifestierte. Darüber hinaus waren ihnen positive Stellungnahmen kirchlicher Führungskräfte zur Verfassung und der Regelung der Religionsfrage, wie etwa Fortunato Pintos, des Erzbischofs von Salerno, hoch willkommen.[25]

Bereits der Beginn der Revolution in Süditalien war von Hochrufen auf die Verfassung und die nahezu klassische südeuropäische Trias – katholische Religion, König und Nation – geprägt. Dieselben Parolen skandierten die Revolutionäre bei ihrem Einmarsch in Neapel. In den konstitutionellen Monaten waren nicht nur Veranstaltungen sozialkaritativen Charakters wie öffentliche Festmähler von Hochrufen auf König, Religion, Verfassung, Vaterland und Nation begleitet; auch Wahlen gewannen durch Gottesdienste mit

---

23 Zu den internationalen Reaktionen auf die erneute Proklamation der Verfassung von Cádiz am 7. März 1820 vgl. Francisco Martínez de la Rosa, El espíritu del siglo, libro X, cap. VIII, in: Carlos Seco Serrano (Hg.), Obras de Francisco Martínez de la Rosa, Bd. 7, Madrid 1962, S. 352 f.

24 Vgl. Archivio di Stato di Napoli (hiernach ASN), Archivio Borbone (hiernach AB), fasc. 2091, Notizie Interne del Regno delle due Sicilie (8.1.1821), Altra del 1°. Parlamento Nazionale. A' Cittadini delle Due Sicilie. I Deputati del Parlamento Nazionale, S. 99: »Indem ihr uns zur Ehre erhoben habt, euch zu repräsentieren, vertrautet ihr uns euer Heiligstes an, die spanische Verfassung.« ASN, AB, fasc. 269, Parlamento Nazionale, Adunanze del di 26 e 27 dicembre 1820, S. 197: Signor de Luca: »das heilige Statut«; Vincenzo Ludovico Ferraro, Dottrina del Popolo costituzionale, Napoli 1820.

25 Vgl. ASN, AB, fasc. 277, f. 292–295, Fortunato Pinto, Patrizio Salernitano per la grazia di Dio, e della S. Sede Apostolica Arcivescovo di Salerno, Primate della Lucania, e de Bruzj, ed Amm.ᵉ della Chiesa Vescovile di Aierno, Ai Capitoli, Cleri, e Popoli di ambe le Diocesi.

Te Deum einen feierlichen Anstrich und erfuhren durch die Kirche eine erhöhte Bedeutung.[26]

Viele Amtsträger in Sardinien-Piemont wie der Gouverneur der Provinz Biella, Giovanni Battista Marochetti, lobten ebenfalls Artikel 12 der Verfassung von Cádiz, der »die unveränderliche Ausübung unserer göttlichen katholischen Religion in all ihrer Reinheit und Stärke garantiert« und so zum Wohlergehen des Königreichs beitrage.[27] Bereits im Dekret zum Erlass der spanischen Verfassung hatte der piemontesische Prinzregent Karl Albert betont, der Katholizismus müsse Staatsreligion bleiben und die Erbfolge dürfe nicht angetastet werden – die spanische Verfassung erlaubte auch die weibliche Thronfolge.[28] Besonders der erste Punkt basierte auf einem überwältigenden Konsens in der Gesellschaft: So unterstrichen auch aufgeklärte, gemäßigt-liberale Diplomaten und Verwaltungsbeamte wie Cesare d'Azeglio, dass bei allen politischen Rechten für den Einzelnen der Katholizismus Staatsreligion bleiben sollte.[29] Die nur einen knappen Monat lang erscheinende liberale Presse wie »La Sentinella Subalpina« hob ebenfalls mehrfach den Schutz der katholischen Religion im Verfassungstext hervor. Insgesamt bemühten sich die Befürworter der spanischen Verfassung von 1812, mit dem Festhalten an der katholischen Konfession als Staatsreligion die historischen Traditionen der südeuropäischen Monarchien zu bewahren und den integrativen Charakter von Kirche und Religion innerhalb der Revolutionen zu betonen.

4. Religionsfreiheit?

Obgleich im Falle der spanischen Verfassung von 1812 das Bekenntnis zur katholischen Religion unzweideutig ausfiel, waren Fragen der Religionsfreiheit im öffentlichen Diskurs keineswegs von Vornherein ausgeklammert.

---

26 Vgl. Daum, Oszillationen, S. 322 f.
27 Archivio del Museo del Risorgimento di Torino, Moti del 1821, Cartella 156: Handschriftliche Kopie der Zeitung »La Sentinella Subalpina«, Torino 1821, Nr. 2 vom 19.3.1821, Il Capo Politico della Provincia e Città di Biella, interinale, Giovanni B. Marochetti, Biella li 14 marzo 1821.
28 Vgl. die Proklamation und die Eidesformel bei Carlo Torta, La Rivoluzione piemontese, Roma 1908, Dok. XII, S. 233 f. und Dok. XV, S. 236–238.
29 Vgl. Elisa Mongiano, Cesare d'Azeglio a Prospero Balbo. La »suggestione« del modello costituzionale inglese nelle riflessioni di un conservatore piemontese, in: Andrea Romano (Hg.), Il modello costituzionale inglese e la sua recezione nell'area mediterranea tra la fine del 700 e la prima metà dell'800, Messina 1998, S. 993–1016.

Tab. 1: Konstitutionelle Regelungen der Religionsfrage um 1800 im Vergleich

	Staats-religion	Religions-freiheit	Toleranz von Minderheiten	Sonstiges
Verfassung der Vereinigten Staaten 1787	keine	ja	ja	kein Gottesbezug, rein säkular
polnische Mai-verfassung 1791	röm.-kathol.	nein	ja	Konfessionswechsel verboten
französische Verfassung 1791	keine	ja	ja	
Statut von Bayonne 1808	röm.-kathol.	nein	nein	Verbot der Inquisition
Verfassung von Cádiz 1812	röm.-kathol.	nein	nein	
sizilianische Verfassung 1812	röm.-kathol.	nein	nein	
Charte constitu-tionnelle 1814	röm.-kathol.	ja	ja	
norwegische Verfassung 1814	evang.-luther.	nein	nein	Jesuiten und Mönchs-orden nicht geduldet
badische Verfassung 1818	keine	ja	ja	uneingeschränkte staatsbürgerliche Rechte für Angehörige der drei christlichen Konfessionen
bayerische Verfassung 1818	keine	ja	ja	uneingeschränkte staatsbürgerliche Rechte für Angehörige der drei christlichen Konfessionen
württembergische Verfassung 1819	keine	ja	ja	uneingeschränkte staatsbürgerliche Rechte für Angehörige der drei christlichen Konfessionen

Wirft man einen Blick auf die zeitgenössischen Verfassungsmodelle, lassen sich durchaus unterschiedliche Regelungen der Religionsfrage finden: a) rein säkulare, die keine Staatsreligion festlegten und vollkommene Religionsfreiheit gewährleisteten (Verfassung der Vereinigten Staaten von 1787, französische Verfassung von 1791, süddeutsche Verfassungen von 1818/19); b) liberal-katholische, die zwar den Katholizismus als Staatsreligion festschrieben, gleichzeitig aber Religionsfreiheit oder zumindest die Toleranz religiöser Minderheiten garantierten (Charte constitutionnelle von 1814, polnische Maiverfassung von 1791); und schließlich religiös orthodoxe, die nur die römisch-katholische oder die evangelisch-lutherische Konfession kannten (Statut von Bayonne 1808, spanische Verfassung von 1812, sizilianische Verfassung von 1812, norwegische Verfassung von 1814) (vgl. Tab. 1).

Dass die spanische Verfassung in der Religionsfrage von ihrer liberalen Linie abwich, mag damit zusammenhängen, dass die liberalen Abgeordneten der verfassunggebenden Cortes einerseits die Royalisten zur Zustimmung für das Gesamtwerk bewegen, andererseits den zahlreichen Klerikern in den eigenen Reihen entgegenkommen wollten.[30] Die Liberalen interpretierten den Willen der Nation dahingehend, dass die Nation die katholische Religion als allein erlaubte und gültige beizubehalten wünsche. Dabei gab es unter den spanischen Konstitutionellen durchaus kritische Stimmen. So schlugen radikale Liberale wie Pedro Pascasio Fernández Sardinó, ein im Londoner Exil lebender spanischer Universalgelehrter und Arzt, der zwischen 1818 und 1820 »El Español Constitucional« herausgab, als konkrete Inhalte der neuen politischen Ordnung unter anderem Religionsfreiheit vor.[31]

Eine ungleich lebhaftere Diskussion um eine Pressefreiheit ohne Vorzensur und um Artikel 12 entspann sich hingegen, als die Verfassung im Königreich beider Sizilien übernommen und an die dortigen Verhältnisse adaptiert wurde. Um die Verfassung in philanthropischer Hinsicht zu perfektionieren, eröffnete das Parlament die Perspektive, andere Kulte als die katholische Religion im Privaten zuzulassen.[32] In dieselbe Richtung einer partiellen Religionsfreiheit unter Berufung auf das Toleranzprinzip zielten die Modifikationsvorschläge des französischen Liberalen Jean-Denis Lanjuinais sowie der Autoren einer Schrift an die neapolitanische Nation und

---

30 Vgl. Manuel Morán Orti, Revolución liberal y reforma religiosa en las Cortes de Cádiz, in: Revista de las Cortes Generales 26 (1992), S. 119; derselben Meinung ist Portillo Valdés, Revolución. Hingegen sieht Manuel Chust Calero, Die Verfassung von 1812 und der iberoamerikanische Konstitutionalismus. Ein Vergleich, in: Rechtsgeschichte 16 (2010), S. 71, in der Entscheidung eine pragmatische Option des Liberalismus von Cádiz, der im historischen Moment des Jahres 1811 keine Debatte über das Thema Religion bestreiten wollte oder konnte.

31 Vgl. Alberto Gil Novales (Hg.), Diccionario biográfico del trienio liberal, Madrid 1991, S. 235.

32 Vgl. ASN, AB, fasc. 2036, A' cittadini delle due Sicilie, S. 21–23. Auch Stimmen außerhalb des Parlaments sprachen sich für Religionsfreiheit im privaten Bereich aus; vgl. Riflessioni analitiche sullo stato attuale delle Due Sicilie, e mezzi, che si propongono per una generale riforma, che possono valere di modificazione alla Costituzione Spagnuola, Napoli 1820, S. 9.

eines Briefes an das Parlament.[33] Zwar waren sie sich allesamt bewusst, dass die Idee der Religionsfreiheit im Königreich beider Sizilien nur schwer durchsetzbar sein würde; doch mit einer derart heftigen Reaktion hatten sie anscheinend nicht gerechnet. Der Erzbischof von Neapel, Kardinal Luigi Ruffo Scilla,[34] und 20 weitere Bischöfe wiederum kritisierten solche Positionen scharf und erklärten in einem Brief an den Prinzregenten Franz, der betreffende Artikel der spanischen Verfassung enthalte keinen Veränderungsspielraum. Zudem fürchteten sie, mit einer unbeschränkten Pressefreiheit könnten sich dem Katholizismus feindlich gesinnte Ideen massenhaft verbreiten.[35] In einer Protestschrift an die Parlamentsabgeordneten, die diese einmütig und scharf verurteilten,[36] mahnte Ruffo ferner eindringlich, in der Parlamentsdebatte um Religionsfreiheit und eine eventuelle Zulassung anderer Kulte im Privaten keinen Millimeter von den Vorgaben des spanischen Textes abzuweichen, da sonst Unordnung, Zwietracht und Amoralität durch antikatholische Sekten drohten. Nur die katholische Religion garantiere eine gute Staatsordnung, was die schrecklichen Revolutionen in Deutschland, England, Frankreich und anderen Nationen bewiesen hätten.[37]

---

33 Vgl. Jean-Denis Lanjuinais, Vues politiques sur les changements à faire à la Constitution de l'Espagne, afin de la consolider, spécialment dans le royaume de Deux-Siciles, Paris 1820, sowie die italienische Übersetzung mit dem Titel: Considerazioni politiche sui cambiamenti da farsi alla Costituzione di Spagna per assodarla, specialmente nel regno delle Due Sicilie, Napoli 1821; Discorso alla nazione napoletana, Napoli 1820, S. 9 f.; Lettera al Parlamento delle Sicilie, Napoli 1820, S. 4.

34 Luigi Ruffo (1750–1832) entstammte einer der ältesten und vornehmsten Familien Süditaliens, die zahlreiche hohe Geistliche und Diplomaten hervorgebracht hatte. Er ist nicht zu verwechseln mit seinen Zeitgenossen Fabrizio Dionigi Ruffo (1744–1827), Kurienkardinal und Anführer der Sanfedisten-Armee gegen die neapolitanische Republik von 1799, sowie Fabrizio Ruffo (1763–1832), Fürst von Castelcicala, der als Botschafter Neapels und beider Sizilien in Paris wirkte.

35 Vgl. ASN, AB, fasc. 269 9, A S. A. R. Il Principe Reggente. Rappresentanza del Cardinale Arcivescovo di Napoli (2.1.1821), S. 218–226.

36 Vgl. Annibale Alberti (Hg.), Atti del Parlamento delle Due Sicilie, 1820–1821, Bd. 3, Bologna 1926, adunanza LXXIV (23.1.1821), S. 138 f. Auf einen von manchen Abgeordneten geforderten Prozess gegen Ruffo verzichtete das Parlament, da es ihm vorrangig darum ging, die Offensive des Kardinals zu stoppen; vgl. ebd., adunanza LXIX (18.1.1821), S. 67–71. Außerdem fehlte eine breite sanfedistische Bewegung wie noch 1799; einfache und bürgerliche Schichten unterstützten vielmehr die konstitutionelle Regierung.

37 Vgl. ASN, AB, fasc. 2067, A' Signori Deputati del Parlamento. Indirizzo del Cardinale Ruffo Arcivescovo di Napoli (13.12.1820), S. 2: »Die Zulassung – wenn auch im Privaten – von anderen fremden Kulten beleidigt Gott als Objekt der Religion: Sie beleidigt Jesus Christus, den Gründer derselben: Sie gefährdet die unverletzbaren Rechte der Kirche, zu der sie sich bekennt: Sie schadet in höchstem Maße derselben Religion: Sie erschüttert die gute Ordnung des Staates: Sie widersetzt sich letztlich der Vernunft selbst und neigt dazu, die feierlich beschworene Verfassung zu zerstören.«

Generell stieß die Regelung der religiösen Sphäre im Verfassungstext und in weiteren Ausführungsgesetzen in reaktionären klerikalen Kreisen auf großes Unverständnis, da das spanische Modell doch eine explizit politische Verfassung sein wollte. Während in der Restaurationszeit anderswo in Italien ein demokratischer Katholizismus – man denke nur an Alessandro Manzoni – breiten Anklang fand, stellte der revolutionäre Geheimbund der Carbonari in den beiden Sizilien die Grundlagen der geistlichen Gewalt der Kirche selbst infrage, indem er die Autorität der Bischöfe nicht anerkannte und sich direkt auf das Evangelium berief.[38] So verwundert es nicht, dass mehrere Bischöfe wie diejenigen von Termoli, Bovino und Conza aus Sorge um den Katholizismus als Staatsreligion, um die Rechtgläubigkeit, ähnliche Bedenken wie Kardinal Ruffo vortrugen und zur Exkommunikation der Carbonari als wirksames Mittel griffen.[39] Erstaunlich gut blieben trotz all der beschriebenen Konfliktmomente die Beziehungen zwischen der konstitutionellen Regierung in Neapel und dem Heiligen Stuhl.[40]

Worin konnte letztlich ein goldener Mittelweg bestehen, der weder die liberale Verfassung noch die katholischen Gefühle der Neapolitaner verletzte? Darin, zwischen Bürgern des Königreichs und Ausländern zu unterscheiden und nur letzteren die Ausübung ihrer Kulte im Privaten zuzugestehen, während erstere katholisch bleiben mussten? Konnte damit eine individuelle Gewissensfreiheit bewahrt werden? Wie die Mehrheit der Abgeordneten meinte mancher, nur das öffentliche Ausüben anderer Religionen als der katholischen müsse verboten werden.[41] Andere Stimmen hingegen plädierten für eine vollständige Religionsfreiheit und wollten einen Beschluss über das konkrete Vorgehen den Bischöfen in ihren Diözesen überlassen.[42] Nach langer und lebhafter Debatte stimmten am Ende 56 Abgeordnete für die Aufnahme des Wortes »öffentlich«, 17 dagegen.[43] Mit einem ebenfalls nicht einmü-

---

38 Vgl. Lepre, S. 194.
39 Vgl. ASN, AB, fasc. 271, Carte e Risoluzioni di Laybac, 1. Niccola Arcivescovo di Bari e Camillo Vescovo di Sansevero (8.1.1821), S. 3–5; ebd., fasc. 277, Regno di Ferdinando I, Carte Riservate, 3. Fortunato Pinto, Patrizio Salernitano per la grazia di Dio, e della S. Sede Apostolica Arcivescovo di Salerno Primate della Lucania, e de Bruzzi, ed Amm.^re della Chiesa Vescovile di Acerno, S. 292–295; ebd., fasc. 2072, Lettera dell'Archivescovo di Napoli al Parlamento Nazionale (13.1.1821) e Risposta del Parlamento (23.1.1821).
40 Vgl. Lepre, S. 228–232.
41 Vgl. Breve riflessioni su' miglioramenti essenziali che sarebbero necessarii a farsi alla Costituzione Spagnuola per adattarla allo sviluppo della nazione del Regno delle Due Sicilie, Napoli 1820.
42 Vgl. V. D. S., Riflessioni analitiche sullo stato attuale delle Due Sicilie, e mezzi, che si propongono per una generale riforma, che possono valere di modificazione alla Costituzione Spagnola, Napoli 1820.
43 Vgl. Alberti, Bd. 2, adunanza XXVIII (21.11.1820), S. 176–179.

tigen Votum von 57 zu 26 Stimmen wurde Artikel 249 gestrichen und damit die geistliche Gerichtsbarkeit abgeschafft.[44] Der massive Druck des hohen Klerus in Süditalien führte aber am Ende dazu, dass Prinzregent Franz sein Veto gegen Artikel 12 einlegte;[45] die geistliche Gerichtsbarkeit blieb dagegen ebenso abgeschafft wie die Pressefreiheit garantiert. Somit entsprach Artikel 12 der spanischen Verfassung wortwörtlich Artikel 12 der neapolitanischen Verfassung vom 29. Januar 1821 und wurde nur an den geographischen Raum angepasst.[46]

Auch im Königreich Sardinien-Piemont kursierten zunächst Pläne des Innenministers Prospero Balbo und seines Mitarbeiters Melchiorre Mangiardi, in einer »konsultativen« Monarchie als drittem Weg zwischen dem als zu demokratisch erachteten spanischen Modell und dem eher für absolute Monarchien geeigneten französischen Modell die katholische Religion als Staatsreligion festzuschreiben, zugleich aber die religiösen Minderheiten der Juden und Waldenser zu tolerieren.[47] Immerhin waren die Bergtäler westlich von Turin seit dem Beginn des 14. Jahrhunderts zur zweiten Heimat der ältesten christlichen Abspaltung in Westeuropa geworden, während die Präsenz der Juden als älteste der beiden historischen Minderheiten in Italien sogar auf die vorchristliche Zeit zurückging. Am Ende beharrte jedoch auch in Turin Regent Karl Albert bei der Proklamation der Verfassung von Cádiz auf der Übernahme des Artikels 12. Zu einer Modifikation in Ausführungsgesetzen kam es im Nordwesten Italiens nicht mehr, da die konstitutionelle Phase nur wenige Wochen währte. Doch auch wenn es 1821 bei dem Versuch blieb, Juden und Waldensern mehr Rechte zuzuschreiben, so zeichnete sich bereits hier die Vorreiterrolle Sardinien-Piemonts innerhalb Italiens ab. Der junge, liberalen Ideen aufgeschlossene Prinzregent Karl Albert sollte 1848 als König, freilich auf massiven Druck liberaler Adliger wie Roberto d'Azeglio, als erster italienischer Monarch im ersten Artikel der Verfassung beiden Minderheiten religiöse Toleranz gewähren und bis Juni 1849 zunächst den Waldensern, dann auch den Juden im Königreich per Dekret bürgerliche und politische Rechte zugestehen.[48]

---

44 Vgl. ebd., adunanza XXXV (1.12.1820), S. 277–284.
45 Vgl. ebd., Bd. 3, Bologna 1928, adunanza LXIX (18.1.1821), S. 64f.
46 Die politische Verfassung des Königreichs beider Sizilien ist abgedruckt in: ebd., Bd. 3, adununza LXXXI (30.1.1821), S. 307–352.
47 Das »Progetto di Costituzione dell'11 marzo 1821« einer »konsultativen« Monarchie ist abgedruckt bei: Eugenio Passamonti u. a. (Hg.), La rivoluzione piemontese dell'anno 1821, Torino 1926, S. 316–318.
48 Vgl. die einschlägigen Kapitel von Paolo Ricca, Le Chiese evangeliche, und von Stefano Caviglia, Gli ebrei tra Ottocento e Novecento, in: Gabriele De Rosa (Hg.), Storia dell'Italia religiosa, Bd. 3: L'età contemporanea, Roma 1995, S. 405–440 u. 441–470.

5. Negative Rezeptionen der Religionsfrage

Die katholische Religion war ein wichtiges Bindeglied zwischen alt und neu, zwischen den breiten Massen und den liberalen Eliten und umgab den Kodex mit einer sakralen Aura. Die allen Reformen feindlich gesinnte Mehrheit der Geistlichen erzeugte jedoch in vielen Städten, aber auch bei der einfachen Bevölkerung auf dem Land einen Antiklerikalismus ungeahnten Ausmaßes, der sich besonders in Spanien in Form von Karikaturen, Schmähschriften und kritischen Theaterstücken niederschlug.[49] Begründet im Sittenverfall und Reichtum der Kirche, die als Hindernis für wirtschaftlichen Fortschritt wahrgenommen wurden, verbreiteten sich im Triennium antiklerikale Satiren nach französischem Vorbild in Text- und Bildform, die in diplomatischen und intellektuellen Kreisen auch im Ausland rezipiert wurden. Mit der Publikation der insgesamt zehn »Lamentos políticos de un Pobrecito Holgazán« von Sebastián Miñano ab März 1820 erreichte die antiklerikale Satire ihren Höhepunkt. Er machte die Geistlichen zum Gespött der Massen und erklärte das geistliche Leben für unvereinbar mit gesellschaftlichem Fortschritt in Spanien, da die Kleriker auf Kosten der arbeitenden Bevölkerung lebten. Immer wiederkehrende Themen dieser Schmähschriften und -bilder waren Aberglaube, Laster, egoistisches Verhalten, Inquisition,[50] Exklusivität der Theologie zu Lasten anderer Wissenschaften, Korruption etc. Zu dem riesigen Erfolg von Miñanos »Lamentos« mit geschätzten 60.000 Exemplaren kamen im Bereich des Theaters antiklerikale Komödien wie »El hipócrita pancista«, »El sí de las niñas«, »La Mojigata« von Moratín, »El diablo predicador« von Luís de Belmonte oder das respektlose »Fray Lucas o el monjío deshecho« hinzu. Für viele Liberale hatte die Religion ihren transzendenten und heiligen Charakter verloren und sich in ein Hilfsmittel des Staats verwandelt.[51]

---

49 Vgl. Manuel Revuelta González, Política religiosa de los liberales en el siglo XIX. Trienio Constitucional, Madrid 1973; Juan Sisinio Pérez Garzón, Curas y liberales en la revolución burguesa, in: Rafael Cruz (Hg.), El anticlericalismo, Madrid 1997, S. 67–100; Emilio La Parra López, Los inicios del anticlericalismo español contemporáneo (1750–1833), in: ders. / Manuel Suárez Cortina (Hg.), El anticlericalismo español contemporáneo, Madrid ²1998, S. 17–68.

50 Eines der eindrücklichsten Beispiele der antiklerikalen Satire, vermutlich ebenfalls aus der Feder Miñanos, ist eine aufwendig gestaltete farbige Karikatur, die das Thema Inquisition aufgreift und dank der Diplomatie und informeller Wege auch außerhalb Spaniens Verbreitung fand. Vgl. Archivio di Stato di Torino (hiernach AST), Lettere Ministri, Spagna, Mazzo 103, Nr. 195, Brignole Sale an S. Marzano (28.1.1821).

51 Vgl. La Parra López, S. 46–54; Claude Morange, Sebastián de Miñano. De la sátira al panfleto, in: Trienio 20 (1992), S. 37–65; Juan Francisco Fuentes, Sátira y revolución en la prensa del Trienio liberal, in: ebd., S. 83–100; Sebastián Minaño y Bedoya, Sátiras y

Gegenwind aus einer ganz anderen Richtung kam von den Konservativen und besonders von den Klerikern. So wurde der in Artikel 12 der Verfassung als Staatsreligion festgeschriebene Katholizismus in den Revolutionsjahren durch einige Gesetze empfindlich beeinträchtigt, die etwa die Vertreibung der Jesuiten, die Unterdrückung von Mönchen und die Reform des Ordenswesens sowie die Schließung kleinerer Konvente zum Inhalt hatten.[52] Zusammen mit den unteren Bevölkerungsschichten auf dem Lande wirkten konservative Kleriker, beispielsweise in Katalonien, konspirativ als antikonstitutionelle Bewegung.[53] Der größte Teil des Klerus, besonders in höheren Positionen, stand dem Liberalismus feindlich gegenüber und plädierte für eine Rückkehr zum Absolutismus. Als Anhänger der Kurie und Antireformer hatten sie die wichtigsten Bistümer und andere hohe Kirchenämter des Landes inne, seit zwischen 1814 und 1820 rund die Hälfte des Klerus ausgetauscht worden war. Im Triennium begannen die Liberalen, nicht nur ausgesprochene Absolutisten von hohen Ämtern am königlichen Hof systematisch fernzuhalten,[54] sondern besetzten auch frei werdende Stellen innerhalb des Klerus mit ihnen nahestehenden Personen. In Valencia etwa unterstützten die eher liberal eingestellten Geistlichen die Kirchenreformen des Trienniums.[55] Als am 7. Juli 1822 die königliche Leibgarde einen konterrevolutionären Putsch wagte, der nach seinem Mißlingen die erste radikal-liberale Regierung hervorbrachte, und infolgedessen Kämpfe in Navarra, Aragonien und Katalonien ausbrachen, eskalierte die Lage zusehends: Diejenigen Geistlichen, die sich für die Verfassung von Cádiz einsetzten, wurden von ihrer antiliberalen Standesmehrheit als Feinde der Religion bezeichnet. Immer mehr Kleriker weigerten sich, die Verfassung, wie per Dekret von April 1820

panfletos del Trienio Constitucional (1820–1823), ausgewählt, eingeleitet und kommentiert v. Claude Morange, Madrid 1994. Zum antiklerikalen Theater vgl. Emilio Palacios Fernández / Alberto Romero Ferrer, Teatro y política (1789–1833): entre la revolución francesa y el silencio, in: Joaquín Álvarez Barrientos (Hg.), Se hicieron literatos para ser políticos. Cultura y política en la España de Carlos IV y Fernando VII, Madrid 2004, S. 218–225.

52 Vgl. Manuel Morán Ortí, Revolución y reforma religiosa en las Cortes de Cádiz, Madrid 1994.

53 Vgl. Jaime Torras Elías, Liberalismo y rebeldía campesina, 1820–1823, Barcelona 1976, S. 56; Carta del Duque de Angulema a Villèle, 3 agosto 1823, in: Alberto Gil Novales, El Trienio liberal, Madrid 1980, Dok. 12, S. 122: »Der König zählt auf den Klerus und das einfache Volk.«

54 Vgl. zur höfischen Personalpolitik der Liberalen im Triennium Antonio Manuel Moral Roncal, ¡El enemigo en palacio! Afrancesados, liberales y carlistas en la Real Casa y Patrimonio (1814–1843), Alcalá de Henares 2005.

55 Zur proliberalen Politik des Klerus in Valencia vgl. Luis Barbastro Gil, El »catolicismo liberal« de Villanueva, Bernabeu y de Cortés. Una contribución decisiva al primer liberalismo (1808–1823), in: Spagna contemporanea 26 (2004), S. 1–24.

vorgesehen, in sonntäglichen Gottesdiensten zu erklären und den Eid auf sie abzulegen. Die Spannungen entluden sich teilweise in Gewalt, der 1822–1823 allein in Katalonien 95 Geistliche zum Opfer fielen.[56] Die Haltung des Heiligen Stuhls in Rom bezüglich der Verfassung hingegen blieb widersprüchlich: Zwar brachte er keinerlei schwerwiegende Einwände gegen sie vor und betrachtete auch den Verfassungseid der Kleriker als zulässig, trotzdem verweigerte er dem liberalen Regime einen Ausgleich etwa in Form eines Konkordats.[57]

Weitaus kritischere Stimmen aus klerikalen Kreisen dagegen erhoben sich in Spanien selbst: Zwei Jahre nach der erneuten Restauration des Absolutismus schrieb der Vikar und Priester des Erzbistums Burgos, Tomas García Morante, ein Werk über die »durch die Heilige Schrift der Gottlosigkeit überführte Verfassung«. Zusammengefasst begann in den Augen García Morantes das Übel bereits mit der Aufklärung, die neue Ideen von Freiheit und Gleichheit entwickelte und die Menschen zum Umsturz der harmonischen Weltordnung aufrief. Mit der Doktrin des monarchischen Gottesgnadentums und der Allgewalt der Könige wischte er sämtliche Gedanken einer Volkssouveränität beiseite. Wie die Bibel und die Geschichte zeigten, seien alle Versuche, die unumschränkte königliche Macht zu beschneiden, letztlich kläglich an der Strafe Gottes gescheitert. Bald werde wieder die natürliche Ordnung herrschen und einer allein dem Volk die Richtung vorgeben: der König als direkt von Gott befugter Lenker der Geschicke eines Landes.[58]

Teils die Argumentation García Morantes aufgreifend, verfasste der Erzbischof von Santiago, Rafael de Vélez, zwischen 1818 und 1825 eines der wichtigsten Beispiele für die Verbindung von Kirche und Monarchie im konservativen Denken: die »Apología del altar y del trono«.[59] Dieses umfassende mehrbändige Werk verteidigt in einem wissenschaftlich-nüchternen Ton einerseits die traditionelle spanische Monarchie des 18. Jahrhunderts gegen die neuen Doktrinen, analysiert aber andererseits auch die Reformpolitik der Cortes, die Vélez als Verrat an Spanien begreift. Der Erzbischof betonte

---

56 Vgl. La Parra López, S. 58.
57 Vgl. Manuel Teruel Gregorio de Tejada, Manuel, Obispos liberales. La utopía de un proyecto (1820–1823), Lleida 1996, S. 273. Auf S. 96–114 gibt er eine Analyse der Position des Heiligen Stuhls hinsichtlich der Verfassung von Cádiz ausgehend von Artikel 12 wieder.
58 Tomas García Morante, La Constitución convencida de impiedad por la santa escritura. Reflexiones político-cristianas sacadas de la misma, en defensa de la soberana autoridad del Rey nuestro Señor: é impugnación dogmática de la carta anti-pastoral del doctor Don Gregorio Gisbert, ex-Gobernador eclesiástico del arzobispado de Burgos, Madrid 1825.
59 Vgl. Rafael de Vélez, Apología del altar y del trono ó historia de las reformas hechas en España en tiempo de las llamadas cortes; é impugnacion de algunas doctrinas publicadas en la constitucion, diarios y otros escritos contra la religion y el estado, 2 Bde., Madrid 1825.

das eine Spanien, die Einheit von Altar und Thron, durch die das Land in Glück und Harmonie bis 1808 zusammengelebt habe. Erst mit den unseligen Cortes von Cádiz sei Spanien zerbrochen.[60] König und Kirche Seite an Seite im Kampf gegen die Reformer – an diesem Bild der »dos Españas« begannen konservative Autoren wie Vélez zu arbeiten.[61]

Gleichfalls im Einklang mit konservativen legitimistischen Lehren, wonach den Monarchen die unmittelbar von Gott verliehene höchste weltliche Autorität zukam, beriefen sich auch die reaktionären Zeitungen mit den programmatischen Namen »El Defensor del Rey« und »El Censor« auf die bewährte Einheit von Thron und Altar.[62] Letzterem zufolge stand das Reden und Handeln der Liberalen in krassem Gegensatz zu Artikel 12 der Verfassung, der die katholische Religion angeblich so hochhalte; in Wahrheit dienten diese schönen Worte nur dazu, den Cádizer Text mit einem Hauch von Legitimität zu umgeben. Die zahlreichen antireligiösen und antiklerikalen Gesetze des Trienniums zeigten deutlich den wahren Charakter der Liberalen.[63]

Die Gegner der Verfassung von Cádiz antworteten auf das umfangreiche Werben der Anhänger dieses Textes in Wort, Bild und Schrift mit teils ähnlichen Medien. So entfalteten sie beispielsweise in Form eines im spanischen Saragossa publizierten Dialoges zwischen volksnahen Charakteren wie einem Bergarbeiter und dessen Sohn nahezu das gesamte antikonstitutionelle Programm. Ausgehend von einem vormodernen Verfassungsverständnis, wonach eine Verfassung nichts anderes als ein Buch sei, das die grundlegenden Gesetze einer Gemeinschaft oder eines Königreiches enthalte, rückte der Bergarbeiter den Text von 1812 in die Nähe eines Teufelswerks. Der Klerus sei diskreditiert, der König in seinen Rechten einem alten Schuhmacher gleichgestellt und die Religion als vermittelndes Element zwischen alt und neu missbraucht worden. Nur göttlichem Eingriff sei es zu verdanken, dass 1814 und 1823 die alte Ordnung wiederhergestellt worden und die teuflische und ketzerische Verfassung verschwunden sei. Als Moral der jüngsten spanischen Geschichte riet der Bergarbeiter seinem Sohn, man dürfe keine Schriften mit neuen, antichristlichen und revolutionären Lehren lesen, da sie mit ihrem giftigen Inhalt die Menschen verführten.[64]

---

60 Vgl. ebd., Bd. 1, S. 476.
61 Vgl. Ulrich Mücke, Gegen Aufklärung und Revolution. Die Entstehung konservativen Denkens in der iberischen Welt (1770–1840), Köln 2008, S. 245.
62 Vgl. Gil Novales, Sociedades, Bd. 2, Nr. 223, S. 1006.
63 Zur Religion äußerte sich El Censor in: El Censor 12 (1821), S. 89–95; ebd. 13 (1821), S. 101–103; ebd. 14 (1821), S. 109–115.
64 Vgl. Constitucion sin mascara, o verdarera idea de la Constitucion abortada en Cádiz en el año de 1812: muerta en 1814: resucitada por medio de puñales en 1820: y enterrada en 1823 para no dejarse ver jamas en la tierra de los vivientes. Conversacion tenida entre un

Doch nicht nur in Spanien, sondern in allen drei Königreichen entstand parallel zur Proklamation der Verfassung von Cádiz 1820–1821 eine reaktionäre Gegenbewegung, die bis in die zweite Restauration hineinreichte. Sie bezog Stellung gegen Ideen der Aufklärung, der nationalen Souveränität, der individuellen Freiheit, der Gleichheit vor dem Gesetz sowie der Pressefreiheit und forderte stattdessen die Einheit von Altar und Thron und ein unbedingtes Festhalten an der katholischen Religion ein.

In Italien bezog der Katholizismus eine betont konterrevolutionäre Position zu Themen des laizistischen Staats oder der Glaubensfreiheit und formierte sich nach französischem Vorbild (Lamennais) als reaktionäre Bewegung mit eigenen Zeitungen, Zeitschriften und einem Organisationsnetz zwischen den Zentren Neapel, Turin und Modena sowie in kleinerem Maßstab Alessandria, Lucca und Imola. In Neapel entstand die Bewegung als Reaktion auf die Revolution von 1820 und blühte mit der Rückkehr König Ferdinands unter österreichischem Schutz und der repressiven Politik des Polizeiministers Canosa im folgenden Jahr auf.[65]

Angetreten mit dem Ziel, die politische und kulturelle Hegemonie Roms durchzusetzen, tat sich ein Mann in Neapel hierbei besonders hervor: der Theatinerpater und Abt Gioacchino Ventura. In zwei 1820 erschienenen Schriften griff er konstitutionelle Zeitungen direkt an und polemisierte gegen die Vorkehrungen der Regierungsjunta, keinen religiösen Ornat zuzulassen. Er beklagte, die Unterdrückung der Regularkanoniker habe nur größeres Elend über die Bedürftigen gebracht, wie man am spanischen Beispiel sehen könne. Der zerstörerische Geist der bürgerlichen Revolution mit dem Grund allen Übels, der Begierde nach Eigentum (libido proprietatis), habe das soziale Gleichgewicht zerstört.[66]

Die von Ventura 1822 herausgegebene »Enciclopedia ecclesiastica e morale« argumentierte mehr auf einer ideologisch-moralischen Ebene mit dem Volk und den legitimen Regierungen als soziologischen Pfeilern. Als erste

labrador de la montaña y su hijo, en que se da una cabal y clara noticia del obscuro linage de aquella constitucion, progresos y término fatal à que iba á precipitarnos. Que para desengaño de labradores, artesanos, mugeres, y de todos aquellos, que no tienen ocasion de instruirse en la historia de las revoluciones, y tambien para que sirva á los niños que aprenden á leer publica F. J. P. D., Zaragoza 1825.

65 Vgl. Sandro Fontana, La controrivoluzione cattolica in Italia (1820–1830), Brescia 1968.
66 Sein dreibändiges Werk gegen die politischen Sekten umfasste: Gioacchino Ventura, La decisione del Giornale Costituzionale sopra de'Regolari riesaminata al Tribunale del Buon Senso, Napoli 1820; ders., Considerazioni sopra de'Regolari, Napoli 1820; ders., Lo spirito della Rivoluzione relativamente agli ordini religiosi, Imola 1825; vgl. La decisione del Giornale Costituzionale, S. 88–91. Zu Ventura vgl. ferner die Einleitung in: Gioacchino Ventura, Dello spirito della rivoluzione e dei mezzi di farla terminare, hg. v. Eugenio Guccione, eingeleitet v. Rosalia Rizzo, Torino 1998, S. 51.

katholische Zeitung Italiens bezog sie Stellung gegen Reformation und Revolution, verurteilte die Glaubensspaltung sowie alle konstitutionellen, jansenistischen und liberalen Tendenzen und lehnte Glaubensfreiheit und politische Toleranz vehement ab. Nur wenn die Prinzipien der Restauration sich durchsetzten, könne das soziale Gleichgewicht wiederhergestellt werden. Im Zentrum müsse die über allem stehende Religion als soziales Beruhigungsmittel wirken, die Gemeinschaft vor das Individuum treten und eine hierarchische Ordnung herrschen, in der alle Macht von Gott ausgehe, der Mensch keine Rechte, sondern nur Pflichten habe und die unselige Pressefreiheit abgeschafft sei.[67]

Wie in Spanien und den beiden Sizilien formierte sich auch in Sardinien-Piemont Widerstand gegen die Übernahme des spanischen Modells aus Kirchenkreisen. Die katholische Konterrevolution konzentrierte sich – wie bereits erwähnt – auf Turin, Alessandria und einige weitere Städte des Königreichs.[68] Der Bischof von Pinerolo etwa beklagte in einem Hirtenbrief das traurige und erschreckende Bild, das sein Vaterland bot, nachdem die Krone gewaltsam beinahe aller Prärogativen beraubt, die Armee entzweit, die beiden größten Festungen erobert und die Provinz in Aufruhr versetzt worden sei.[69] An diesen Beispielen wird deutlich, welch breiter Widerstand aus Kirchenkreisen sich gegen die spanische Verfassung von 1812 in denjenigen Königreichen erhob, in denen dieser Rechtstext Verfassungsrealität wurde.

6. Zusammenfassung

Dass in Spanien, den beiden Sizilien und Sardinien-Piemont in der Revolutionswelle von 1820–1823 dieselbe Verfassung mit demselben religiösen Gehalt eingeführt wurde, mag zunächst nicht überraschen, bedenkt man einerseits die große religiöse Homogenität dieser Staaten und andererseits den Umstand, dass bis zu diesem Zeitpunkt Religionsfreiheit in Verfassungen

---

67 Vgl. La decisione del Giornale Costituzionale, S. 91–105. Die Zeitung erschien ab 10. Juni 1821 und wurde aus finanziellen Gründen am 20. Oktober 1822 eingestellt.

68 Vgl. Fontana, S. 72 f., 80.

69 Vgl. AST, Carte Bianchi, Ser. I, Mazzo 15, Nr. 4, Mandamenti Pastorali dei vescovi Piemontesi. Lettera Pastorale dell'illustrissimo e reverendissimo Vescovo di Pinerolo, Torino 1821, S. 5: »Welch trauriges und erschreckendes Bild bot uns nicht unser Vaterland? Die Krone gewaltsam angegangen und nahezu ihrer vornehmsten Prärogativen beraubt, die rebellierende, geteilte und großteils verführte Armee, die beiden wichtigsten Festungen von den Aufrührern eingenommen und besetzt, die Provinzen zur Revolte angestachelt…Welch schmerzhaftes und schreckliches System!«

nicht allzu sehr verbreitet und mit dem Fehlen einer Staatsreligion einher-gegangen war. Dennoch ist dieser Befund alles andere als selbstverständlich, denn just zwei solcher Verfassungsmodelle, das amerikanische von 1787 und das französische von 1791, dienten den Abgeordneten in Cádiz 1810 als Vor-bild für ihren eigenen Text.

Warum in einem Kontext aufkommender Nationalbewegungen eine Ver-fassung entstehen konnte, die, rechnet man Portugal hinzu, in vier Staa-ten – wenn auch nur kurz – Verfassungsrealität und deren religiöser Gehalt grenzüberschreitend in ähnlicher Weise wahrgenommen wurde, lässt sich folgendermaßen erklären: Das Jahr 1808 mit dem beginnenden spanischen Guerillakampf gegen Napoleon übte auf die unter österreichischem Einfluss stehenden italienischen Staaten in der Restaurationszeit ab 1815 große Fas-zination aus. Politische Freiheit und nationale Unabhängigkeit, gepaart mit der Bewahrung der Monarchie und der katholischen Religion – diese vier Elemente ergaben eine attraktive Mischung für die Liberalen in Sardinien-Piemont und in den beiden Sizilien. Dabei gilt es zu bedenken, dass Spanien 1820–1821 nicht nur die Verfassung von Cádiz mit den vier genannten zen-tralen Inhalten exportierte, sondern auch die Idee, sich gegen eine fremde Macht zu erheben und größeren Handlungsspielraum für das eigene Land zu erlangen, sowie letztlich die Technik hierzu der militärischen Revolution in Form eines pronunciamiento.

So breit die Gemeinsamkeiten bis hierhin zu sein scheinen, so augen-scheinlich ist der Unterschied in der Rezeption zwischen Spanien und den beiden Sizilien: Denn anders als in Spanien gab es um die Frage der Reli-gionsfreiheit beziehungsweise um die Duldung nicht-katholischer Kulte im Privaten in Parlament und Öffentlichkeit in Neapel eine breite, mitunter hef-tig und polemisch geführte Debatte, in der der reaktionäre Klerus mit dem Erzbischof von Neapel an der Spitze auf die liberale Parlamentsmehrheit traf. Während in Spanien ohne Artikel 12 die unbedingt notwendige Zu-stimmung breiterer gemäßigter und konservativer Kreise zum Cádizer Mo-dell nicht möglich gewesen wäre, verhinderte in den beiden Sizilien am Ende nur das Veto des Prinzregenten, dass – entsprechend dem Willen der natio-nalen Repräsentanz – der Weg zur Religionsfreiheit beschritten wurde. Wie die Adaption der spanischen Verfassung und insbesondere des Artikels 12 an die Verhältnisse in Piemont verlaufen wäre, darüber lässt sich angesichts des ausgebliebenen Modifikationsprozesses nur spekulieren. Nicht ausgeschlos-sen ist, dass Prinzregent Karl Albert bereits zu diesem frühen Zeitpunkt sei-nes politischen Wirkens die Ausübung nicht-katholischer Kulte im Privaten toleriert hätte. Letztlich blieb die Säkularisation im westlichen Mittelmeer-raum in den ersten Jahrzehnten des 19. Jahrhunderts auf eine formaljuristische Trennung zwischen Staat und Kirche in den Phasen konstitutioneller Regierungen beschränkt, während sich die katholische Religion weiterhin als unverzichtbarer Bestandteil der Gesellschaften behauptete. Der Brückenschlag zwischen Liberalismus und Katholizismus hingegen war ein Ereignis, das in Italien und Spanien erst um die Mitte des Jahrhunderts mit dem Statuto Albertino von 1848 bzw. der spanischen Verfassung von 1837 stattfand – obgleich weiterhin mit erheblichen Spannungen besonders im Verhältnis von Kirchenstaat und dem neuen Königreich Italien behaftet.

Kehren wir zu unserer Leitfrage zurück, bleibt festzuhalten, dass die katholische Religion teils aus Tradition und Überzeugung, teils aus taktischem Kalkül in der Tat ein konstituierendes Element des italienischen und spanischen frühliberalen Konstitutionalismus bildete, obgleich sich besonders im Königreich beider Sizilien stark abweichende Stimmen vernehmen ließen und sich ein eigener süditalienischer Diskurs herausbildete. Die Gemeinsamkeiten, aber auch die Unterschiede bei der Übernahme des spanischen Verfassungsmodells und der Diskussion über die Religionsfrage sichtbar gemacht zu haben, darin liegt der Vorzug der hier gewählten Kombination aus vergleichendem Ansatz und Transferforschung. Das Thema eignet sich auch deshalb besonders gut für eine solche Herangehensweise, weil die spanische Verfassung von 1812 in allen drei Königreichen freiwillig und bewusst perzipiert, rezipiert und implementiert wurde. Schließlich stellt sich die Frage, ob wir es 1820–1823 hinsichtlich des Umgangs mit Religion seitens der Liberalen in Spanien und Italien mit einem südeuropäischen Spezifikum zu tun haben. Vergleicht man die »klassischen« liberalen Staaten Großbritannien, Frankreich sowie die süddeutschen Länder Baden, Bayern und Württemberg, so fallen Tendenzen zur Religionsfreiheit auf, die sich aber im britischen Fall erst mit dem Catholic Relief Act von 1829 richtig entfalten konnten, in Frankreich in der revidierten Charte von 1830 auch ohne Staatsreligion auskamen und in Bayern, Baden und Württemberg in staatsbürgerlichen Rechten explizit auf die christlichen Bekenntnisse beschränkt blieben. Insofern stellen diejenigen südeuropäischen Staaten, in denen die spanische Verfassung von 1812 eingeführt wurde, in der Tat Besonderheiten innerhalb der liberalen Verfassungsstaaten der modernen westlichen Welt dar.

Bildung, Erziehung und Schule

Stefan Ehrenpreis

Schulsysteme, Bildungsnetzwerke und religiöse Erziehungslehren

Vergleich und Transfer als Methodik
zur Interpretation frühneuzeitlicher Pädagogik

1. Einleitung

In der Frühen Neuzeit waren alle Bereiche des Bildungswesens vom Einfluss der Kirchen geprägt. Sowohl in der protestantischen als auch in der katholischen Welt waren im Laufe des 16. Jahrhunderts neue Bildungsinstitutionen geschaffen worden, die unter Kontrolle der konfessionell orientierten Obrigkeiten standen oder direkt von kirchlichen Amtsträgern geleitet wurden. Zahlreiche neugegründete Universitäten sollten konfessionelle Eliten für Staat und Kirche heranbilden, städtische Gelehrten- oder Ordensschulen konfessionelle Weltbilder an aufsteigende Mittelschichten vermitteln. Das niedere Schulwesen mit seinem Angebot muttersprachlichen Unterrichts in Kleinstädten und Dörfern, ohne das die europäische Massenalphabetisierung des 17. und 18. Jahrhunderts nicht denkbar gewesen wäre, entstand überhaupt erst in nennenswertem Umfang während der Reformationszeit. Obwohl die Kirchen sicherlich keine vollständige Kontrolle aller Bildungsinitiativen durchsetzen konnten, war Religion also ein zentraler Faktor für das frühneuzeitliche Erziehungs- und Bildungswesen.

Während dieser Erneuerung der europäischen Bildungssysteme im Rahmen der Konfessionalisierung im 16. Jahrhundert waren Vergleiche von unterschiedlichen Erziehungsmodellen durchaus naheliegend. Der protestantische Schulreformer Johannes Sturm (1507–1589) beispielsweise äußerte sich überraschend positiv über die Erziehungs- und Bildungsgrundsätze der konkurrierenden Jesuiten: Bei der Gründung einer neuen höheren Schule im lutherischen Lauingen orientierte er sich am fünfklassigen Modell des nahegelegenen Dillinger Jesuitengymnasiums und bezeichnete die Erziehungsregeln des katholischen Ordens als Prinzipien, die auch von ihm hätten stammen können.[1]

---

1 Notker Hammerstein, Bildung und Wissenschaft vom 15. bis zum 17. Jahrhundert, München 2003, S. 30.

Auch der Wittenberger Theologieprofessor Georg Mylius hatte in einer 1596 veröffentlichten Warnung gegen den Besuch von Jesuitenschulen durch protestantische Kinder konzediert, dass Schulordnung, Disziplin und Sprachunterricht bei den Jesuitenkollegien durchaus vorbildlich seien.[2] Im 17. und 18. Jahrhundert waren auch in Berichten oder Reisetagebüchern immer wieder Konfessionsvergleiche unter Berücksichtigung von Erziehungs- und Schulentwicklungen gezogen worden; manche in polemischer Absicht, manche aber auch unter Betonung von Gemeinsamkeiten. Neben den konfessionell vergleichenden Texten lassen sich deutlich weniger frühneuzeitliche Quellen finden, die nationale Bildungscharakteristika in den Blick nahmen. Während populäre Debatten um europäische Nationalcharaktere weit verbreitet waren, wurden politische oder gesellschaftliche Strukturen nur in Ausnahmefällen – etwa für die »bäuerische« Eidgenossenschaft – als typisch »nationale« oder staatliche Eigenheiten verstanden.

Auf dem Hintergrund dieses Befundes fragt der folgende Text nach den Möglichkeiten, die die Methodik des Vergleichs für die frühneuzeitliche Erziehungs- und Bildungsgeschichte bieten könnte, welche Hindernisse bisher dieser Perspektive entgegen standen und wie sie überwunden werden könnten. Nach einem Blick auf die Forschungspraxis der letzten drei Jahrzehnte werden mit Hilfe der jüngeren Literatur Elemente des frühneuzeitlichen Kulturtransfers im Bildungs- und Ausbildungsbereich herausgearbeitet und in einem dritten Schritt am Beispiel der Geschichte der Schul- und Erziehungslektüren gezeigt, welche Themenfelder bisher unerschlossen sind. Methodisch wollen die Abschnitte aufzeigen, welche zusätzlichen Parameter herangezogen werden müssen, um einen Vergleich frühneuzeitlicher Bildungssysteme zu ermöglichen und welche Funktion dem Kulturtransfer hierbei zukommt.

---

2 Die Schrift wird näher interpretiert bei Stefan Ehrenpreis, Sozialdisziplinierung durch Schulzucht? Bildungsnachfrage, konkurrierende Bildungssysteme und der »deutsche Schulstaat« des siebzehnten Jahrhunderts, in: Institutionen, Instrumente und Akteure sozialer Kontrolle und Disziplinierung im frühneuzeitlichen Europa, hg. v. Heinz Schilling unter Mitarbeit von Lars Behrisch, Frankfurt a.M. 1999, S. 171 f.

2. Der Vergleich

Die bei frühneuzeitlichen Zeitgenossen geübte Praxis, konfessionelle Erziehungs- und Schulmodelle zu vergleichen, ist in der Frühneuzeitforschung wissenschaftlich aufgegriffen und fortgesetzt worden, ohne jedoch in größerem Umfang Fragen nach nationalen Unterschieden zu stellen.[3]

Die Forschungslage zum bildungsgeschichtlichen Vergleich ist durch zwei Tendenzen gekennzeichnet: Die Interpretationsmodelle stellen den konfessionellen Aspekt der Erziehungskonzepte in den Vordergrund und untersuchen diese nach Verschiedenheiten in den grundlegenden Erziehungsvorstellungen und -praktiken, nach typischen institutionellen Strukturen und organisatorischen Rahmenbedingungen. Eine zweite Interpretationsrichtung betont die Gemeinsamkeiten in den frühneuzeitlichen Bildungssystemen, die sich auf das gemeinsame Erbe des seit dem 16. Jahrhundert christlich aufgeladenen Humanismus zurückführen lassen. Diese Gemeinsamkeiten lassen sich vor allem bei der höheren Bildung auf Gymnasien und Universitäten feststellen: ähnliche Lehrprogramme, gleichartige Schul- und Studienlektüren, Betonung der Sprachausbildung, Einzug naturwissenschaftlicher Unterrichtsfächer seit dem späten 17. Jahrhundert unter Einschluss von Geschichte und Geographie. Aber auch beim Elementarunterricht in muttersprachlichen Schulen waren europäische Gemeinsamkeiten vorhanden: die hohe Bedeutung der Katechese für die Alphabetisierung, die Verbindung von kirchlicher Gemeinde und Schule durch die Aufsichtspflicht des örtlichen Gemeindepfarrers und die lokalen Finanzierungsstrukturen.

Zwar haben seit den 1980er Jahren in der Historischen Pädagogik internationale Vergleiche von Sozialisationsstrukturen, pädagogischen Leitmodellen und bildungsorganisatorischen Strukturen Einzug gehalten. In der Forschung ist diese komparatistische Methode jedoch fast ausschließlich auf die Bildungsgeschichte des 19. und 20. Jahrhunderts angewandt worden.[4] Die für die Epoche der Neuesten Geschichte entwickelten Fragestellungen wurden bisher kaum auf die Frühe Neuzeit übertragen, zum Teil herrscht nach wie

---

3 Allerdings lassen sich bis ins 20. Jahrhundert durchaus öffentliche bildungspolitische Statements finden, die religions- und nationalgeschichtliche Vergleichsargumente bemühen. So hat z.B. noch Georg Pichts These von der »deutschen Bildungskatastrophe« von 1964 auch konfessionsvergleichende Aspekte besessen. Zu Picht siehe Günther Schnuer, Die deutsche Bildungskatastrophe. 20 Jahre nach Picht – Lehren und Lernen in Deutschland, Herford 1986, S. 11–20.
4 Vgl. etwa Jürgen Schriewer (Hg.), Discourse Formation in Comparative Education, Frankfurt a.M. 2000.

vor eine nationalgeschichtliche Betrachtungsweise vor unter bewusster Auslassung vergleichender Perspektiven.[5] Diese verbreitete isolierte nationale historiographische Betrachtung der Geschichte von Bildung und Erziehung ist in dem europaweiten Schub der Bildungsgeschichte am Ende des 19. Jahrhunderts entstanden, als im Zuge zeitgenössischer bildungspolitischer Diskussionen die historistisch geprägte Erforschung bürgerlicher Bildungsinstitutionen einen Aufschwung erlebte. Die als »Bildungsgeschichte« (History of higher learning, histoire d'enseignement) verstandene Erforschung des höheren Schulwesens verabsolutierte die nationalen Wege der Schul- und Universitätsentwicklung, überhöhte die Geschichte einzelner Institutionen zu Modellen der Eliterekrutierung und vernachlässigte andere Erziehungs- und Verschulungsebenen. Zwar wurden transnationale Einflüsse vor allem aus dem Humanismus und der Konfessionalisierung des 16. Jahrhunderts von der um 1900 entstandenen Religionssoziologie nicht geleugnet. Es wurde ihnen aber eine weitaus geringere langfristige Bedeutung als den »nationalen« Entwicklungen beigemessen. Die Bildungsreformen von Aufklärung und Neuhumanismus um 1800 betrachtete man als Ende der transnationalen Impulse. Bis heute hat sich daher ein nationaler Zugriff auf die Geschichte von Bildung und Erziehung in Europa erhalten, der mit der komparatistischen Methodik, die für andere Bereiche der Gesellschaftsgeschichte entwickelt worden ist, nicht Schritt hält.

Auch dort, wo scheinbar allgemein-europäische Tendenzen herausgearbeitet werden, ist das bei näherem Hinsehen nicht der Fall: Das historiographisch einflussreiche Werk von Philippe Ariès zur Geschichte der Kindheit fußt fast ausschließlich auf französischen Quellen, obwohl es eine allgemeine Theorie zum europäischen Mentalitätswandel gegenüber der Kindheit postuliert.[6] Vorgehensweise und Ergebnisse von Ariès werden heute kritisch gesehen und überwiegend abgelehnt; an der Existenz einer sozial übergreifenden und allgemein-alteuropäischen Sicht der Kindheit werden begründete Zweifel angemeldet.[7] Immerhin leitete die Studie von Ariès einen Wandel weg von der historiographischen Betonung der humanistischen Bildungstradition ein und eröffnete neue Fragestellungen zur Rolle der Erziehung und

---

5 Eindrückliches Beispiel etwa bei Anthony Fletcher, Growing up in England. The Experience of Childhood 1600–1914, New Haven 2008. Das Buch bietet viele interessante Aspekte, aber unter konsequentem Verzicht auf die Einordnung in allgemeine europäische Entwicklungen.

6 Philippe Ariès, Geschichte der Kindheit, München ²2001.

7 Jeroen Dekker / Leendert F. Groenendijk, Philippe Ariès's discovery of childhood after fifty years: the impact of a classical study on educational research, in: Oxford Review of Education 38 (2012), S. 133–147.

der Erziehungsinstitutionen in unterschiedlichen sozialen und kulturellen Kontexten.

Neben punktuellen Versuchen, europäische Gemeinsamkeiten in der Renaissance und der Konfessionalisierung im 16. Jahrhundert herauszuarbeiten, etwa durch das Vorbild der humanistischen Universitätsreformen oder durch die jesuitische Erziehungs- und Unterrichtspraxis nach der »Ratio studiorum« von 1599, wurde auch in der jüngeren Forschung nach erziehungsgeschichtlichen Grundlagen gesucht. Zwar hatte sich die führende französische Forschung schon in den 1970er Jahren an eine globale Geschichte der Kindheit gewagt.[8] Diese blieb aber am Modell der Familiengeschichte und an kulturanthropologischen Methoden orientiert, die keinen Vergleich beinhalten. Diese Studien betonen die Herausbildung der europäischen Kernfamilie mit der Idee der Gefühlsbeziehung zwischen Eltern und Kindern, die seit dem 17. Jahrhundert europäisches Allgemeingut geworden sein soll. Vermutlich ist dies zeitlich zu spät angesetzt und erklärt nicht den Hauptvorgang, die zunehmende und sozial übergreifend wirkende Verschulung der Erziehung im Laufe der Frühen Neuzeit.[9]

Ein zweiter Strang der Analyse europäischer Gemeinsamkeiten wurde durch soziologische Fragestellungen nach der Herausbildung westlicher Gesellschaftstypen und ihres globalen Siegeszugs im 19. und 20. Jahrhundert hervorgerufen. Im Zuge modernisierungstheoretischer Diskussionen seit den 1960er Jahren widmeten sich Soziologen, Ökonomen und Ethnologen den europäischen Alphabetisierungs- und Literalisierungsprozessen, die nicht ohne historische Rückbezüge bis in die Frühe Neuzeit erklärbar schienen. Da gleichzeitig die OECD mit groß angelegten Alphabetisierungskampagnen in den sogenannten »Entwicklungsländern« begann, wuchs das Interesse an der grundlegenden Frage, wie der Erwerb der elementaren Kulturtechniken für eine ungebildete Bevölkerungsmehrheit anzustoßen und sicherzustellen sei. Der modernisierungstheoretische Hintergrund dieser Debatten führte daher gerade nicht zu einer differenzierten Analyse unterschiedlicher Ausgangssituationen von Bildung und Alphabetisierung im neuzeitlichen Europa, sondern zur Konstruktion eines gemeinsamen »westlichen« Weges kultureller Entwicklung.

Besonders der Kulturanthropologe Jack Goody verfolgte die Frage nach der Ausnahmestellung der westlichen Schriftkultur-Entwicklung im systematischen Vergleich aller literalen Hochkulturen. Dabei betonte er zwei

8 Egle Becchi / Dominique Julia (Hg.), Histoire de l'enfance en occident, 2 Bde., Paris 1998.
9 Vgl. zu einer Kritik der Historiographie Hugh Cunningham, Children and Childhood in Western Society since 1500, Harlow ²2005, S. 3–16.

wichtige Unterscheidungsmerkmale: erstens die Verbreitung der alphabetischen Laut-Schrift im antiken Europa im Gegensatz zu den Zeichenschriften anderer Kontinente und zweitens die Förderung der Massenalphabetisierung in Europa seit dem Spätmittelalter im Gegensatz zum esoterischen Schriftgebrauch oder der bewusst sozial begrenzten Schriftvermittlung in den Hochkulturen Chinas, Indiens oder der arabischen Welt.[10] Wenig später gab er eine Sammlung von Studien heraus, die die historischen Entwicklungsprozesse in vormodernen und traditionalen Gesellschaften des 20. Jahrhunderts explizit miteinander verglichen und Alphabetisierung als einen globalen Trend mit ähnlichen Problemen in unterschiedlichen gesellschaftlichen Kontexten beschrieben.[11] Weiterführende globalhistorisch vergleichende Studien wurden in den 1980er Jahren von Harvey Graff vorgelegt.[12] Im Anschluss an Goody verfolgte Graff den Bedeutungswandel der europäischen Schriftkultur von einer mittelalterlichen hochspezialisierten Experten- zu einer neuzeitlichen funktionalen Kultur der Massenkommunikation. Obrigkeitliche Herrschaftstechniken, eine neue Kultur des Lesens und der Buchproduktion, wirtschaftliche Informationsbedürfnisse, Verschriftlichung der Rechtskultur und Änderungen privater Kommunikation spielten dabei eine Rolle und waren mit sozialen Wandlungsprozessen verwoben. Schriftlichkeit und gesellschaftliche Entwicklung liefen nach dieser Interpretation in einem gleichgerichteten Modernisierungspfad parallel. Gleichwohl hatte diese ökonometrisch angelegte, globalhistorische Sicht Schwächen im empirischen Nachweis und betonte in traditioneller Weise den bildungspolitischen Impetus des Humanismus und den ökonomischen Vorbildcharakter der englischen Frühindustrialisierung. Einen wesentlichen Einschnitt sieht Graff um die Mitte des 17. Jahrhunderts durch kulturelle Veränderungen vonstattengehen, als in vielen europäischen Ländern eine Massenliteralisierung einsetzte. Dieser langfristige Prozess habe jedoch erst seit ca. 1760 zu messbaren Erfolgen in den nationalen Alphabetisierungsquoten Europas geführt.[13]

Die empirischen Schwachstellen der globalhistorischen Argumentation suchte die geschichtswissenschaftliche Forschung seit den 1970er Jahre durch

---

10 Zusammenfassung der eigenen Forschungen bei Jack Goody, Funktionen der Schrift in traditionalen Gesellschaften, in: ders. u. a., Entstehung und Folgen der Schriftkultur, Frankfurt a. M. 1986, S. 25–61. Ihren entwicklungspolitischen Niederschlag fanden die kulturanthropologischen Forschungen im 1970 erstatteten UNESCO-Report von Herbert Moore Phillips, Literacy and Development, Paris 1970.
11 Vgl. Jack Goody (Hg.), Literacy in Traditional Societies, Cambridge 1968.
12 Harvey Graff, Legacies of Literacy. Continuities and Contradictions in Western Culture and Society, Bloomington 1987.
13 Ebd., S. 175–178.

systematische Quellenforschung auszugleichen. Zunächst wurde eine frühe Studie des italienischen Wirtschaftshistorikers Carlo Cipolla wegweisend, traf sie doch auf parallel begonnene erste Mikrostudien zu Lesefähigkeit und Schulbesuch in Frankreich und England, die schnell methodische Wegmarken setzten.[14] Seit den 1970er Jahren war die französische Forschung Vorbild: Nach der Mentalitätsgeschichte der Erziehung erfolgte die Erweiterung durch die vor allem von Rogier Chartier und Dominique Julia betriebene Alphabetisierungs- und Lesekulturforschung. Man konzentrierte sich aber auch hier zunächst auf französische Beispiele. Parallel arbeitete die quantitativ orientierte Cambridge Study Group seit den späten 1960er Jahren an englischen Beispielen der frühneuzeitlichen Schulentwicklung und Alphabetisierung.[15] Die Orientierung auf die Mikrogeschichte einzelner frühneuzeitlicher Gemeinden schuf die Grundlagen, von denen aus nationale Entwicklungen konstruiert wurden, oft sozial- und geschlechtergeschichtlich differenziert.

Die Tätigkeit von Dominique Julia am Europäischen Hochschulinstitut in Florenz förderte um 1990 die Übertragung der französischen Methodik auf die ungarische oder portugiesische Erziehungsgeschichte, so dass durchaus eine transnationale Annäherung historiographischer Methoden zustande kam.[16] Die stärkere Beachtung der Organisation und Pädagogik des niederen Schulwesens führte jedoch nicht zu einer Abkehr von nationalen Perspektiven. Für das muttersprachliche Schulwesen ließ sich die Frage nach der Rezeption pädagogischer Ideen und Praktiken noch schwerer beantworten, da die Organisation und Kontrolle der Elementarschulen europaweit lokalen Kräften der Kirchen und Kommunen oblag.

Bis heute hat es auf Grund der genannten historiographischen Entwicklungen nur wenige Versuche gegeben, die Ergebnisse der neueren Einzelforschung zu bündeln. Die wohl wichtigste Veröffentlichung ist das Textbook von Robert A. Houston, das erstmals 1988 eine Synthese zur frühneuzeitlichen Alphabetisierung und zum Schulwesen in Europa lieferte.[17] Houston

---

14 Carlo Cipolla, Literacy and Development in the West, Harmondsworth 1969.

15 Die Forschungsergebnisse zu Alphabetisierung und Schulbesuch in England, Schottland, Wales und Irland sowie in Teilen Westeuropas und Nordamerika werden zusammengefasst bei Helen Jewell, Education in Early Modern England, Basingstoke 2000. Wichtig waren vor allem Lawrence Stone, Schooling and Society, Baltimore 1976; Margaret Spufford, Contrasting Communities. English Villagers in the Sixteenth and Seventeenth Centuries, London 1974; David Cressy, Literacy and the social order, Cambridge 1980.

16 Vgl. etwa Istvan G. Tóth, Literacy and written culture in early modern Central Europe, Budapest 2000.

17 Robert A. Houston, Literacy in Early Modern Europe. Culture and Education 1500–1800, Harlow ²2002.

fasst die Ergebnisse der jüngeren Alphabetisierungsforschung in Frankreich, England, Skandinavien, den Niederlanden, Mittel- und Osteuropa zusammen und versucht, aus ihnen hervorgehende Trends mit Entwicklungen der Schuldichte und des Schulbesuchs zu korrelieren und dabei lokale, regionale, städtisch-bürgerliche, adelig-ständische und zentralstaatlich-absolutistische Kräfte unterschiedlich zu gewichten. Er bezieht Schultypen, Urbanisierungsgrad und Sozialgeschichte aufeinander, beschreibt Unterrichtsformen und Erziehungsziele sowie nationale Buchmärkte. Einen Schwerpunkt legt er auf die Ergebnisse der Alphabetisierungsforschung, die getrennt nach den Kategorien sozialer Stand, Stadt/Land, Geschlecht, Alter und Konfession dargestellt werden. Bei der Interpretation dieser Zahlen in Hinblick auf die frühneuzeitliche Bildungsgeschichte ist er hingegen zurückhaltend: Houston versteht die Alphabetisierungsquoten weniger als Wandlungsmechanismen denn als Indikatoren für Wandlungen gesellschaftlicher Normen und Verhaltensweisen.[18] Die Nachfrage nach Erziehung und Unterricht wuchs europaweit zwischen dem 15. und dem 19. Jahrhundert – dies kann beschrieben, aber noch kaum erklärt werden. Damit weist Houston auf ein Hauptproblem der Forschung hin: die Erklärung des Zusammenhangs zwischen Motivation und Einfluss der Akteure Staat, Eltern, Kirche und Gemeinde sowie die Umsetzung von deren Willen in konkrete Formen von institutioneller Erziehung, Unterricht und Autodidaxe.

In der Fortsetzung von Houston hat die englische Bildungshistorikerin Margaret Spufford 1995 den Versuch gewagt, das Verhältnis religiöser und wirtschaftlicher Motive beim frühneuzeitlichen Schulbesuch zu bestimmen. In einem Band, der dem gesellschaftlichen Profil der Niederländischen Republik im Europa des 17. und 18. Jahrhunderts gewidmet ist, fragt ihr Beitrag nach den Wirkungen merkantilistischer Handelsorientierung auf die Nachfrage nach Alphabetisierung und Unterricht. Sie vergleicht spätmittelalterlich-frühneuzeitliche Alphabetisierungsquoten, Schuldichte, literale Kultur und Buchmarkt in norditalienischen Städten, in Süddeutschland, den Niederlanden und England und weist selbst auf die Probleme der Vergleichbarkeit serieller Quellen und qualitativer zeitgenössischer Berichten hin. Ihre Ergebnisse lassen sich nur als Annäherungen verstehen, die ein Gesamtbild für die jeweils untersuchten Räume nicht ergeben können. Insgesamt postuliert sie ein Vorherrschen ökonomischer Gründe für den Fortschritt beim Schulbesuch und billigt dem religiösen Faktor nur ergänzende Bedeutung zu.[19]

---

18 Ebd., S. 261–265.
19 Margaret Spufford, Literacy, Trade and Religion in the Commercial Centres of Europe, in: Karel Davids/Jan Lucassen (Hg.), A Miracle Mirrored. The Dutch Republic in European Perspective, Cambridge 1995, S. 229–283, hier bes. S. 229–239 u. 269–271.

Aus heutiger Sicht ist dieser Befund unterkomplex, da die Rolle der Kirchen als Aufsichtsbehörden und Finanzorganisation für Deutsche Schulen im Alten Reich ungenügend berücksichtigt worden ist, ebenso die Rolle der englischen Frömmigkeitsbewegungen und des kontinentalen Pietismus.

Das wohl wichtigste der wenigen gesamteuropäischen Forschungsprojekte zur frühneuzeitlichen Bildungsgeschichte ist der zweite Band der vierbändigen Geschichte der Universität in Europa.[20] Eine Fülle von Beiträgen stellt Einzelthemen in europäischer Perspektive vor, beispielsweise zur institutionellen Organisation oder zur Zusammensetzung der Studentenschaft, jedoch auch hier wird nicht immer vergleichend gearbeitet. Der Forschungsstand lässt dies auch oft nicht zu, da Quellenauswertung sowie Forschungsmethodik zu unterschiedlich sind. Insgesamt werden zwar innerhalb der Einzelkapitel komparatistische Darstellungen geliefert, es überwiegt jedoch die Interpretation im Hinblick auf die gemeinsamen europäischen Wurzeln. Wo, wie etwa im Beitrag zu den Studentenpopulationen, vergleichend gearbeitet wird, zeigen sich ähnliche empirische Schwierigkeiten wie bei der Alphabetisierungsforschung: Die nationalen Forschungstrends und die Quellengrundlagen sind zu unterschiedlich, um europaweite komparatistische Aussagen zu ermöglichen.

Als zweites bedeutendes Projekt ist das von fünfzehn europäischen Bildungshistorikern getragene und von Nan Dodde und Wolfgang Schmale herausgegebene Handbuch über die europäischen Schulsysteme im Aufklärungszeitalter zu nennen.[21] Ein Großteil der europäischen Länder mit Ausnahme Spaniens, Teilen des ehemaligen Jugoslawien und Russlands konnten abgehandelt werden. Die Herausgeber hatten für die nationalgeschichtlich angelegten Beiträge ein Frageraster mit der Absicht erstellt, die jeweiligen Rahmenbedingungen (Bevölkerungs-, Sozial- und Religionsgeschichte), die Entwicklung des Schulwesens und des Unterrichts seit mindestens dem 17. Jahrhundert sowie Konturen des Erziehungsdiskurses zu berücksichtigen. Die Beiträge sind daher in der Fragestellung und methodischer Anlage ähnlich und werden durch eine ausführliche Einleitung von Wolfgang Schmale zusammengefasst.[22] Er begründet dort die komparatis-

20 Walter Rüegg (Hg.), Geschichte der Universität in Europa, Bd. 2: Von der Reformation bis zur Französischen Revolution (1500–1800), München 1996. Das Projekt wurde von der europäischen Rektorenkonferenz angestoßen und gefördert.
21 Wolfgang Schmale / Nan L. Dodde (Hg.), Revolution des Wissens? Europa und seine Schulen im Zeitalter der Aufklärung (1750–1825). Ein Handbuch zur europäischen Schulgeschichte, Bochum 1991.
22 Wolfgang Schmale, Allgemeine Einleitung: Revolution des Wissens? Versuch einer Problemskizze über Europa und seine Schulen im Zeitalter der Aufklärung, in: ebd., S. 1–46.

tisch angelegte Unterscheidung der bildungs- und erziehungsgeschichtlichen nationalen Entwicklungen in vier Verlaufstypen nach der jeweils vorherrschenden »Wirkkraft« von Gesellschaft, Staat und Kirche bzw. einer »gleichberechtigten« Mischung dieser Wirkkräfte. Damit werden die nationalen Entwicklungswege im 18. Jahrhundert als Ergebnis eines Vergleichs typologisch einem Modell zugeordnet; zusätzlich dient ein Vergleich der konkreten Existenzbedingungen der Mädchenerziehung der Kontrolle der Modellzuweisung.[23] Schmale konstatiert, seit der Mitte des 18. Jahrhundert habe der aufgeklärte Diskurs über Erziehungs- und Schulfragen annähernd ähnliche Schulentwicklungen in den einzelnen europäischen Ländern angestoßen; insbesondere seien konfessionsspezifische Elemente überwunden worden.[24]

Auf die Vergleichsmethodik bezogen wirkt sich die Typenbildung jedoch einengend aus und fördert monokausale Erklärungsmuster. Die etwa bei Houston formulierte Skepsis gegenüber kurzschlüssigen Folgerungen über das Verhältnis von Schuldichte und Alphabetisierung sollte vor Interpretationen hüten, staatliche Fördermaßnahmen von Schulen um 1750 hätten per se eine systemverändernde Qualität besessen.[25] Die vor allem die Schulorganisation und -finanzierung zugrundelegende Typologie der »vorherrschenden Wirkkräfte« lässt auch zu wenig Raum für Erklärungen, wie Obrigkeiten und Kirche zusammenarbeiteten oder sich gegenseitig verstärkten. Darüber hinaus isoliert die Konstruktion einer Wirkkraft »Gesellschaft« die Verbindungen sozialer Faktoren und mentaler Haltungen der Eltern mit obrigkeitlicher Politik und kirchlicher Entwicklungen wie etwa den Frömmigkeitsbewegungen des 18. Jahrhunderts. Eine Schwäche der Modellbildung liegt überdies in der Zuordnung verschiedener Ebenen zu einer gemeinsamen »Wirkkraft«. Dass tatsächlich das grundlegende Schulsystem, die Schulorganisation und -aufsicht sowie das Unterrichtsgeschehen alle von einer gemeinsamen »Wirkkraft« gesteuert wurden, ist im frühneuzeitlichen Mix der Interessen von Staat, regionalen Obrigkeiten, Kirchenhierarchien, lokalen Eliten und Eltern eher unwahrscheinlich. Auch lässt sich fragen, ob nicht gerade das Aushandeln durch unterschiedliche Kräfte Ideen, Modelle und Praktiken prägten. Obwohl die vorgeschlagene Typenbildung nicht weiterführt, ist das Handbuch jedoch als einziger konsequenter Versuch zu würdigen, einen europäischen Vergleich systematisch anzulegen.

Zusammenfassend lässt sich sagen, dass in der bildungsgeschichtlichen Perspektive zwar ältere europäische Gemeinsamkeiten konstatiert wurden.

23 Ebd., S. 31–38.
24 Ebd., S. 6.
25 Houston, S. 50 f.

Für das 16. und 17. Jahrhundert orientiert sich die Forschung insbesondere an konfessionsspezifischen Merkmalen des Unterrichtswesens und konstruiert aus diesen konfessionell unterschiedliche Modelle. In dieser Sicht begann erst im 18. Jahrhundert das Zeitalter der Nationalerziehung mit der durch unterschiedliche politische Vorgaben erzeugten Abkehr von europäischen Leitlinien. Diese Interpretation bildungsgeschichtlicher Prozesse ist bisher kaum durch komparatistische Versuche, konfessionelle, nationale oder staatliche Unterschiede konkret herauszuarbeiten oder differenzierte Entwicklungspfade zu beschreiben, einem kritischen Blick ausgesetzt worden. Die wenigen Vergleichsstudien bezogen sich entweder lediglich auf einzelne Sektoren (wie die Universitäten), oder sie konstruierten Typologien, die beim gegenwärtigen Forschungsstand höchstens als vorläufig zu betrachten sind. Bei den Studien zur Alphabetisierungsrate, die noch am ehesten empirisch abgesichert vergleichbar erscheint, zeigen sich die Quellenprobleme, die eine europäische komparatistische Interpretation erheblich erschweren. Der Vergleich wird durch erhebliche Unterschiede in den Quellengrundlagen, in den Forschungsschwerpunkten und in der Forschungsmethodik behindert. In diesen Unterschieden spiegeln sich auch unterschiedliche Forschungskontexte der bildungsgeschichtlichen Forschung: Sie ist in vielen europäischen Ländern disziplinär innerhalb der Geschichtswissenschaften verankert, in Deutschland hingegen eher in der Erziehungswissenschaft.[26]

3. Kulturtransfer

Während an komparatistischen Studien nur einige wenige Beispiele aufgeführt werden konnten, ist in der Forschung schon länger nach Transfers oder Beziehungsgeschichten gefragt worden. So ließ sich beispielsweise die Akademiebewegung des 17. und frühen 18. Jahrhunderts als europaweites Phänomen begreifen, das mittels Gelehrtenkorrespondenzen direkte gegenseitige Beeinflussungen auf die nationalen Universitäts- und Wissenschaftslandschaften ausübte.[27] Europäische Geistesbewegungen wie Humanismus,

---

26 Hierzu Marie-Madeleine Compère, L'histoire de l'education en Europe. Essai comparatif sur la facon dont elle s'ecrit, Paris 1995.
27 Vgl. Klaus Garber (Hg.), Europäische Sozietätsbewegung und demokratische Tradition: Die europäischen Akademien der Frühen Neuzeit zwischen Frührenaissance und Spätaufklärung, Tübingen 1996; mehrere Studien zu Kulturkontakten finden sich in Hans-Erich Bödeker (Hg.), Jenseits der Diskurse. Aufklärungspraxis und Institutionenwelt in europäisch komparativer Perspektive, Göttingen 2007.

Rationalismus und Aufklärung schufen demnach durch Ideenaustausch Gemeinsamkeiten, die auch durch nationalstaatliche Entwicklungen des 19. Jahrhunderts nicht vollkommen beendet wurden. Die ideengeschichtlichen Verbindungen (im Sinne der »intellectual history«) schlossen auch Diskurse über gesellschaftliche Praktiken von Erziehung und Unterricht ein. Sowohl über die anthropologischen Dimensionen von Kindheit, über grundlegende Erziehungsfragen, als auch über Elternpflichten, Schulaufbau, Unterrichtsinhalte und -methodiken und die Strafpraxis wurde intensiv in der frühneuzeitlichen Literatur diskutiert. Nicht nur die Diskussion, sondern auch Lehrende und Lernende wechselten über europäische Grenzen und trugen zur europaweiten Kenntnis von Erziehungspraktiken bei. Aus der bisherigen unsystematisch angelegten Untersuchung von Kulturtransfers in der frühneuzeitlichen Erziehungs- und Bildungsgeschichte lassen sich einige Gegenstände und Wege identifizieren, die die Grundlage für eine erneuerte komparatistische Fragestellung bilden können. Als historische Gegenstände sind bisher vier Untersuchungsfelder erkennbar, die in der Forschung behandelt wurden, oft jedoch ohne Berücksichtigung allgemeiner komparatistischer Methodik:

1) Austausch von grundlegenden theoretischen Erziehungsideen und -modellen; 2) Transfer von Unterrichts- und Organisationsmodellen; 3) Austausch von Lehrpersonal und Studentenmigration; 4) Austausch von Lehrmaterialien, vor allem Schulbüchern. Von diesen vier möglichen Untersuchungsbereichen soll der letzte beispielhaft näher in seinen Ausmaßen und nach seinen Erkenntnismöglichkeiten dargestellt werden. Zunächst sollen jedoch auch für die anderen jeweils einige Bemerkungen zur bisherigen Forschungspraxis gegeben werden.

Das frühneuzeitliche Europa gilt als ein im Wesentlichen einheitlicher Raum einer vorherrschenden frühneuzeitlichen *Erziehungsidee*: einem christlichen Humanismus seit dem frühen 16. Jahrhundert, in dem die antiken Vorbilder mit einem christlichen Menschen- und Weltbild kombiniert wurden. Dieser christliche Humanismus, dem ein skeptisches Menschenbild inhärent war, verbreitete sich im 16. Jahrhundert über ganz Europa und wurde erst im späten 17. Jahrhundert durch ein positiveres Bild der erzieherischen Formbarkeit des Menschen abgelöst, das durch so verschiedene Erziehungstheoretiker wie John Locke, Fénelon, August Hermann Francke oder Rousseau geprägt wurde.[28] Die Neuansätze des 17. Jahrhunderts, oft

---

28 Eine modernen Ansprüchen genügende intellectual history der europäischen frühneuzeitlichen Bildungsgeschichte fehlt. Man ist daher auf ältere Darstellungen angewiesen wie beispielsweise Josef Dolch, Lehrplan des Abendlandes. Zweieinhalb Jahrtausende seiner Geschichte, Bad Heilbrunn 2004, 1. Aufl. 1959.

als »pädagogischer Rationalismus« bezeichnet, wurden schon europaweit rezipiert, stießen aber noch auf heftige Ablehnung durch die älteren, konfessionell bestimmten Erziehungslehren. Erst im Verlauf des 18. Jahrhunderts begann der aufgeklärte Reformdiskurs, der auf obrigkeitliche Initiativen zurückging, europaweit den religiös bestimmten Erziehungsdiskurs zu verändern. Jüngst ist gezeigt worden, dass der als »typisch deutsch« geltende Bildungsbegriff sich ebenfalls einer transnationalen Rezeption der Ideen Shaftesburys verdankt.[29]

Zweitens besteht in der Forschung eine transnationale Perspektive in der Annahme, dass die *Modelle von Schul- und Unterrichtsorganisation* seit dem 16. Jahrhundert länderübergreifend konfessionell ausgerichtet wurden, da das Schulwesen überall im frühneuzeitlichen Europa kirchlicher Kontrolle unterstand. Einflussreich waren vor allem zwei konfessionsgebundene, gleichwohl organisatorisch verwandte Modelle: zum einen das durch Melanchthon vorbereitete protestantische Gymnasialmodell des Johannes Sturm, Rektor der Hohen Schule in Straßburg seit 1537. Es sah ein zehnklassiges Studium vor, inklusive öffentlicher Vorlesungen in Philosophie für die Oberklassen, deren Zuhörer nicht mehr als Schüler, sondern als Studenten geführt wurden. Unterrichtsfächer waren neben den Sprachen und Philosophie die Katechismuslehre, Naturkunde, Recht, Geographie und Geschichte.[30] Das Modell Sturms wurde in der zweiten Hälfte des 16. Jahrhunderts im protestantischen Mitteleuropa und in Skandinavien rezipiert und um 1600 in das protestantische Osteuropa exportiert.[31] Das andere, europaweit rezipierte katholisch geprägte Modell war die jesuitische »Ratio Studiorum«, die in Rom (möglicherweise unter dem Eindruck der Missionsberichte über die chinesischen Beamtenprüfungen) endgültig 1599 festgelegt wurde. Sie konzentrierte sich auf das Erlernen der alten Sprachen, der Philosophie und der Religionslehre sowie – in geringerem Ausmaß – von Geographie und Geschichte. Mit der Ausbreitung des Jesuitenordens in den katholischen Ländern Europas im 17. Jahrhundert wurden Unterrichtsmethoden wie die Verbindung von Wissen und geistlichen Übungen oder das Wettbewerbsprinzip Allgemeingut. Allerdings lässt sich hier kaum von Rezeptionspro-

---

29 Rebekka Horlacher, Bildungstheorie vor der Bildungstheorie: Die Shaftesbury-Rezeption in Deutschland und der Schweiz im 18. Jahrhundert, Würzburg 2004, bes. S. 9 f. u. S. 161.

30 Hammerstein, S. 28 f.

31 Vgl. z. B. Anton Schindling, Scholae Lauringanae: Johannes Sturm, das Gymnasium in Lauingen und die Jesuiten in Dillingen, in: Mathieu Arnold (Hg.), Johannes Sturm (1507–1589): Rhetor, Pädagoge und Diplomat, Tübingen 2009, S. 261–292; Zdzisław Pietrzyk, Johannes Sturms Studenten aus der polnisch-litauischen Republik, in: ebd., S. 293–319.

zessen sprechen, wurde das Unterrichtsprogramm doch zentral von der römischen Ordensleitung vorgeschrieben. Im niederen, muttersprachlichen Schulwesen wurden konfessionsübergreifend überall in Europa die kirchlichen Gemeinden die Hauptträger der Schulfinanzierung und -aufsicht.[32] Die konfessionskirchlich geprägten Vereinheitlichungen wurden zwar ideengeschichtlich im späten 17. Jahrhundert abgelöst, als beispielsweise John Locke die Erbsündenlehre als grundlegenden Erziehungskontext ablehnt. Allerdings behielten die organisatorischen Strukturen des konfessionellen höheren und niederen Schulwesens auch im 18. Jahrhundert noch lange ihre führende Rolle.

Der *Austausch von Lehrpersonal und die Studentenmigration* im Zuge der »peregrinatio academica« hat in der Forschung große Aufmerksamkeit gefunden. Die europaweiten Studien- und Ausbildungsreisen der Akademiker (aber auch des Adels, der Handwerkerschaft und des Kaufmannsnachwuchses) haben zweifellos entscheidend zur Entstehung europaweiter Beziehungen beigetragen.[33] Sie dienten aber auch der Übernahme fremder professioneller Spezialisierungen, da die Wanderung dem Erwerb im Ausland geübter Fertigkeiten galt (z. B. universitär der juristischen Methoden des mos italicus und des mos gallicus, oder handwerklicher Techniken). Die akademische Mobilität wurde durch das fürstliche und städtische Stipendienwesen unterstützt. Am Beispiel Schwedens ist jüngst gezeigt worden, dass das an der europäischen Peripherie gelegene Reich seit dem 16. Jahrhundert durch die Bildungsreisen des Adels und der Kaufmannschaft an mittel- und westeuropäische Leitbilder heranrückte. Im 17. Jahrhundert waren das Heilige Römische Reich und die Niederlande Ziele von Bildungsreisen und Studienaufenthalten schwedischer Studenten, in geringerem Maße auch Frankreich, Italien, Spanien und England. Ab 1637 leitete eine Visitation der Universität Uppsala eine Umgestaltung des schwedischen Bildungswesens nach deutschem Vorbild ein.[34] Über diesen allgemeinen Mobilitätsimpuls eignen sich spezifische akademische Einzelbeziehungen besonders für eine Transferanalyse. Dies gilt besonders für die intensiven Austauschbeziehungen zwi-

---

32 Houston, S. 72–80. Gewisse Ausnahmen bilden Schweden und England, wo die Eltern eine höhere Mitsprache bei der Auswahl der Lehrer hatten.
33 Siehe als Beispiel Ole Peter Grell u. a. (Hg.), Centres of Excellence? Medical Travel and Education in Europe, 1500–1789, Farnham 2010; Claudia Zonta, Schlesische Studenten an italienischen Universitäten. Eine prosopographische Studie zur frühneuzeitlichen Bildungsgeschichte, Köln 2010.
34 Simon Giese, Studenten aus Mitternacht. Bildungsideal und peregrinatio academica des schwedischen Adels im Zeichen von Humanismus und Konfessionalisierung, Stuttgart 2009, S. 267–272 u. S. 323–642.

schen den reformiert-calvinistischen europäischen Minderheitenkirchen.[35] So ist etwa der zwischen ca. 1580 und 1630 erfolgte Personalaustausch zwischen reformierten Hochschulen des Alten Reiches und den reformierten Gemeinden in Siebenbürgen ein Beispiel für die besondere Internationalität calvinistisch-reformierter Bildungsbeziehungen.[36] An das reformierte Collegium im siebenbürgischen Weißenburg wurden mehrere aus Herborn stammende Gelehrte als Lehrende berufen. Ganz ähnlich wurde im 17. Jahrhundert die Universität Graz die Ausbildungsstätte für ostmittel- und südosteuropäisches katholisches Lehrpersonal.[37]

Insgesamt hat sich die Forschung jedoch auf die personelle Austauschbeziehung konzentriert, ohne die Unterrichtsprogramme zu vergleichen. Ob der personelle Austausch lediglich die Qualität der Ausbildung sichern sollte, oder zur Übertragung von Organisations- und Unterrichtsmodellen beitrug, ist oft unklar. Hier setzt die auf das Alte Reich bezogene Erforschung von »Bildungslandschaften« an, die den Zentralitätscharakter bestimmter Einrichtungen für eine regionale Ausrichtung von Bildungsinstitutionen betont.[38] Allerdings lässt sich bisher nicht absehen, ob solche »Bildungslandschaften« auch grenzüberschreitend möglich waren. Beispiele wären etwa der Einfluss der Universität Löwen auf die Unterrichtsprogramme der Gymnasien in den katholischen Gebieten Nordwestdeutschlands.[39]

---

35 Vgl. die Beiträge in Heinz Schilling / Stefan Ehrenpreis (Hg.), Frühneuzeitliche Bildungsgeschichte der Reformierten in konfessionsvergleichender Perspektive. Schulwesen, Lesekultur, Wissenschaft, Berlin 2007.

36 Vgl. Wilhelm Kühlmann / Anton Schindling (Hg.), Deutschland und Ungarn in ihren Bildungs- und Wissenschaftsbeziehungen während der Renaissance, Stuttgart 2004.

37 Zum Personal am Collegium in Weißenburg siehe Johann Heinrich Alsted, in: Herbert Jaumann (Hg.), Handbuch Gelehrtenkultur der Frühen Neuzeit, Bd. 1, Berlin 2004, S. 25; Johann Heinrich Bisterfeld, in: ebd., S. 105. Zu Graz: Josef Schultes, Schlesische Studenten an der Universität Graz (1586–1648), in: Archiv für Schlesische Kirchengeschichte 36 (1978), S. 131–157; 40 (1982), S. 105–127.

38 Thomas Töpfer, Bildungsgeschichte, Raumbegriff und kultureller Austausch in der Frühen Neuzeit.»Bildungslandschaften« zwischen regionaler Verdichtung und europäischer Ausstrahlung, in: Michael North (Hg.), Kultureller Austausch. Bilanz und Perspektiven der Frühneuzeitforschung, Köln 2009, S. 115–140.

39 Vgl. Stefan Ehrenpreis, Schule und Bildung im vormodernen Rheinland. Überlegungen zur Periodisierung und regionalen Vernetzung, in: Andreas Rutz (Hg.), Das Rheinland als Schul- und Bildungslandschaft (1250–1750), Köln 2010, S. 295–325, hier S. 318.

4. Der Austausch von Unterrichtsmaterialien und Schullektüren – ein Forschungsbeispiel

Das vierte Untersuchungsfeld, der kulturelle Austausch über Lesestoffe und Schulbücher, ist noch kaum untersucht, obwohl dies als Gegenstand des Kulturtransfers eine mindestens ebenso hohe Bedeutung hatte wie der Personalaustausch. Zwar hat die europäische Buchgeschichtsforschung die Bedeutung des Buchmarktes von Schulbüchern, autodidaktischer Ratgeberliteratur, Kinderbüchern, religiöser und fachlicher Gebrauchsliteratur oder Handbüchern herausgestellt, aber oft nur in nationalen Kontexten.[40] Neben der Tradition gelehrter Lehrtexte von klassischen antiken Autoren und seit dem Spätmittelalter entwickelten neuen Grammatiklehrbüchern sind vor allem die konfessionellen Lehrtexte (Katechismen, Bibelauszüge, Dogmatiken) in Studien untersucht worden, beispielsweise die in allen katholischen Ländern benützten lateinischen Katechismen von Canisius und Bellarmin.[41]

Frühneuzeitliche Erziehungs- und Unterrichtsmaterialien wurden in erheblichem Umfang europaweit in Originalform vertrieben, aber auch übersetzt oder neu ediert und dabei auf nationale Kontexte adaptiert.[42] Eine schon klassisch zu nennende Forschung beschäftigt sich beispielsweise mit den Wirkungen des Werkes des reformierten Gelehrten Petrus Ramus um 1550, dessen Wissenschaftsphilosophie an Bildungsstätten des protestantischen Europa verbreitet war, ohne sich allgemein durchzusetzen. Allerdings wurde die Lehre von Ramus sehr unterschiedlich verstanden: entweder als Form der Wissensorganisation oder als umfassende, zur Empirie hin offene Philosophie. Obwohl die Schriften von Ramus weit verbreitet

---

40 Vgl. etwa John Barnard / Donald F. McKenzie (Hg.), The Cambridge History of the Book in Britain, Bd. IV: 1557–1695, Cambridge 2002, mit einigen Beiträgen zu Lehrmaterialien. Ein erster europäischer Entwurf bei Peter Burke, Papier und Marktgeschrei. Die Geburt der Wissensgesellschaft, Berlin 2001. – Wichtige Beobachtungen zum autodidaktischen Fremdsprachenerwerb jetzt in Mark Häberlein / Christian Kuhn (Hg.), Fremde Sprachen in frühneuzeitlichen Städten. Lernende, Lehrende und Lehrwerke, Wiesbaden 2010.

41 Dominique Julia, Die Gegenreformation und das Lesen, in: Roger Chartier / Guglielmo Cavallo (Hg.), Die Welt des Lesens. Von der Schriftrolle zum Bildschirm, Frankfurt a. M. 1999, S. 351–396, hier S. 385–392. Vgl. zu Robert Bellarmin Jean-Marie Valentin, Jesuitenliteratur als gegenreformatorische Propaganda, in: Horst Albert Glaser (Hg.), Deutsche Literatur. Eine Sozialgeschichte, Bd. 3, S. 172–205, hier S. 176, 195.

42 Erste Einblicke für ausgewählte Beispiele bei Emidio Campi u. a. (Hg.), Scholarly Knowledge. Textbooks in Early Modern Europe, Genf 2008.

waren, lassen sich daher ganz unterschiedliche Verwendungen im Unterricht feststellen.[43]

Ganz ähnlich gilt das auch für andere Erziehungstheoretiker, deren Werke europaweit verbreitet waren. Der hohe Bedarf an Lehrmaterialien, deren Einsatz mit neuen Unterrichtsprogrammen und -methoden verbunden war, führte zwar zu einer großen Rezeption dieser Schriften, die unterschiedlichen Schul- und Unterrichtssysteme verhinderten aber einen einheitlichen Unterrichtseinsatz. Die Verbindung der Produktion von Lehrtexten mit pädagogischen Innovationen durch spezifische didaktische Modelle ist aber schon für die frühe Neuzeit typisch und sicherte für manche Schulbuchautoren und -verleger auch die wirtschaftliche Existenz. Schon seit den Jahrzehnten um 1900 gilt das pädagogische Werk des Bischofs der Böhmischen Brüder Jan Amos Comenius (1592–1670) als ein Musterfall der Wirkung einer Erziehungstheorie über nationale Grenzen hinweg. Die Bezeichnung Comenius' als »Lehrer der Nationen«[44] ist bis heute weit verbreitet. Seine Person und sein Werk können daher als ein hervorgehobener Untersuchungsgegenstand für Fragen des bildungsgeschichtlichen Kulturtransfers gelten.

Jan Amos Comenius wurde in den Folgejahren der Schlacht am Weißen Berg 1621, die die Niederlage der böhmischen, protestantisch ausgerichteten Stände gegen die habsburgische Herrschaft zementierte, zu einem politisch und religiös führenden Vertreter der auf Jan Hus zurückgehenden protestantischen Gemeinschaft der Böhmischen Brüder.[45] Seit 1648 amtierte er als ihr Bischof. In den 1620er Jahren hoffte er noch auf einen Sieg der protestantischen Seite im Dreißigjährigen Krieg, bereitete dann jedoch ab 1628 das Exil der Gemeinschaft in Lissa (Polen) und später in Ungarn vor. Nach 1641 wählte Comenius Aufenthalte in England, in Schweden und in Siebenbürgen, kehrte jedoch immer wieder zu seiner Gemeinde nach Lissa zurück. Nach der Kriegszerstörung Lissas ging Comenius 1656 nach Amsterdam.

---

43 Walter J. Ong, Ramus, Method and the Decay of Dialogue. From the Art of Discourse to the Art of Reason, Cambridge / Mass. 1958. Jetzt auch Stephen Triche / Douglas McKnight, The Quest for Method. The Legacy of Petrus Ramus, in: History of Education 33 (2004), S. 39–54.

44 Jaroslav Panek, Jan Amos Comenius: Zum politischen Denken und politischen Handeln, in: Karlheinz Mack (Hg.), Jan Amos Comenius und die Politik seine seiner Zeit, Wien 1992, S. 55–74. Zur Bezeichnung »Lehrer der Nationen« vgl. Jaroslav Panek, Comenius: Lehrer der Nationen, Prag 1991; Franz Hofmann, Jan Amos Comenius. Lehrer der Nationen, Köln 1976, S. 5.

45 Das Folgende nach der bis heute gültigen Biographie von Milada Blekastad, Versuch eines Umrisses von Leben, Werk und Schicksal des Jan Amos Komenský, Prag 1969; vgl. auch Daniel Murphy, Comenius. A Critical Reassessment of his Life and Work, Dublin 1995.

Seit den 1620er Jahren verfasste Comenius im Zuge seiner theologischen Aufgaben und auf dem Hintergrund seiner politischen Ziele (Grundlegung eines böhmischen Ständestaates) pädagogische Schriften, die dem idealen Aufbau eines völlig neu zu begründenden Schulwesens gewidmet waren. Sie konzentrierten sich zunächst auf den Sprachenunterricht (»Janua Linguarum Reserata«, publ. 1631, sowie »Große Didaktik«, erarbeitet seit 1628, publ. 1657) und auf organisatorische Fragen (»Latinitatis Scholae triclassis«, publ. 1657), weiteten sich jedoch auf allgemeine pädagogische Themen, die in Zusammenhang mit einer pansophischen Weltsicht präsentiert wurden (»De Rerum Humanarum Emendatione Consultatio Catholica«, erarbeitet seit 1645, publ. 1966, sowie »Schola Pansophica«, publ. 1651). Auch Erziehungsschriften im engeren Sinne befinden sich darunter, etwa seine Schrift »Informatorium der Mutterschul« von 1629. Die am weitesten verbreitete seiner Schriften ist der 1653 erstmals erschienene »Orbis pictus sensualium«, den auch der junge Goethe kannte und der bis ins 20. Jahrhundert als Jugendlektüre gelesen wurde. Die Schrift verwendet umfangreich Illustrationen zum Erlernen des sprachlichen Ausdrucks nach dem Abbild der Dinge und wurde sowohl zum schriftlichen Erwerb der Muttersprache als auch der klassischen bzw. Fremdsprachen benutzt. 1661 publizierte Comenius auch einen eigenen Katechismus.[46]

Gleich aus zwei Gründen erlangte Comenius als überragende Gestalt der europäischen Pädagogik internationale Bedeutung: zum einen wegen seiner persönlichen transnationalen Beziehungen, die sich in seiner Korrespondenz und seinen Besuchen äußern. Zum anderen sind seine Schriften, insbesondere die pädagogischen und didaktischen, schon zeitgenössisch in zahlreichen europäischen Ländern übersetzt worden. Im Folgenden betrachte ich beide Dimensionen im Licht unserer Fragestellung.

Comenius hatte im Zuge seiner antihabsburgischen politischen Zielsetzung seit den späten 1620er Jahren Kontakte zum Kreis um Samuel Hartlib in England und wissenschaftlich-philosophische Korrespondenzen mit zahlreichen europäischen Gelehrten, u. a. mit Mersenne in Paris. Vor allem der intensive englische Kontakt bezog alle Fragen der europäischen Politik ein; Comenius unterstützte alle Versuche englischer Gelehrter, die englische Krone in den Dreißigjährigen Krieg hineinzuziehen. Alle anderen Korrespondenzen bezogen stärker wissenschaftliche Interessen ein. Comenius bemühte sich auch um Kontakte zu wissenschaftlichen Akademien. Mit dem Exil seit 1640 ergaben sich durch Anfragen an Comenius mehrere historische Situationen, in denen sich ein bildungsgeschichtlicher Transfer hätte entwickeln können:

---

46 Vgl. Blekastad, S. 396 f. u. 728–749.

a) Comenius ging zunächst nach England und eröffnete mit John Dury, Samuel Hartlib u. a. einen persönlichen Diskussions- und Korrespondentenkreis. Seine englischen Freunde hatten vorgesehen, Comenius als Leiter eines neu zu gründenden Colleges einzusetzen, in dem er seine Pläne hätte umsetzen können. Der beginnende Englische Bürgerkrieg verhinderte dies und Comenius verließ England wieder.[47]

b) 1641 erhielt Comenius eine Anfrage von Kardinal Richelieu, in Frankreich im Auftrag der Krone ein höheres Schulwesen aufzubauen, um den Einfluss der Jesuiten zu schmälern. Nach einer Bedenkzeit verweigerte sich Comenius, der nicht in die innere Politik eines katholischen Staates hineingezogen werden wollte.[48]

c) Auf Einladung des schwedischen »Kanonenkönigs« Louis de Geer reiste Comenius zweimal nach Schweden, musste dort aber erleben, nur ein politischer Spielball und ohne Verwirklichungsaussichten von Bildungsplänen zu sein. Der Kontakt mit de Geer blieb gleichwohl erhalten und Comenius wechselte in dessen ursprüngliche Heimat nach Amsterdam. Hier lebte er zwar hochgeachtet und publizierte viel, hatte jedoch weniger Einfluss auf die niederländische Schulrealität als früher vermutet.[49]

Waren also die konkreten bildungspolitischen Wirkungen von Comenius begrenzt, so erlebten seine Publikationen eine umso größere Rezeption. Das macht ein Blick auf die Rezeptionsgeschichte seines bekanntesten Schulbuches, des »Orbis pictus sensualium« deutlich. Nach der lateinischen Erstausgabe in Nürnberg 1653 wurde es innerhalb von fünfzig Jahren in zahlreiche europäische Sprachen übersetzt und jeweils mehrfach wiederaufgelegt:[50] 1653–58 Lateinisch, Deutsch; 1659 Englisch; 1662 Französisch und Italienisch; 1667 Polnisch; 1669 Ungarisch; 1672 Dänisch; 1673 Niederländisch; 1680 Schwedisch; 1682 Litauisch; 1685 Slowakisch; 1703 Russisch; 1711 Slowenisch.

Comenius ist das wohl bedeutendste Beispiel für den pädagogisch angeleiteten Entwurf von frühneuzeitlichen Lehrmaterialien, die einer neuen pädagogischen Theorie folgen sollten.[51] Seine weit verbreiteten Schriften waren zwar durch ein pansophisches Weltbild geprägt, standen aber in ihren

---

47 Blekastad, S. 299–331.
48 Ebd., S. 330.
49 Ebd., S. 383–428. Johan C. Sturm / Leendert F. Groenendijk, On the Use and Abuse of Great Educators. The Case of Comenius in the Low Countries, in: Paedagogica historica 35 (1999), S. 111–124, hier bes. S. 117.
50 Die folgende Liste nach Kurt Pilz, Johann Amos Comenius. Die Ausgaben des Orbis Sensualium Pictus. Eine Bibliographie, Nürnberg 1967, S. 54 f.
51 Vgl. hierzu Klaus Schaller, Die Pädagogik des Johan Amos Comenius und die Anfänge des pädagogischen Realismus im 17. Jahrhundert, Heidelberg 1967, S. 295–343.

praktischen Entwürfen auch anderen Auffassungen offen und konnten unabhängig vom ideellen Gehalt seiner Philosophie auch als rein didaktische
Anleitungen genützt und an andersgeartete Kontexte (nationale, konfessionelle) adaptiert werden. Andere Beziehungsgeflechte sind noch kaum untersucht: So ist etwa behauptet worden, pädagogische Reformideen jüdischer
Denker des späten 17. Jahrhunderts hätten sich von Comenius anregen lassen.[52] Die transnationale Dimension des Wirkens und der Rezeption von
Comenius ist zwar deutlich, aber die konkreten Adaptionen im Kulturtransfer sind nach wie vor unklar.

Ein zweites Beispiel für den europaweiten Austausch von Erziehungs-
literatur stellt ein wichtiges französische Werk des 17. Jahrhunderts dar,
der durch den katholischen Bischof und Literaten Francois Salignac de la
Mothe Fénelon (1651–1715) verfasste und 1699 erschienene utopische Reise-
roman »Les Aventures de Telemaque, fils d'Ulysse«.[53] Der Autor war 1689–
1695 durch Vermittlung seiner Gönnerin, der königlichen Mätresse Madame Maintenon, Prinzenerzieher für den Enkel Ludwig XIV., Louis Duc de
Bourgogne. Im Zuge des Quietismusstreits hatte er seinen Hofposten verloren und wurde als Bischof ins Bistum Cambrai verbannt. Sein Werk wurde
1699 zunächst ohne Wissen des Autors gedruckt und als eine Satire auf den
Versailler Hof und den König gedeutet.[54]

Fénelon wollte in Form eines Initiations- und Entwicklungsromans mit
didaktischer Absicht eine moralische Belehrung erteilen: In einer antikisie-
renden Erzieher-Zögling-Konstellation auf Reisen lernt der Protagonist verschiedene Lebens- und Herrschaftsformen kennen. Zahlreiche Begegnungen
bieten Anlass zu Belehrung und pädagogischem Gespräch. Staatsordnungen
und Pflichten des Herrschers sollen – so die Aussage des Romans – in sittlich
begründetem politischem Handeln wurzeln, Friedfertigkeit und Brüderlich-
keit gelten als Handlungsmaßstab. Ausschweifung, Maßlosigkeit und Verschwendung werden als Verführungen des Prinzen verworfen und bedro-
hen sein Leben, Tugenden werden hingegen durch äußeren Erfolg belohnt.[55]

Schon einen Monat nach dem Erscheinen in Frankreich ließ ein Buch-
händler in Den Haag den ersten Band (und später auch die anderen Teile)

---

52 Joseph Davies, Yom-Tov Lipmann Heller. Portrait of a Seventeenth-Century Rabbi, Ox-
    ford 2004, S. 34.
53 Das folgende nach Alain Lautel / Susanne Barth, Art. »Francois Salignac de la Mothe
    Fénelon (1651–1715): Les Aventures de Telemaque, fils d'Ulysse, hg. von Josef Anton von
    Ehrenreich, Ulm 1732«, in: Theodor Brüggemann, Handbuch zur Kinder- und Jugend-
    literatur, Bd. 1: Von 1570 bis 1750, Stuttgart 1991, Sp. 970–993.
54 Ebd., Sp. 970f.
55 Ebd., Sp. 973.

nachdrucken. Ende 1699 bis Februar 1700 erschien die erste Übersetzung aller fünf Bände ins Englische. Auf Veranlassung der brandenburgischen Kurfürstin Sophie Charlotte und mit einer Widmung an den elfjährigen Kurprinzen Friedrich Wilhelm erschien eine erste deutsche Übersetzung durch August Bohse im Jahre 1700 in Breslau, die später in verschiedenen Schriften Friedrichs des Großen, u. a. dem Anti-Machiavel, zitiert wurde. Seine Übersetzung betonte schon im Untertitel (»Staats-Roman«) die Funktion als politisches Lehrbuch.[56]

Der erziehungstheoretische Roman Fénelons wurde rasch in Deutschland bekannt und weckte das rege Interesse fürstlicher Hofkreisen, die sich um 1700 mit einer intensiven Debatte um die Prinzenerziehung konfrontiert sahen. Zu den Lesern Fénelons gehörte beispielsweise Gottfried Wilhelm Leibniz, der sich ebenfalls mit der Praxis der Prinzenerziehung auseinandersetze.[57] Auch am fränkischen Hof der Markgrafen von Brandenburg-Ansbach, der über eigene Korrespondenten mit Informationen aus Paris versorgt war, erregte das Buch Aufmerksamkeit.[58] Der dortige Erzieher des Prinzen Karl Wilhelm, der frühere Professor für Poesie an der Berliner Ritterakademie Benjamin Neukirch (1665–1729), verfasste eine deutsche Übersetzung in Versform, die zwar mit sprachlichen Mängeln behaftet war, aber trotzdem populärer wurde als die erste Übersetzung Bohses. Der erste Band der Ausgabe Neukirchs erschien 1727 mit finanzieller Förderung der Markgräfin Christiane Charlotte, der zweite erst nach Neukirchs Tod.[59] Mit der Übersetzung Neukirchs wurde das Werk Fénelons zum elementaren Bildungsgut auch in Deutschland, wo es auf eine frühaufklärerische Debatte um gute Herrschaft in Kreisen der politischen und sozialen Eliten stieß.[60]

Die deutschen Übersetzungen Fénelons repräsentieren das hohe Interesse, das im Alten Reich den französischen Erziehungstheoretikern entgegengebracht wurde. Dass hierbei konfessionelle Grenzen keine Rolle spielten, zeigt im 18. Jahrhundert auch die Rezeption seiner Werke durch den führenden pietistischen Pädagogen August Hermann Francke.[61] Auch das Werk Fénelons wurde also, ähnlich wie die Schulbücher des Comenius, in unterschiedlichen nationalen, konfessionellen und kulturellen Kontexten be-

---

56 Ebd., Sp. 974 f.
57 Ebd., Sp. 976.
58 Adolf Bayer / Rudolf Merkel, Ansbacher Buchdruck in 350 Jahren, Ansbach 1952, S. 41 f.
59 Anja Ballis, Literatur in Ansbach. Eine literaturhistorische Untersuchung von der Reformation bis zum Ende des Ancien Régime, Ansbach 2001, S. 131.
60 Lautel / Barth, Sp. 979.
61 Fritz Osterwalder, Theologische Konzepte von Erziehung. Das Verhältnis von Fénelon und Francke, in: Josef Neumann (Hg.), Das Kind in Pietismus und Aufklärung, Tübingen 2000, S. 79–94.

nutzt, um unterrichtsdidaktische Zwecke zu erreichen bzw. erziehungstheoretische Zielbestimmungen zu verbreiten. Der jeweilige Entstehungskontext
der Werke war nur insofern von Interesse, als sie vor dem Hintergrund ein-
geschliffener Erziehungs- und Unterrichtsmuster innovatorische Impulse
setzten und auf vorhandene Defizite aufmerksam machten. Dieses Innova-
tionspotential stieß auf reges Interesse auch bei Gruppen, die die politischen
oder konfessionellen Normen des Entstehungskontextes nicht teilten. Die
Werke von Comenius und Fénelon waren genügend vom überkonfessionellen
Frömmigkeitsdenken des 17. Jahrhunderts durchdrungen, um offen für den
Einsatz in einem allgemein-christlich orientierten Erziehungs- und Schulwesen zu sein.

5. Zusammenfassung

Der Beitrag hat eine Reihe von Fragen erläutert, um Ansätze, die die Kulturtransferforschung zur frühneuzeitlichen Erziehung und Bildung voranbrin-
gen könnten, zu beleuchten und zu modifizieren. Dabei haben sich mehrere
Probleme gezeigt:

1. Die grundlegenden Parameter, mit denen ein Vergleich in der frühneuzeitlichen Bildungsgeschichte durchgeführt werden sollte, sind bisher nicht
eindeutig festgelegt. Die quantifizierenden Analysen der Alphabetisierungsforschung lassen sich auf andere Untersuchungsobjekte nicht übertragen.
Weder eine Gesamtschau von Parametern noch ihre Hierarchisierung ist
nach derzeitigem Forschungsstand möglich; daher bleiben auch bisherige
Vergleichsstudien unbefriedigend.

2. Fragen nach dem Kulturtransfer sind bisher nur auf den Austausch von
Schulmodellen, von Studierenden und Lehrpersonal bezogen worden, weniger auf den Austausch von Ideen und Lehrmaterialien. Auch die Untersuchung personeller Netzwerke erbringt kaum einen Ertrag für die Frage
ihrer tatsächlichen Wirkungen. Die bildungsgeschichtliche Kulturtransferforschung sollte sich stärker auf den Transfer von Ideen und Praktiken
konzentrieren, die über den Buchmarkt vermittelt und gesteuert wurden.
Die Distribution und Übersetzung von Unterrichtsmaterialien, insbesondere Schulbücher, sind noch viel zu wenig erforscht, wenn man von den antiken Klassikern, den Sprachgrammatiken und einigen wenigen katholischen
Katechismen absieht. Da sie den Unterricht in hohem Maße strukturier-
ten, zeigt die Übersetzungs- und Verwendungsgeschichte von Schulbüchern
etwas über die direkten Wirkungen von pädagogischen Anregungen auf.

3. Bei den Fragen von Vergleich und Transfer sollten die verschiedenen Ebenen genauer getrennt werden: Es gab in der Frühen Neuzeit sowohl unterschiedliche nationale als auch unterschiedliche konfessionelle Modelle von Bildungsinstitutionen und Unterrichtspraktiken, und beides stimmt keineswegs immer überein. Bedingungen und Kontexte des frühneuzeitlichen Bildungs- und Erziehungssystems waren religiös bestimmt, aber auch einem Wandel vom konfessionellen zum allgemein-christlichen Normensystem unterworfen.

Die Entwicklung der Debatten um Erziehung und Unterricht zwischen Reformation und Frühaufklärung macht einen Wandel von bildungsgeschichtlichen Grundlagen deutlich: Innovationen der Reformationszeit wie Aufbau öffentlicher Schulstrukturen, Kombination konfessioneller und humanistischer Unterrichtsinhalte, Beginn der Volkskatechese und damit der Massenalphabetisierung und anderes mehr waren ein längerfristiger Prozess. Einzelne der innovatorischen Impulse der Reformationszeit galten im 17. Jahrhundert als erstarrt und wurden von neuen Ideen und Praktiken abgelöst. Die zeitlichen und auch die inhaltlichen Dimensionen dieses Wandels waren in den europäischen Ländern unterschiedlich, aber nicht unabhängig voneinander. Die Rhythmen des Normenwandels und der Veränderungen der erzieherischen- und Unterrichtspraxis schufen in der Frühen Neuzeit unterschiedliche nationale und konfessionelle Wege der Bildungsgeschichte, die differenzierte Rezeptions- und Adaptionsformate erkennen lassen. Komparatistische Vorgehensweisen und Fragen nach Kulturtransfers sind daher notwendige Vorgehensweisen der Forschung, um den Zusammenhang zwischen Religion und Erziehungswesen für die Frühe Neuzeit zu erklären. Über die zu berücksichtigenden Themenfelder und Untersuchungsobjekte muss jedoch noch eine intensive Debatte geführt werden.

Christian Müller

»It has been a wordy war«

Die Frühphase des Schulstreits in Belgien, Frankreich und
den Niederlanden im Vergleich und die transnationalen Grundlagen
der »Culture Wars«, 1857–1870

1. Einleitung und methodische Einordnung

»About a thousand strangers [...] took part in the wordy war. We have had
all kinds of doctrines promulgated, all kinds of theories propounded, [and]
we have listened to invectives as sharp as vinegar [...].«[1] Der belgische Korrespondent der Londoner »Daily News« stand im Herbst 1864 nicht allein
mit seiner Einschätzung der Association Internationale pour le Progrès des
Sciences Sociales (AIPSS), dass sich auf den transnationalen Kongressen von
selbsternannten Experten der Sozialwissenschaften in Westeuropa eine neue
Form der Auseinandersetzung zwischen religiös und politisch motivierten
Akteuren auftat.[2] Transnationale Kongresse von primär nicht-staatlichen
Akteuren zur Diskussion sozialer Themen, zu denen auch Bildung und Er-
ziehung gehörten, wurden zu Beginn der 1860er Jahre als ein »allgemeines
Phänomen« der Zeit wahrgenommen.[3] Diese »enzyklopädischen Bewegun-
gen« waren in der Entstehung der »Culture Wars« von großer Bedeutung.[4]

Der vorliegende Beitrag nutzt das forschungsparadigmatische Postulat
einer reflexiven Histoire croisée auf unparadigmatische Weise, um das Phänomen des Schulstreites in seiner transnationalen Kongressdimension neu

---

1 Holland, in: Daily News vom 5.10.1864, S. 5.
2 Manchester Times vom 22.3.1856; Daily News vom 8.10.1863; Birmingham Daily Press
  vom 26.4.1862; vgl. Lawrence Goldman, Science, Reform, and Politics in Victorian Britain.
  The Social Science Association 1857–1886, Cambridge 2002, S. 52, 61 u. 293–319.
3 Daily News vom 25.8.1863 u. 8.10.1863; Indépendance Belge vom 3.3.1864.
4 Zum »encyclopaedic movement« vgl. Davide Rodogno u.a., Introduction, in: dies. (Hg.),
  Shaping the Transnational Sphere. Experts, Networks, and Issues (c. 1850–1930), Oxford
  2013, im Erscheinungsvorgang; Christian Müller, The Politics of Expertise. The *Association Internationale pour le Progrès des Sciences Sociales*, democratic peace movements, and
  international law networks in Europe, 1858–1875, in: ebd.

einzuordnen.[5] Zunächst werden die normativen und gesetzlichen Grundlagen der Schulgesetzgebung und die Streitigkeiten in Belgien, Frankreich und den Niederlanden miteinander verglichen. Um die strukturellen Ähnlichkeiten nach 1870 gegenüber den Unterschieden um 1857 zu erklären, werden daraufhin der Einfluss transnationaler Kongresse und der Konzeptaustausch untersucht.[6] Dabei wird angenommen, dass die Schulfrage in transnationalen Diskussionsräumen kontroverser verhandelt wurde als in der Innenpolitik, die in ihren legislativen Entscheidungen auf Kompromisse angewiesen war.[7] Der dritte Teil beschäftigt sich mit den Wechselwirkungen von transnationalen und lokalen Ebenen und erläutert die Perzeption am Beispiel des Sozialwissenschaftskongresses in Gent 1863.[8] Der Beitrag erörtert mithin zwei miteinander verknüpfte Fragestellungen. Erstens wird vergleichend nach der Funktion der Schule und Schulpolitik im Verhältnis von Staat, Kirche und zivilgesellschaftlichen Akteuren der drei Länder nach 1850 gefragt. Zweitens möchte der Beitrag diskutieren, welche Möglichkeiten und Probleme sich aus dem expliziten Sich-Vergleichen und dem Transfer in der Schulfrage auf transnationaler und lokaler Ebene ergaben, um die nationalen Kontexte mit jenen Diskurs- und Praxisebenen zu verbinden.

Das Spannungsfeld zwischen Religion und Politik und zwischen den transnationalen, nationalen und lokalen Dimensionen der »Culture Wars« eignet sich für eine Verflechtungsanalyse besonders, weil es Themen und Perspekti-

5 Der Beitrag bezieht sich auf den weniger polemischen Beitrag von Michael Werner/ Bénédicte Zimmermann, Beyond Comparison: Histoire Croisée and the Challenge of Reflexivity, in: History and Theory 45 (2006), S. 30–50, sowie auf die »eigene Logik des Transnationalen« in: dies., Vergleich, Transfer, Verflechtung, in: Geschichte und Gesellschaft 28 (2002), S. 607–636, hier S. 630 f. Vgl. Pierre Bourdieu, Science of Science and Reflexivity, übersetzt v. Richard Nice, Cambridge 2004, S. 85–114, hier S. 86, 89; Heinz-Gerhard Haupt/Jürgen Kocka, Introduction: Comparison and beyond: Traditions, Scope and Perspective of Comparative History, in: dies. (Hg.), Comparative and Transnational History. Central European Approaches and New Perspectives, Oxford 2009, S. 1–30.
6 Vgl. Emiel Lamberts, Catholic Congresses as Amplifiers of International Catholic Opinion, in: Vincent Viaene (Hg.), The Papacy and the New World Order. Vatican Diplomacy, Catholic Opinion and International Politics at the Time of Leo XIII, 1878–1903, Leuven 2005, S. 213–224, hier S. 215 f. Anders noch Klaus Schatz, Vaticanum I, 1869–1870, Paderborn 1992, Bd. 1, S. 48.
7 Christopher Clark/Wolfram Kaiser (Hg.), Culture Wars. Secular-Catholic Conflict in Nineteenth-Century Europe, Cambridge 2003; Lucy Riall, Martyr Cults in Nineteenth-Century Italy, in: The Journal of Modern History 82 (2010), S. 255–287, hier S. 260 f.
8 Es gibt nur einen vergleichenden Beitrag zu den Schulkonflikten mit dem Fokus auf die Zeit nach 1870: Jeffrey Tyssens, Onderwijsconflict en -pacificatie vanuit een comparatief perspectief: Belgie, Nederland, Frankrijk, in: Els Witte u.a. (Hg.), Het Schoolpact van 1958. Ontstaan, grondlijnen en toepassing van een Belgisch compromis, Brüssel 1999, S. 39–86.

ven verbindet, die für diese Epoche strukturgebend waren.[9] Die Erforschung
transnationaler Kongresse als Knotenpunkte von Mikro- und Makroebenen
des Internationalismus in diesem Spannungsfeld ist ein Desiderat der historischen Forschung.[10] Als »Übergangszonen verdichteter Kommunikation«[11]
(Johannes Paulmann) liegen sie an zwei Schnittstellen: zwischen sozialpoli-
tischen Uniformierungs- und Reformbestrebungen einerseits und politisch-
religiösen Differenzwahrnehmungen und Polarisierungsmustern andererseits. Ihre Analyse erlaubt einen Einblick in die Transformation von Ideen
in ihrem Transfer, ohne dabei die von den Zeitgenossen selbst propagierte
methodische Reflexion des Vergleichs zu vernachlässigen. Als »Laborato-
rien von Ideen« waren sie kollektive Katalysatoren für die Ausbildung ex-
tremer Konfliktstrategien.[12] Ziel des Beitrages ist es daher, die Zirkulation
und die sich dadurch ergebenden Veränderungen der Diskurse in den transnationalen Räumen aufzuzeigen, ihre Einflüsse auf die nationalen und lokalen Schulstreite zu benennen und die Akteure in ihren regionalen, nationalen
und transnationalen Spannungsfeldern zu identifizieren.

9 Michael Geyer / Johannes Paulmann, Introduction, in: dies. (Hg.), The Mechanics of
   Internationalism. Culture, Society, and Politics from the 1840s to the First World War,
   Oxford 2001, S. 1–26, hier S. 14 f.; Johannes Paulmann, Grenzüberschreitungen und
   Grenzräume. Überlegungen zur Geschichte transnationaler Beziehungen von der Mitte
   des 19. Jahrhunderts bis in die Zeitgeschichte, in: Eckardt Conze u. a. (Hg.), Geschichte
   der internationalen Beziehungen, Köln 2004, S. 169–196; Vincent Viaene, International History, Religious History, Catholic History: Perspectives for Cross-Fertilization
   (1830–1914), in: European History Quarterly 38 (2008), S. 578–607, hier S. 594; Lamberts,
   S. 214–216.
10 Lamberts, S. 213–215; Viaene, S. 589, 594; vgl. Francis Stewart Leland Lyons, Internationalism in Europe, 1815–1914, Leyden 1963, S. 245 f.; Akira Iriye, Global Community. The
   Role of International Organizations in the Making of the Contemporary World, Berkeley
   2004, S. 2. Internationale Verbindungen von Katholizismus und säkularen Anti-Klerika-
   lismus werden ebenfalls getrennt untersucht. Siehe Christopher Clark, The New Catholicism and the European culture wars, in: ders. / Kaiser, S. 11–46, v. a. S. 35–41, sowie den
   Beitrag von Wolfram Kaiser, ›Clericalism – that is our enemy!‹. European anticlericalism
   and the culture wars, in: ebd., S. 47–76.
11 Johannes Paulmann, Grenzräume. Kulturgeschichtliche Perspektiven auf die Geschichte
   der internationalen Beziehungen, in: Christina Lutter u. a. (Hg.), Kulturgeschichte. Fragestellungen, Konzepte, Annäherungen, Innsbruck 2004, S. 191–205, hier S. 197.
12 Chris Leonards, Ter bestrijding van armoede, misdaad, oorlog en immoraliteit. Euro-
   pese congrescultuur in de negentiende en vroege twintigste eeuw vanuit filantropisch
   perspectief, in: Vibeke Kingma u. a. (Hg.), Filantropie in Nederland 1770–2020, Amsterdam 2007, S. 49–61, hier S. 49; Guy Vanthemsche, Laboratoires d'idées et progrès social.
   Le cas de l'Association belge pour le progrès social et de ses prédécesseurs, in: Ginette
   Kurgan-van Hentenryk (Hg.), Laboratoires et réseaux de diffusion des idées en Belgique,
   Brüssel 1990, S. 55–75.

2. Die Schulkonflikte in Belgien, Frankreich und den Niederlanden, 1857–1870

Erziehung und Schule standen im Europa der 1850er Jahre im Mittelpunkt religiös-politischer Auseinandersetzungen. Sie bestimmten die sozial-moralische Integration der zukünftigen Staats- und Gemeindebürger und der Frauen und Mütter in das politische Gemeinwesen, so dass Staat und Kirche gleichermaßen den Schulunterricht als festigende Stütze der »moralische und rechtliche Basis für die bestehende soziale und politische Ordnung« ansahen.[13] In allen drei Ländern war der Primarschulunterricht für Jungen und Mädchen bis 1850 das wichtigste gemeinsam von Kirche und Staat ausgeübte Instrument zur moralischen Integration des Volkes in die Nation.

2.1 Belgien – der Schulstreit als parteiformierendes »Schlachtfeld« von katholischer und liberaler Politik nach dem Unionismus

Im Jahr 1830 schieden die mehrheitlich katholischen belgischen Provinzen aus dem erst 1815 restituierten Königreich der Niederlande aus und erklärten sich als Königreich Belgien für unabhängig. Eine der Ursachen für die Abspaltung war die intransigente protestantische Kultus- und Schulpolitik der niederländischen Regierung; daher besaßen diese Fragen in den belgischen Verfassungsverhandlungen 1830/31 höchste Priorität.[14] In der politischen Öffentlichkeit standen sich zwei Eliten-Modelle der Gesellschaft gegenüber, die sich in der Konzeption von Schule niederschlugen. Die zumeist katholischen Konservativen forderten die Religion als höhere Wahrheit gegen eine liberale Weltsicht ein, die neben religiöser Bildung Vernunft und rationalen Fortschritt als gleichwertige Wahrheiten ansah.[15] Viele gemäßigte Liberale waren aber praktizierende Katholiken und erwogen aus pragmatischen Gründen, dass das liberale Staatsbildungsprojekt unter dem neugewählten Staatsoberhaupt Leopold I. größere Chancen besaß, wenn man die katho-

---

13 Roger Price, The French Second Empire. An Anatomy of Political Power, Cambridge 2001, S. 193; vgl. Henk Te Velde/Hans Verhage, Inleiding, in: dies. (Hg.), De Eenheid en de Delen. Zuilvorming, onderwijs en natievorming in Nederland, 1850–1900, Amsterdam 1996, S. 1–12.

14 Vgl. Els Witte, La Construction de la Belgique (1828–1847), in: ders. u. a. (Hg.), Nouvelle Histoire de Belgique, Bd. 1: 1830–1905, Brüssel 2005, S. 34–38 u. 46.

15 Jeffrey Tyssens, In Vrijheid Verbonden. Studies over Belgische Vrijmetselaars en hun Maatschappijproject in de 19de Eeuw, Gent 2009, S. 15.

lische Kirche durch die Schulpolitik in das Projekt integrierte. Dieser »unionistische« Parteienkompromiss von 1831 vertagte somit mögliche religiöspolitische Spannungen.

Die Schul- und Bildungsfragen waren in der Verfassung vage formuliert. Art. 14 sah die Freiheit des Kultus und seiner Ausübung vor, und Art. 17 garantierte die Freiheit des Schulunterrichtes. Ein Gesetz sollte die Ausführungsbestimmungen regeln.[16] Das im November 1842 von der Mehrheit der katholischen und liberalen Unionisten verabschiedete Grundschulgesetz sah die erste Aufgabe der Schulerziehung darin, die Entwicklung des Religiösen zu befördern: »Die Schule als Ganzes muss moralisch und religiös sein.«[17] Die katholische Kirche durfte gemäß der Praxis auch weiterhin den vom Staat beaufsichtigten Grundschulunterricht inhaltlich bestimmen und kontrollieren. Darüber hinaus musste jede Gemeinde eine Grundschule einrichten, konnte aber alternativ die bestehenden katholischen Schulen finanziell unterstützen. Damit wurde in Belgien de facto eine katholische Normalschule geschaffen, die vom Staat finanziell unterstützt wurde.[18] Die Liberalen nahmen diese weitreichende Regelung auch mit Rücksicht auf König Leopold I. an, forderten aber im Gegenzug eine Zurückdrängung der katholischen Kirche im höheren Schulwesen.[19]

Das neue liberale Programm von 1846 proklamierte die Etablierung eines öffentlichen Schulwesens unter staatlicher Aufsicht gegen private Trägerschaften und Kultuseinrichtungen. Mit Hilfe des säkular radikaleren Flügels wurde diese Forderung im Gesetz vom Mai 1850 für die Mittelschulen und Athenäen durchgesetzt. Sie sollten staatlich unmittelbar organisiert sein. Der Religionsunterricht, der unter staatlicher Aufsicht durchgeführt wurde, wurde in ihnen zu einer Option.[20] Dadurch sollte ein katholisch-dogmatischer Religionsunterricht unterbunden, nicht aber die religiöse Moral als wesentliches und bindendes Gemeinschaftselement verboten werden.[21]

---

16 Verfassung des Königreichs Belgien, 7. Februar 1831, zit. nach: Staatsverfassungen, hg. v. Günther Franz, München 1950, S. 52–85, hier S. 54 f. Vgl. Tyssens, Onderwijsconflict, S. 63.

17 Jacques Lory, Libéralisme et instruction primaire, 1842–1879, Bd. 1, Leuven 1979, S. 145 f. Vgl. Éliane Gubin / Jean-Pierre Nandrin, La Belgique libérale et bourgeoise, 1846–1878, in: Witte, Histoire, S. 51 f.

18 Els Witte, Une question de conscience. Over de houding van de Belgische katholieken tegenover het openbaar onderwijs, in: Witte, Schoolpact, S. 442–444, 463–465 u. 478–480.

19 Ernst H. Kossmann, The Low Countries 1780–1940, Oxford 1978, S. 200 u. 288.

20 Maurits de Vroede, Onderwijs, 1840–1878, in: Algemeene Geschiedenis der Nederlanden, Bd. 13, Haarlem 1978, S. 111–113.

21 François Laurent, De Werklieden-genootschappen van Gent, Gent 1878, S. 318.

Der Schulstreit über das Grundschulwesen entwickelte sich Ende der 1850er Jahre im Parlament und bei öffentlichen Versammlungen zu einem veritablen Kampfplatz der Meinungen und polarisierte zunehmend die Parlamentsparteien zwischen ihren extremen Flügeln, den Linksliberalen und den Ultramontanen. Eine von Leopold I. geforderte Rückkehr zur konsensualen Unionismus-Politik wurde dadurch unmöglich.[22] Während die Katholiken forderten, dass die Kirche ihre verfassungsmäßigen Freiheiten zu einer privilegierten Autonomie neben dem Staat ausbauen durfte, proklamierten die Liberalen, sie solle innerhalb der Verfassung als Institution unter staatlicher Kontrolle für den Zusammenhalt der Gesellschaft sorgen.[23] Dieser Antagonismus prägte die belgische Parteibildung, in der die Nuancen zwischen gemäßigten und radikalen Liberalen und Demokraten einerseits und zwischen konstitutionellen und ultramontanen Katholiken andererseits zusehends nach 1864 verschwammen. Die extremeren Positionen mussten in die Parteien integriert werden, was die Polarisierung der Lager noch weiter beförderte.

Die katholische Normalschule blieb auch in den 1860er Jahren ein bedeutender Streitpunkt für die Liberalen, ohne dass sie eine einheitliche Alternative präsentierten. Anstelle der Kirche sollte entweder der Staat für die Ausführung und den Inhalt der moralischen oder religiösen Bildung verantwortlich sein, oder aber ein freies Schulwesen ohne staatliche Kontrolle und Zwang eingeführt werden. Diese »Schule ohne den Priester« wurde zum Zentrum des ideologischen Streites zwischen Katholiken und Liberalen.[24] Die liberalen Regierungen hatten bis 1870 das Grundschulgesetz von 1842 aber so weit ausgehöhlt, dass die verbliebenen religiösen Kontrollinstanzen leicht umgangen werden konnten.[25] Philanthropische Vereine in den städtischen liberalen Zentren (v. a. Brüssel, Antwerpen und Gent) gründeten Schulen mit offenem religiös-moralischen Unterrichtsangebot.[26] Allerdings wurden dies Schulgründungen nicht zur gesetzlichen Regel. Bis 1870 konnten sich die Radikalen nicht gegen die gemäßigte liberale Mehrheit im Parlament durchsetzen, um ein säkulares Volksschulgesetz auf den Weg zu bringen. Viele Liberale wollten trotz der politischen Kontroversen die moralische und sozial integrative Kraft der katholischen Religion in der Schulerziehung nutzen, um angesichts der fortgeschrittenen Industrialisierung Flanderns (und hier vor allem dem Zentrum der Tuchindustrie Gent) einem möglichen

---

22 Gita Deneckere, Leopold I. De eerste koning van Europa, Antwerpen 2011, S. 560–569.
23 Charles Woeste, La Loi sur le Temporel des Cultes, Brüssel 1865, S. 43 f.
24 Édouard Ducpétiaux, Die Schule ohne den Priester, Aachen 1866.
25 Lory, S. 207–208.
26 Vgl. Le Bien Public vom 18.8.1863.

Aufkommen von »Sozialismus und Anarchie« entgegenzuwirken.[27] Allerdings sollte Religion als moralische Grundlage sozial integrierend wirken
und nicht – wie von den ultramontanen Katholiken gefordert – zur dogmatischen Wahrheitsfindung und Polarisierung gegen den politischen Wider-
sacher dienen.

2.2 Frankreich – der Schulstreit als Arena katholischer und republikanischer Opposition gegen das Regime Napoleons III.

Das Ende der napoleonischen Ära in Europa führte auch in Frankreich
einen dem Namen nach »restaurierenden«, seiner Natur nach aber moder-
nisierenden Konstitutionalisierungsschub herbei. Lediglich das Verhältnis
von Königtum und katholischer Kirche blieb hiervon zunächst ausgespart.
Die Charte constitutionelle von 1814 spiegelte diese Gemengelage wider,
weil sie erneut die katholische Kirche privilegierte. Die Regierungsjahre der
Bourbonen bis 1830 zeichneten sich durch eine Rückbesinnung auf das vor-
revolutionäre sakrale Königtum aus.[28] Das unter der Julimonarchie revidierte Schulgesetz von 1833 benannte die Grundschulen als »Instrumente zur
populären Moralisierung, politischen Stabilisierung, sozialen Bewahrung
und zu wirtschaftlichem Fortschritt«.[29] Der Stundenplan wurde durch mo-
ralisch-religiöse Lehrinhalte dominiert. Die in der zweiten Republik unter
einer konservativen Mehrheit erlassene Loi Falloux von 1850 stärkte ähnlich
wie in Belgien den Einfluss des Klerus auf Ausbildung und Schulinspekti-
onen sogar noch.[30] Innenminister Jules Baroche erklärte in seiner Modell-
anweisung für den Grundschulunterricht vom 27. August 1850, es sei die
»wesentliche Aufgabe des Lehrers, die Schüler in Religion zu unterrichten,
und tief in ihre Seelen das Pflichtgefühl einzuschreiben, das sie gegen Gott,
ihre Eltern, andere Menschen und sich selbst haben sollen« (Art. 1).[31]

Das zweite Kaiserreich sah sich mit einer engen Verbindung von staatlicher Herrschaft und Religion in der Schulpolitik konfrontiert, die in den
kommenden Jahrzehnten zu Konflikten führte. Napoleon III. war zunächst

---

27 Annales de l'Association Internationale pour le Progrès des Sciences Sociales, Bd. 1,
    Brüssel 1863, S. 246 u. 264 (hiernach Annales AIPSS).
28 Charte Constitutionnelle 1814, Präambel, in: Olivier Le Cour Grandmaison (Hg.), Les
    constitutions françaises, Paris 1996, S. 51.
29 Vgl. Price, Second Empire, S. 194.
30 Roger Price, People and Politics in France, 1848–1870, Cambridge 2004, S. 368; ders., The
    French Second Republic. A Social History, London 1972, S. 253–257; Maurice Gontard,
    Les écoles primaires de la France bourgeoise, Toulouse o. D., S. 119.
31 Price, Second Empire, S. 195.

ähnlich wie Leopold I. darauf bedacht, den moralischen und konservierenden Einfluss des Klerus auf Schulwesen und Bildungsinhalte zu stärken. Als sich die Beziehungen zwischen Klerus und Staat über der »Römischen Frage«[32] nach 1859 aber verschlechterten, führten Versuche einer Trennung von Kirche und Schule durch herrschaftliches Eingreifen zu Spannungen. Die staatliche Verwaltung befürchtete einen subversiven Einfluss der Priester auf die Schüler, weil die Geistlichen verdächtigt wurden, das Schicksal des Papstes über das Wohl der Nation zu stellen, und versuchte, die Kirche aus der Schulverwaltung hinauszudrängen.[33] Schon 1860 hatte man durchgesetzt, dass die gemeinnützigen Sankt Vincent von Pauls-Vereine einer staatlichen Oberaufsicht zugeführt wurden. Andererseits brauchte das Regime aber den Klerus als systemerhaltende Kraft, die Legitimisten und Orleanisten für das Kaiserreich als katholische Gesellschaftsordnung vereinnahmen konnte.[34] So blieb faktisch die lokale Allianz von Präfekt und Pfarrer bestehen, die seit 1854 für die Besetzung und Kontrolle der Lehrer sorgte.

Religiöse und staatliche Autorität kooperierten bis 1867/68, wenn es darum ging, die Kontrolle über die Schule als zentrales Instrument der Indoktrination dem republikanischen Einfluss zu entziehen, der sich nach den Wahlen zum Corps Législatif von 1863 immer stärker bemerkbar machte. Diese Kooperation änderte sich allerdings graduell unter dem seit Mitte 1863 amtierenden Kultusminister Victor Duruy, der ab 1867 den Einfluss der katholischen Vereine auf das Bildungswesen zugunsten der liberalen Initiativen zurückdrängen wollte – auch aus persönlicher Abneigung gegen die international bekannten Führer der Bewegung, den katholischen Wohltätigkeitsaktivisten Armand Vicomte de Melun und den gemäßigt liberalen katholischen Wortführer Charles de Montalembert.[35] Umgekehrt wurde die lokale

---

32 In den 1860er Jahren bezeichnete die »Römische Frage« die Ansprüche führender Vertreter des italienischen Risorgimento, die Territorien des Kirchenstaates dem italienischen Nationalstaat einzuverleiben und den Papst zu einem rein geistlichen Oberhaupt der Kirche herabzustufen. 1859/60 vernachlässigte Napoleon III. aus taktischen Gründen die französischen Garantieverpflichtungen für den Kirchenstaat zugunsten des Königreichs Piemont-Sardinien, so dass die Volksabstimmungen in den nördlichen kirchenstaatlichen Provinzen den Anschluss an das Königreich Piemont-Sardinien beschlossen und als Vorbilder für die restliche Einigung Italiens dienten. Das erste aus fast ganz Italien entsandte Parlament in Turin 1861 proklamierte Rom als zukünftige Hauptstadt des Königreiches. Vgl. einführend Rudolf Lill, Die Macht der Päpste, Kevelaer 2006, S. 72–74.
33 Price, Second Empire, S. 197 f.; Alain Plessis, The Rise and Fall of the Second Empire, 1852–1871, Cambridge 1985, S. 154.
34 Plessis, S. 155.
35 Vgl. Katherine Auspitz, The Radical Bourgeoisie. The Ligue de l'enseignement and the origins of the Third Republic, 1866–1885, Cambridge 1982, S. 79–81.

Allianz von Präfekt und Pfarrer auch zum Kritikpunkt republikanischer Bewegungen, die zunächst auf eine Änderung der Verwaltungspraxis drängten. Republikanische Vereine und Salon-Oppositionen wie die Société pour l'Instruction Élementaire forderten nicht nur die Trennung von Kirche und staatlicher Schulverwaltung, sondern auch die Aufhebung religiöser Lehrinhalte und eigenen Einfluss auf die Vergabe der Lehrerstellen.[36] Der Staat solle das Schulwesen komplett in die Hand nehmen, anstatt sich auf die finanziell preiswerten Indoktrinationsdienste der Kirche zu verlassen – »man spart nicht an der Moral«.[37]

Ähnlich wie in Belgien hielten Liberale und gemäßigte Republikaner aber am Religionsunterricht als frei wählbarer Option zur moralischen Erziehung der Massen fest und drängten viele rein säkulare Vereine bis 1870 auf einen Kompromisskurs mit dem Empire Libéral.[38] Obwohl »éducation« der zentrale moralische Programmpunkt der republikanischen Bewegung war, mussten die jüngeren säkularen Protagonisten sich mit prominenten, religiös geprägten Altrepublikanern wie Carnot und Favre auf Kompromisse in der Schulpolitik einlassen. Auch privat katholische, aber ansonsten freidenkerische Republikaner wie Jules Simon räumten ein, dass der Religionsunterricht – gleichwohl unter staatlicher Kontrolle – eine Notwendigkeit für den Zusammenhalt der Gesellschaft darstelle.[39] Auch für die Mädchen forderte die Opposition staatliche Bildungseinrichtungen, welche unter dem Ministerium Duruy zum Missfallen der katholischen Kirche teilweise eingerichtet wurden. Vor dem Hintergrund des liberal-republikanischen Credos nach freier und kostenloser Bildung ebenso wie vor der »Diktatur« des Bildungsministers Duruy schien es gefährlich, die Erziehung der zukünftigen »Mütter der Nation« ungeprüft dem Klerus zu überlassen. Zwar schuf Duruy mit dem Gesetz vom 10. April 1867 die Verpflichtung zur Einrichtung von Mädchenschulen in allen Gemeinden mit über 500 Einwohnern. Allerdings blieb die gemeinsame Besetzungspraxis der Lehrstellen zwischen Präfekt und Priester bis 1870 davon unbenommen.[40]

Die Notwendigkeit zu einer umfassenden Kompromisspolitik zeigte sich bis 1870 im Lavieren der Regierung zwischen dem Eingehen auf die klerikalen Positionen als Stütze der sozialen Ordnung und dem teilweisen Nach-

---

36 Ebd., S. 46–51; vgl. Jules Simon, L'enseignement primaire des filles en 1864, in : Revue des Deux Mondes 52 (15.8.1864), S. 948–968, hier S. 961 f.
37 Simon, L'enseignement, S. 968.
38 Auspitz, S. 6.
39 Jules Simon, La liberté, Bd. 1, Paris 1859, S. 288.
40 Price, Second Empire, S. 202; Victor Duruy, Notes et Souvenirs, Bd. 1, Paris 1901, S. 190, 198.

geben gegenüber liberalen und republikanischen Forderungen, dass der Staat allein die Kontrolle über das Schulwesen übernehmen solle. Aber je länger dieses multipolare Spannungsfeld anhielt, desto größer wurden die Erwartungen in den extremen Lagern an eine grundlegende Reform der Schulpolitik in oder nach dem Empire Libéral.

2.3 Die Niederlande – der Schulstreit als Markierungspunkt für die Formierung katholischer, calvinistischer und linksliberaler Parteiungen

Die Vorzeichen für einen Schulstreit in den Niederlanden waren im Vergleich zu Belgien und Frankreich umgekehrt. Nicht die katholische Volksschule war in den Niederlanden seit 1806 die Norm, sondern die konfessionsoffene, wenngleich im Idealfall positiv-christliche Volksschule protestantischer Prägung. Diese durch König Willem I. forcierte Regelung führte zwar bis 1830 mit den flandrischen Provinzen zu Spannungen, aber in der Verwaltungspraxis passte sich die konfessionelle Ausrichtung der Schulen nach 1831 den lokalen Gegebenheiten an (z. B. in Limburg und Brabant katholisch, in Teilen von Gelderland calvinistisch). Grundsätzlich sollte die Grundschule dem Volk – das in der Vorstellung vieler protestantischer Liberaler eine amorphe Masse war – die Werte und Pflichten in der Gesellschaft mithilfe christlicher Moral beibringen.[41] Diese offene Volksschule wurde vor allem von konservativen Protestanten wie Guillaume Groen van Prinsterer abgelehnt, die als Gegenmodell geschlossene Konfessionsschulen mit staatlicher Unterstützung nach dem Modell von Friedrich Julius Stahl vorschlugen.[42] Die Öffnung des Schulwesens gegenüber freien Konfessionsschulen ging 1848 in das reformierte Grondwet ein (Art. 194).

Das Schulgesetz von 1857 trug konservative Züge und bewahrte das gemischt-konfessionelle Staatsschulwesen mit dem Ziel einer generellen positiv-christlichen Erziehung der Bevölkerung.[43] Es sollten weiterhin »christliche und soziale Werte« gelehrt werden, aber Staatsschulen sollten sich

---

41 Vgl. Kossmann, S. 289; Michael Wintle, Natievorming, onderwijs en godsdienst in Nederland, 1850–1900, in: Te Velde / Verhage, S. 13–28, hier S. 16 f.; Gert van Klinken, Actieve burgers. Nederlanders en hun politieke partijen, 1870–1918, Amsterdam 2003, S. 32 f.

42 Vgl. Ronald van Raak, In naam van het volmaakte. Conservatisme in Nederland in de negentiende eeuw, Amsterdam 2001, S. 58; Nieuwe Rotterdam'sche Courant vom 22.7.1857 und 18.5.1869.

43 Nieuwe Amsterdam'sche Courant en Algemeen Handelsblad vom 15.3.1857; Nieuwe Rotterdam'sche Courant vom 10.7.1857.

konfessionsneutral verhalten. Der liberale Ministerpräsident Johan Rudolph Thorbecke hatte zudem durchsetzen können, dass es Vereinen frei stehen sollte, eigene Schulen zu gründen, die nicht vom Staat subventioniert würden.[44] Die von den Liberalen im Gesetz verankerten religiösen Minimalforderungen und das Recht auf freie Schulgründungen riefen zunächst bei konservativen Protestanten und der katholischen Minderheit in den Südprovinzen massive Kritik hervor. Beide drängten auf ein »Mehr« an Religion durch konfessionelle Volksschulen und wandten sich gegen religionsoffene Staatsschulen: »Wir wollen nicht, dass der Name des Heilands in der Schule auf eine Weise gelehrt wird, mit der auch ein moderner Rabbi einverstanden sein kann.«[45] Um ihre eigenen Konfessionsschulen zu legitimieren und finanziell durch religiös orthodoxe Eltern abzusichern, kritisierten sie, dass der Schulunterricht als moralische Erziehung gar nicht konfessionell neutral sein könne.[46]

Für die niederländischen Katholiken und die orthodoxen Protestanten rückte die Schule ins Zentrum ihrer Parteiformierungen.[47] In Belgien und Frankreich orientierten sich die Schulstreite an der bipolaren Versäulung der Gesellschaft zwischen katholisch und republikanisch-laizistisch geprägten Milieus. In den Niederlanden dienten der Schulkonflikt und seine Zuspitzung in der Ablehnung der Ideen von 1857 vor allem den beiden konfessionellen und den linksliberalen Kräften zur Markierung der eigenen Positionen in einem multipolaren Spannungsfeld. Dadurch trieben sie die Polarisierung der niederländischen Gesellschaft in mehreren Säulen voran.[48] Abraham Kuyper z. B. radikalisierte seit Mitte der 1860er Jahre die orthodoxen protestantischen Positionen der älteren Parlamentsführer wie Groen van Prinsterer zur Parteiformierung der späteren Antirevolutionären, indem er das liberale Schulgesetz zu Gunsten der Protestanten durch private konfessionelle Stiftungsschulen aushöhlte. Ähnlich gingen die Katholiken vor. Das Mandat der katholischen Bischöfe von 1868 (besonders in den Bistümern Utrecht

---

44 Nieuwe Rotterdam'sche Courant vom 10.7.1857.
45 Nieuwe Rotterdam'sche Courant vom 2.10.1868, Bijvoegsel.
46 Dirk Langedijk, De schoolstrijd in de eerste jaren na de wet van 1857, Amsterdam 1937, S. 136–145.
47 Nieuwe Amsterdam'sche Courant en Algemeen Handelsblad vom 9.9.1868.
48 Versäulung ist ein niederländisch-belgisches Forschungskonzept, das die segmentierte Vergesellschaftung von politischen Lagern in getrennten Sozialmilieus, Vereinen und Institutionen innerhalb nationaler Gesellschaften als politisch konsenserhaltend beschreibt. Vgl. Arend Lijphart, Verzuiling, pacificatie en kentering in de Nederlandse politiek, Haarlem ⁹1992; Karl Rohe, Wahlen und Wählertraditionen in Deutschland. Kulturelle Grundlagen deutscher Parteien und Parteisysteme im 19. und 20. Jahrhundert, Frankfurt a. M. 1992, S. 14–18.

und 's-Hertogenbosch) unterstützte die katholische Minderheit, die religiös-politische Strategie der Antirevolutionären gegen die neutrale Normalschule auch in den Südprovinzen anzuwenden.[49] Auch die bis dahin konfessionell kaum polarisierten Katholiken in den Nordprovinzen wurden einbezogen, um bei Wahlen den Ausschlag für oder gegen den liberalen Kandidaten zu geben.[50]

Um 1870 hatte sich die Situation in den Niederlanden drastisch verändert. Während das Schulgesetz von 1857 eine neutrale Normalschule mit konfessionellen Ausnahmen vorsah, nutzten Protestanten und zunehmend auch Katholiken die Ausnahmeregelung für die Etablierung privater Konfessionsschulen. Anhand dieser Frage polarisierten Antirevolutionäre und Katholiken gleichermaßen die Öffentlichkeit, um mithilfe des »Rammbocks« der Schulfrage die »Festung der Regierung« einzunehmen oder zumindest ihre parlamentarischen Wagenburgen in der Zweiten Kammer durch Mandatsgewinne zu festigen.[51] Im Gegenzug instrumentalisierten die Linksliberalen die religiöse Polemik als Marker für ihre eigene anti-religiös ausgerichtete Parteiformierung und eine Verstärkung der religionsneutralen Normalschule ohne Ausnahmeregelungen.[52]

2.4 Vergleich

Zwischen 1857 und 1870 veränderte sich das Verhältnis von Kirche, Staat und einzelnen politischen Gruppierungen in Belgien, Frankreich und den Niederlanden grundlegend. Die Streitigkeiten über das untere und mittlere Schulwesen wurden zu Markierungsmerkmalen für die Parteiformierungen instrumentalisiert, um zu zeigen, welche religiös-moralischen Grundlagen die Gesellschaft vertreten sollte. In Belgien und Frankreich lag eine Auseinandersetzung zwischen Regierung und Klerus gegen Liberale und Republikaner nahe, während in den Niederlanden die liberale und »pluralistische« Regierung einer versprengten Minderheit von religiösen Antirevolutionären und Katholiken gegenüberstand.

---

49 Vgl. Tyssens, Onderwijsconflict, S. 45; Peter Raedts, De Nederlandse katholieken en hun vaderland, in: Gied ten Berge (Hg.), ›Voor God en vaderland‹. Nationalisme en religie, Kampen 1992, S. 61; ders., Tussen Rom en Den Haag. De integratie van de Nederlandse katholieken in kerk en staat, in: Te Velde / Verhage, S. 40.

50 Van Klinken, S. 88 f.; Van Raak, S. 175 f.

51 Nieuwe Rotterdam'sche Courant vom 7.2.1869.

52 Henk te Velde, Van grondwet tot grondwet, 1848–1917, in: Remieg Aerts u. a. (Hg.), Land van kleine gebaren. Een politieke geschiedenis van Nederland 1780–1990, Nijmegen 1999, S. 99–175, hier S. 120.

In allen Ländern führte die Auseinandersetzung um das Volksschulwesen zu einer raschen Politisierung des Katholizismus und des orthodoxen Protestantismus gegenüber laizistischen Republikanern oder Liberalen. Dabei dienten die Schulkonzepte dazu, die Rolle von Moral und Religion in den jeweiligen Gesellschaftsvorstellungen publik zu machen und sich zugleich als ideologisch kohärente Gruppierung zu positionieren. In Frankreich resultierten die Spannungen aus dem taktischen Lavieren der autoritären Regierung Napoleons III. mit der katholischen Kirche, in Belgien aus einem Antagonismus von säkularerem Linksliberalismus und klerikalen katholischen Bewegungen. In den Niederlanden etablierten sich Antirevolutionären und Katholiken als neue Kräfte neben dem Kammerliberalismus und den Linksliberalen. Die Verzahnung von Regierung und Kirche und mithin die kirchliche Moral als Rückgrat der sozialen Integration des Untertanen-Bürgers in den Staat wurde dadurch nicht nur von katholischen und protestantischen Klerikalen, sondern auch von Liberalen und Republikanern in Frage gestellt. Bis Mitte der 1860er Jahre hatten die führenden Vertreter des gemäßigten Liberalismus und des Reformkatholizismus die Notwendigkeit zu pragmatischen Kompromissen in der Schulgesetzgebung befolgt. Mit der Politisierung des Katholizismus durch die »Römische Frage« und der politischen Aufladung von Religion gerieten diese pragmatischen Kräfte auch innerhalb der Parteiungen ins Hintertreffen.

Die Eskalation der Schulfrage zu einem nationenübergreifenden und religiös aufgeladenen Politikum besaß neben endogenen gesellschaftlich-politischen Ursachen auch exogene. Nachdem der Kirchenstaat 1859/60 die finanziell lukrativen Nordprovinzen (v. a. Bologna, die Emilia und die Romagna) an das Königreich Piemont-Sardinien verloren hatte, mobilisierten sich viele Katholiken in transnationalen Aktionen für Papst Pius IX. Die durch den Kirchenstaat infrastrukturell geförderten Wallfahrten nach Rom zu den Papstaudienzen und die seit 1858 sprunghaft ansteigende Peterspfennig-Bewegung trugen dazu bei, dass der Papst als märtyrerhafte Integrationsfigur eines transnationalen Katholizismus quer zu den nationalen Identifikationen und zum Integrationsmechanismus einer christlichen Volksschule wahrgenommen wurde. Viele Liberale und Demokraten identifizierten im Gegenzug den radikaleren »ultramontanen« Katholizismus als nationsfremde Bewegung.[53]

53 John Pollard, Money and the Rise of Modern Papacy. Financing the Vatican, 1850–1950, Cambridge 2005, S. 14 f. u. 31–34; Viaene, S. 593 f.

3. Zeitgenössischer Vergleich und transnationaler Austausch – die Schuldebatten auf internationalen Wissenschafts- und Religionskongressen, 1862–1867

Seit den späten 1850er Jahren waren Teile der parlamentarischen und außerparlamentarischen Eliten Mittel- und Westeuropas über ein weit gestreutes personales Netzwerk miteinander verbunden. Durch ein bürgerliches Vereinsnetzwerk wurden personale Kontakte in eine transnationale enzyklopädische Kongressbewegung überführt. Die Association Internationale pour le Progrès des Sciences Sociales (AIPSS) war das europäische Flaggschiff, wo katholische und philanthropische Sozialreformer neben liberalen und republikanischen Juristen und Politiker vor allem aus Belgien, Frankreich und den Niederlanden zusammenkamen, um unter anderem über die Schulfrage zu debattieren.[54]

Die AIPSS hatte sich das wissenschaftliche Credo der sozialen Wahrheitssuche im Dienste des Fortschritts gegeben.[55] Angesichts dieser zeitgenössisch stark politisierten Begriffe konstituierten aber weder der Verein noch seine Kongresse eine »epistemische Gemeinschaft«, also eine wissenschaftliche oder wissensgenerierende Avantgarde.[56] Die Mitglieder waren allenfalls unter Kriterien der Beobachtung zweiter Ordnung gentleman experts. Die meisten französischen Mitglieder waren zugleich aktive republikanische oder liberale Oppositionspolitiker, während die belgischen Mitglieder mehrheitlich den säkularisierenden Schulkurs der Regierung Charles Rogier und Walthère Frère-Orban unterstützten oder über die staatliche Schulpolitik hinauswollten. Rogier war selbst führendes Mitglied der AIPSS. Die niederländischen Mitglieder waren mehrheitlich ebenfalls Liberale, wenngleich sie ähnlich wie einige belgische Liberale im linken Spektrum der Parlamentsparteiung beheimatet waren. Die Kongresse der sozialen Wissenschaft wurden deshalb in großem Stil zu transnationalen Schlachtfeldern in einem »Krieg der Wörter« zu Schul- und Religionsfragen zwischen politischem

---

54 Kölnische Zeitung vom 19.9.1863; vgl. Müller, Politics of Expertise; ders., Defining the Model European. The Association Internationale pour le Progrès des Science Sociales and Liberal and Republican Concepts of European Citizenship, in: History of European Ideas 37, 2 (2011), S. 223–231.

55 Annales AIPSS, I, S. 31 f.

56 Peter Haas, Introduction: Epistemic Communities and International Policy Coordination, in: International Organization 46/1 (1992), S. 1–35; Chris Leonards / Nico Randeraad, Transnational Experts in Social Reform, 1840–1880, in: International Review for Social History 55 (2010), S. 215–239.

Katholizismus und Liberalismus umfunktioniert.[57] Mit dem Verweis auf Internationalität und Wahrheitssuche wurden die Kämpfe zwischen den Extremen »der laizistischen und der kirchlichen Gesellschaft« mit offenem Visier ausgefochten.[58]

Vor dem Hintergrund nationaler Erfahrungsberichte sollten auf den Kongressen generelle Antworten auf das Verhältnis von Staat, Kirche und privaten Akteuren in der Schulbildung und moralischen Erziehung zum Staatsbürger gefunden werden, weil das »sentiment religieux« in der Gesetzgebung immer durchdringe, die Religion die Parteien aber immer trenne.[59] Die französischen Republikaner forderten ein Recht auf allgemeine und freie Schulbildung und suchten nach Alternativen zur katholischen Normalschule, die entweder christliche oder republikanische Moralvorstellungen lehre, ohne aber dogmatisch überformt zu sein.[60] Damit griffen oppositionelle Republikaner wie Jules Simon und Charles Sauvestre die »eigene« nationale Schulgesetzgebung mit Blick auf das niederländische Modell an.[61]

Französische und belgische Republikaner forderten neben der staatlichen Schulaufsicht einen Eingriff in die Lehrinhalte. Soweit gingen die belgischen Liberalen nicht, lehnten aber eine rein religiös-moralische Funktion des Grundschulunterrichtes ab. Hintergrund hierfür waren Studien über schlechte Leistungen der katholischen Normalschüler in Belgien, welche die katholische Normalschule auch ins Zentrum der transnationalen liberalen und republikanischen Kritik rückten. Dieser Kritik schlossen sich auch niederländische Liberale an, die ihre religionsoffene Schule von 1857 als Modell darlegten.[62] Belgische und französische Katholiken lehnten die Konzentration auf schulische Inhalte als »rein mechanisch« ab, da sie automatisch zu Sozialismus und Gottlosigkeit führe.[63] Die religiöse Erziehung wurde mithin als Kampfmittel gegen Sozialismus und Liberalismus auserkoren, weil nur der christliche Gedanke in der Erziehung den sozialen Frieden befestigen könne.[64]

Die Debatten der französischen und belgischen Teilnehmer überschnitten sich inhaltlich, während hingegen Uneinigkeit über die politischen Ziele herrschte, die mit der Schulfrage erreicht werden sollten. Französische Repu-

---

57 Indépendance Belge vom 3.5. u. 19.9.1864.
58 Annales AIPSS, II, S. 288.
59 Ebd., I, S. 197 u. 287.
60 Ebd., I, S. 245 f.
61 Ebd., I, S. 247 u. 250.
62 Price, People, S. 211 f.
63 Annales AIPSS, I, S. 263 f. u. 279.
64 Annales AIPSS, I, S. 263–265.

blikaner vertraten das Recht auf freie und undogmatische Bildung, weil sie
die zukünftigen Wähler unter dem allgemeinen Wahlrecht in den länd-
lichen Kommunen aufgeklärt und ohne katholische Einmischung erzogen
wissen wollten.[65] Aus diesem Grunde forderten sie eine komplette Trennung von Kirche und Staat sowie von religiöser und materieller Erziehung.[66]
Liberale belgische Vertreter vertraten die Abtrennung des Religionsunterrichts vom regulären Schulunterricht, folgten ihren niederländischen Kollegen aber nicht in der Aufrechterhaltung der Schulpflicht für eine staatliche
Normalschule. In Belgien bedeutete die staatliche Schulpflicht eine Freiheits-
beschränkung, da sie de facto die katholische Normalschule zur Folge hatte,
in den Niederlanden aber die religiös neutrale Normalschule. Für einige belgische Linksliberale sollte sogar jeder ohne Eingreifen des Staates oder der
Kirche eine religionsfreie und allgemein moralische Schulbildung erhalten – das Genter Modell.[67] Die belgischen und französischen Katholiken be-
harrten demgegenüber auf der Einheit von Schulpflicht und religiös-morali-
scher Erziehung unter katholischen Vorzeichen, lehnten aber die Schulpflicht
durch einen säkularen Staat als Eingriff in die religiösen Bereiche Kirche und
Familie ab.[68]

Diese Asymmetrie nationaler Diskurse führte zu einer Verschärfung von
nationalen Extrempositionen.[69] Der Graf Alexandre Foucher de Careil, fran-
zösischer liberaler Legitimist und Katholik, rief dazu auf, die Verwaltung
eines katholischen Normalschulwesens nicht dem Staat, sondern direkt den
Gemeinden zu überlassen. Ein freies Schulwesen ohne die Intervention der
französischen Allianz von Präfekt und Priester war eine wesentliche Forderung im Dezentralisationsdiskurs der französischen Opposition gegen
Napoleon III., die im Programm von Nancy 1865 parteiübergreifend formuliert wurde.[70]

Inhaltliche Gemengelagen und die Abwesenheit von zielgerichteten Ver-
gleichen für eine Typologie von Schulmodellen waren zwei wesentliche
Merkmale der transnationalen Schuldebatten. Beständig wurden politische
Ansprüche und Kontroversen aus den nationalen Kontexten universalisiert,
so dass es zu massiven Schieflagen in der Betrachtung der unterschiedlichen
Schulsysteme kam. In dieser Eigenlogik des universellen Missverstehens

---

65　Ebd., S. 277–279.
66　Ebd., III, S. 357, u. IV, S. 318.
67　Ebd., I, S. 293–295 u. 302.
68　Ebd., II, S. 300 f.
69　Ebd., I, S. 287.
70　Ebd., I, S. 287, und II, S. 292, S. 295. Zum Programm von Nancy siehe Theodore Zeldin,
　　France 1848–1945, Bd. 1, Oxford 1973, S. 537.

wurden nationale Polemiken transnational nutzbar gemacht und nationsübergreifende religiöse oder politische Gemeinsamkeiten und Kampfbegriffe
für zukünftige Auseinandersetzungen generiert.

Eine Vermischung von politischen und religiösen Argumenten wie die
Fragen von Schulpflicht und Dezentralisierung war in den Augen vieler Republikaner nur katholisches Blendwerk. Es gehe den Katholiken nicht um
moralische Grundfragen, sondern um ihre politische Stellung gegenüber
liberalen und republikanischen Bewegungen. Dementsprechend argumen-
tierten französische und belgische Republikaner, dass Schulfrage und Religion seit 1857 in den internationalen Auseinandersetzungen zu einer reinen
politischen Parteifrage gemacht worden seien. »Meiner Meinung nach wird
die gesamte gegenwärtige Politik von der Religionsfrage dominiert. Wenn
die Religionsfrage gelöst würde, verschwänden alle politischen Schwierigkeiten wie durch Zauberhand.«[71]

Die transnationalen Kongresse trugen dazu bei, religiöse oder politische
Extrempositionen im Schulstreit zu formulieren, die vor den nationalen Kon-
sensfassaden nicht sagbar waren. Sie waren mit ausschlaggebend dafür, dass
sich die schulpolitischen Positionen in den nationalen Debatten verhärteten.
Französische und niederländische Katholiken sahen sich ebenso wie Liberale
und Republikaner als Teil einer von Belgien ausgehenden nationsübergreifenden ideologischen Fraktionierungs- oder Versäulungsbewegung. In den
Diskussionen wurden die nationalen Argumente aus dem jeweiligen Kontext gerissen und als allgemeine Leitlinien für andere Nationen vorgebracht.

Die AIPSS wurde ebenfalls stark von Katholiken frequentiert, die zwar
mit Montalembert einen grundsätzlich anderen Zugang zum Liberalismus
hatten, aber die Auseinandersetzung mit den Liberalen und Republikanern
in transnationalen Diskussions-Räumen suchten.[72] Die Hauptfrage nach
einer moralischen Grundlage der Gesellschaft durch Volksschulerziehung
trug wesentlich zur Gründung der internationalen Katholikenkongresse von
Mechelen ab Ende 1862 bei. Diese Kongresse waren eine laien-katholische
Initiative des belgischen Sozialstatistikers Édouard Ducpétiaux, der schon
als aktiver Internationalist in den Charité-Kongressen und als Gründungs-
mitglied der AIPSS gewirkt hatte. Nun wollte er zusammen mit den Brüdern
Adolphe und Victor-Augustin-Isidore Dechamps (der eine katholisch-kon-
servativer Politiker, der andere Rektor der Diözese Lüttich und ab 1867 Erzbischof von Mechelen) konstitutionelle und ultramontane Katholiken nach
dem Vorbild der deutschen Kirchentage in einer (west-) europäischen Gegen-

---

71 Ebd., I, S. 296.
72 Ebd., II, S. 300.

bewegung »liberaler« Katholiken zusammenführen.[73] In Belgien bedeuteten die Katholikentage zugleich eine Frontstellung gegen die liberale Regierung, die seit 1857 eine radikale Säkularisierung verfolgte und zugleich mit Charles Rogier (als Außenminister) und anderen führenden Kammerliberalen in den Ausschüssen der AIPSS vertreten waren. Für Frankreich und die Niederlande waren diese Versammlungen hingegen aus transnationaler Perspektive attraktiv, weil sich eine katholische Opposition über die Nationalkirchen und von unten zu entwickeln schien, die prinzipiell auf eine Trennung von katholischer und liberaler Gesellschaftsvorstellung setzte, aber die Laien als politische Akteure mit einbezog.[74] Die katholische Normalschule und die Mädchenausbildung in katholischen Konventen wurden mithin zu nationsübergreifenden Forderungen.

Allerdings waren die Kongresse auch ein Sammelbecken unzufriedener Ultramontaner der drei Länder, die mit Blick auf Rom jeden Eingriff des Staates in kirchliche Bildungsdomänen verurteilten – also gerade kein Sammelbecken des europäischen liberalen Katholizismus, wie Adolphe Dechamps noch im August 1863 gegenüber Montalembert versichert hatte.[75] Die Ausführungen Montalemberts, die Demokratie als moderne Gesellschaftsform anzuerkennen und sie im katholischen Umfeld durchzusetzen, und die Freiheit der Kirche nicht als Intoleranz gegenüber anderen gesellschaftlichen Vorstellungen zu interpretieren, fielen dementsprechend bei großen Teilen der Kongressteilnehmer durch.[76] Vielmehr fungierten die Kongresse als Foren zur Ideensammlung für innerkatholische Extrempositionen gegen Liberale und Republikaner.[77]

---

73 Dechamps an Montalembert (20.7.1863), in: Roger Aubert (Hg.), Correspondance entre Charles de Montalembert et Adolphe Dechamps, 1838–1870, Brüssel 1993, S. 92–96, hier S. 92 f.; Dechamps an Montalembert (3.8.1863), in: ebd., S. 99–102, hier S. 99; vgl. Edmond Rubbens, Edouard Ducpétiaux 1804–1868, Bd. 2, Leuven 1934, S. 43.
74 »Die Lehre ist nicht national, sie kommt aus Rom.« Annales AIPSS, II, S. 321.
75 Dechamps an Montalembert (3.8.1863), in: Aubert, S. 99–102, hier S. 100.
76 Assemblée Générale des Catholiques en Belgique, Première Session à Malines, Bd. 1: 18–22 Août 1863, Brüssel 1864, S. 168–190; Le Bien Public vom 24.8.1863; Le Temps vom 25.8.1863; Annales AIPSS, II, S. XIII.
77 Vgl. Le Temps vom 24.8. u. 19.9.1863.

4. Der transnationale Schulstreit als lokales Ereignis: das Beispiel Gent 1863

Die Frage nach der Rezeption oder Rückwirkung transnationaler Debatten oder Ereignisse ist wichtig, aber sie ist nicht immer leicht zu beantworten. Eine direkte Rezeption der eher polemischen Auseinandersetzungen auf den nationalen politischen Ebenen lässt sich zumindest bis in die späten 1860er Jahre nicht feststellen – direkte Rückbezüge auf die Kongresse fehlen in den Quellen. Angesichts der bis 1870 weiterhin eingeforderten Kompromiss-haltung der Parlamentsparteien in allen Ländern und des stark polemischen Charakters der transnationalen Kongresse scheint dieser negative Befund nachvollziehbar. Eine religiös-liberale Polarisierung und einen gewissen Ein-fluss der Kongresse lässt sich in den Niederlanden am Rotterdamer Schul-streit 1868/69 erkennen. Allerdings ist dieser eher als lokales Ereignis an-zusehen.[78] Ausmaß und Tragweite lassen sich daher am Wechselspiel von transnationalen und lokalen Ereignissen eher verdeutlichen. Die Teilnehmer von internationalen Kongressen und ihr lokales Vereins- und Personennetz-werk spielten eine wichtige Rolle bei der Implementierung von transnationa-len Debatten auf lokaler Ebene. Der AIPSS-Kongress in Gent 1863 eignet sich wegen der Überlieferungsdichte besonders, um das Ausmaß der katholisch-liberalen Dialektik und die Stellung der religiös-politisch überformten Schul-frage in den Blick zu nehmen.

Ausgangspunkte waren die Organisationen der Kongresse in Mechelen und Gent. Die Katholiken hatten sich als eigenständiger Kongress auch mit Sozial- und Schulpolitik profiliert. Der Besuch König Leopolds I. von Bel-gien legitimierte dieses transnationale Ereignis für die belgischen Katholi-ken zusätzlich als Anerkennung ihrer politischen Forderungen gegen das liberale Ministerium.[79] Das lokale Komitee der AIPSS unter Gustave Rolin-Jaequemyns und Gustave de Mulder setzte ebenfalls auf die Verbindung von

---

78 Algemeen Handelsblad vom 28.8.1865, S. 4. Ein wichtiges Beispiel in den Niederlanden ist die liberale Maatschappij Tot Nut van't Algemeen mit Ortsvereinen u. a. in Amsterdam, Rotterdam, Breda, Zwolle und Appeldorn, die sich für die Erweiterung des Niederschul-wesens durch Berufsschulen einsetzte, die gerade nicht öffentlich sein sollten, sondern das Recht der freien Schulgründungen von 1857 laizistisch als eigene philanthropische Nische nutzte. Der Verein war seit 1862 korporatives Mitglied der AIPSS und wies auch über personale Netzwerke Verbindungen zu den lokalen Organisationskomitees auf. Vgl. Nieuwe Rotterdam'sche Courant vom 13.8.1862 u. 23.6.1865 sowie Maartje Janse, De Afschaffers. Publieke opinie, organisatie en politiek in Nederland 1840–1880, Amster-dam 2009, S. 251–271.

79 Nieuw Amsterdamsch Handels- en Effectenblad am 20.8.1863.

transnationaler Mission, nationaler Legitimation und lokaler Politikinszenierung. Die Feierlichkeiten zum internationalen Sozialwissenschaftskongress wurden mit den lokalen Septemberfesten zur belgischen Unabhängigkeit 1831 und der Einweihung des Denkmals von Jakob van Artevelde auf dem Vrijdagsmarkt in Gent verknüpft. Artevelde war ein politisch aktiver Kaufmann aus Gent, der zu Beginn des 14. Jahrhunderts gegen die pro-französische Handelspolitik der Grafen von Flandern aufbegehrte und zusammen mit anderen städtischen Führungseliten die Nähe zu England suchte. Als Symbol für den flandrischen Geist nach Unabhängigkeit und Handelsfreiheit wurde er von der AIPSS nicht nur mit Flandern und den belgischen liberalen Verfassungsfreiheiten in Verbindung gebracht. Darüber hinaus sollten die Festlichkeiten auch die Tugenden eines vereinigten, rationalen und miteinander verbundenen Europas der fortschrittlichen Nationen darstellen.[80] Das Rathaus zeigte neben den Farben der Stadt Gent auch die belgischen und englischen Flaggen, um die liberal-»westliche« Verbindung der Sozialwissenschafts-Kongresse zu unterstreichen.[81] Die Präsenz französischer, niederländischer und anderer europäischer Linksliberaler wurde zudem in Festreden und Toasten als Vereinigung aller fortschrittlichen Kräfte in Europa inszeniert.

Auf den ersten Blick ergibt sich daraus keine notwendige Verbindung von transnationaler Schuldebatte und lokaler Perzeption. Allerdings stellt man fest, dass Stadtverwaltung, lokales Organisations-Komitee der AIPSS und das Artevelde-Festkomitee fest in liberaler und antiklerikaler Hand waren, und die Feierlichkeiten in Gent dazu genutzt wurden, die Bildungskonzepte und -einrichtungen in Gent mit den liberalen Positionen der Kongresse zu verbinden. Die zentrale Exkursion des Kongresses führte alle Teilnehmer zu den Reformschulen in Ruysselede und Beernem, die als wohltätige Modellschulen für die Kinder oder Waisen der unteren Arbeiterschicht galten.[82] Daneben machten die privaten philanthropischen Stiftungen der Stadt Gent, allen voran die Van Crombrugghe's Genootschap, die internationale Öffentlichkeit auch auf ihre Schul- und Arbeiterbildungsprogramme aufmerksam.[83] Aus diesen Diskussionen in Gent ging der Vorschlag der Baronin Ida

---

80 Ebd.; Annales AIPSS, II, S. v, viii; Eugène Pelletan, Les Fêtes de l'Intelligence, Paris 1863,
    S. 13 u. 40; Tobias M. C. Asser, Congres-Indrukken, in: De Gids 28 (1864), S. 319–341, hier
    S. 331–333; Universitätsbibliothek Gent, Handschriftenabteilung, G 6071, fols. 65–68.
81 Annales AIPSS, II, S. x-xi. Vgl. Liverpool Mercury am 23.6.1863.
82 Annales AIPSS, II, S. x; De Economist 6 / 1 (1857), S. 225–235.
83 Liberaal Archief Gent (hiernach LAG), Archieffonds van Crombrugghe (hiernach AC):
    Van Crombrugghe's Genootschap I.VCG, 4.3.7. Briefwisselingen (1863–64). Gustave Ro-
    lin-Jaequemyns an den Vorstand (6.7., 28.7. u. 10.8.1863). Vgl. Annales AIPSS, II, S. 7–10.

van Crombrugghe für den AIPSS-Kongress in Amsterdam 1864 hervor, dass die Frauen als »religiöse Elemente« in der Familie die religiös-moralische Erziehung der Kinder übernehmen sollten. Gleichzeitig forderte sie eine aufgeklärte Religion ohne Aberglauben ein und erklärte, dass mit der Pflichterfüllung der Frauen als Religionserzieherinnen innerhalb der Familien der obligatorische Religionsunterricht in den Schulen abgeschafft werden müsse.[84] In Gent präsentierte die Genossenschaft schon 1863 das Bildungsangebot an Privatschulen, gestifteten Lesesälen und einer öffentlichen Bibliothek, in dem sich die Idee eines unabhängig von Staat und Kirche organisierten freien Schulwesens lokal materialisierte. Der Vorsitzende des Ausschusses der Van Crombrugghe's Genootschap, der Linksliberale Gustave Rolin-Jaequemyns, unterstützte diese Präsentation massiv, auch weil er das lokale Organisationskomitee der AIPSS und die Chor- und Literaturvereine der Stadt für die Feierlichkeiten koordinierte.[85] Über sein personales Netzwerk wird die Verbindung zwischen transnationalen und lokalen Ideentransfers in der Schulfrage greifbar.

Die Katholiken in Gent, sensibilisiert durch den erst fünf Wochen zuvor abgehaltenen Katholikenkongress in Mechelen, präsentierten einen Gegenentwurf zum Internationalismus und dessen Schulkonzepten in ihrer Stadt.[86] Die radikale Forderung nach einer Trennung von Schulunterricht und kirchlichem Religionsunterricht, wie vom lokalen AIPSS-Komitee propagiert, erschütterte die Gemeinde in ihren Grundannahmen. Der Bischof von Gent Louis-Joseph Delebecque ordnete umgehend an, dass nach dem Kongress über acht Tage hinweg Messen in der Sankt-Anna-Kirche gelesen würden, um die Stadt von den blasphemischen und unchristlichen Lehren der Kongressteilnehmer über Familie, Erziehung und Schule zu reinigen.[87]

Diese Polarisierung lässt sich auch begriffsgeschichtlich nachzeichnen. Obwohl in Belgien die Dichotomie zwischen ultramontanen »Rom-Treuen« und Linksliberalen schon seit Ende der 1850er Jahre bestand, konzentrierte sich die Rhetorik seit 1863 auf die jeweiligen Extreme »Jesuiten« und »Freidenker.« Jules Simon nahm diese Gegenüberstellung auf dem Kongress in Gent rhetorisch auf, indem er erklärte, er sei zwar privat Katholik, aber in öffentlichen, politischen und Bildungsfragen »Libre-penseur«.[88] Diese Eska-

84 Memorandum der Baronin Ida von Crombrugghe, in: ebd., III, S. 257–263.
85 Vgl. LAG, AC: Van Crombrugghe's Genootschap I.VCG, 4.3.7. Briefwisselingen (1863–64).
86 Le Bien Public vom 13.11.1863; Annales AIPSS, I, S. 265.
87 Le Bien Public vom 22.9. u. 4.10.1863; Louis-Joseph Delebecque (Hg.), Recueil des Mandements, Lettres Pastorales, Instructions et autres Documents, Bd. 2, Gent 1864, S. 37- 41.
88 Annales AIPSS, II, S. 306.

lation der rhetorischen Auseinandersetzungen, die sich 1863 im Gegenüber
von sozialwissenschaftlichem und katholischem Internationalismus auf lokaler Ebene vollzog, spiegelte sich auch in religiösen Dokumenten wider.
Kurz vor seinem Tod Anfang 1864 schrieb Bischof Delebecque in einem Hirtenbrief an seine Genter Gemeinde, dass »Fremdlinge aus verschiedenen Orten Europas nach Gent gekommen waren, um gesellschaftliche Fragen zu
diskutieren; aber von Beginn an haben sie das Banner der Frei-Denker aus-
gerollt, und in Gegenwart von Katholiken die Gottheit von Jesus Christus
geleugnet.«[89] Der internationale Kongress wurde als »sozialer Atheismus«
und Werk des Teufels gesehen und zusammen mit den Schul- und Familien-
vorstellungen von der falschen »Internationalen« des Liberalismus und Sozialismus auch in den Folgejahren als »Werk der Hölle« verurteilt.[90] Die richtige
»Internationale« sei, so die bischöfliche Amtskirche in Gent, eine katholische
nationsübergreifende Gemeinschaft unter Jesus Christus, die sich für Gottesdienst, Eigentum, Familie und die eigene Nation einsetze und den Papst
als kirchliches Oberhaupt verehre.[91] Die transnationalen Debatten wurden
unmittelbar stärker im Lokalen als in den nationalen Gesetzgebungsorga-
nen rezipiert, in denen ausländische Vorbilder oder universelle Wahrheits-
ansprüche kaum als tragfähige Kompromisslösungen vorgetragen wurden.

5. Zusammenfassung

In allen drei Fällen exerzierten die unterschiedlichen politischen Gruppierungen anhand der Schulfrage ihre Vorstellungen vom moralischen Fundament der Gesellschaft und der Stellung ihrer Gruppe in der Gesellschafts-
formierung durch. Die Untersuchung von Kongressen, Ideenaustausch und
Rezeption transnationaler Debatten in lokalen Kontexten hat gezeigt, dass
diese Prozesse nicht getrennt voneinander abliefen, sondern die Protagonisten und ihre Themen miteinander verbunden waren. Die transnationalen
Kongressbewegungen der 1860er Jahre waren von generellen Gesellschafts-
vergleichen angetrieben, um die nationalen Gesetzgeber mit alternativen
Vorschlägen zu beeinflussen. Die Kongresse selbst waren aber mitnichten
kohärente »epistemische Gemeinschaften«, sondern bestanden aus Konglo-

---

89 Delebecque, Bd. 2, S. 41.
90 Le Bien Public vom 19.9.1863; Henri-François Bracq (Hg.), Recueil des Mandements,
    Lettres Pastorales, Instructions et autres Documents, Bd. 1, Gent 1872, S. 427.
91 Bracq, Bd. 1, S. 427 f.

meraten unterschiedlicher sozialer Netzwerke, die in der Schulfrage vielmehr eine Waffe auf dem gesellschaftlichen Kampfplatz um die Deutungsmacht für die Erziehung zukünftiger Bürger sahen.

Religion diente in den transnationalen Diskussionsräumen vor allem als ein Mittel zur Abgrenzung und Definition politischer Positionen, die nationsübergreifend proklamiert wurden. Gleichzeitig sollten die Erkenntnisse aus den transnationalen Debatten, die rhetorisch und inhaltlich nach nationalen Vorgaben debattiert wurden, als Handlungsanleitungen in nationale und lokale Zusammenhänge rückwirken. Dieser Programmatik unterlag auf liberaler und katholischer Seite einem Zirkelschluss – man debattierte die Schulfrage mit dem Ziel, gerade die Positionen zu festigen, die als Handlungsanweisungen herauskommen sollten. Das grundlegende liberale Verständnis eines »Lernens von anderen Nationen« und des Internationalismus als Erhöhung und Veredelung der Nation,[92] das vor allem im Jahrzehnt vor dem ersten Weltkrieg zum Tragen kam, wurde in diesen frühen Schulkonflikten ausgetestet und die Auseinandersetzungen mit den Katholiken auf lokaler Ebene praktiziert. Das Sich-Vergleichen zur Förderung der Erkenntnis und der aktive Ideentransfer waren allerdings in den 1860er wie in den 1900er Jahren durch die normativen Vorgaben eines liberalen »Fortschritts« präfiguriert.

Kleinstaaten wie Belgien und ihre sich internationalisierende Vereins- und Kongresskultur nahmen eine Schlüsselstellung für historische Verknüpfungen transnationaler und translokaler Art ein. Die transnationalen Verflechtungen zeigen, dass Liberale, Republikaner und Katholiken gleichermaßen die Kongresse nutzten, um ihr Arsenal politischer Argumente für diesen Kampfplatz auszutesten und zu festigen und um ihre Gruppenidentitäten über Nationsgrenzen hinweg aufzubauen. Die wissenschaftlichen und katholischen Kongressbewegungen setzten sich mit der Schulfrage in einem transnationalen Rahmen auseinander, weil sich dort neue Schlachtfelder für einen »Krieg der Wörter« über die Aufgaben von Kirche, Staat und privaten Initiativen in der Bildung und Erziehung ergaben, die nicht einer nationalen Kompromisslogik folgten. Diese religiös-politisch aufgeladenen Streitigkeiten beförderten politische Lagerbildungen zwischen Liberalen und Katholiken und schufen ein separates politisches Bewusstsein von Katholiken und orthodo-

---

92 Rodolpho Broda, An International Exchange of Experience, in: The International, Bd. 7: Dezember 1909, London 1910, S. 9–13; Alfred H. Fried, Das internationale Leben der Gegenwart, Leipzig 1908, S. V–VI, S. 31. Für den Hinweis auf Rodolpho Broda und die Documents du Progrès / The International bin ich Julie Carlier und Christophe Verbruggen (Gent) dankbar.

xen Protestanten für die Notwendigkeit einer eigenen, religiös legitimierten Parteiformierung. Die religiös-politische Polarisierung der Gesellschaft wurde von den Kongressen propagandistisch unterstützt, die wiederum auf lokalen Netzwerken aufbauten und durch sie unmittelbar zurückwirkten. Auf die lokalen und nationalen Spannungen wirkten die transnationalen Kongresse als zusätzliche Katalysatoren zur Polarisierung der sich dialektisch entwickelnden Felder der dogmatischen und politisierten Religion und liberal-republikanischen und antiklerikalen Politik.

Thies Schulze

Der Kampf um die Schulen

Das Ringen um die Gestaltung des religiösen Primarschulunterrichtes
in Elsass-Lothringen und Südtirol in den 1920er Jahren

1. Einleitung

Nach Abschluss der Pariser Vorortverträge geriet die Situation der so genannten Auslandsdeutschen zunehmend in den Blick deutscher Katholiken.
Der Münsteraner Kirchenhistoriker Georg Schreiber etwa, dem irredentis-
tische Forderungen fremd waren, stellte fest, dass sich unter den insgesamt
32 Millionen Deutschen außerhalb der Grenzen des Reiches mehr als 18 Millionen Katholiken befänden. Aus dieser Perspektive wurde die Sorge um die
im Ausland lebenden »Landsleute« zu einem spezifisch katholischen Anliegen.[1] Unter den katholisch geprägten Regionen, die in Folge des Vertrags-
werks die nationale Zugehörigkeit wechselten, befanden sich symbolträch-
tige Beispiele. Elsass-Lothringen etwa wurde spätestens mit dem Ende des
deutsch-französischen Krieges 1871 zum vieldiskutierten Streitfall zwischen
dem deutschen und dem französischen Nationalstaat und blieb auch in der
ersten Hälfte des 20. Jahrhunderts ein wesentlicher Stolperstein auf dem Weg
zu einer diplomatischen Verständigung.[2] Die Südtirol-Frage geriet Mitte der
1920er Jahren in den Blick der internationalen Öffentlichkeit und mit dem
so genannten »Rededuell Mussolini-Stresemann«, einer 1925 ausgetragenen
Kontroverse über die Einschränkung der Rechte der deutschsprachigen Minderheit, auch in den Fokus der europäischen Außenpolitik.[3] Südtirol war niemals Teil des Bismarckreiches gewesen, was deutsche Zeitungen aber nicht
daran hinderte, ausgiebig über die Lage der deutschsprachigen Bevölkerung
zu berichten.

---

1 Georg Schreiber, Das Auslandsdeutschtum als Kulturfrage, Münster 1929, S. 35–37.
2 Zu Elsass-Lothringen siehe u. a. François G. Dreyfus, La vie politique en Alsace 1919–1936,
   Paris 1969; ders., Histoire de l'Alsace, Paris 1979.
3 Zum »Rededuell« siehe Rudolf Lill, Südtirol in der Zeit des Nationalismus, Konstanz 2002,
   S. 93–99; Leopold Steurer, Südtirol zwischen Rom und Berlin 1919–1939, Wien 1980,
   S. 100–113.

Der Bildungs- und Schulpolitik kam in beiden Konflikten eine wichtige Rolle zu. Dies hängt zum einen mit Vorstellungen von einer »nationalen« Erziehung der Jugend zusammen, welche in Gegensatz zum Selbstverständnis der deutschsprachigen Minderheiten gerieten, zum anderen aber auch mit der wichtigen Rolle, die die katholische Kirche in beiden Regionen spielte. Spätestens seit der Kulturkampfzeit gehörte die Bildungs- und Erziehungsfrage zu den größten Reibungspunkten zwischen der katholischen Kirche und den Nationalstaaten.[4]

Um die Konflikte um den Schulunterricht vergleichen zu können, ist es notwendig, die Ausgangslagen beider Regionen in den Blick zu nehmen. Dabei sind viele Gemeinsamkeiten auffällig: Die Einwohner Elsass-Lothringens und Südtirols waren überwiegend deutschsprachig und katholisch. In beiden Fällen ist die Nähe der lokalen Eliten zur katholischen Kirche auffällig, was sich unter anderem in der Existenz einer auflagenstarken katholisch-deutschen Lokalpresse niederschlug.[5] Schließlich setzte sich die »kollektive Identität« der Bevölkerung in beiden Fällen deutlich von der in den jeweiligen Nationalstaaten propagierten Norm ab.[6]

In der Konstruktion regionaler Identitäten allerdings zeigt sich auch ein wesentlicher Unterschied: Die Elsass-Lothringer identifizierten sich kaum mit dem Deutschen Reich und folgten oftmals einer seit dem späten 19. Jahrhundert verbreiteten regionalistisch-antizentralistischen Tradition, während in Südtirol die Trennung vom Norden der Region nachwirkte und eine komplexe Mischung aus Zugehörigkeitsgefühlen zum deutschen Sprach- und Kulturraum und zum Habsburgischen Staat vorherrschte. Aber auch in einer weiteren Hinsicht unterschieden sich die Ausgangslagen der beiden Regionen deutlich. Während Elsass-Lothringen in die Dritte Republik und somit in ein demokratisches System aufgenommen wurde, gehörte Südtirol seit 1922 zum Herrschaftsbereich der faschistischen Diktatur, deren Aufbau 1926 zu

---

4 Zum Kulturkampf und zur Bildungsfrage siehe Frank-Michael Kuhlemann, Niedere Schulen, in: Christa Berg (Hg.), Handbuch der deutschen Bildungsgeschichte, Bd. 4: 1870–1918. Von der Reichsgründung bis zum Ende des Ersten Weltkriegs, München 1991, S. 179–227, hier bes. S. 180–186.

5 Zur katholischen Presse in den beiden Regionen siehe u. a. Leo Hillebrand, Medienmacht und Volkstumspolitik. Michael Gamper und der Athesia-Verlag, Innsbruck 1996; Christian Baechler, Le parti catholique alsacien 1890–1939. Du Reichsland à la République Jacobine, Paris 1982, S. 609–621.

6 Zur Identitätsbildung im Elsass siehe u. a. Stephen L. Harp, Learning to Be Loyal. Primary Schooling as Nation Building in Alsace and Lorraine, 1850–1940, Dekalb 1998; Christopher Fischer, Alsace to the Alsatians? Visions and Divisions of Alsatian Regionalism, 1870–1939, Oxford 2010; David Allen Harvey, Constructing Class and Nationality in Alsace 1830–1945, Dekalb 2001.

einem großen Teil abgeschlossen war.[7] Man könnte daher annehmen, dass die unterschiedlichen politischen Systeme Auswirkungen darauf hatten, wie regionale Schulkonflikte ausgetragen wurden. Verhielt sich die katholisch-deutschsprachige Bevölkerung Elsass-Lothringens im Bildungskonflikt also anders als die Südtirols? Um diese Frage zu beantworten, soll der Schulkonflikt in Elsass-Lothringen im Folgenden mit dem Südtiroler Schulkonflikt verglichen werden. Da Grenzregionen (und keine Nationalstaaten) als Vergleichsgrößen herangezogen werden, wird es um regionale Konflikte gehen, die ihrerseits aus dem Aufeinandertreffen verschiedener nationalisierter Kulturverständnisse resultieren und deshalb nicht in das Schema nationaler Geschichtsschreibung einzuordnen sind.[8]

Auch Verflechtungen zwischen beiden Schulkonflikten sollen in den Blick genommen werden.[9] Anstelle einer Analyse direkter Transferprozesse wird dabei der Schwerpunkt auf diplomatischen Verflechtungen liegen, welche im Hintergrund der Konflikte standen. Denn einerseits sind direkte Transferprozesse zwischen beiden Regionen kaum durch systematisches Quellenstudium nachzuweisen.[10] Andererseits griffen zwei diplomatische Akteure – nämlich das Deutsche Reich und der Vatikan – regelmäßig in beide Regionalkonflikte ein und verfolgten dabei zumindest teilweise Ziele, die im Zusammenhang mit allgemeineren außenpolitischen Leitlinien standen. Solche indirekten, akteursabhängigen Transferprozesse auf diplomatischer Ebene waren nicht nur wichtig für die historische Entwicklung beider Schulkonflikte, sie helfen auch dabei, die Ergebnisse des Vergleichs einzuordnen. Zugleich bietet die Untersuchung diplomatischer Transfers einen schlaglichtartigen Blick auf nationale und transnationale Aspekte, die in einem Wechselverhältnis mit den regionalen Vorgängen standen.[11]

---

7 Hierzu Adrian Lyttelton, The Seizure of Power. Fascism in Italy 1919–1929, London 1973.

8 Zur Polemik gegen die nationalen Kategorien, die im Rahmen eines Vergleiches vorausgesetzt werden, siehe Johannes Paulmann, Internationaler Vergleich und interkultureller Transfer. Zwei Forschungsansätze zur europäischen Geschichte des 18. bis 20. Jahrhunderts, in: Historische Zeitschrift 267 (1998), S. 649–685, hier S. 672f.

9 Anregungen hierzu in Michel Werner/Bénédicte Zimmermann, Vergleich, Transfer, Verflechtung. Der Ansatz der Histoire croisée und die Herausforderung des Transnationalen, in: Geschichte und Gesellschaft 28 (2002), S. 607–636, hier S. 612.

10 Vgl. Hartmut Kaelble, Der historische Vergleich. Eine Einführung zum 19. und 20. Jahrhundert, Frankfurt a. M. 1999, S. 21. Das Problem der Quellenrecherche verschärft sich zusätzlich, wenn – wie im Fall Südtirols – die Korrespondenz der historischen Akteure staatlich überwacht wurde.

11 Vgl. Werner/Zimmermann, S. 629.

2. Elsass-Lothringen

Bereits zu Zeiten des Bismarckreiches hatte der Staat den Schulunterricht umgestaltet, ohne allzu viel Rücksicht auf die Bevölkerung zu nehmen. Besonders die Unterrichtssprache war schwer durch staatliche Vorgaben zu regulieren: Obwohl eine Mehrheit von etwa siebzig Prozent der Bevölkerung den mit der deutschen Sprache verwandten elsässischen Dialekt sprach, beherrschten immerhin zehn Prozent ausschließlich die französische Sprache.[12] Dessen ungeachtet war im Kaiserreich Deutsch zum Unterrichtsstandard erhoben worden, wenngleich ein Gesetz von 1874 die Möglichkeit offen gelassen hatte, in überwiegend französischsprachigen Klassen einen muttersprachlichen Unterricht einzurichten.[13]

Nach Unterzeichnung des Versailler Friedensvertrags wurde die schnellstmögliche Einführung der französischen Sprache und Kultur in den östlichen Departements zum erklärten Ziel der Regierung. Französischsprachiges Lehrpersonal wurde eingestellt und dialektsprachiges oftmals entlassen. Der Unterricht fand auf Französisch statt, wenngleich die deutsche Sprache nicht gänzlich aus den Grundschulen verdrängt wurde: Seit Oktober 1920 stand Deutsch ab dem dritten Schuljahr auf dem Lehrplan,[14] und auch der Religionsunterricht wurde – einem Anliegen des Vatikans folgend – in Gemeinden mit überwiegend deutschsprachiger Bevölkerung in Muttersprache erteilt.[15] Nicht nur in diesem Punkt äußerte sich die kirchenrechtliche Sonderstellung Elsass-Lothringens, die im Zuge der Rückgliederung der Provinzen entstand: Im Unterschied zum restlichen französischen Staat, der mit den Trennungsgesetzen von 1905 das noch aus Napoleonischer Zeit stammende Konkordat aufgekündigt hatte, blieben in den drei elsass-lothringischen Departements Haut-Rhin, Bas-Rhin und Moselle die konkordatären Regelungen bestehen.[16] Folglich räumte der französische Staat den Kirchen in Elsass-Lothringen auch in Schulangelegenheiten Sonderrechte ein und ließ die Konfessionsschule als Regelfall für den Grundschulbereich vor-

---

12 Jean-Marie Gillig, La question scolaire en Alsace de 1918 à 1939. Confessionnalisme et bilinguisme à l'École primaire. Thèse pour le doctorat de 3ᵉ cycle, Bd. 1, Straßburg 1979, S. 146 f.
13 Gillig, S. 13 f.
14 Ebd., S. 96 f. u. 104 f.
15 Im Dienste der Kirche und des Volkes. Festschrift zum 60. Geburtstage des H. Abbé Dr. Xavier Haegy, Colmar 1930, S. 281.
16 Thies Schulze, Bischof in einem fremden Land. Der Straßburger Bischof Charles Ruch zwischen Katholizismus und Nationalismus, 1919–1931, in: Francia 37 (2010), S. 167–194, hier S. 169–175.

erst bestehen.[17] Die regionalen Sonderrechte waren keinesfalls eine Selbstverständlichkeit, sondern politisch umkämpft; nachdem sich im Sommer 1919 etwa 225.000 Eltern für einen Fortbestand der Konfessionsschule ausgesprochen hatten,[18] und die Politik wegen dieser und anderer Proteste auf eine langsamere Assimilation der elsässischen Gesetze an den nationalen Standard setzte, blieben die elsässischen Konfessionsschulen zunächst unangetastet.

Mit der Wahl Édouard Herriots zum Regierungschef am 11. Mai 1924 geriet indes der eher unterschwellig gärende Konflikt in den Mittelpunkt des öffentlichen Interesses. Herriot kündigte bereits in seiner Regierungserklärung einen Kurswechsel in der Kirchenpolitik an. So stellte der Regierungschef die diplomatischen Beziehungen mit dem Vatikan infrage, die erst 1920 wieder aufgenommen worden waren.[19] Obwohl damit nicht ausschließlich elsass-lothringische Interessen betroffen waren, berührte das Vorhaben die Befindlichkeit der Bevölkerung dieser Region auf besondere Weise: Wegen der tiefen Verwurzelung des katholischen Glaubens, des regional gültigen Konkordats und der von ihm abgeleiteten Sonderregelungen spielte die Existenz der Vatikanbotschaft für die drei östlichen Departements eine wichtige Rolle.[20] Vor allem aber gerieten die bildungspolitischen Vorstellungen der sozialistischen Regierung in das Visier elsass-lothringischer Kritiker: Herriot hatte in seiner Regierungserklärung kein Zweifel an seinem Vorhaben gelassen, die elsässischen Sondergesetze abzuschaffen, und in der Öffentlichkeit wurde zutreffenderweise gefolgert, dass die Einführung des französischen Schulsystems unmittelbar bevorstehe.[21]

---

17 Loi relative à l'enseignement dite Loi Falloux du 15 Mars 1850, in: Pierre Chevallier/ Bernard Grosperrin (Hg.), L'Enseignement français de la Révolution à nos jours, Bd. 2: Documents, Paris 1971, S. 160–178. Zur Anwendung der Loi Falloux in Elsass-Lothringen siehe Alfred Wolff, La Loi Falloux et son application en Alsace et Lorraine, Paris 1939, hier bes. S. 97–110 u. 119–134.

18 Das Elsass von 1870–1932, Bd. 1: Politische Geschichte, hg. v. Joseph Rossé u. a., Colmar 1936, S. 680.

19 Die Regierungserklärung É. Herriots am 17. Juni 1924, in: Das Elsass von 1870–1932, Bd. 4: Karten, Graphiken, Tabellen, Dokumente, Sach- und Namenregister, Colmar 1938, S. 422. Als Grundlage für Herriots Vorstoß diente ein Gesetz, das im Jahr 1919 die Einführung der französischen Gesetzesnormen nach einer unbestimmten Übergangszeit angekündigt hatte. Dreyfus, Histoire, S. 291.

20 Die Befürworter des diplomatischen Austausches hatten 1920 das für Elsass-Lothringen gültige Konkordat als Argument angeführt. Harry W. Paul, The Second Ralliement. The Rapprochement between Church and State in France in the Twentieth Century, Washington D.C. 1967, S. 51.

21 Baechler, S. 337.

Die Maßnahmen der neuen Regierung riefen im Elsass lautstarke Proteste hervor. Der Straßburger Bischof Charles Ruch hatte bereits fünf Tage nach der Regierungserklärung Herriots eine Verlautbarung veröffentlicht, die zur »Verteidigung« der kirchlichen Interessen aufrief und das von ihm selbst gegründete Comité de la défense religieuse mit der Organisation der Proteste beauftragte. Die schnelle und nachdrücklich formulierte Reaktion des Bischofs hatte nicht nur den Zweck, die Regierungsmaßnahmen zu kritisieren, sondern sollte auch verhindern, dass eine von der überwiegend deutschsprachigen Priesterschaft getragene Protestbewegung ohne bischöflichen Einfluss entstand. Ruch betonte in seiner Erklärung deshalb ausdrücklich, dass es um die »Verteidigung der Religion«, nicht aber um eine Attacke auf die Republik gehe.[22] Im Juli entluden sich in zahlreichen Städten Massenproteste, die mitunter Zehntausende auf die Straße trieben.[23] Die Proteste wurden zwar hauptsächlich von katholischen Kreisen getragen, gingen allerdings über sie hinaus: Da der französische Staat im 19. Jahrhundert auch Protestanten und Juden religiöse Sonderrechte eingeräumt hatte, standen auch die Konfessionsschulen anderer Religionen auf dem Spiel.

Eine Protestbewegung hatte sich also bereits gebildet, bevor die Debatte über die Grundschulbildung gänzlich in den Mittelpunkt der öffentlichen Aufmerksamkeit rückte. Ein erster Impuls ging von den Gemeinderäten von Colmar und Straßburg aus, die beide über eine linke Regierungsmehrheit verfügten. Im Juli und September 1924 forderten sie die Umwandlung bestehender Konfessionsschulen in interkonfessionelle Bildungsanstalten und richteten an Herriot eine Bitte um entsprechende gesetzliche Vorgaben.[24] Der Regierungschef ging nach einigem Zögern auf die Vorlage ein. Nachdem er im Februar 1925 in einer Rede angedeutet hatte, dass er die elsässische Schulordnung abzuändern gedachte,[25] gab er wenig später grünes Licht für die Pläne der Gemeinden Straßburg, Colmar, Illkirch-Graffenstaden, Guebwiller und Schiltigheim, katholische in interkonfessionelle Grundschulen umzuwandeln.[26] Einige linksgerichtete Lokalpolitiker äußerten daraufhin

---

22 Lettre de l'Évêque de Strasbourg à Messieurs les Doyens et Curés du diocèse, à Monsieur le Président Général et à Messieurs les Présidents Paroissiaux de la Ligue des Catholiques, in: Bulletin Ecclésiastique du Diocèse de Strasbourg 43/13 (1.7.1924), S. 290–292, hier S. 291.

23 Imposantes manifestations de protestation à Colmar, in: La Croix vom 8.7.1924; Grandioses manifestations en Lorraine, in: La Croix vom 16.7.1924.

24 Baechler, S. 344; Das Elsass, Bd. 1, S. 680.

25 Das Elsass, Bd. 1, S. 679.

26 Defensor, Elsass-Lothringen im Kampfe um seine religiösen Einrichtungen 1924–1926, Schwerdorff (Lothringen) 1926, S. 125; Gillig, S. 232.

die Hoffnung, dass Herriots Anweisung als ein erster Schritt auf dem Weg zu einer generellen Abschaffung der Bekenntnisschulen anzusehen sei.[27]

Die Antwort des Bistums Straßburg ließ nicht lange auf sich warten. Bischof Ruch, der in den Kirchen zu Weihnachten die Oration »contra persecutores Ecclesiae« hatte verlesen lassen,[28] unterzeichnete auf Anregung des Comité de la défense religieuse einen Aufruf zum Schulstreik. Um ihrem Protest gegen die Regierungspolitik Ausdruck zu verleihen, wurden die katholischen Eltern aufgefordert, ihre Kinder am 15. März 1925 nicht in die Schule schicken.[29] Die Kommunen taten alles, um den Streik abzuwenden: Der Bürgermeister von Colmar etwa ließ Flugblätter verteilen, auf denen er mit Strafen für teilnehmende Eltern drohte.[30] Obwohl die Angaben über die Beteiligung an dem »Streik« auseinandergehen – die Statistiken der Gemeinden nennen deutlich geringere Zahlen als die von kirchlichen Quellen angegebenen über sechzig Prozent –,[31] konnte die katholische Kirche die Aktion als propagandistischen Erfolg verbuchen. Allerdings sahen die Mehrheitsverhältnisse in einigen der Kommunen, die mit interkonfessionellen Schulen ausgestattet werden sollten, deutlich anders aus: In Schiltigheim beteiligten sich nur zwanzig Prozent der Bevölkerung am Streik, in Illkirch-Graffenstaden 18 Prozent.[32] Der Bischof war indes in dem Konflikt einen Schritt weiter gegangen und hatte allen katholischen Kindern, die interkonfessionelle Schulen im Elsass besuchten, den Ausschluss von der ersten Kommunion angedroht.[33] Ruchs Vorstoß, der zu Konflikten mit dem Vatikan sorgen sollte,[34] war wohl überlegt: Mit ihm ließ sich die katholische Bevölkerungsgruppe besser mobilisieren als mit dem bloßen Protest gegen interkonfessionelle Schulen, die innerhalb der Bevölkerung wahrscheinlich nicht die gleiche Empörung hervorriefen wie in klerikalen Kreisen.[35] Nur wenig später

---

27 Das Elsass, Bd. 1, S. 681.
28 Brief von Ruch an seinen Klerus (24.12.1924), in: Defensor, S. 103–105, hier S. 104.
29 Das Elsass, Bd. 1, S. 681; Gillig, S. 235; Bulletin ecclésiastique du Diocèse de Strasbourg 44/6 (15.3.25), S 122–125, hier S. 122. Auf zum Schulstreik im Elsass!, in: Der Elsässer vom 14.3.1925.
30 Das Elsass, Bd. 1, S. 683.
31 Die Unterschiede in den Zahlen liegen u. a. an der Tatsache, dass die kirchlichen Statistiken nur katholische Grundschulen erfassen. Gillig, S. 238 f.
32 Gillig, S. 241.
33 Ordonnance de Sa Grandeur Monseigneur l'Evêque de Strasbourg, in: Bulletin Ecclésiastique des Strasbourg 44/6 (15.3.1925), S. 125 f. Archivio Segreto Vaticano (hiernach ASV), Affari Ecclesiastici Straordinari (hiernach A. E. S.) Francia, 4. Per., Pos. 593, fasc. 121, fol. 26r–28r, hier fol. 26r: Ruch an den Hl. Vater (11.9.1925).
34 ASV, A. E. S. Francia, 4. Per., Pos. 593, fasc. 121, 15r-16v, hier 16v: Gasparri an Pius XI. (9.9.1925).
35 Vgl. Gillig, S. 236.

wurde das Ergebnis einer Unterschriftensammlung gegen die interkonfessionellen Schulen bekannt, die ebenfalls das Comité de la défense religieuse angeregt hatte:[36] Im Elsass hatte mehr als die Hälfte aller Wahlberechtigten unterschrieben.[37] Die Zahl der Befürworter war erstaunlich hoch, wenngleich man berücksichtigen muss, dass die Liste öffentlich zur Unterzeichnung auslag und einige Bürger sie auch aus Gründen des gesellschaftlichen Ansehens unterschrieben haben dürften.[38]

Die Proteste im Elsass wirkten über die Grenzen der Region hinaus: Zu mehreren Anlässen bekundeten die französischen Bischöfe ihre Solidarität mit den elsässischen Katholiken, die katholische Tageszeitung »La Croix« berichtete ausgiebig über die Vorgänge in den drei östlichen Departements und auch der Vatikan beschloss, in den Konflikt einzugreifen.[39] Mindestens ebenso wichtig war aber auch die Wirkung nach innen: Der elsässische Klerus, der in seiner überwiegenden Mehrzahl deutschen Dialekt sprach und noch im Umfeld der Zentrumspartei sozialisiert worden war, konnte seine Gegensätze zum französischsprachigen Konkordatsbischof Ruch zumindest vorübergehend überbrücken. Französisch- wie auch deutschsprachige Elsässer setzten sich gleichermaßen für den Einfluss der katholischen Kirche ein. Unter letzteren gewann Ruch durch die geschickt koordinierten Aktionen rasch an Ansehen.[40]

Die Lage änderte sich, als die Regierung Herriots infolge wirtschaftlicher Notlagen und immer unsicherer werdender parlamentarischer Mehrheitsverhältnisse am 10. April 1925 zurücktreten musste. Herriots Amtsnachfolger Paul Painlevé gab sich auf der Suche nach neuen parlamentarischen Mehrheiten der Kirche gegenüber konzilianter[41] und unternahm den Versuch, die Funktionäre der katholisch-elsässischen Partei Union populaire républicaine für die Zustimmung zu einer neu aufgelegten Staatsanleihe zu gewinnen.[42] Der politische Vorstoß des Regierungschefs spaltete das katholische Lager. Viele kirchliche Würdenträger in Frankreich, aber auch das vatikanische

---

36 Das Elsass, Bd. 1, S. 680.
37 Vgl. Gillig, S. 250.
38 Schulze, S. 180.
39 Lettre de S. Em. le cardinal archevêque de Bordeaux à S. G. Mgr. Ruch, évêque de Strasbourg, in: La Croix vom 8.7.1924; Lettre de Mgr. l'évêque de Poitiers à Mgr Ruch, in: La Croix vom 16.7.1924; Imposantes manifestations de protestation à Colmar, in: La Croix vom 8.7.1924.
40 Schulze, S. 179 f.
41 Defensor, S. 127.
42 Zur Staatsanleihe Christian Delporte, La IIIe République 1919–1940. De Poincaré à Paul Reynaud, Paris 1998, S. 129; Louis Kard. Dubois, L'appel de la France, in: La Croix vom 25.7.1925.

Staatssekretariat, waren für das staatliche Entgegenkommen dankbar. Ruch hingegen war keinesfalls bereit, im Konflikt um die interkonfessionellen Schulen kleinbeizugeben, und bestand darauf, die geschaffenen Simultanschulen wieder in katholische Bildungsstätten umzuwandeln. Auf Druck des Vatikans, dem ebenso wie die französische Regierung an einer Beilegung der Konflikte gelegen war, konnte Ruch indes seinen Kampf für die Abschaffung interkonfessioneller Schulen nicht fortführen. Es ist wahrscheinlich, dass dem Bischof diese Niederlage in den Reihen des deutschsprachigen Klerus' Sympathien kostete; nur wenige Jahre später sollten heftige Konflikte zwischen Bischof und Priesterschaft über die Frage der elsässischen Autonomie ausbrechen, die nicht zuletzt durch Ruchs erzwungenes Zurückrudern in der Schulfrage zusätzlichen Zündstoff erhielten.[43] Obwohl sich Regierung und Kirche auf den Status quo einigten und damit ihren Konflikt zunächst beilegen konnten, waren seine Ursachen keinesfalls ausgeräumt. Streitigkeiten über die elsässischen Schulgesetze flammten 1933 und 1936 unter den Regierungen Albert Sarrauts und Leon Blums wieder auf.[44]

Der Konflikt war keinesfalls beendet, sondern blieb in der gesamten Zwischenkriegszeit präsent. Die Auseinandersetzungen in den Jahren 1924–1925 hatten indes gezeigt, dass die katholische Kirche ein bedeutender regionaler Machtfaktor in Elsass-Lothringen war. Bischof Ruch war es gelungen, breite Bevölkerungsschichten zu Massenprotesten zu mobilisieren, die sich unter anderem in Demonstrationen, Petitionen und einem »Schulstreik« niederschlugen. Dabei hatten sich deutliche antizentralistische Tendenzen bemerkbar gemacht; allerdings trug die Protestbewegung in erster Linie katholisch-regionalistische Züge und vereinigte Angehörige aller Sprachgruppen. Erst in späteren Jahren bewirkten Streitigkeiten zwischen dem französischen Bischof und dem Diözesanklerus um die Frage regionaler Autonomie, dass besonders französischsprachige Katholiken von der regionalistischen Bewegung Abstand nahmen.

---

43 Siehe hierzu Schulze, S. 181–183 u. S. 183–192.
44 ASV, A. E. S. Francia, 4. Per., Pos. 641, fasc. 200, 47r-55r: Ruch an Ministère de l'Éducation nationale (16.9.1933); Ce qu'est l'école laïque, in: La Croix vom 7./8.2.1937.

3. Südtirol

Im Gegensatz zu Elsass-Lothringen war in Südtirol ein Regionalbewusstsein erst nach dem Ersten Weltkrieg am Entstehen, nachdem der südliche Teil Tirols gemäß dem Vertrag von Saint-Germain dem italienischen Staat zugeschlagen worden war. Die Zugehörigkeit zu Italien stellte die überwiegend deutschsprachige Bevölkerung nicht zuletzt vor sprachliche Probleme: Im Jahr 1910 waren noch mehr als neunzig Prozent der Bevölkerung des heutigen Südtiroler Territoriums deutschsprachig gewesen, während etwa vier Prozent der Bevölkerung Ladinisch und drei Prozent Italienisch als Muttersprache gesprochen hatten.[45] Obwohl der italienische Bevölkerungsanteil nicht zuletzt wegen staatlich gesteuerter Zuwanderung stetig zunahm, waren nur wenige Gemeinden im südlichen Teil der Region überwiegend italienischsprachig.[46]

In der Bildungspolitik wurde die Sprachenfrage schnell zu einem zentralen Gegenstand der Debatten. Obwohl die italienischen Regierungen in den ersten Jahren nach dem Weltkrieg wechselhafte Positionen vertraten, deutete sich eine Italianisierung der Schulen nur punktuell an. Ein Entwurf des Militärgouverneurs der Venezia Tridentina, Guglielmo Graf Pecori Giraldi, sah vor, den deutschsprachigen Schulunterricht in den weitesten Teilen Südtirols aufrecht zu erhalten, die italienische Schule allerdings in den Gebieten südlich von Bozen als Standard einzuführen. Da die neu eingerichteten italienischen Schulen nur mäßigen Anklang fanden, erließ der Trientiner Regierungskommissar Luigi Credaro im August 1921 ein Dekret, nach dem im Unterland künftig der Familienname ausschlaggebend für die Einschulung der Kinder in italienische Grundschulen sein sollte.[47] Da die Nachnamen keinesfalls Rückschlüsse auf die Muttersprache der Kinder zulassen, konnte bereits dieses Dekret den Realitäten in der Region nicht gerecht werden.

Nach dem »Marsch auf Rom« erhöhte sich der assimilatorische Druck erheblich, wenngleich die Phase der faschistischen Machtübernahme erst 1926 vorläufig abgeschlossen war und sich die Verfestigung des Regimes bis 1929 hinziehen sollte.[48] Die Lex Gentile von 1923, die in einigen Belangen noch den Geist liberaler Bildungsideale atmete, allerdings als erstes Bildungsgesetz des faschistischen Staates in die Geschichte eingehen sollte, leistete

---

45 Berechnung auf Grundlage der von Lill, Südtirol, S. 22 f., angegebenen Zahlen.
46 Ebd.
47 Ebd., S. 54 f. u. 61.
48 Lyttelton.

der Italianisierung Südtirols Vorschub: Nach Artikel 17 des Gesetzes sollte der Schulunterricht in den ersten Klassen ab 1923/24 ausschließlich in italienischer Sprache gelehrt, der gesamte Unterrichtsbetrieb also binnen acht Jahren auf Italienisch umgestellt werden.[49] Die Lex Gentile stieß bei der Südtiroler Bevölkerung auf heftige Gegenwehr. Am 3. November 1923 versammelten sich etwa fünfhundert Frauen vor dem Gebäude der Bozner Unterpräfektur, um gegen die Abschaffung des deutschsprachigen Unterrichtes zu protestieren. Nachdem der Unterpräfekt die Beschwerden der Organisatorin des Protests, Maria Mumelter-Pattis, entgegengenommen hatte, verfassten die Demonstrantinnen offene Briefe an Mussolini und Königin Elena von Italien, in denen sie die Rücknahme der Gesetze forderten. Eine Unterschriftenliste, die unter der Stadtbevölkerung die Runde machte und mehr als 50.000 Namen umfasste, wurde von den Behörden eingezogen.[50]

Als das Königliche Schulamt von Trient verfügte, dass auch der Religionsunterricht in italienischer Sprache stattzufinden habe,[51] beschlossen die örtlichen Bischöfe, in den Konflikt einzugreifen. Nach einer Audienz beim Papst überreichte der Bischof von Brixen, Johannes Raffl, dem Papst eine Denkschrift, die den muttersprachlichen Religionsunterricht als unverzichtbar und zu einem Anliegen der gesamten Öffentlichkeit erklärte. Die Einführung des Religionsunterrichtes in einer fremden Sprache sei schädlich für das Ansehen der Religion, da der Zwang zur Fremdsprache Aversionen gegen sie wecke, und auch nachteilhaft für den Staat, der sich die Gegnerschaft des »Volkes« zuziehe.[52] Raffls Tridentiner Amtskollege Celestino Endrici schloss sich dem Protest an und wandte sich an Bildungsminister Giovanni Gentile, um ihn auf mögliche Unruhen in Folge des Dekrets hinzuweisen: »Man darf nicht vergessen, dass die Provinz Trient eine Grenzregion ist, und im Interesse des Staates ist es sehr wichtig, dass sie sich beruhigt und nicht in ihren religiösen Gefühlen verhungert.«[53] Geschickt hatte der Tridentiner Fürstbischof damit das Interesse des faschistischen Staates, die deutschsprachige Bevölkerung zu kontrollieren, mit einem religiösen Argument verbunden.

---

49 Zur Lex Gentile siehe Jürgen Charnitzky, Die Schulpolitik des faschistischen Regimes in Italien (1922–1943), Tübingen 1994, S. 73–154; Lill, Südtirol, S. 79.
50 Der Notschrei der Mütter, in: Der Landsmann vom 5.11.1923; Die Frauen von Bozen für die deutsche Volksschule, in: Bozner Nachrichten vom 5.11.1923; Maria Villgrater, Katakombenschule. Faschismus und Schule in Südtirol, Bozen 1984, S. 39.
51 Michael Gamper, Die Seelennot eines bedrängten Volkes, Innsbruck 1927, S. 17.
52 ASV, A.E.S. Italia, 4. Per., Pos. 542, fasc. 5, 7r-8v: Raffl an Staatssekretariat (25.11.1923).
53 ASV, A.E.S. Italia, 4. Per., Pos. 542, fasc. 4, 83r-84r, hier 83v: Endrici an Giovanni Gentile (18.6.1923). Vgl. dagegen Walter Marzari, Kanonikus Michael Gamper. Ein Kämpfer für Glauben und Heimat gegen Faschistenbeil und Hakenkreuz in Südtirol, Wien 1974, S. 55.

Wenig später richtete er auch ein Schreiben an das päpstliche Staatssekreta-riat, um die hohe Bedeutung des deutschsprachigen Religionsunterrichts für die katholische Kirche zu unterstreichen.[54] Die Initiative der Bischöfe zeitigte zunächst einen unverhofften Erfolg: Nachdem der Vatikan über informelle Kanäle bei der italienischen Regierung interveniert hatte, nahm das Schul-amt die Verfügung zurück.[55]

In den Jahren 1925 und 1926 allerdings erhöhten die staatlichen Institu-tionen ihre Bemühungen um die Italianisierung Südtirols. Das Bildungs-ministerium etwa schaffte im November 1925 die deutschsprachigen An-hangsstunden, die nicht zuletzt unter dem Eindruck des Protestes slawischer und Südtiroler Abgeordneter gegen die Lex Gentile eingerichtet worden waren,[56] per Dekret wieder ab, und im selben Monat untersagte Präfekt Giuseppe Guardagnini die Notschulen, welche deutsche Lehrer in eigener In-itiative in Südtirol zur Unterrichtung der Kinder in Muttersprache gegründet hatten.[57]

Wegen der Flut neuer Gesetzesdekrete, aber auch als Antwort auf eine Eingabe italienischer Priester an den Heiligen Stuhl, die eine Italianisie-rung des Religionsunterrichts forderte, wandten sich Katholiken aus Südti-rol ein weiteres Mal an den Vatikan.[58] Wortführer war Kanonikus Michael Gamper, vormaliger Funktionär der Südtiroler Volkspartei und Chefredak-teur des Südtiroler »Volksboten«. Mit Unterstützung einiger Fürsprecher ge-langte eine Bittschrift nach Rom, die der Kanonikus selbst verfasst hatte. Sie schilderte die Folgen der Riforma Gentile für den gesamten Schulun-terricht in Südtirol. Besondere Erwähnung fand die Tatsache, dass in dem gemischtsprachigen Gebiet südlich von Bozen der Religionsunterricht in italienischer Sprache obligatorisch war, weshalb mehr als zweitausendfünf-hundert Kinder die muttersprachliche Religionserziehung verloren hätten. Schließlich erinnerte die Schrift an das erfolgreiche Eingreifen des Vatikans im Jahr 1923 und unterbreitete die Bitte, erneut in der Angelegenheit zu in-tervenieren.[59] Obwohl sich Papst Pius XI. kritisch über vermeintliche Über-treibungen in der Denkschrift äußerte, nahm er die Bitte auf.[60] Über den Je-suitenpater Pietro Tacchi-Venturi, der in der Zeit vor den Lateranverträgen

---

54   ASV, A.E.S. Italia, 4. Per., Pos. 542, fasc. 5, 21r–22v: Endrici an Gasparri (28.11.1923).
55   Marzari, S. 55.
56   Villgrater, S. 36–40 u. 43.
57   Marzari, S. 41–43; Lill, Südtirol, S. 90.
58   Marzari, S. 56–65.
59   ASV, A.E.S. Italia, 4. Per., Pos. 644, fasc. 71, 73r–76r: Gamper an Staatssekretariat (25.11.1925).
60   Aufzeichnung Gampers, zit. nach Marzari, S. 63.

einen wesentlichen Teil der kirchlichen Kontakte zu Mussolini wahrnahm, ließ er dem italienischen Diktator und seinem Erziehungsminister Pietro Fedele eine Denkschrift zukommen, die Gampers Schilderungen auf moderate Weise neu formulierte.[61] Da beide Politiker darauf bedacht waren, die sich anbahnende Verbesserung der Beziehungen zwischen Staat und Kirche nicht zu gefährden, ließ der italienische Regierungschef dem vatikanischen Staatssekretariat ausrichten, dass der Katechismusunterricht auch weiterhin in deutscher Sprache stattfinden könne.[62]

Die auf politischem Kalkül beruhende Kompromissbereitschaft Mussolinis konnte indes keinesfalls darüber hinwegtäuschen, dass die italienische Regierung die Südtiroler Geistlichkeit und ihren Einsatz für deutschsprachigen Unterricht als wesentliche Störfaktoren ansah. Der italienische Innenminister Luigi Federzoni etwa entrüstete sich im Januar 1926 über die staatsfeindliche Haltung der Südtiroler Priester und forderte die Kirche auf, die bischöfliche Aufsicht zu intensivieren.[63] Die Präfektur der Venezia Tridentina behauptete: »Leider entfaltet der deutsche Klerus des Alto Adige [...] mit sehr seltenen Ausnahmen Zuwiderhandlungen gegen jeden Versuch der Zusammenarbeit und des Einvernehmens zwischen beiden Rassen. Soweit es ihm möglich ist, vermeidet er jede Loyalitätsbekundung gegenüber dem Staat, jeden Kontakt zur Staatsautorität und jegliche Teilnahme am italienischen Leben [...].«[64] In der Tat erwies sich der katholische Klerus nicht nur als außerordentlich renitent, sondern auch als einflussreich auf die deutschsprachig-katholische Bevölkerung. In Kaltern etwa sammelten besorgte Mütter 1926 Unterschriften, um einen italienischsprachigen Religionsunterricht in der vierten Klasse zu verhindern. Zugleich protestierte die Gruppe gegen den Austausch der geistlichen Lehrer Hermann Stenitzer und August Zoderer, die den Behörden als Verfechter deutschsprachigen Unterrichts aufgefallen und mit Zustimmung der Kurie von Trient durch andere Religionslehrer ersetzt worden waren.[65] Im November blieben nahe Meran mehr als fünfzig Kinder dem Schulunterricht fern. Als die Lehrer darauf-

---

61 Archivio Centrale dello Stato (hiernach ACS), Segreteria Particolare del Duce (hiernach SPD), b. 68, fasc. 1–12, 28646r-28649r: Tacchi-Venturi an Mussolini (1.12.1925); ASV, A.E.S. Italia, 4. Per., Pos. 644, fasc. 71, fol. 70r: Promemoria (o.D.); ebd., Pos. 644, fasc. 71, 78r: Tacchi-Venturi an Gasparri (10.12.1925).

62 ACS, SPD, Cart. Ris. b. 68: Mussolini an Fedele (2.12.1925); ASV, A.E.S. Italia, 4. Per., Pos. 644, fasc. 72, 3r-4r: Tacchi-Venturi an Gasparri (16.12.1925).

63 Ebd., 6r-8v, hier 6v-7v: Tacchi-Venturi an Gasparri (18.1.1926).

64 Ebd., fasc. 71, 5r-56r, hier 5rv: Memoriale sulle condizioni religiose nell'Alto Adige von R. Prefettura della Venezia Tridentina (o.D.).

65 ACS, MI, DGPS, Div. AA.GG.RR. 1927, b. 33: Schulinspektor Dalpiaz an Präfektur Bozen (27.1.1927).

hin die Eltern zum Gespräch einbestellten, besetzten etwa vierzig Frauen ein Klassenzimmer der Grundschule und zerstörten – wie staatliche Behörden empört berichteten – eine Tafel, welche die Anatomie des menschlichen Körpers veranschaulichen sollte.[66] Der Protest richtete sich gegen einen Unterricht in italienischer Sprache, trug zudem aber auch deutliche Züge christlicher Moralvorstellungen. Der faschistische Staat verfolgte solche Proteste systematisch; beteiligte Lehrerinnen und Lehrer mussten mit ihrer Verhaftung rechnen, Befürworter des deutschsprachigen Unterrichts wurden nicht selten staatlich überwacht, zu Verhören einbestellt und mit Drohungen eingeschüchtert.[67]

Viele katholische Südtiroler begriffen ihre Zugehörigkeit zur katholischen Kirche als Teil einer Identität, zu der auch die Zugehörigkeit zum deutschen Sprach- und Kulturraum gehörte. Als in einigen Orten deutschsprachige Geheimschulen gegründet wurden, waren zahlreiche katholische Priester beteiligt. Kanonikus Michael Gamper, der selbst zu den Initiatoren der sogenannten »Katakombenschule« gehörte und über gute Kontakte zu deutschnationalen Organisationen verfügte, hatte bereits kurz nach dem »Marsch auf Rom« von einer »deutschen und tirolischen Gesinnung« gesprochen,[68] die es zu verteidigen gelte.

Die Versuche staatlicher Behörden, den deutschsprachigen Religionsunterricht aus den Schulen zu verbannen, sollten sich in den folgenden Jahren wiederholen. Abermals griff der lokale Klerus auf das Mittel von Eingaben an den Vatikan zurück: Ende 1926 konnte eine Gruppe deutschsprachiger Priester auf diesem Weg erneut verhindern, dass der Religionsunterricht in einigen Südtiroler Gemeinden auf Italienisch umgestellt wurde.[69] Als das Tridentiner Schulamt am 29. Dezember 1927 den Diözesen Brixen und Trient ein weiteres Mal ankündigte, dass die baldige Einführung der italienischen Sprache in den Katechismusunterricht bevorstehe,[70] beschloss die Brixener Kurie schließlich, die Auseinandersetzung mit dem Staat auf einer grundsätzlicheren Ebene zu führen. Der Kapitularvikar Joseph Mutschlechner leitete

66 Ebd.: Umberto Ricci an ital. Innenministerium (18.12.1926).
67 Lill, Südtirol, S. 100, 113 f.
68 Volksbote vom 7.12.1922, zit. nach Toni Ebner (Hg.), Südtirol in Not und Bewährung. Festschrift Michael Gamper, Brixen 1955, S. 41–42, hier S. 42.
69 ASV, A.E.S. Italia, 4. Per., Pos. 644, fasc. 72, 30r-31r, hier 30r: Schreiben des deutschen Klerus' der Diözese Trient an den Heiligen Vater (o.D.).
70 Schreiben des kgl. Schulamtes in Trento vom 29. Dezember 1927, Nr. 19.107, B. 34, betreffend den Religionsunterricht im Hochetsch, in: Brixener Diözesanblatt 5 (1928), S. 39–41; Hans Fingeller, Die Wahrheit über Südtirol. I. Ergänzung über die Jahre 1926/27 (nach verbürgtem Tatsachenstoff zusammengestellt), Innsbruck 1928, S. 55; Lill, Südtirol, S. 113.

eine Denkschrift an das Vatikanische Staatssekretariat, in der er die öster-
reichisch-ungarische Schulpolitik vor dem Hintergrund der gegenwärtigen
Italianisierungspolitik Mussolinis lobte und die Anweisung des Schulamtes
kritisierte. Am Ende der Denkschrift folgte die Formulierung, die sich für
die Unterrichtsgestaltung der folgenden Jahre als wegweisend herausstellen
sollte: »Der Klerus der Diözese Brixen ist [...] der festen Überzeugung, dass
es für den Religionsunterricht und für die Seelsorge am besten ist, sobald der
Gebrauch der Muttersprache für den Religionsunterricht in den Volksschulen nicht mehr gestattet wird, die Schulen nicht mehr zu besuchen, sondern
in allen Gemeinden den Pfarrunterricht einzuführen und möglichst intensiv
zu betreiben.«[71] Nachdem die Konzilskongregation Pläne für die Einführung
eines kirchlichen Pfarrschulunterrichtes gutgeheißen und Papst Pius XI.
Mutschlechner auf einer Audienz grünes Licht gegeben hatte,[72] verkündete
der Kapitularvikar am 14. September 1928 schließlich die »Einführung des
pfarrlichen Religionsunterrichtes«. Eine Erklärung, die in den Kirchen von
der Kanzel verlesen wurde, kritisierte offen die Anordnung des Schulamtes,
den Religionsunterricht an den Schulen ausschließlich in italienischer Sprache zu erteilen: »Diese Anordnung steht im Widerspruch mit den Anschau-
ungen und Forderungen der heiligen Kirche.«[73] Es sei die Pflicht der Eltern,
so die Erklärung, die Kinder zum Pfarrunterricht zu schicken.[74]

Dass die getroffene Regelung für den faschistischen Staat weit weniger
vorteilhaft war als dessen Repräsentanten erhofft hatten, zeigte sich indes
schnell. Bereits kurze Zeit, nachdem der Pfarrschulunterricht eingerichtet
worden war, bemerkte der deutsche Vatikanbotschafter Diego von Bergen,
dass »den Fascisten der Auszug der Geistlichen aus der Schule sehr un-
angenehm gewesen ist«.[75] Obwohl die Lateranverträge des Jahres 1929 dem
Interessenausgleich zwischen faschistischem Staat und katholischer Kirche
Vorschub leisteten, blieben Gegensätze in der Frage des muttersprachlichen Religionsunterrichtes weiterhin bestehen. Ein Kompromissangebot
Mussolinis, den staatlichen Religionsunterricht in einigen Orten wieder

---

71 ASV, A.E.S. Italia, 4. Per., Pos. 644, Fasz. 73, 17r-23r: Denkschrift Mutschlechners
    (15.3.1928). In deutscher Fassung abgedruckt unter dem Titel »Promemoria an den heili-
    gen Stuhl vom 15. März 1928« in: Brixener Diözesanblatt 5 (1928), S. 45–50, hier S. 49 f.
72 Antwort der S. Congregazione Concilii vom 27. März 1928, in: Brixener Diözesanblatt
    5 (1928), S. 50; Politisches Archiv des Auswärtigen Amtes (hiernach PA / AA), Rom-Vat.
    756: Bergen an AA (30.3.1928).
73 Josef Mutschlechner, Zur Einführung des pfarrlichen Religionsunterrichtes, in: Brixener
    Diözesanblatt 5 (1928), S. 35–37.
74 Ebd., S. 36.
75 PA / AA, R 72885: Bergen an AA (19.3.1929), S. 1–5, hier S. 4.

einzuführen[76] – offensichtlich mit dem Hintergedanken, einen staatlichen Religionsunterricht in italienischer Sprache neben dem deutschsprachigen Pfarrschulunterricht zu etablieren –, lehnte Mutschlechner im Konkordatsjahr ab.[77] Die Konflikte um die Sprache des Religionsunterrichtes waren also keinesfalls beendet; bis zur »Option« im Jahr 1939, die die deutschsprachige Bevölkerung vor die Wahl stellen sollte, die italienische Staatsbürgerschaft anzunehmen oder auszuwandern, sollten sie zu vielen Gelegenheiten an die Oberfläche kommen.[78]

Anders als in Elsass-Lothringen standen die Proteste in Südtirol unter permanenter Beobachtung des Staates, der sich nicht scheute, diese gewaltsam niederzuschlagen. Dennoch nahm der Protest teilweise ähnliche Formen an und reichte von Protestkundgebungen über Petitionen bis hin zu Schulstreiks. An den Aktionen, die in deutlich kleinerem Rahmen stattfanden als in Elsass-Lothringen, hatten Frauen einen auffällig hohen Anteil. Da der Streit um die Unterrichtssprache des Fachs Religion geführt wurde, war er »national« aufgeladen: Der Protest richtete sich gegen die Einführung eines italienischsprachigen Religionsunterrichtes und verband somit »deutsche« und »katholische« Zugehörigkeitsmodelle.

4. Verflechtungen

Zwischen den Konflikten in Elsass-Lothringen und Südtirol bestanden Verbindungen, die zwar nur punktuell nachzuweisen, im Einzelfall aber dennoch aufschlussreich sind: Als auf Betreiben Südtiroler und slawischer Abgeordneter 1923 die Lex Gentile im italienischen Parlament diskutiert wurde, begründeten faschistische Politiker ihre Zustimmung zur Gesetzesvorlage mit dem Argument, andere Staaten hätten für ihre Minderheiten ebenfalls keine sprachlichen Sonderregelungen getroffen. Auf das Beispiel Elsass-Lothringens wurde explizit hingewiesen.[79] Auf dem Gipfelpunkt des elsässischen Schulstreits wiederum veröffentlichte der katholische »Elsässer Kurier« einen Artikel über den »Kampf der Südtiroler um ihre Schule«, in

---

76 ASV, A.E.S. Italia, 4. Per., Pos. 644, Fasz. 74, 69r-70v: Tacchi-Venturi an Gasparri (11.1.1929).

77 ASV, A.E.S. Italia, 4. Per., Pos. 644, Fasz. 74, 73r-76r: Mutschlechner an Gasparri (24.1.1929).

78 Zur Option siehe Rudolf Lill (Hg.), Die Option der Südtiroler 1939. Beiträge eines Neustifter Symposions, Bozen 1991.

79 Villgrater, S. 37.

dem es hieß: »Die italienische Regierung geht darauf aus [sic], in dem annek-
tierten Südtirol [...] die deutsche Sprache zu verdrängen [...]. Sie geht bei der
Erstrebung dieses Zieles so ziemlich in der gleichen Weise vor, in der man im
Elsass das Deutsche auszurotten sucht.«[80] Solche Beispiele zeigen, dass bereits
Zeitgenossen die regionalen Prozesse miteinander verglichen und mitunter
den Versuch unternommen haben, die Parallelen politisch auszuwerten.[81]

Wie eingangs festgestellt, kommt neben solchen direkten Verbindungen
diplomatischen Verflechtungen eine mindestens ebenso hohe Bedeutung
zu. Hinter den politischen und gesellschaftlichen Vorgängen in beiden Ländern vollzogen sich diplomatische Prozesse, die ebenfalls im Zusammenhang mit allgemeinen Vorstellungen von Minderheitenpolitik standen. Zwei
Akteure griffen direkt in beide Konflikte ein: Das Auswärtige Amt und das
Vatikanische Staatssekretariat.

Die deutsche Außenpolitik hatte seit Unterzeichnung des Versailler Friedensvertrags die Minderheitenfrage als Bestandteil der allgemeinen Revi-
sionspolitik angesehen. Obwohl es keine klaren Richtlinien gab, welcher
Stellenwert und welche konkreten Ziele mit der Sorge um »auslandsdeut-
sche« Minderheiten verbunden waren, zeigte das Auswärtige Amt ein hohes
Interesse an ihnen. Außenminister Gustav Stresemann hatte für den deutschen Beitritt zum Völkerbund 1926 unter anderem mit dem Argument ge-
worben, auf diesem Wege eine Besserung der Lage der »Auslandsdeutschen«
erreichen zu können. Obgleich er dieses Ansinnen in den Folgejahren nur
ansatzweise – und in erster Linie in deutsch-polnischen Grenzangelegenhei-
ten – voranbrachte,[82] wurde die deutsche Minderheitenpolitik in der Öffentlichkeit mit großer Aufmerksamkeit wahrgenommen. Sowohl im elsass-lothringischen als auch im Südtiroler Fall informierte sich das Auswärtige Amt
genau über die politischen Vorgänge und griff in Einzelfällen auch auf di-
plomatischem Weg in örtliche Gegebenheiten ein. Eine zentrale Rolle spielte
dabei die Zahlung von Geldern. Nach dem Gießkannenprinzip unterstützte
das Auswärtige Amt etwa elsässische Organisationen, von denen zu erwarten war, dass sie die deutsche Sprache oder zumindest antizentralistische
Tendenzen förderten. Unter den Geldempfängern befand sich unter anderem der »Elsässer Kurier«, der die Protestbewegung maßgeblich unterstützte

---

80 Der Kampf der Südtiroler um ihre Schule, in: Elsässer Kurier vom 11.12.1924, S. 3.
81 Vgl. die methodische Bemerkung zur Relevanz der Wahrnehmung von Zeitgenossen in
    Heinz-Gerhard Haupt / Jürgen Kocka (Hg.), Comparison and Beyond: Traditions, Scope,
    and Perspectives of Comparative History, in: dies. (Hg.), Comparative and Transnational
    History. Central European Approaches and New Perspectives, New York 2009, S. 16.
82 Vgl. Peter Krüger, Die Außenpolitik der Republik von Weimar, Darmstadt 1985, S. 58 u.
    470–473.

und der katholischen Regionalpartei Union populaire républicaine nahe stand.[83] Ebenso unterstützte das Auswärtige Amt die Verbreitung propagandistischer Flugschriften aus Südtirol,[84] wenngleich auch andere Institutionen wie der Verein für das Deutschtum im Ausland, der Deutsche Schutzbund und der Reichsverband für das katholische Auslandsdeutschtum, deren Bestehen vom deutschen Staat gefördert wurde, hierfür Gelder bereitstellten.[85] Die finanzielle Unterstützung, die den deutschsprachigen Katholiken in Elsass-Lothringen und Südtirol zufloss, half den Protestbewegungen dabei, ihre Anhängerschaft zu mobilisieren und ihren Widerstand gegen die staatliche Politik in der internationalen Öffentlichkeit darzustellen.[86] Sie dürfte in nicht geringem Maße dazu beigetragen haben, dass die Konflikte nicht ohne weiteres durch simple staatliche Eingriffe beendet werden konnten.

In weitaus größerem Ausmaß als das Auswärtige Amt war der Vatikan an der diplomatischen Aushandlung der Konflikte beteiligt. Im Fall Elsass-Lothringens unternahm er bereits frühzeitig den Versuch, einen Ausgleich mit der französischen Regierung herbeizuführen. Der Rat für religiöse Angelegenheiten des französischen Außenministeriums, Louis Canet, und der französische Geschäftsträger am Heiligen Stuhl berieten im September 1925 mit Kardinalstaatssekretär Pietro Gasparri über die Lage. Obwohl Gasparri die von Canet vorgeschlagene Versetzung des Straßburger Bischofs in eine andere Diözese ablehnte, zeigte er Verständnis für die Einführung interkonfessioneller Schulen und wies darauf hin, dass der Vatikan Ruchs Oppositionskurs nur in begrenztem Maße billige.[87] In der Tat sollte der Vatikan den Protest Ruchs nur unterstützen, solange ein Kompromiss mit dem französischen Staat im Bereich des Möglichen blieb und seelsorgerische Grundprinzipien nicht gefährdet wurden. So brachte das päpstliche Staatssekretariat Ruch dazu, seine Anordnung, nach der allen katholischen Besuchern interkonfessioneller Schulen die erste Kommunion verweigert

---

83 Ulrich Pässler, Das Elsass in der Zwischenkriegszeit (1919–1940), in: Michael Erbe (Hg.), Das Elsass. Historische Landschaft im Wandel der Zeiten. Stuttgart 2002, S. 153–166, hier S. 159; PA/AA, R 29134k, 4r–11r, hier 10r: Aufzeichnung einer geheimen Unterredung unter Vorsitz des Ministerialdirektors Gerhard Köpke (18.3.1927).

84 Aufzeichnung des Ministerialdirektors Köpke (27.12.1927), in: Akten zur deutschen auswärtigen Politik, Serie B, Bd. VII, Göttingen 1974, S. 573–575.

85 Steurer, S. 139f. Archiv der Kommission für Zeitgeschichte, NL Büttner D.XIII.4.a, 72rv: Schreiben des RKA an Gamper (21.5.1928). Assunta Esposito, Per una stampa nazionale: Il contrasto tra fascismo e clero allogeno in Alto Adige (1921–1933), in: Mondo contemporaneo (2008), S. 5–66, hier S. 15.

86 Als Beispiele für Flugschriften siehe z.B. PA/AA, R72880, 149r: Fingeller. Aufruf des Reichsverbands für die katholischen Auslandsdeutschen (o.D.).

87 ASV, A.E.S. Francia, 4. Per., Pos. 593, fasc. 121, fol. 15r–16v: Gasparri an Hl. Vater (9.9.1925).

werden sollte, zu widerrufen und die bestehenden interkonfessionellen Schulen anzuerkennen.[88]

Die zahlreichen Interventionen, die der Vatikan im Südtiroler Schulstreit unternahm, sind bereits erwähnt worden. Über den Jesuitenpater Pietro Tacchi-Venturi war es dem Heiligen Stuhl im Laufe der 1920er Jahre mehrmals gelungen, das Mussolini-Regime zumindest in einigen Fragen zum Einlenken zu bringen. Sicherlich profitierte er dabei von den parallel laufenden Verhandlungen über ein Konkordat, die Kirche und Staat Mitte der zwanziger Jahre aufgenommen hatten und die zur Unterzeichnung der Lateranverträge am 11. Februar 1929 führten.[89] Obwohl der Konflikt um die Südtiroler Schulen niemals völlig zum Erliegen kam und der Staat den Religionsunterricht in deutscher Sprache aus den Schulen verdrängte, konnte die katholische Kirche bis zum Ausbruch des Zweiten Weltkriegs einen Pfarrschulunterricht in deutscher Sprache anbieten. Die deutsche Diplomatie war daran nicht unbeteiligt. Der Konsultor an der deutschen Vatikanbotschaft, Johannes Steinmann, überreichte im Februar 1926 dem Substitut der Kongregation für außerordentliche Kirchliche Angelegenheiten, Monsignore Giuseppe Pizzardo, eine von Südtirolern anonym verfasste Denkschrift, aus der hervorzugehen schien, dass die Geistlichkeit die Kontrolle über den Katechismusunterricht langsam verliere und somit auch die Durchführung des deutschsprachigen Religionsunterrichtes gefährdet sei.[90] Im Februar 1928 wurde ein Vertreter der deutschen Regierung beim Sekretär der Kongregation für Außerordentliche kirchliche Angelegenheiten Francesco Borgongini vorstellig, um sich über die Missachtung der deutschsprachigen Minderheit zu beklagen.[91] Nur wenige Monate später brachte der Osnabrücker Bischof Wilhelm Berning mit Wissen des Auswärtigen Amtes in einer Privataudienz mit dem Papst die Lage in Südtirol zur Sprache.[92]

Obwohl der Vatikan dem Anschein entgegenzuwirken versuchte, dass staatliche Interventionen die eigene Politik zugunsten der einen oder anderen Nationalität beeinflussen könnten, erzielten solche staatlichen Interventionen mitunter durchaus die von den Diplomaten erwünschte Wirkung. Dies wird im Fall Elsass-Lothringens besonders deutlich: Der einer pragmatisch orientierten Politik entspringende Wunsch, die gerade erst wieder aufgenommenen außenpolitischen Beziehungen zum französischen Staat nicht

---

88 Schulze, S. 181–183.
89 Vgl. Renzo De Felice, Mussolini il fascista, Bd. 2: L'organizzazione dello Stato fascista (1925–1929), Turin ⁵2007, 1. Aufl. 1974, S. 382–436.
90 PA / AA, Rom-Vat. 755: Bericht über die Lage der Kirche in Südtirol (o. D.).
91 Ebd., R72880, 173r-174r: Brentano an AA (14.2.1928).
92 Ebd., Rom-Vat. 756: Bergen an AA (21.4.1928), S. 1.

zu gefährden, erwies sich für das vatikanische Staatssekretariat als handlungsweisend. Dagegen spielte das ideologische Ziel, die Bekenntnisschule zu stärken – ein Ziel, das u. a. im Deutschen Reich mit großem Einsatz verfolgt wurde[93] – für die päpstliche Politik eine weniger gewichtige Rolle.[94] Sicherlich war die relativ geringe Tragweite dieser Entscheidung, die lediglich für fünf Kommunen galt, für diese Prioritätensetzung mitentscheidend.

Dagegen überwogen für den Heiligen Stuhl im Fall Südtirols zweifellos die ideologischen Motive. 1912 hatte der Fürstbischof von Trient, Celestino Endrici, einen Grundsatz formuliert, der uneingeschränkt von der römischen Kurie geteilt wurde: »Die Muttersprache ist ein unentbehrliches Mittel, um die Schüler die großen Wahrheiten des Katechismus erkennen zu lassen – welche schon für sich schwierig sind –, und um die Herzen anzusprechen und sie zur Tugend zu formen.«[95] Endrici hatte die Verlautbarung zwar auf die italienische Minderheit im Habsburgerreich gemünzt, sie galt allerdings nach dem Ersten Weltkrieg ebenso für die deutschsprachige Bevölkerung Südtirols. Der Heilige Stuhl hatte sich auch bei anderen Gelegenheiten für einen muttersprachlichen Religionsunterricht eingesetzt. Benedikt XV. etwa richtete in der Zeit des Ersten Weltkriegs zwei öffentliche Schreiben an den Erzbischof von Quebec, Ludwig Kardinal Bégin, in denen er für einen zweisprachigen Unterricht plädierte.[96] Nicht zufällig hatte sich 1874 auch der Bischof von Straßburg, Andreas Raess, für dieses Prinzip ausgesprochen.[97] Konsequenterweise erklärte Papst Pius XI. 1928, »dass nationale Minderheiten in Bezug auf Religion und religiöse Erziehung natürliches und übernatürliches Recht auf Muttersprache zustünde und dass Anerkennung dieses Rechts kirchlicher Tradition entspreche«.[98] Wegen der hohen Priorität, die der Heilige Stuhl diesem Prinzip einräumte, zeigte er sich im Südtiroler Schulstreit weniger kompromissbereit als im elsass-lothringischen Konflikt: Aus vatikanischer Perspektive stand in Südtirol nicht weniger als die religiöse Erziehung auf dem Spiel, da zu befürchten stand, dass deutschsprachigen Kindern die Glaubenswahrheiten in italienischer Sprache unverständlich wären.

---

93 Vgl. Herbert Hömig, Das katholische Schulwesen in der Zwischen-Kriegszeit, in: Handbuch Katholische Schule, Bd. 3: Zur Geschichte des katholischen Schulwesens, bearb. von Christoph Kronabel mit einer Einleitung von Karl Erlinghagen, Köln 1992, S. 183–223.

94 ASV, A. E. S. Francia, 4. Per., Pos. 593, fasc. 121, fol. 15r–16v, hier fol. 16v: Gasparri an Hl. Vater (9.9.1925).

95 Celestino Endrici, Il sacerdote buono e i nuovi bisogni pastorali, Trient 1912, S. 29.

96 Epistola Benedikt XV. an Kard. Bégin (8.9.1916), Acta Apostolicae Sedis 8 (1916), S. 389–393; Epistola Benedikt XV. an Kard. Bégin (7.6.1918), ebd., Bd. 10 (1918), S. 439–442.

97 Zit. nach: Im Dienste der Kirche und des Volkes, S. 312.

98 PA / AA, Rom-Vat. 756: Bergen an AA (21.4.1928), S. 1.

5. Fazit

Sicherlich lässt sich das unterschiedliche Ausmaß, in dem die Proteste in der Öffentlichkeit stattfinden konnten, nur durch die Unterschiede zwischen den politischen Systemen erklären. Im faschistischen Italien mussten Demonstrierende zunehmend mit staatlichen Gewaltmaßnahmen rechnen. Folglich war der Organisationsgrad der Protestveranstaltungen in Südtirol geringer, sie fielen insgesamt kleiner aus, und die öffentlichen Proteste nahmen mit der Zeit ab, während sie sich in Frankreichs Dritter Republik weitgehend ungestört entfalten konnten. Allerdings waren die Fronten zwischen der katholisch-deutschsprachigen Bevölkerung und der jeweiligen Regierung in beiden Fällen verhärtet, die Elsass-Lothringer gaben sich der Staatsmacht gegenüber sicherlich nicht konzilianter als die Südtiroler. Der Vergleich zwischen den Schulkonflikten in Elsass-Lothringen und Südtirol zeigt allerdings auch, dass es in beiden Fällen erstaunlich viele Gemeinsamkeiten gibt. Trotz der Unterschiede im Regierungssystem bildeten sich in beiden Regionen Protestbewegungen, die sich gegen die Angleichung der Grundschulen an den nationalen Standard wandten. Sicherlich waren die Demonstrationen und Protestaktionen im Elsass deutlich eindrucksvoller, öffentlich demonstriert wurde in Südtirol in den ersten Jahren der faschistischen Diktatur allerdings ebenfalls. In beiden Fällen nahmen sich die Bischöfe der Proteste an, versuchten, die Rücknahme der Schulgesetze zu erwirken und stellten sich somit gegen die Regierungspolitik. Im Fall des Straßburger Bischofs Charles Ruch spielte dabei freilich das Kalkül eine Rolle, dem deutschsprachigen Klerus nicht das Feld des Protestes zu überlassen; dennoch stand seine Opposition gegen die Schulpolitik auch in einer elsässischen Tradition, gegen staatlichen Zentralismus einzutreten. Insgesamt spiegelte sich die Konkurrenz zwischen Staat und Kirche zunehmend in den Bildungsinstitutionen selbst wider: In Elsass-Lothringen blieben eine Reihe interkonfessioneller Schulen bestehen, die zwar katholischen Religionsunterricht anboten, aber nicht mehr unter Aufsicht der Kirche standen. In Südtirol wurde der Religionsunterricht nach 1928 allein von den Pfarrgemeinden organisiert. Schließlich ist in beiden Fällen auch zu beobachten, dass die Konflikte zwar beruhigt, nicht aber gänzlich ausgeräumt werden konnten. Sie zogen sich über die gesamte Zwischenkriegszeit hin.

Wichtiger Unterschiede ist allerdings ebenfalls festzustellen: Ging es in Elsass-Lothringen in erster Linie um die Abschaffung der Konfessionsschulen, die eine regionale Besonderheit im französischen Staat darstellten, so entzündete sich im Fall Südtirols der Streit an der Sprache des Religionsunterrichts. Der Südtiroler Konflikt war folglich weitaus stärker »national« aufgeladen. Für viele Südtiroler konzentrierte sich der allgemeine Kampf um die Unterrichtssprache auf das Gebiet des Religionsunterrichts, auf dem wegen der Unterstützung durch die katholische Kirche am ehesten Erfolge zu erwarten waren. Da im Elsass die deutsche Sprache im Religionsunterricht im Gegensatz zum Unterricht der anderen Fächer unangetastet blieb, richteten sich die Proteste zwar gegen den Pariser Zentralismus, nahmen aber keinesfalls einen pro-deutschen Charakter an. Auffällig ist zudem die bedeutende Rolle, welche Frauen für die Südtiroler Proteste spielten. Ein Grund hierfür liegt sicherlich in der Tatsache, dass der Südtiroler Konflikt wegen des totalitären Regimes auf den Bereich von Erziehung und Schulbildung beschränkt blieb, der gemäß dem traditionellen Rollenverständnis vorrangig den Frauen zugeordnet war. In Elsass-Lothringen hingegen wurden die Auseinandersetzungen zu einem nicht unwesentlichen Teil im Rahmen der Parteipolitik ausgetragen, die eine von Männern beherrschte Domäne war.

Die Wechselwirkungen zwischen regionaler Politik und diplomatischen Aushandlungen spielten für beide Schulkonflikte eine wichtige Rolle. Obwohl lediglich einige Facetten der komplexen diplomatischen Abläufe dargestellt werden konnten, hilft ihre Untersuchung bei der Erklärung einiger der ermittelten Ähnlichkeiten und Unterschieden. Die Tatsache, dass den deutschsprachigen Katholiken von deutschen Regierungsinstitutionen sogar in der Zeit der Locarno-Verträge beständig Geldmittel zuflossen, trug zweifellos dazu bei, dass die Proteste kaum mit staatlich-autoritären Mitteln zu kontrollieren waren und in der gesamten Zwischenkriegszeit nie vollständig verstummten. Wichtiger noch war die Rolle vatikanischer Einflussnahme. Die vom Heiligen Stuhl vertretene Ansicht, den Religionsunterricht nur in der Muttersprache der Kinder akzeptieren zu können, führte dazu, dass er sich im Südtiroler Schulkonflikt kaum konziliant zeigte und damit den Wünschen der deutschsprachig-katholischen Bevölkerung entgegenkam. Dagegen war er in der Elsass-Lothringischen Schulfrage durchaus kompromissbereit, da der Religionsunterricht außerhalb der Bekenntnisschulen erteilt werden konnte. Der Vatikan handelte nach pragmatischen Motiven und nach ideologischen Zielvorstellungen. Die Frage des Regierungssystems spielte für ihn keine wesentliche Rolle.

Mischformen religiöser Praktiken

Dominic Green

The Making of a "Protestant Rabbin"

The Cultural Transfers of Lord George Gordon, 1781–1793

1. Introduction

Lord George Gordon is remembered in disgrace as the anti-Catholic agitator who incited the English Protestant Association and instigated the Gordon Riots of June 1780, the most destructive civil disturbance in British history. Or he is remembered as an absurdity for his antics after being acquitted of treason in 1781: as the "lunatick apostle" who libelled Marie Antoinette, converted to Judaism, and died in a cell at Newgate.[1] Although recent studies find in the Riots new religious-political significance and new cultural resonances, Gordon's strange *cadenza* still awaits narration.[2] The difficulty is not just documentary, but technical. The insular exceptionalism of British history cannot explain Gordon's later career. After 1781, he must be interpreted in European contexts, at the junction of European discourses.

In the 1780s, Gordon reformulated his challenge to the British state by importing radical European trends. In his transit from Protestant populist to heretical prisoner, he garnished Calvinist Hebraism with Jewish innovations in pietism and politics, and Scottish republicanism with revolutionary Freemasonry. In the search for mystic clarity, these esoteric intellectual and social exchanges destabilized the legal and theological divisions between Judaism

---

1 Walpole to Mann (February 6th, 1781), in: *Horace Walpole's Correspondence*, ed. William S. Lewis, vol. XXV, New Haven 1937, p. 10. In June 2010, I read an early draft of this article at Limerick University's Franco-Scottish-Irish conference *Cultural Transfer in the Enlightenment*; my thanks to the conferees for their responses, and to our host, Dr. David Fleming. At the Münster University workshop in March 2011, I received many responses that aided this revision; my thanks to the workshop, and to our hosts, Christian Müller and Thies Schulze. My thanks to Brandeis University and the Mellon Foundation for a Mellon Dissertation Research Grant for research expenses; and to Marsha Keith Schuchard, Gershon Hundert and Alyssa Goldstein Sepinwall for their advice.
2 Though see my sketch "George Gordon: A Biographical Reassessment", in: Ian Haywood / John Seed (eds.), *The Gordon Riots: Politics, Culture and Insurrection in Late Eighteenth-Century Britain*, Cambridge 2012, pp. 245–264.

and Christianity. By amplifying this occult politics in an esoteric programme of publicity, Gordon hoped to cause a political destabilization. Revealing the "Popery" and corruption of the Hanoverian monarchy and court would force a literalist return to the Biblical and legal sources of legitimacy: "Matters of account can never be made too public."[3]

In "Reflections on the Revolution in France" (1790), Edmund Burke denounced this as the strategy of "political theologians and theological politicians". The "new evangelists" of metaphysical politics "smuggled" into Britain a conspiratorial fanaticism "alien to our soil". To Burke, Gordon's hybrid selfhood as the "Protestant Rabbin" represented the convergence of religious Dissent with the egotism of unrestricted reason; a levelling tyranny must ensue.[4] Yet this was not what Gordon had in mind after 1789. In his final writings, he blended seventeenth-century republicanism with eighteenth-century esotericism. This was a new political aesthetic for the dawning age of democratic nationalism – but in service of a theocratic, exclusionary vision.

Gordon's mature politics were a clear if elaborate case of cultural transfer.[5] A network of individual contacts supplied Gordon with religious and political ideas that he decontextualized from their European or Jewish sources, and recontextualized in a British context. The resulting syncretism was highly personal, yet politically contentious enough to provoke Burke's rejoinder in "Reflections", which mingled ideological disgust with personal animus.[6] In turn, this triggered the "re-transfer" of Burke's critique of the French Revolution into plural European contexts.[7] This implies the multiple "cultural exchanges" that Peter Burke has likened to translation.[8] And it

3 Anonymous, Sketch of a Conference between the Earl of Shelburne and Lord George Gordon, London 1782, p. 4.

4 Edmund Burke, Reflections on the Revolution in France, London 1790, pp. 70–72, 338.

5 Michel Espagne/Michael Werner, "Deutsch-Französischer Kulturtrasnfer in 18. und 19. Jahrhundert. Zu einem neuen interdisziplinären Forschungsprogramm des C. N. R. S.", in: Francia 13 (1985), pp. 502–510; and eadem, "La constitution d'une référence culturelle allemande en France. Génèse et histoire (1750–1914)", in: Annales ESC (1987), pp. 969–992.

6 As Schmale has pointed out, ideas are always exchanged by individuals. We might add that these are often marginal or adventurous individuals whose perspectives may reflect only partially their own culture, as in the cases of Gordon the apostate Scot, or Burke the Anglicizing Irishman: Wolfgang Schmale, "A Transcultural History of Europe – Perspectives from the History of Migration", in: Ego. European History Online, 3.12. 2010, <http://www.ieg-ego.eu/en/threads/theories-and-methods/transcultural-history> [21.4.2012].

7 As in "movements between various points" in a "temporal sequence": Michael Werner/ Bénédicte Zimmermann, "Beyond Comparison: Histoire Croisée and the Challenge of Reflexivity", in: History and Theory 45 (2006), pp. 30–50, at p. 37.

8 Peter Burke, "Translating Knowledge, Translating Cultures", in: Michael North (ed.), Kultureller Austausch in der Frühen Neuzeit, Köln 2009, pp. 69–77. To fully understand

shows that a successful transfer need not be a complete one, in which its "foreign origin is no longer visible": Gordon relished the provocative foreignness of his sources for much the same reason as Burke loathed them.[9]

Recovering this story redeems Gordon from trivial eccentricity. It bears reflexive implications for biography as a mode of reconstruction. And it opens new perspectives on the period. Like the career of his erstwhile friend Burke, Gordon's career suggest the tangled roots of liberalism and conservatism, and the complexity of the transnational search for the sources of legitimacy in the years between the American and French revolutions.

2. Chaim Falk, the Ba'al Shem of London

Gordon adapted European trends into his very British synthesis through the influence of two charismatic individuals: Chaim Falk the "Ba'al Shem of London", and Joseph Balsamo, *aka* Count Cagliostro. Both were international speculators who linked the secret performances of kabbalistic religion and occult theatrics with the public performance of politics.

Alchemist, magician, healer and con artist, Chaim Falk represented innovations of elite male spirituality at a time of chiliastic and political confusion. Born in 1710 just north of the Polish-Ottoman border at Podhajce in Podolia, he grew up in Fürth, Bohemia. This terrain was the epicentre of the messianism and mysticism that marked Judaism's crisis of modernity. In the 1660s, it had produced the Sabbatean heresy of the antinomian messiah Shabtai Tsvi. In Falk's lifetime, it generated Hasidic pietism, and the heretical Jewish-

cultural transfer or exchange, it is necessary to situate the process amid both local and global factors. Here we arrive at the vanishing point where cultural transfer converges with *histoire croisée*; or, as Werner and Zimmermann might prefer, the point of departure. Though my concluding observations return to this point of theoretical convergence, I find that in Gordon's case, reflexivity was less a challenge or a "deficit" than the whole point of the exercise. Furthermore, while narrating such transfers demonstrates the permeable, overlapping nature of national cultures and national political units, the transformation of ideas by recontextualisation, and the difficulty of complete "localisation" emphasises the differences between national cultures and units. Werner and Zimmermann disapprove of such slippings into the "self-referential dimension", for they "only reinforce the prejudices they seek to undermine". While we must strive to peer into what they rightly call the "blind spots" of historical vision, this seems excessive: *tout comprendre* is not always *tout pardonner*: Werner/Zimmermann, p. 37.

9 Henk te Velde, "Political Transfer: An Introduction", in: *European Review of History* (*Revue européenne d'Histoire*) 12 (2005), pp. 205–21, at p. 208.

Christian fusion of Frankism.[10] A legend for his performances in the courts of Germany, Falk came to London in the 1730s and set up a laboratory in a house on London Bridge and a synagogue at his home in Wellclose Square.[11] Harnessing magic to political and financial ambitions that extended across Europe, he attracted political intriguers and theosophical speculators. He offered cures for insomnia, infertility and headaches, and mystical operations for those in search of a throne. These included Theodore, the usurped King of Corsica; emissaries from pro-Jacobite politicians in Sweden; and Lord George Gordon's cousin, the Polish liberal Adam Czartoryski. Allegedly, Falk sold the Duke of Orleans a ring that would confer kingship on its wearer; in 1774, the duke's son was crowned Louis XVI.[12] The alchemical production of gold was a speciality; the diaries of Falk's valet Zvi Hirsch Kalisher record nocturnal trips to Epping Forest to bury pots of money, to be revealed before credulous clients.[13]

Emanuel Swedenborg called "Falker" a man of "honest words and a sincere countenance".[14] But Swedenborg's adventures in London gave him a nervous breakdown, in which he rolled naked in the street and flung mud at passers-by. Inevitably, Falk attracted the wrong kind of attention. Arrested, Falk was released on condition that he would no longer "kabbalize".[15] Eventually, wealthy patrons like the Goldsmid and Boas families rehabilitated him. The Sephardi synagogue offered him the honorific office of *Ba'al Bayit* (Master of the House). He refused: "Don't ever mention my name in this connection, because I am *Ba'al Bayit* of the whole world."[16]

---

10 Gershom Scholem, *The Messianic Idea in Judaism,* New York 1971 (1936). Scholem identified the aftershocks of Sabbateanism as stimulating responses from the decorum of Reform Judaism to the orgiastic pseudo-Christianity of Jacob Frank and his adherents.

11 George Louis Albert de Rantzow, *Memoires du Comte de Rantzow, ou les heures de récreation à l'usage de la noblesse de l'Europe,* vol. 1, Amsterdam 1741, pp. 197–208.

12 Showing how subsequent conspiracists deformed the historiography of this aspect of eighteenth-century politics, this story appears in Edouard Drumont's anti-Semitic survey *La France Juive: Essai d'Histoire Contemporaine,* Paris 1885, p. 224.

13 See the notebooks of Falk's factotum Zvi Hirsch Kalisher, (JTS Library, New York); and Michal Oron (ed.), *Mi-Ba'al Shed li Ba'al Shem,* Jerusalem 2002.

14 Emanuel Swedenborg, *Spiritual Diary* [1747–65], trans. James Buss, vol. 5, London 1902, p. 86. On the *Journal*, and Swedenborg's reference to Falk's "house over the water": Marsha Keith Schuchard, "Dr. Samuel Jacob Falk: A Sabbatian Adventurer in the Messianic Underground", in: Richard H. Popkin/Matt Goldish (eds.), *Jewish Messianism in the Early Modern World,* Dordrecht 2001, pp. 203–226, at p. 210.

15 Rantzow, *Memoires,* vol. 1, p. 223.

16 Levi Alexander, *Memoirs of the Life and Commercial Connections of the Late Benjamin Goldsmid,* London 1808, pp. 46–50; Falk's diary (Neubauer's catalogue, Jewish Museum, London), 37a, 28a; Michal Oron, "Dr. Samuel Falk and the Eibeschutz-Emden Controversy", in: Karl Erich Grözinger/Joseph Dan (eds.), *Mysticism, Magic and Kabbalah in*

Falk demonstrated his amulets and angels to both Christians and Jews, and was accused of heresy by both. Like his Sabbatean associates, Falk was fascinated by the mystical blurring of the theological border between Christianity and Judaism, and the social border between Christians and Jews.[17] He geared his performances to non-Jewish tastes, and the "social vogue" for alchemy that in the late 1740s had Rousseau and his friends filling "quires of paper with our scribblings upon this science".[18] Claiming descent from King David, and clad in a purple robe, Falk played on the credulity and greed of his Christian employers. He could be as imperious as his costume. Queried by a skeptical Christian on the "error" of Judaism, Falk quoted the Gospels in German, then turned the accusation on its head.

The Jews are in ignominy, so that in a true sense they are the only Christians. The death of Jesus Christ has come about in order to announce to us a humiliating state… Unsuited to perform impostures, and very indifferent to the politics of the century, we do not count except in the thunder of heaven that will be detonated by the ministers of His vengeance. One should not say that we are blind. We always see the finger of God over our heads.[19]

While most European Jews remained "indifferent" to politics, Falk saw Christian politics as the vehicle of Jewish liberation. His kabbalistic performances offered fashionable "nobles and ladies" access to the invisible powers that commanded the material world, including its politics.[20] He embodied the Judaic traditions that legitimated Christian authority, but disseminated its secrets as a social equal. In this sense, Falk was not just an epiphenomenon of the *haskalah*, the Jewish Enlightenment. He embodied Enlightenment in its broad sense: "the emboldening of the individual to independence in matters of thought and spirit".[21] In a Europe of restricted public spheres and stifled

---

Ashkenazi Judaism, Berlin 1995, pp. 243–256, at p. 255. See also Oron's "Mysticism and Magic in Eighteenth-Century London: Samuel Falk, the 'London Ba'al Shem'", in: Reuven Zur / Tova Rosen (eds.), *Sefer Yisrael Levin: Kovetz Mehkarim b'Sifrut ha-Ivrit l'Doroteha*, Tel Aviv 1995, pp. 7–20.

17 Though "more proof is needed", Oron cautiously identifies "some hints" to support Jacob Emden's claim that Falk followed Sabbateans like Jonathan Eibeschütz and Moses David to Christianity and back: Oron, "Falk", p. 253. Gershon Hundert notes that Emden was rarely wrong (email to the author, April 3rd, 2008).

18 Jean-Jacques Rousseau, *Confessions*, trans. W. Conyngham Mallory, vol. 1, London 1992, p. 314.

19 Rantzow, *Memoires*, vol. 1, pp. 200f.

20 1777 diary of Chaim David Azulai: Elkan Nathan Adler (ed.), *Jewish Travellers in the Middle Ages: Thirteen Firsthand Accounts*, London 1930, pp. 359f.

21 Gershon Hundert, *Jews in Poland-Lithuania: A Genealogy of Modernity*, Berkeley 2004, p. 177.

mass politics, Falk's private manipulation of the sources of legitimacy, and of the equally elusive sources of gold, was politically potent. In the claustrophobic atmosphere of pre-democratic court politics, occult religion offered a metalanguage for politics that reconciled rationalism and mysticism, natural philosophy and divine right.

Falk styled himself *Ba'al Tsafon*, The Master of the North.[22] This phrase from the Biblical account of Joseph in Egypt had an exegetical counter-reading as *Ba'al Tsafoon*, The Master of the Hidden; glossed in the King James Bible as "The man to whom secrets are revealed".[23] Gordon would adapt this image, and see himself as the fulfilment of the prophecy of Jeremiah. A leader would come from the north; in Gordon's case, Scotland rather than the Lebanon. He would liberate the Jews from humiliating exile, and return them to Zion.

Behold the days come, saith the Lord, that I will raise unto David a righteous branch … But the Lord liveth, which brought up, and which led the seed of the house of Israel out of the *North Country*, and from all countries whither I had driven them; and they shall dwell in their own land.[24]

3. Falk and Cagliostro: The Egyptian Rite and the Asiatic Brethren

Masonic sociability offered another private setting for the meeting of Jewish and Christian ideas and elites. Like the pietist innovations of Hasidism and Methodism, freemasonry was a social configuration outside the state.[25] Deliberately tolerant, and portentously vague, Masonic manners and mysticism accommodated Falk the heterodox Jew, Cagliostro the heterodox Catholic, and Gordon the unorthodox Calvinist. Falk was an admired figure in these recondite circles.[26] According to a Polish mason, only Falk and the heretic Jacob Frank were true masters of *kabbalah*; meanwhile, it was difficult to find Jews willing to spill its secrets.[27] Falk and Frank were prepared to min-

---

22 Oron, "Falk", p. 253.
23 Gen. 41:45. See *Midrash Rabbah*, Devarim 2:3; and Shlomo Ephraim of Luntschitz, *Kli Yakar [A Precious Vessel]*, Lublin 1602.
24 Jer. 23:5, 23:8; Robert Watson, *Life of Lord George Gordon: With a Philosophical Review of his Conduct*, London 1795, p. 79.
25 Hundert, *Jews in Poland-Lithuania*, p. 211.
26 In 1775, Falk was feted at a Paris lodge: Gustave Bord, *La Franc-Maçonnerie en France d Origines à 1815*, Paris 1908, p. 261; Schuchard, "Falk", p. 217.
27 Jacob Schatzky, *The History of the Jews of Warsaw*, vol. 1, New York 1947, p. 89; Schuchard, "Falk", p. 219.

gle in occult freemasonry, where fraud might be dressed as ecumenism, and the loving brother might also be a government spy. Falk sold his services to displaced princes; so too he offered them to freemasons who concurred that the secrets of Heaven were the keys to power. To Cagliostro, they were also the keys to making money by fraud. Cagliostro masked greed in hermeticism, alchemy, universal principles of scientific and religious knowledge, and the dream of physical and spiritual regeneration. These interests were inherently political. Universalism implicitly opposed particularist political organization: hereditary monarchy, established churches, territorial borders, and customary laws. Targeting the well-connected, and hungry for celebrity, Cagliostro was a dangerous if bizarre ally.

The British freemason of the day tended to be "latitudinarian in theology, deist in metaphysics and Whig in politics": John Bull pondering the mysteries of Creation as embodied in the Hanoverian succession, the Anglican Church, and the restricted franchise.[28] Enjoying representative government, freedom of speech, and *habeas corpus*, this hypothetical mason had little need for political conspiracies, or to legitimate and occlude them with hermetic symbolism. In Britain, radically politicized masonry remained a minority pursuit. By contrast, in the restricted public spheres of absolutist France and Prussia, political speech required privacy, trust and secrecy, and even the obscuring of its objectives in mystical rhetoric. Nevertheless, Hanoverian Britain included numerous oppositional impulses – Dissent, Jacobitism, radicalism – and a few British lodges formed around these minority ideologies. Sharing the Continental political experience of marginalization and proscription, these same "Antient" lodges tended towards associational life at its most mystified, where Swedenborgian speculation intersected with intelligence-gathering and political organizing.[29]

Visiting London in 1777, Cagliostro joined one of those Continental-style lodges, the Esperance Lodge in Soho.[30] At a bookstall near Leicester Square, he found an antiquarian manuscript by one George Coston. This described modern freemasonry as a corruption of an ancient Egyptian rite offering physical and moral regeneration through "reunification with the divine spirits".[31] The commercial and political opportunities were tremendous.

---

28 John Money, "Freemasonry and the Fabric of Loyalism in Hanoverian England", in: Eckhart Hellmuth (ed.), *The Transformation of Political Culture*, Oxford 1990, p. 235–272, at p. 256.

29 Money, "Freemasonry", p. 266.

30 Iain McCalman, *Seven Ordeals of Count Cagliostro: Master of Magic in the Age of Reason*, London 2003, p. 40.

31 McCalman, *Cagliostro*, p. 41.

Appointing himself the Great Copt, Cagliostro devoted the following years to constructing an Egyptian Rite with Falk's help. In late 1777, they travelled together to The Hague, to begin assembling a pan-European series of activist lodges.[32] Abetted by another Falk adherent, the British freemason General Charles Rainsford, this network evolved into the Asiatic Brethren. These radically egalitarian lodges sought to transcend Jewish-Christian social tensions through an anti-conversionary ethos, and to fuse a "complex ideology of Jewish-Christian merger" with radical political activity.[33] But Falk's death in April 1782 derailed the project. "As to the Kabbalah," Rainsford lamented, "all is upset by the unexpected death of Dr. Falk."[34]

Now advertizing "all the secrets of Falk", Cagliostro persevered.[35] In 1785, when Catherine the Great expelled him from Russia, she denounced him in two satirical plays, "The Deceiver" and "The Deceived", the first depicting a composite mountebank, Kali-falk-gerston.[36] She accused Cagliostro of using freemasonry to attack both her finances and the political order. By advocating "a pretended equality which does not exist in nature", freemasons undermined "Christian orthodoxy and all government". They fomented "all the crimes against the human and divine laws of all world civilizations, renewing pagan ceremonies, evocations of the spirits, research for gold or the universal panacea".[37] Catherine's accusations followed Cagliostro to Paris, where

---

32 Gordon P. Hills, "Notes on Some Contemporary References to Dr. Falk, the Baal Shem of London, in the Rainsford Mss. at the British Museum", in: *Transactions of the Jewish Historical Society of England*, vol. VIII, London 1915–17, p. 124.

33 David Ruderman, *Jewish Enlightenment in an English Key: Anglo-Jewry's Construction of Modern Thought*, Princeton 2000, p. 167. Countering Schuchard, Ruderman asserts that Falk was neither intellectual enough nor friendly enough to Christianity to design this system. Nevertheless, the evidence of Falk's European presence exists; consider Gotthold Ephraim Lessing's dialogues *Ernst und Falk: Gespräche für Freimaurer*, Wolfenbüttel 1778; here, in Lessing's ambivalent dramatisation, "Ernst" is a would-be lodge member, and "Falk" an expert. Schuchard's primary assertion stands: Falk traded his services to non-Jewish radicals, and they incorporated his offerings into their thought. Whether Falk approved is secondary. Scholem suggests he did: Jewish members of the Asiatic Brethren interpreted Jesus as a Ba'al Shem comparable to thaumaturges like Shabtai Tsvi, Falk and Frank: Gershom Scholem, *Du Frankisme au Jacobinisme: La vie de Moses Dobruska, alias Franz Thomas von Schönfeld, alias Junius Frey*, Paris 1981, p. 39.

34 Hills, "Notes", pp. 124f.

35 Jacques Grot (ed.), *Lettres de [Friedrich Melchior, Baron von] Grimm à l'Imperatrice Catherine II*, St. Petersburg 1884, pp. 212f.; Schuchard, "Falk", p. 219.

36 McCalman, *Cagliostro*, p. 185.

37 About the satirical plays *Obmanshchik* and *Obolshchenyie*: Lurana D. O'Malley, "The Monarch and the Mystic; Catherine the Great's Strategy of Audience Enlightenment in The Siberian Shaman", in: *Slavic and East European Journal* 41 (1997), pp. 224–242.

he contributed to the desacralization of the French monarchy in the Affair of the Necklace. Cagliostro's defence would draw in Lord George Gordon. And Gordon's entry into the fray would end in imprisonment.

4. Gordon: Publicising the Secrets of Heaven

Even before the Riots of 1780, Gordon was notorious for political radicalism, religious enthusiasm and sexual libertinism. "They say, that from his earliest years he expressed a very zealous, if not a violent attachment to the Constitution of this country, and though of an Amorous Complexion, that he paid court to her as his darling mistress."[38] When Gordon called the Archbishop of Canterbury the Whore of Babylon, Lady Montagu quipped that "the Whore of Babylon is the only whore his Lordship dislikes".[39]

The pre-1780 disjuncture between Gordon's private sexual and religious experiments and his public avocation of Protestant conformity echoes the mentalities of Falk and Cagliostro. A conventional public performance is understood by the performer, and the initiated among his audience, as simultaneously esoteric in significance. Gordon's political innovation of the 1780s would be characterized by his repeated attempts to transform this dynamic: to explicitly publicize private doctrines, and to harmonise practice and symbolism for a renewed democratic world. In other words, his change of persona in the 1780s represents not a radical breach of his earlier identity, but a radical extension. Gordon's enemies remained despotism, court corruption, and Popery. He still used the language of religious mysticism, but now he used Britain's Protestant constitution as a weapon of European revolution.

This emerges in Gordon's defence of Cagliostro in the Affair of the Necklace. Gordon deliberately publicized a private scandal. After the arrest of Jeanne de la Motte, Cagliostro had been arrested too: the elements of the Necklace business – court intrigue, entrapment, con artistry – were his specialties. He was, though, innocent and, after nine months in the Bastille, was acquitted. Banned from France, he arrived in London in June, 1786. Previously, Cagliostro had cultivated celebrity while conducting his activities privately in salons and courts. In Britain, he discovered that the Necklace Affair had dragged him into the popular politics that would eventually break

---

38 William Vincent, "Anecdotes of the Life of Gordon", in: idem, *Plain and Succinct Narrative of the Late Riots and Disturbances*, London 1780, p. 59.
39 Reginald Blunt, *Mrs. Montague: Queen of the Blues*, vol. 1, London 1923, p. 196.

France's old regime. Pressing him into a campaign of "de-Bourbonisation", his French lawyers sued the Paris chief of police and the Bastille's governor for damages. From London, Cagliostro issued an accusatory pamphlet, a "Letter to the French People". "Somebody has asked me whether I would return to France if the ban was lifted. Certainly... provided the Bastille was turned into a public promenade; would to God it could be done... It is a fitting purpose for your parliament to work for the necessity of revolution... This revolution, so much needed, will be brought about, I prophesy it for you."[40]

Gordon appointed himself Cagliostro's protector in London. He vetted the guests arriving at Cagliostro's house in Sloane Street. When the French ambassador invited Cagliostro to the embassy in Piccadilly to discuss his return to France, Gordon took Cagliostro there in his carriage, sporting a claymore in case Cagliostro was abducted. Next, Gordon wrote an account of the episode in the "Public Advertiser".[41] Calling Cagliostro "the Friend of Mankind", Gordon accused Marie Antoinette's allies of persecuting his "innocent" friend.[42] Two days later, Gordon launched a further salvo against "the Queen's Bastille party" and its "tyrannical government". Through "insidious arts", a gang of French spies planned to kidnap Cagliostro and take him to France. This "hateful revenge and perfidious cruelties of a tyrannical Government" was intended to stifle the truth about the Necklace Affair, which had "never been properly explained to the public in France". Marie Antoinette was guilty, and the truth would "involve in guilt persons not safe to name in an arbitrary kingdom".[43]

This was the latest in a series of provocations. Gordon had already antagonized the Pitt ministry by protesting the recent Anglo-French commercial treaty, whose details Pitt had refused to make public. He had organized petitions and strikes against Pitt's proposals to raise taxes on linen cotton and shops. Now he added an international aspect to his agitations, applying the secret insights of Falk and Cagliostro to a revolutionary utopia, a pacifist, philo-Judaic fantasy of political, religious and economic justice.

In Gordon's thinking, the spread of English liberty to the Continent required three conditions. The Hebraic political inheritance, theocratic and republican, meant the normalization of Jews' legal status. Conversely, the interdependence of despotism and Catholicism meant legal discrimination against Popery. Thirdly, change could be enforced by pressuring despots at

---

40 McCalman, *Cagliostro*, p. 153.
41 *Public Advertizer*, August 22nd, 1785. See Watson, *Gordon*, pp. 70 ff.
42 Ibid., p. 72.
43 Ibid., p. 73.

their weakest point, their pockets. The legitimacy of the state derived from its traditional source, the revelation that creates covenantal nationalism; or its modern heir, theories of natural rights. Precisely because it was illegitimate, the despotic state depended upon demonstrations of power. But only large loans could fund large armies. So, while legal reform would cure the European tendency to illiberalism, economic pressure would reform the European fondness for militarism.

Here, Gordon adapted Richard Price's ideas. During the American Revolution, Price had described how the Bank of England allowed the British government to run up war debts without a collapse of its credit. The national debt allowed the King and his ministers to cultivate corruption, to "so scandalous a degree that, if his Majesty should now chuse to promote his postilion, or (with the Roman emperor) his Horse to the office of First Lord of the Treasury, his neigh would be attended by as great a majority as that which now follows the heels of the present noble Lord in possession".[44] Without the Bank to back up the currency, the "whole frame of government would fall to pieces, and a state of nature would take place".[45]

"The gold and silver in England does not exceed twenty millions sterling," concurred Gordon, "and as there are more than two hundred millions of paper in circulation among us, admitting, for the sake of hypothesis, that the different banks possess all the bullion in the nation, it is clear they cannot pay two shillings in the pound."[46]

A run on the currency could force Pitt's government to abandon fiscal-military policies. Applying Price's American critique to Europe, Gordon wrote to prominent London Jewish bankers, including Falk's friends Elias Lindo and Benjamin Goldsmid. He urged them to punish the Pitt government's complicity with "Philistine" absolutism by withholding bank credits.[47] Next, Gordon distributed a "variety of papers on finance" among various "Jews in England and Holland": the Goldsmids, Boas, Salomon and Lindo families, patrons of Falk, speculative freemasonry, and political reform. So long as "Ministers could borrow with facility, the war system would never cease". Gordon wanted "to shew the incapacity of them all to pay".

---

44 Richard Price/Horne Tooke, *Facts Addressed to the Landholders, Stockholders, Merchants, Farmers, Manufacturers, Tradesmen, etc.*, London 1780, p. 114.
45 Richard Price, "Two Tracts on Civil Liberty, the War with America and the Debts and Finances of the Kingdom" (1778), in: idem, *Political Writings*, ed. David O. Thomas, Cambridge 1991, p. 59.
46 Watson, *Gordon*, pp. 75 f.
47 George Gordon, *Copy of a Letter from Lord George Gordon to Elias Lindo, and the Portuguese; and Nathan Salomon, and the German Jews*, London 1783.

Every government in Europe was "on the eve of bankruptcy".[48] Gordon underestimated the Bank of England, which sustained the debt load of the Seven Years' War and the American war, but the French case would shortly vindicate his insistence that fiscal failure would open the path to political reform.[49]

Meanwhile, Gordon's domestic activities became increasingly daring. In October 1786, after Joseph II of Austria attacked Holland, Gordon rallied thousands of unemployed sailors as Protestant volunteers for the Dutch. This forced Pitt's government to seal the ports before Gordon could launch his crusade and drag Britain into war with Austria. Instead, Gordon contented himself by castigating Joseph in print, and complaining that the English court continually loaded him with "reproaches, insults and injuries" because he "loved the Jews".[50] Next, with the first transport of prisoners to Botany Bay scheduled for January 1787, Gordon issued "The Prisoners' Petition", a long plaint against capital punishment, transportation, and a government that abandoned the religious foundations of law and mercy.

We look with concern and abhorrence on the bloody hue of the felony laws, and the frequent executions in England in this reign, under a nominal system of justice, since the time our eyes have been opened to the expectation of salvation, pardon, expiation, and deliverance in this world, through the divine providence, justice and mercy of GOD's holy law, in favour of our cases, annulling the rigour of our sentences, and in arrest of the perverted judgments pronounced upon us. It would be blasphemy to compare the laws of GOD, or to set up the rebellious judgments of men against the decree of the Almighty.[51]

Gordon's liberty now rested on a narrow base. He no longer had the support of City aldermen, middle-class Dissenters, or the London mob. Instead, he had allied publicly with the Jews, and begun to behave like one too. Summoned in spring 1786 to testify in a case of a contested will, Gordon refused to take an Anglican oath. The Archbishop of Canterbury responded by excommunicating Gordon from a church from which he had never be-

---

48 Watson, *Gordon*, p. 75.
49 Katherine Norberg, "The French Fiscal Crisis of 1788 and the Financial Origins of the Revolution of 1789", in: Philip Hoffman / Katherine Norberg (eds.), *Fiscal Crises, Liberty and Representative Government, 1450–1789*, Stanford 2002, pp. 253–298.
50 Gordon to Joseph II (August 10th, 1785), in: Israel Solomons, "Lord George Gordon's Conversion to Judaism", in: *Transactions of the Jewish Historical Society of England*, vol. VII, London 1915, pp. 222–271, at pp. 229 f.
51 George Gordon, *The Prisoners' Petition to the Rt. Hon. Lord George Gordon*, London 1786), in: Joseph Gurney (ed.), *Whole Proceedings of Two Trials Exhibited ex Officio by the King's Attorney-General Against George Gordon, Esq., Commonly Called Lord George Gordon*, London 1787, p. 31.

longed.[52] When Gordon had agitated in the language of Protestant nationalism, he had summoned a mass movement. But when he campaigned on Jewish and international issues, he gained few followers. He advertised both the secrets of Heaven and the secrets of despotic finance. The public failed to note the direction in which the finger of God was pointing. This left him fatally exposed.

To this unreasonable and imprudent step must be attributed his future degradation; for it was literally signing his political death. Nothing could have given greater satisfaction at St. James', nor have tended more to estrange to affections of the people. A thousand idle stories were trumpeted up, and all the ministerial engines set in motion. He who had equally braved the threats and allurements of Courts, was represented by some as hypocritical, turbulent, and ambitious; whilst others imputed his conversion to mental derangement.[53]

The Pitt government sued Gordon for libelling Marie Antoinette and the French ambassador, and for inciting convicts in "The Prisoners' Petition". Gordon defended himself. Marie Antoinette, he announced, was already "vilified in all the streets of Paris". How could he libel someone who had already prostituted her reputation? "Everybody knows that the Queen of France is a very *convenient* lady. She is as great a whore as the Empress of Russia!"[54]

He lost. Awaiting sentence, Gordon absconded to Amsterdam. Feted by "all the principal Revolutionists", he issued a pornographic pamphlet against Marie Antoinette, Catherine the Great, and Britain's attorney-general, Pepper Arden.[55] Under French pressure, the magistrates of Amsterdam gave him twenty-four hours to leave. An infantry picket marched him onto a ship bound for Britain.[56] On July 22nd, 1787, Gordon set foot at Harwich, and disappeared.[57] In December, he was arrested in the Jewish slum in Birmingham, where he had been living incognito as a Jew, under the name Israel bar Abraham Gordon. On January 28th, 1788, a bedraggled, bearded Gordon was

---

52 See Philo Veritas, *A Letter to his Grace the Lord Archibishop of Canterbury, Occasioned by the Excommunication of the Right Honourable Lord George Gordon*, London 1786.

53 Watson, *Gordon*, p. 77.

54 Ibid., p. 81; Archives du ministère des affaires étrangères, Paris, Correspondance Politique, Angleterre, 560, Barthélemy to Breteuil ff.160–165; La Luzerne to Montmorin, London, 28 January 1788: CPA 564, f. 139. Barthélemy reported these words as "too delicate to be repeated" in the London newspapers.

55 George Gordon, *Letter from George Gordon to the Attorney-General of England*, London 1797.

56 *Annual Register* XXIX (1787), p. 246.

57 *Walker's Hibernian Magazine*, Dublin 1787, p. 498.

sentenced to five years in Newgate and fined £ 500. Furthermore, after completing his sentence, he would have to find securities totalling £15,000. This was a death sentence in all but name.

5. Gordon, Grégoire and Burke: Reflections on the Revolution

In July 1789, the thunder predicted by Falk, and desired by Cagliostro and Gordon, broke amid fiscal collapse and the calling of the Estates-General. When Gordon heard of the fall of the Bastille, he wrote to the National Assembly. The French had "succeeded in their endeavours to regenerate their constitution". He had been imprisoned as a favour to the old regime. Might he be released as a favour to the new one?[58]

"I have been unable to answer you sooner," Abbé Grégoire replied the following February, "because at the time you wrote to the Assembly, and when I was one of its secretaries, it could not take cognizance of any particular business, and had not then appointed a Committee of Reports." Now that the Committee existed, it dismissed Gordon's plea on technical grounds. As a foreigner in a British prison, he must "apply for redress to the tribunal of that kingdom".[59] Expecting no redress from an English court, but encouraged by visits from "several eminent revolutionists", Gordon pursued the correspondence.[60] "What, Gentlemen!" he mocked, "are the powers of France diminished under the National Assembly and the new constitution? Has the arm of your Monarch become withered in the department of foreign affairs, in the very moment of regeneration?" The revolution was young enough for Gordon to the appeal to hereditary principle. "Is the Duke of Gordon's brother intended to be made an example to the courts of Europe of the want of power in the National Assembly?" He reminded the Assembly that he was a martyr to *liberté*. "You now sleep safely in your beds, free from the terrors of the Bastille, and the *lettres de cachet*, to disturb you; and can you, without emotion, suffer me to be locked up with murderers and transports in Newgate?"[61] A year passed before Grégoire replied. "I had no good news to

---

58 Gordon to the Assembly (July 23rd, 1789), in: Watson, *Gordon*, pp. 91 f. For the British government, Lord Grenville requested that the French deny Gordon's request: *Gentleman's Magazine* LXXIV (1793), p. 1057.
59 Grégoire to Gordon (February 24th, 1790), and Committee to Gordon (encl.), in: Watson, *Gordon*, pp. 93 f.
60 *Gentleman's Magazine* LXXIV (1793), p. 1057.
61 Gordon to Grégorie (March 1790), in: Watson, *Gordon*, p. 96.

give you about the intention of the National Assembly", the Abbé explained. "You may have seen your letter to the Committee printed in many of our patriotic journals... I wish you as much happiness as you can wish yourself."[62] Privately, Grégoire called Gordon "ce fou", that madman.[63] Still, Grégoire and Gordon shared a great deal. Both wanted to create a republic tolerant of Jews; one Protestant, the other Catholic. Both identified true Christians with true patriots, described the revolutionary dead as "martyrs", and admired the secularized covenantal theology of the American revolutionaries.[64]

In this sense, both were targeted by Edmund Burke in "Reflections on the Revolution in France" – Gordon explicitly, and Grégoire implicitly in Burke's premonition that the Civil Constitution of the Clergy was a step towards atheism. The cues for revolution, Burke warned, had "so often been given from pulpits". Fearing a return to the sectarianism of seventeenth-century England, Burke strained to inoculate British discourse against zealotry. His first target was Richard Price, who had praised the French Revolution at the Dissenters' meeting-house in Old Jewry, hard by the Bank of England. Burke accused Price of speaking in the spirit of two "old Jewries". One was "the pulpit of the Old Jewry": the Hebraic god and the Hebraic character as vindictive and intolerant. The other was "the spurious Revolution principles of the Old Jewry": those vindictive, intolerant Hebraists who had decapitated Charles I.

Of Irish Catholic background, Burke understood acutely the link between English Hebraism and the Protestant loathing of Papists. Where Gordon saw the finger of God pointing to an open-ended republican Hebraism, Burke saw tyrannical bigotry. Price's variation on Old Jewry must remain "alien to our soil". Criticizing the Bishop of Paris for tinkering with the metaphysics of constitutional rights, Burke promised that the English would not stand for such speculations.

We have Lord George Gordon fast in Newgate; and neither his being a public proselyte to Judaism, nor his having, in his zeal against Catholic priests and all sorts of ecclesiastics, raised a mob (excuse the term, it is still in use here) which pulled down all our prisons, have preserved to him a liberty, of which he did not render him-

---

62 Grégoire to Gordon (July 4th, 1791), ibid., p. 112.
63 Grégoire to J.D. Reuss (March 5th, 1806), in: Hans W. Debrunner, *Grégoire l'Européen: Kontinentale Beziehungen Eines Französischen Patrioten*, Salzburg 1997, p. 211, n. 3.
64 Dale van Kley, "Grégoire's Quest for a Catholic Republic", in: Jeremy D. Popkin/Richard H. Popkin (eds.), *Abbé Grégoire and his World*, Dordrecht 2000, pp. 71–107, at p. 93. See also Alyssa Goldstein Sepinwall, "A Friend of the Jews?: The Abbé Grégoire and Philosemitism in Revolutionary France", in: Jonathan Karp/Adam Sutcliffe (eds.), *Philosemitism in History*, Cambridge 2011, pp. 111–127.

self worthy by a virtuous use of it. We have rebuilt Newgate, and tenanted the mansion. We have prisons almost as strong as the Bastille, for those who dare to libel the queens of France. In this spiritual retreat, let the libeller remain. Let him there meditate on his Thalmud, until he learns a conduct more becoming his birth and parts, and not so disgraceful to the ancient religion to which he has become a proselyte; or until some persons from your side of the water, to please your new Hebrew brethren, shall ransom him ... Send us your popish Archbishop of Paris, and we will send you our protestant Rabbin.[65]

"Reflections on the Revolution" argued for stable categories and traditions as a fortress against "the spirit of change" and the "total contempt which prevails with you, and may come to prevail with us, of all ancient institutions". The English must not "ape the fashions" of the despotic Continent. Burke analogized its "political theologians and theological politicians" to "Jew brokers contending with each other who could best remedy with fraudulent circulation and depreciated paper the wretchedness and ruin brought on their country by their degenerate councils". They would drive down the price of virtue. "The next generation of the nobility will resemble the artificers and clowns, and money-jobbers, usurers, and Jews, who will always be their fellows, sometimes their masters. Believe me, Sir, those who attempt to level, never equalize."[66]

Here Burke engaged in some ideological smuggling of his own. In the development of Anglophone anti-Jewish discourse, "Reflections on the Revolution" echoes a discursive shift already accomplished by Voltaire, Diderot and d'Alembert. The move from theological anti-Judaism to quasi-historicist politics changed the enemy from a creedal group to an organic, biological one.[67] For Burke, Lord George Gordon was the pivot of this shift. As Joseph de Maistre and Friedrich Gentz would show, "Reflections" would become a touchstone of European conservatism. The interweaving of *histoire croisée* is complete: Gordon updated his religious politics with European influences, Burke denounced them as alien to Britain, and Burke's European heirs exported Burke's plaint into their own rejection of the French Revolution.

---

65 Burke, *Reflections on the Revolution*, p. 338.
66 Ibid., pp. 70–72.
67 Zeev Sternhell, *The Anti-Enlightenment Tradition*, New Haven 2010, pp. 195, 197; and Frank de Bruyn, "Anti-Semitism, Millenarianism and Radical Dissent in Edmund Burke's 'Reflections on the Revolution in France'", in: *Eighteenth-Century Studies* 34 (2001), pp. 577–600.

6. Gordon after and against Burke

Though Burke's image of the Protestant Rabbin was as hyperbolic as the rest of "Reflections", his characterization of Gordon as a zealot infused with Continental influences is accurate. Furthermore, unlike Burke or Grégoire, Gordon did not revise his ideas in response to the French Revolution. Rejecting Grégoire's plans to regularize Jewish status through enforced universality, Gordon advocated a Burkean discrimination between "equalizing" and "levelling". As Gordon's last pamphlet indicates, he retained his covenantal vision. By remaining still as the world moved, Gordon shifted from Whig radical to proto-conservative.

In June 1792, Gordon published a letter to Baron de Alvensleben, Hanoverian ambassador to Britain. Gordon attacked three targets. Two were British reactions to the French Revolution. The first was the Catholic Relief Act (1791), through which the Pitt government courted Catholic loyalty as a buttress against revolution. The second was the Association of Liberty and Property against Republicans and Levellers. Its leader, the London lawyer John Reeves, accused British radicals as "domestic traitors" systematically conspiring to overturn the "laws, constitution and government, and every existing establishment, civil or ecclesiastical", and demanded that they take oaths of loyalty to George III.[68] Linking the repression of dissent to Catholic emancipation, Gordon deployed a classic John Bull trope: "the people have really, for a long time, almost the whole of this reign, be grievously imposed upon, deluded, and nearly betrayed out of their Constitution and Liberties"; while Gordon had left Presbyterianism, Presbyterianism had yet to leave Gordon. Gleefully, he predicted "a convulsive crisis for the Crown, on the model of France".[69]

Gordon's third target was radical egalitarianism. This demonstrated his divergence from the younger generation of radicals sympathetic to the French experiment. If the British Jacobins sowed absolute equality, they would reap "the seeds of religious discord", and taste the "bitter fruits" of Catholic radicalism. The British radicals had announced a Declaration of Rights that, paraphrasing Benjamin Franklin, offered to all "the full enjoyment of political liberty", and "an actual share, either to legislation itself, or in electing some one of those who are to frame the laws". Gordon observed that this

---

68 *First Report of the Committee of Secrecy of the House of Commons*, London 1795, p. 5.
69 George Gordon, *Letter from Lord George Gordon in Newgate to Baron de Alvensleben*, London 1792, p. 2.

meant suspending the Act of Settlement (1689), the Test Acts (1673 and 1678), and the Corporation Act (1661). Radical egalitarianism implied the "subversion of the British constitution". By fully emancipating Catholics, it would create "anarchy and civil war".[70] It would also lead to intermarriage between Catholics and Protestants. This was directly contrary to the divine writ. Quoting the Biblical prohibition of "intermarriages and forbidden connections", Gordon, like Rousseau, cited Moses to defend "exclusion" as the basis of organic nationalism.[71] The "wise and wholesome provisions of the Divine Policy" were the constitutional foundations of the British state.

All the surrounding nations have also proceeded on the same model of exclusion, to preserve the peace and order of their Society, whether Popish as in France, or Protestant as in Holland. The hostile principle of the "Declaration of Rights" being once admitted and incorporated in France, the hedges were plucked up, the Roman Catholic ascendancy was levelled, and the ancient arbitrary Constitution was happily subverted; but in England and Ireland, were the rebellious principles of the "Declaration of Rights" to be admitted and incorporated by the Legislature, the Protestant ascendancy would be levelled and rooted out, and arbitrary power and Popery might be restored again... So what were good an expedient means to destroy the French tyranny, would be very dangerous and treasonable projects to reform our Parliament.[72]

The resemblance between Gordon and the Burke of "Reflections" reflects the family feud over the radical Whig inheritance. Gordon is its illegitimate progeny: not the Burkean good son of parliamentary liberalism and conservatism, but the forebear of the anti-Catholic Ultras of the 1820s, or even the fanatic host of nineteenth- and twentieth-century nationalists. Piously avoiding intermarriage and forbidden connections biological and ideological, his covenantal nation follows the finger of God. Gordon failed to create a populist politics with his European imports. Nevertheless, he enacted a modern ideological politics before the French Revolution, and precociously theorized the kind of political religion that would typify nationalist politics after 1789.

---

70   Ibid., pp. 5, 3.
71   Anthony D. Smith, *The Nation in History. Historiographical Debates about Ethnicity and Nationalism*, Hanover (New England) 2000, p. 8.
72   Gordon, *Letter to Alvensleben*, p. 5.

7. Methodological implications

Many aspects of Georgian Britain can be quarantined as British, and even isolated further as English, Scottish or Irish. But Gordon's story is not one such. Like a miner with dynamite, Gordon inserted explosive matter into the gaps between local and international identities, and literal and pragmatic interpretations of the law. Without transnational histories (Jewish, occult, radical), his later life cannot be narrated. Biography might not be suited to all cases, but in this complex case, it has proved to be methodologically stable and flexible. So its methodological implications can be seen as those of biography in particular, and narrative in general.

Biography balances the personal and the general. Hence it reconciles cultural transfer and *histoire croisée* as complementary modes of narrative. To narrate a biographical strand or a cultural transfer, we confine the semantic and symbolic sense of our material. Conversely, to contextualize our narrations of cultural transfer we expand the semantic and symbolic potential of the evidence, and thus develop the interweavings of *histoire croisée*. By generalizing individuality into social phenomena, this depersonalizes. "A town or a landscape from afar off is a town and a landscape," Pascal suggests, "but as one approaches it becomes houses, trees, tiles, leave, grass, ants, ants' legs, and so on *ad infinitum*. All that is comprehended in the word *landscape*."[73] In narrative terms, this describes *histoire croisée* as a product of the feedbacks of cultural transfer, and it implies a more elaborate meta-narrative. Yet Gordon's case shows that, despite these depersonalizing narrative and analytical burdens, a biographical *histoire croisée* can reconstruct the individual as actor in intellectual or cultural history. Furthermore, if we define "Vergleich" (comparison) as a method of analysis, not a mode of narration, then it too can be incorporated into biography without methodological complications. Always a silent partner in historical narrative, in narrow or broad focus "Vergleich" is the primary method of contextualization and interpretation.

It may be surprising to read that biography, the oldest form of historical narrative, is ideally suited to more recent iterations. But biography has already accommodated gods, heroes, saints, poets, tyrants, and even voices from below. The challenge, then, is technical, not philosophical. The biographer must control the narrative focus, shifting between individual and social

---

73 Blaise Pascal, "Diversity", in: idem, *Pensées*, trans. Hugh F. Stewart, New York 1965, p. 35.

so that cultural transfers are both personal and contextual; this too is the unspoken ontology of *histoire croisée*. Poaching in an adjoining field, we might also consider how novelists handle similar dilemmas, and experiment with adapting their techniques to historical narrative and analysis. The value of biography to our current methodological preoccupations depends not on the elasticity of the form, but the ingenuity of our narratives.

Ekaterina Emeliantseva

Mystical Non-Conformism and Transgression of Religious Boundaries in Eastern Europe

Warsaw Frankists and St. Petersburg's Tatarinova Circle
in the Early 19th Century

1. A Micro-Historical Comparative Approach to Religious Non-Conformism

The issue of the production and transgression of religious boundaries is one of the central means for understanding multicultural societies in Eastern Europe, and it is an issue that has been studied intensively in recent decades.[1] Little attention, however, has been paid to the potential of historical comparison.[2] The strong scepticism towards comparisons in cultural history that was dominant in previous decades, though, is fading with the changed view of historical comparisons in recent historiography.[3] Nevertheless, there

1 Cf., for example, Israel Bartal et al. (eds.), *Jews and their Neighbours in Eastern Europe since 1750*, Oxford 2012; Howard Louthan et al. (eds.), *Diversity and Dissent. Negotiating Religious Difference in Central Europe, 1500–1800*, New York 2011; Glenn Dynner (ed.), *Holy Dissent. Jewish and Christian Mystics in Eastern Europe*, Detroit 2011; Adam Teller et al. (eds.), *Social and Cultural Boundaries in Pre-Modern Poland*, Oxford 2010; Stefan Rohdewald et al. (eds.), *Litauen und Ruthenien: Studien zu einer transkulturellen Kommunikationsregion (15.–18. Jahrhundert)*, Wiesbaden 2007; Jörg Deventer (ed.), *Konfessionelle Formierungsprozesse im frühneuzeitlichen Ostmitteleuropa: Vorträge und Studien*, Leipzig 2006; Paul Werth, *At the Margins of Orthodoxy: Mission, Governance, and Confessional Politics in Russia's Volga-Kama region, 1827–1905*, Ithaca (New York) 2002.
2 Recent studies focus rather on cultural transfer and inter-connectedness. Cf. Dynner (ed.), *Dissent*.
3 Heinz-Gerhard Haupt / Jürgen Kocka, "Historischer Vergleich: Methoden, Aufgaben, Probleme. Eine Einleitung", in: idem (ed.), *Geschichte und Vergleich. Ansätze und Ergebnisse international vergleichender Geschichtsschreibung*, Frankfurt a. M. 1996, pp. 9–45, at p. 34; cf. Heinz-Gerhard Haupt / Jürgen Kocka, "Comparison and Beyond: Traditions, Scope, and Perspectives of Comparative History", in: Heinz-Gerhard Haupt / Jürgen Kocka (eds.), *Comparative and Transnational History. Central European Approaches and New Perspectives*, New York 1996, pp. 1–30, at pp. 17f; Jakob Hort, "Vergleichen, Verflechten, Verwirren. Vom Nutzen und Nachteil der Methodendiskussion in der wissenschaftlichen Praxis: Ein Erfahrungsbericht", in: Agnes Arndt et al. (eds), *Vergleichen, verflechten, verwirren? Europäische Geschichtsschreibung zwischen Theorie und Praxis*, Göttingen 2011, pp. 319–341, at p. 327.

is still a dearth of comparative studies which focus on cultural phenomena on a micro-level, and which take seriously individual actors and their life-worlds.[4] This article aims at contributing to the field by comparing two cases of transgression of religious boundaries: it focuses on two groups that challenged traditional religious identifications, within the liminal space between Judaism, Jewish Mysticism and Polish Catholicism on the one hand, and between Russian Orthodoxy and popular deviant Russian and Western European mysticism on the other. With this comparison, I am not aiming to contrast or to universalise the two cases,[5] but pursue instead what Natali Zemon Davis called a "decentralising comparison" based on the micro-historical analysis of case studies.[6] The focal point of my comparison will be a particular aspect: namely, the simultaneous commitment of those non-conformists to the dominant church and religious tradition of their surroundings, and also to their own peculiar religious practice and socialising. This type of comparison does not aim at establishing a clearly defined typology and at locating particular cases along the axes of proximity to the norm or ideal type. Instead, it opens up an opportunity to question and to modify the grand narratives with the comparison of "marginal", "non-representative", "non-normal", "peripheral" cases.[7]

---

4   Ekaterina Emeliantseva, "Historischer Vergleich und lebensweltlich orientierte Geschichts-schreibung – Ein möglicher Weg zu einer integrierten Geschichte Europas", in: H-Soz-u-Kult, 6.4.2005, <http://hsozkult.geschichte.hu-berlin.de/forum/id=623&type=artikel> [11.3.2011]. Cf. Christine Mayr, *Zwischen Dorf und Staat. Amtspraxis und Amtsstil fran-zösischer, luxemburgischer und deutscher Landgemeindebürgermeister im 19. Jahrhun-dert. Ein mikrohistorischer Vergleich*, Frankfurt a. M. 2006; Norbert Franz, *Durchstaat-lichung und Ausweitung der Kommunalaufgaben im 19. Jahrhundert: Tätigkeitsfelder und Handlungsspielräume ausgewählter französischer und luxemburgischer Landgemeinden im mikrohistorischen Vergleich (1805–1890)*, Trier 2006; Jacques Revel (ed.), *Jeux d'échelles. La mirco-analyse à l'expérience*, Paris 1996; Michael Werner, "Maßstab und Untersuchungs-ebene. Zu einem Grundproblem der vergleichenden Kulturtransfer-Forschung", in: Lothar Jordan/Bernd Kortländer (eds.), *Nationale Grenzen und internationaler Austausch. Stu-dien zum Kultur- und Wissenschaftstransfer in Europa*, Tübingen 1995, pp. 20–33; Bernard Lepetit, "Architecture, géographie, histoire. Usages de l'échelle", in: *Genèses* 13 (1993), pp. 118–138; Michael Werner/Bénédicte Zimmermann, "Vergleich, Transfer, Verflech-tung. Der Ansatz der Histoire croisée und die Herausforderung des Transnationalen", in: *Geschichte und Gesellschaft* 28 (2002), pp. 607–636.
5   On the traditional differentiation between the "contrasting type" and "universalizing type" of historical comparison, see Haupt/Kocka, Comparison, pp. 2 f.
6   Hans Medik, "Entlegene Geschichte? Sozialgeschichte und Mikro-Historie im Blick-feld der Kulturanthropologie", in: Berliner Geschichtswerkstatt (ed.), *Alltagskultur, Sub-jektivität und Geschichte. Zur Theorie und Praxis von Alltagsgeschichte*, Münster 1994, pp. 94–105, at pp. 102–105.
7   Ibid.

With regard to religious non-conformism in 18th and 19th century Eastern Europe, it is the grand narrative of the transformation of religion in the modern world that is to be addressed here through a decentralising micro-comparison. First, primarily associated with the decline of religion, with secularisation and rationalisation, this narrative has been revisited by scholars exploring processes of fragmentation and privatisation of faith that have intensified since the eighteenth century in various forms across Europe.[8] In Western Europe, this process was marked by both the distancing of social groups from the church and an increasing indifference towards issues connected to the religious bestowal of sense. Also, it was accompanied by a simultaneous intensification of religious conservatism, which rejected the Enlightenment's criticism of religion and church. The 18th and 19th centuries were ages not only of enlightenment and scientific progress, but also of religious enthusiasts. These were the ages of Pietists and Herrnhuters, of Methodists and inspired congregations of radical pietism, and of mystics. Similar developments, though in other forms, can be observed in Eastern Europe, too. In Russia, the anti-enlightenment opposition of the monastic clergy in response to the secularisation carried out by Catherine the Great in the second half of the 18th century was the breeding ground for the religious awakening that Russia experienced during this period.[9] This was a period that witnessed not only the revival of Eastern Orthodox monastic spirituality but also the rapid spread of dissenters of various origins – the dynamics within the Old-Belief which Aleksandr Lavrov described as a kind of "confessionalisation".[10] This was also the era of the flourishing of mystical freemasonry in Russia together with an interest in various kinds of West-European mysticism among those

---

8 Friedrich Wilhelm Graf, *Die Wiederkehr der Götter: Religion in der modernen Kultur*, 2nd ed., Munich 2004. For the process of fragmentation and privatisation of faith in Western Europe, see Kaspar von Greyerz, *Religion und Kultur: Europa 1500–1800*, Göttingen 2000.

9 Cf. Laura Engelstein's addressing of some parallels in the development of the religious culture in Western Europe and Russia in the nineteenth century. Laura Engelstein, "Holy Russia in Modern Times: An Essay on Orthodoxy and Cultural Change", in: *Past and Present* 173 (2001), pp. 129–156; Olga Tsapina, "Secularization and Opposition in the Time of Catherine the Great", in: James E. Bradley and Dale K. Van Kley (eds.), *Religion and Politics in Enlightenment Europe*, Notre Dame (Indiana) 2001, pp. 334–389; cf. Elena A. Vishlenkova, *Religioznaia politika: oficial'nyi kurs i "obshchee mnenie" Rossii aleksandrovskoi epochi* [Religious Politics: The Official Course and the "Common Opinion" in Russia of the Age of Aleksandr], Kazan 1997.

10 Aleksandr S. Lavrov, *Koldovstvo i religiia v Rossii, 1700–1740gg.* [Sorcery and Religion in Russia, 1700–1740], Moscow 2000, pp. 60–74. On new forms of spirituality such as spiritual eldership and hesychasm, see Irina Paert, *Spiritual elders. Charisma and Tradition in Russian Orthodoxy*, DeKalb 2010. On non-conformist religiosity of the Christ-Faith believers and Skoptsy see below, note 18.

segments of the educated society disillusioned with enlightened rationalism and also somewhat sceptical of the established Church.[11] For Eastern European Jewry, recent historiography has observed a similar process of differentiation and privatisation of traditional religiosity as a reaction to the changing surroundings.[12] The emergence of new forms of messianic spirituality amongst Sabbathian mystics since the mid-17th century,[13] the Frankist radical attempts to accommodate to the change by stepping outside the traditional order and the more moderate spiritual Hassidic reformist movement[14] in the second half of the 18th century, the formation of the Jewish Orthodoxy in the wake of the Haskala, the Jewish Enlightenment,[15] different forms of ac-

11   On freemasonry in Russia, see Douglas Smith, *Working the Rough Stone. Freemasonry and Society in Eighteenth-Century Russia*, DeKalb 1999; Andrei I. Serkov, *Istoriia russkogo masonstva XIX veka* [The History of the Russian Freemasonry in the 19th Century], St. Petersburg 2000; cf. Rafaella Faggionato, "From a Society of the Enlightened to the Enlightenment of Society: The Russian Bible Society and Rosicrucianism in the Age of Alexander I.", in: *Slavonic and East European Review* 79 (2001), pp. 459–487. For the spread out of Western European mystics in the early 19th century, see Aleksandr N. Pypin, *Religioznye dvizheniia pri Aleksandre I.* [Religious movements under Aleksandr I.], St. Petersburg 2000 (1916); Heiko Haumann, "'Das Land des Friedens und des Heils.' Russland zur Zeit Alexanders I. als Utopie der Erweckungsbewegung am Oberrhein", in: *Pietismus und Neuzeit* 18 (1992), pp. 132–154; cf. Olga A. Tsapina, "The Image of the Quaker and Critique of Enthusiasm in Early Modern Russia", in: *Russian History* 24 (1997), pp. 215–277.

12   Gerhard Lauer, "Die Konfessionalisierung des Judentums. Zum Prozess der religiösen Ausdifferenzierung im Judentum am Übergang zur Neuzeit", in: Kaspar von Greyerz et al. (eds.), *Interkonfessionalität – Transkonfessionalität – binnenkonfessionelle Pluralität. Neue Forschungen zur Konfessionalisierungsthese*, Heidelberg 2003, pp. 250–283; Michael Driedger, The "Intensification of Religious Commitment: Jews, Anabaptists, Radical Reform, and Confessionalization", in: Dean Phillip Bell / Stephen G. Burnett (eds.), *Jews, Judaism, and the Reformation in Sixteenth-Century Germany*, Leiden 2006, pp. 269–299; Dean Philip Bell, "Confessionalization in Early Modern Germany: A Jewish Perspective", in: Christopher Ocker et al. (eds.), *Politics and Reformations: Histories and Reformations*, Leiden 2007, pp. 345–372; Debra Kaplan, "Confessionalization and the Jews: Impacts and Parallels in the City of Strasbourg", in: Louthan et al. (eds.), *Diversity and Dissent*, pp. 137–152.

13   Ada Rapoport-Albert, *Women and the Messianic heresy of Sabbatai Zevi, 1666–1816*, Oxford 2011; Paweł Maciejko, *The mixed multitude: Jacob Frank and the Frankist movement, 1755–1816*, Philadelphia 2011.

14   Moshe Rosman, *Founder of Hasidism: A quest for the historical Ba'al Shem Tov*, Berkeley 1996; Marcin Wodziński, *Haskalah and Hasidism in the Kingdom of Poland: A History of Conflict*, Oxford 2005; idem, *Hasidism and Politics: The Kingdom of Poland, 1815–1864*, Oxford 2011.

15   Cf. Shmuel Feiner, *The Origins of Jewish Secularization in Eighteenth-Century Europe*, Philadelphia 2011; idem, *Haskala – jüdische Aufklärung: Geschichte einer kulturellen Revolution*, Hildesheim 2007.

culturation – all these phenomena attest to the joint Jewish and non-Jewish way into modern society with its transformed sense of religious belonging.

In this article, I will analyse more closely the general process of the fragmentation of faith in Eastern Europe by focusing on two non-conformist religious groups: the converted Jews from Warsaw inspired by the eccentric religious leader Jakob Frank (1726?–1790) and the St. Petersburg mystical circle of the prophetess Ekaterina Tatarinova (1783–1856). These cases display sufficient similarities in terms of religious and social practice to allow for a partial micro-historical comparison.[16] In spite of all the differences between the two cases, and between the larger religious movements to which they were connected (the Frankists[17] and the Christ-Faith[18]), the following aspects allow for a partial comparison. (1) Concerning the form and the content of their belief, both groups were strongly influenced by eschatological (and, in the case of the Warsaw Frankists, also messianic) expectations. Both movements rejected in a more or less pronounced form the written tradition of the respective religion. They also never developed any tight doctrine, but were influenced by a number of different religious mystical traditions. The orally transmitted teachings of their spiritual leaders constituted the core of their beliefs, which were in both cases always in flux. (2) Their religious practice was confined to mystical experiences, accompanied by ecstatic rites. (3) In terms of social organisation, they challenged the traditional hierarchies by allowing for a more active participation of women in religious practice. Their initial teachings also challenged traditional marriage and crossed the social boundaries. (4) Most intriguingly, both movements and the particular groups simultaneously adhered to the ruling church and were also committed to their own religious group. Traditionally, those groups were classified as the so-called "crypto-groups", which practise their true personal beliefs in private only and adhere to the dominant church nominally just for practical reasons.[19] So the traditional view of such groups was the differentiation

---

16 On micro-historical comparison, see Emeliantseva, "Vergleich"; cf. Revel, "Jeux"; Werner, "Maßstab"; Lepetit, "Architecture"; Werner / Zimmermann, "Vergleich".

17 Maciejko, *Multitude*; Jan Doktór, Śladami mesjasza-apostaty. Żydowskie ruchy mesjańskie w XVII i XVIII wieku a problem konwersji, Wrocław 1998.

18 John E. Clay, *Russian Peasant Religion and Its Repression: The Christ-Faith (Khristovshchina) and the Origins of the "Flagellant" Myth, 1666–1837*, Ph.D. diss, Chicago 1989; Aleksandr A. Panchenko, *Khristovshchina i skopchestvo: fol'klor i tradicionnaia kul'tura russkikh misticheskikh sekt* [Christ-Faith and Skoptsy-Faith: Folklore and the Traditional Culture of the Russian Mystical Sects], Moscow 2002.

19 For a critical discussion of the term "crypto-religious", see Maurus Reinkowski, "Hidden Believers, Hidden Apostates: The Phenomenon of Crypto-Jews and Crypto-Christians in the Middle East", in: Dennis Washburn / Kevin Reinhard (eds.), *Converting Cultures. Religion, Ideology and Transformations of Modernity*, Leiden 2007, pp. 409–433.

between the true, inner, and the formal, external belief and social commitment. It is this special condition that is the focus of analysis and comparison here: namely, the strategy of the groups' everyday behaviour that I conceptualise as *situational religiosity* and its political significance. The members of these groups did not have a subjective sense of religious belonging that was one-dimensional, all-embracing and constant. Rather, their diverse identities as members of a private religious circle or as members of an official church would differ greatly, depending on a given social context – from domestic life to friendship, business, or religious practice. In what follows, I shall first outline the concept of *situational religiosity* in relation to the social profile of both groups, which will then allow for an elaboration and comparative contextualisation of the groups' everyday behaviour.

2. Situational Religiosity: Everyday Strategies of Religious Non-Conformists

The concept of *situational religiosity* was inspired by the idea of situational and fragmented self-identification as elaborated for ethnic groups[20] and applied by some German researchers to German-Jewish life in the late nineteenth century.[21] Already at the beginning of the twentieth century, the Russian philosopher and historian of religion, Lev Karsavin, stressed in his work on medieval religiosity in Italy that the religiosity of people has to be seen – contrary to religion – as a "subjective side of religion" which is always in flux.[22] However, the sociological origins of the notion of *situational religiosity* – the significance of the social situations for the analysis of religious practice – can be traced back to the work of the British anthropologist Edward Evan Evans-Pritchard in the mid-1930s. In his monograph on the African

20 Ronald Cohen, "Ethnicity: Problem and Focus in Anthropology", in: *Annual Review of Anthropology* 7 (1978), pp. 379–403; Jonathan Y. Okamura, "Situational ethnicity", in: *Ethnic and Racial Studies* 4 (1981), pp. 452–465; Frederik Barth, "Introduction", in: idem (ed.), *Ethnic Groups and Boundaries. The Social Organization of Cultural Difference*, 4th ed., Oslo 1994, pp. 9–38; idem, "Enduring and Emerging issues in the analysis of ethnicity", in: Hans Vermeulen / Cora Govers (eds.), *Anthropology and Ethnicity. Beyond 'Ethnic Groups and Boundaries'*, Amsterdam 1994, pp. 11–32.

21 Till van Rahden, *Juden und andere Breslauer. Die Beziehungen zwischen Juden, Protestanten und Katholiken in einer deutschen Großstadt von 1860 bis 1915*, Göttingen 2000, pp. 19–23, 133–139.

22 Lev P. Karsavin, *Osnovy srednevekovoi religioznosti v XII–XIII vekakh preimushchestvenno v Italii* [The Foundations of the Medieval Religiosity in the 12th-13th Century, Mainly in Italy], Petrograd 1915, pp. 3–6.

Zande, he commented on the "plasticity of [Zande] beliefs": "I have tried to show also the plasticity of beliefs as functions of situations ... A man in one situation utilizes what in the beliefs are convenient to him and pays no attention to other elements which he might use in different situations."[23] Russian historian Aron Gurevich pointed out a similar phenomenon in his analysis of the ambiguous religious practice of the medieval Christians in Western Europe, who still practised some "pagan" rites after being baptized: "This 'paganism' of which parish priests accused their flock was highly conditional; as soon as people attended church services, came for confession and were able to recite the Creed ..., it is difficult not to consider them Christians."[24] American anthropologist Robert Orsi and the group of David D. Hall described the dynamic heterogeneity of religious practice in contemporary United States, working with the concept of "lived religion". By emphasising the tensility, hybridity, ambivalence and multifariousness of religious experience, when "people appropriate religious idioms as they need them, in response to particular circumstances", the group aimed to overcome still dominant traditional notions of a firm dualism of official/unofficial, elite/popular, learned/unlearned religiosity.[25] Aleksandr Panchenko pointed in this work on the sacred places and the religious practice of the peasants in North West Russia to a general non-systematic "situational character" of the peasants' faith.[26]

The model of *situational religiosity* is close to the concepts and notions mentioned above, yet the advantage of this term lies in its stress on the relevance of social situations for the analysis of religious practice and social re-

---

23 Edward E. Evans-Pritchard, *Witchcraft, Oracles and Magic among the Azande*, Oxford 1963 (1937), p. 540.

24 Aron Ia. Gurevich, *Srednevekovyi mir: Kul'tura bezmolvstvuiushchego bol'shinstva* [Medieval World: The Culture of the Silent Majority], Moscow 1990, p. 49. This notion is not identical to the concept of "dvoeverie" in the sense of a sharp division between the "elite" and "folk" religiosity. Cf. Eve Levine, "*Dvoeverie* and Popular Religion", in: Stephen K. Bathalden (ed.), *Seeking God. The Recovery of Religious Identity in Orthodox Russia, Ukraine, and Georgia*, DeKalb 1993, pp. 31–52.

25 Robert Orsi, "Everyday Miracles: The Study of Lived Religion", in: David D. Hall (ed.), *Lived Religion on America. Toward a History of Practice*, Princeton 1997, pp. 3–21. For recent research on religion in Russia which works with the concept of "lived religion", see the review article by Christine D. Worobec, "Lived Orthodoxy in Imperial Russia", in: *Kritika: Explorations in Russian and Eurasian History* 7 (2006), pp. 329–350; see also Valerie A. Kivelson/Robert H. Green (eds.), *Orthodox Russia: Belief and Practice under the Tsars*, University Park 2003; Aleksandr S. Lavrov, *Koldovstvo i religiia v Rossii, 1700–1740gg.*, Moscow 2000; Bathalden.

26 Aleksandr A. Panchenko, *Issledovaniia v oblasti narodnogo pravoslaviia. Derevenskie sviatyni Severo-Zapada Rossii* [Research on Folk Orthodoxy. Sacred Places in the Villages of Nord-West Russia], St. Petersburg 1998, p. 270.

lationships. I shall introduce the model of *situational religiosity* as a key concept for understanding the social practice of the Warsaw Frankists and of Tatarinova's associates. The term *situational religiosity* describes two aspects of their religiosity. First, the religiosity of these believers cannot be reduced to only one religious affiliation embracing all spheres of social life. Second, the multiple religious loyalties of these believers varied greatly in their significance for everyday communication in different social surroundings. In my analysis of their religiosity, I differentiate between two levels of religious boundaries along which the identifications were constituted. The first level corresponds to institutionally determined religious boundaries. Before the introduction of the state's religious reform and the Declaration of Freedom of Conscience in 1905, institutionally determined religious boundaries – the ascriptive religious status of Russian Orthodoxy – constituted the legal and social status of Tatarinova's believers irrespective of how they perceived themselves.[27] On the institutional or structural level, these believers could only exist as Orthodox: the religiously determined association with Tatarinova's circle and the acknowledgement of their religious leadership did not bring about any changes in the legal status of their associates as Orthodox subjects and members of their parish. The second level of religious boundaries along which the religious identifications of Tatarinova's associates were constituted refers to religious margins produced and articulated in the everyday actions of people, in their behaviour and their self-representations. On this level only, on the level of a subjective sense of belonging, could these believers articulate their specific faith or other identifications. The term *situational religiosity* thus refers to this second level of constituting religious boundaries, to a process of everyday symbolic interaction. *Situational religiosity* denotes a strategy and the possibility to negotiate religious affiliation individually. Despite the notion of firm religious boundaries as defined by the state and church institutions on the structural level, these boundaries were much more blurred on the level of everyday affairs, where the co-existence of rivalling subjective interpretations was possible. Even amongst the non-dissenting Orthodox believers, religious practice was highly particularistic and local. It differed from village to village and consisted of an array of local cults, rituals and customs.[28] Also, the Orthodox clergy was not uniform in

---

27 Paul W. Werth, "Orthodoxy as Ascription (and Beyond): Religious Identity on the Edges of the Orthodox Community, 1740–1917", in: Kivelson/Green (eds.), *Orthodox Russia*, pp. 239–251; Vera Shevzov, *Russian Orthodoxy on the Eve of Revolution*, Oxford 2004, pp. 81 f.

28 Gregory L. Freeze, "Institutionaliting Piety. The Church and Popular Religion, 1750–1850", in: Jane Burbank/David L. Ransel (eds.), *Imperial Russia. New Histories for the*

its attitudes towards popular mystics such as the Christ-Faith believers, and whatever the case – whether the parish priests were unable to gain control over their flocks[29] or simply were lenient in their duties and disinterested in these dissenters within their parishes or even sympathised with them – the Tatarinova associates and the Orthodox clergymen of St. Petersburg had thus established a "modus vivendi", where these believers from the official point of view would practise their particular beliefs in private only, while acting Orthodox in the public sphere.[30] In the mid 1830s, though, the state's policy towards religious movements became much more restrictive: they were subsequently reproached for their "heresy" and their members were banished to distant monasteries or imprisoned. In the Warsaw case, the Frankists and the Catholic priests had also established a situation where Frankists would practise their particular beliefs in private only, but act as Catholics in the public sphere. In other words, they would not publicly announce their loyalty to Jacob Frank. In 1760, Jacob Frank, who had already officially made the conversion to Catholicism, again pronounced his messianic ambitions in Lublin and Warsaw, and the Catholic authorities responded by imprisoning him in the monastery of Częstochowa. His adherents, however, escaped retribution, a singular occurrence in the history of the Polish-Lithuanian Commonwealth. In fact, the converted Frankists represented a remarkable success for the Polish clergy in the proselytization of the Jews, and the church thus sought by all means to keep a lid on the failure of its mass-proselytising and tolerated private gatherings of the Frankists, as long as they behaved as ordinary Catholics in public. However, the religiously determined self-identifications of Warsaw Frankists and Tatarinova's adherents could not be neatly divided into "public" profession of faith and "private" belief; rather, they would vary depending on the social setting. Domestic life, festivities, religious practice, neighbourhood associations, friendship, marriage, education, club and society activities, business – all these areas can be considered social

---

Empire, Bloomington 1998, pp. 210–249, at p. 215. This diverstiy, however, still referred to the common grounds of the Orthodox church as a community constituted by mutual exchanges between the clergy and the lay practitioners. Vera Shevzov, "Letting the People into the Church. Reflections on Orthodoxy and Community in Late Imperial Russia", in: Kivelson / Green, *Orthodox Russia*, pp. 59–77; eadem, *Orthodoxy*.

29 Cf. Gregory L. Freeze, "The Rechristianization of Russia: The Church and Popular Religion, 1750–1850", in: *Studia Slavica Finlandesia* 7 (1990), pp. 101–136, at pp. 107 f.; idem, *The Parish Clergy in Nineteenth-Century Russia. Crisis, Reform, Counter-Reform*, Princeton 1983.

30 Cf. Ivan G. Aivazov, *Materialy dlia issledovaniia russkikh misticheskikh sekt, vyp. 1. Khristovshchina* [Materials for the Study of the Russian Mystical Sects. Issue 1. Christ-Faith], vol. 1, Petrograd 1915, pp. 41–49.

situations in which these believers' different subjective senses of belonging may be observed. Due to the diversity of the sources available, the situations under analysis will not be identical for both groups.

3. Transgressing Religious Boundaries between the Russian Orthodoxy and Popular Mystics: The Social Profile of the Spiritual Brotherhood of Ekaterina Tatarinova

The commune in St. Petersburg was referred to as a Spiritual Brotherhood or Spiritual Community and led by Ekaterina Tatarinova (1783–1856), born Buksgevden, a Baltic baroness who in 1817 converted from the Lutheran to the Orthodox faith and, following the conversion, was bestowed with the "gift of prophecy".[31] The commune emerged shortly after Tatarinova's mystical awakening and soon counted up to 70 members, male and female, of different ages and social statuses. In 1822, the group was banned by Alexander I, together with all socalled secret societies, i. e., Masonic lodges and other nonofficial gatherings. Nevertheless, the clandestine meetings continued in a small circle of some 15 members until the whole group was arrested in 1837. All its members were subsequently banished to distant monasteries.

Affiliation to Tatarinova's communion was the main unifier of the community, which otherwise was a socially heterogeneous group. Among the members of the circle were high-ranking officials such as General Evgenii A. Golovin (1782–1858),[32] Privy Councillor Vasilii M. Popov (1771–1842), director of the Department for Public Education and secretary of the

---

31 On Ekaterina Tatarinova and her circle, see Nikolai Dubrovin, "Nashi mistiki-sektanty. Ekaterina Filippovna Tatarinova i Aleksandr Petrovich Dubovitskii", in: *Russkaia starina* 84 (Oct. 1895), pp. 33–64; ibid. (Nov 1895), pp. 5–43; ibid. (Dec. 1895), pp. 51–93; ibid., vol. 85 (Jan. 1896), pp. 5–51; ibid. (Feb. 1896), pp. 225–263; Panchenko, *Khristovshchina i skopchestvo*, pp. 182–186; Rossiiskii gosudarstvennyi istoricheskii arkhiv (RGIA), St. Petersburg, f. 797, op. 8, g. 1837, d. 23759: Ob otkrytii sekty Tatarinovoi, bliz S. Peterburga, i o nakazanii uchastvovavshikh v nei; Gosudarstvennyi arkhiv Rossiiskoi Federatsii (GARF), Moscow, f. 109, op. 5, g. 1830, d. 81: O sobraniiakh u St. Sov. Tatarinovoi; GARF, f. 109, op. 12, g. 1837, d. 202: O Sekte Tatarinovoi.

32 Viktor Ia. Fuks, "Iz istorii mistitsizma. Tatarinova i Golovin", in: *Russkii vestnik*, January (1892), pp. 3–31; Iurii V. Tolstoi, "Ocherk zhizni i sluzhby E. A. Golovina", in: Petr I. Bartenev (ed.), *Deviatnadtsatyi vek. Istoricheskii sbornik, izdavaemyi Petrom Bartenevym*, vol. 1, Moscow 1872, pp. 1–64; RGIA, f. 1018, op. 9, b. d., d. 178: Svedenie o znakomstve gen.-leit. G(olovina) s Tat(arinovoiu) i sviazi s neiu, za tem posledovavshei.

St. Petersburg Bible Society,[33] Councillor of State Martyn S. Urbanovich-Piletskii (1780–1859), the director of the Institute for the Blind,[34] Aleksandr P. Dubovitskii (1782–1848), a noble landowner,[35] Vladimir L. Borovikovskii (1757–1825), the prominent painter,[36] and Prince and Princess Engalychev.[37] At the other end of the social spectrum, the group also comprised ordinary townspeople of peasant origin such as the trumpeter of the Cadet Corps, Nikita Fedorov,[38] and Tatarinova's ward, Anna Vasil'eva, as well as her maid Luker'ia. Tatarinova's associates could, though, transcend their social status within the "brotherhood", since members of lower ranks could occupy high positions as prophets and prophetesses within the circle, as for example the trumpeter Federov and the maid Luker'ia did.[39] The acknowledgment of Tatarinova's religious leadership led her associates into a simultaneous affiliation to the spiritual commune of Tatarinova on the one hand, and with the Orthodox community of the Russian church on the other. They never broke with the church and kept attending Orthodox services as well. This peculiar situation forced them to split their religious practice into a public profession of faith to the Russian church, and a privately practised creed. This dual religious affiliation puts Tatarinova's associates on the boundaries of traditional religiosity in nineteenth-century Orthodox Russia. Their contemporaries

33 An. El'nitskii, "Popov, Vasilii Mikhailovich", in: *Russkii biograficheskii slovar'*, vol. 14, St. Petersburg 1905, pp. 531–534; RGIA, f. 797, op. 8, g. 1837, d. 23759v: Ob otkrytii sekty Tatarinovoi, bliz S. Peterburga, i o nakazanii uchastvovavshich v nei lic, chast' 3: O Tainom Sovetnike Vasilie Popove.

34 RGIA, f. 797, op. 87, g. 1837, d. 45: Sekretnye bumagi po delu o prinadlezhnosti General-Leitenanta Golovina i S. S. Piletskago k sekte Tatarinovoi; RGIA, f. 797, op. 8, g. 1837, d. 23759d: O sekte Tatarinovoi, chast' 5: O Statskom Sovetnike Martyne Piletskom.

35 GARF, f. 109, op. 2, g. 1827, d. 358: O prinadlezhashchem k sekte g-zhi Tatarinovoi, podpolkovnike Dubovitskom.

36 Tatiana V. Alekseeva, *Vladimir Lukich Borovikovskii i russkaia kul'tura na rubezhe 18–19 vekov*, Moscow 1975), p. 317; "Iz zapisnoi knizhki khudozhnika V. L. Borovikovskogo", in: Petr I. Bartenev (ed.), *Deviatnadtsatyi vek*, Moscow 1872, pp. 213–219; GARF, f. 109, op. 5, g. 1830, d. 81: V. L. Borovikovskii, Zapiski, l. 35–89ob.

37 RGIA, f. 797, op. 20, g. 1850, d. 44321: O prichastnosti k sekte s. s. Tatarinovoi kniazhnych A. i S. Engalychevykh i kniazia Engalycheva; GARF, f. 109, op. 12, g. 1837, d. 202: O sekte Tatarinovoi, chast' 8: O docheriakh Kollezhskago Sovetnika Kniazhnakh Anny i Sofii Engalychevykh; GARF, f. 109, op. 12, g. 1837, d. 202: O sekte Tatarinovoi, chast' 10: O kniaze El'pidifore Engalycheve.

38 RGIA, f. 797, op. 8, g. 1837, d. 23759zh: Ob otkrytii sekty Tatarinovoi bliz S. Peterburga, i o nakazanii uchastvovavshich v nei lic: chast' 7: O Tituliarnom Sovetnike Fedorove i zhene ego.

39 Borovikovskii, Zapiski. These transgressions, however, were restricted by other categories and could be limited only to certain situations. While the trumpeter Fedorov was a respected authority within the "brotherhood" next to Tatarinova, her maid Luker'ia could transgress her lower status only during the radeniia.

failed to classify the circle according to the established categories of religious affiliation. Thus, St. Petersburg society speculated in 1826: "For quite some time now parties are congregating at Colonel Tatarinov's wife's; some say they belong to some religious sect; others say she experiences the past, fore-tells the future and deals in other such superstitious practices; but those bet-ter acquainted with this woman attest that the people she gathers are bound to disturb the peace and quiet of the state."[40]

Since the group never developed any tight doctrine, it is rather difficult to associate it with a single religious movement. Its belief and practice re-flected a number of different mystical traditions due to the diverse social backgrounds of its members. Influenced by the contemporary mystical litera-ture popular in Russia at the time – namely, the works of German pietism and French quietism – it divided religiosity into the exterior and the interior by emphasising personal inner faith, the personal unification with God.[41] Espe-cially the writings of Jeanne-Marie Bouvier de La Motte Guyon (1648–1717) were well known in Tatarinova's circle.[42] The influential French mystic was noted for her advocacy of quietism, an extreme passivity and indifference of the soul, even towards eternal salvation, through which Guyon believed one became an agent of God.[43] The Western European mystical heritage was brought and distributed in Tatarinova's circle by the educated elite.[44] How-

---

40 GARF, f. 109, op. 5, g. 1830, d. 81: O sobraniiakh u St. Sov. Tatarinovoi: Ekaterina Tsyzy-rova, Zapiska o polkovnice Tatarinovoi (March 27th, 1826), l. 90–91, at l. 90.

41 For the impact of German pietism on Russian culture, see Haumann.

42 RGIA, f. 797, op. 8, g. 1837, d. 23759a: Ob otkrytii sekty Tatarinovoi, bliz S. Peterburga, i o nakazanii uchastvovavshikh v nei lic, chast' I: Obshchiia rasporiazheniia: Spisok knigam i bumagam, naidennym u lic, zhivushchikh na dache Tituliarnogo Sovetnika Fedorova, l. 14–15ob.

43 See, for example, Marie-Florine Bruneau, *Women mystics confront the modern world: Marie de l'Incarnation (1599–1672) and Madame Guyon (1648–1717)*, Albany 1998.

44 The better educated members of this circle read Gyon and other mystics in their origi-nal languages. For other members, Vasilii Popov translated some parts of Guyon's writ-ings into Russian. He also translated some commentaries on the Bible of the German pietistic-inspired Catholic missionary Johannes Evangelista Gossner (1773–1858), who advocated ecumenical union of all confessions and in 1820 became one of the directors of the St. Petersburg Bible Society. After the publication of Gossner's commentaries in Russian in 1823, he was expelled in 1824 from Russia at the request of the conservative Orthodox circle around the archimandrite Fotii. Vasilii Popov became involved in this affair, too. RGIA, f. 797, op. 8, g. 1837, d. 23759v: Ob otkrytii sekty Tatarinovoi, bliz S. Pe-terburga, i o nakazanii uchastvovavshikh v nei lic, chast' 3: O Tainom Sovetnike Vasilie Popove, l. 35–35ob.; RGIA, f. 1341, op. 303, g. 1824, d. 84: O d. st. sov. Vasilie Popove, osuzhdennom za pravlenie knigi pastora Gossnera. On Fotii and his intrigue against Gossner in the so-called "Case Gossner", see Iurii E. Kondakov, *Arkhimandrit Fotii (1792–1838) i ego vremia*, St. Petersburg 2000, pp. 182–207; cf. Pypin, *Religioznye dvizhe-niia*, pp. 218–236.

ever, Tatarinova's commune adopted the most crucial element of its religious practice, radeniia, from the Russian peasant mystical movements of Christ-Faith and Skoptsy. It was in St. Petersburg in the early 1810s, during meetings with Kondratii Selivanov, the patriarch of the Skoptsy, that Tatarinova picked up her ecstatic manner of preaching. She then went on to practise this preaching by whirling and dancing with her followers in the privacy of her apartment: first at Mikhailovskii castle, where she lived until 1821, and then in her private residence on the periphery of St. Petersburg near Moscow gate, where she had settled with some adherents in three small houses. This state of affairs lasted until the mid1830s, when under Nicholas I and his ideologist Uvarov, religious policy towards religious groups and movements became much more restrictive. Tatarinova's group was subsequently reproached for its "heresy".

4. Liminal Experiences between Judaism, Polish Catholicism and Popular Mystics: The Warsaw Frankists

Orthodox Jews regarded the messianic movement of the Frankists as the worst heresy in Jewish history: the Frankists had radically broken with the rabbinic tradition and declared the foundations of the Jewish faith invalid, i. e., these mystics believed in the possibility of salvation in exile, too. To the Frankists, Poland – the southeastern border area, from which many of them originated – had become the country where the messiah was to arrive.[45] By radically violating religious laws, the Frankists were even trying to accelerate his arrival, a practice that culminated in rather notorious sexual orgies. Frank's radical opposition to the rabbinic authority finally led him to convert to Catholicism: after Frankists had been condemned and violently attacked by Orthodox Jews, and the rabbinic authorities addressed the Christians asking for help in condemning this "heresy", the only way out left for the Frankists was to cooperate with the Catholic Church.[46] Between 1759 and 1760, over 500 of Frank's adherents and some other Podolian

---

45 On Poland in Frank's teachings, see Stefan Schreiner, "'Der Messias kommt zuerst nach Polen'. Jakob Franks Idee von Polen als gelobtem Land und ihre Vorgeschichte", in: *Judaica* 2 (2001), pp. 242- 268.
46 On the beginnings of the Frankist movement, see Pawel Maciejko, "Baruch Yavan and the Frankist Movement: Intercession in an Age of Upheaval", in: *Simon Dubnow Institute Yearbook* 4 (2005), pp. 333–354.

Sabbatians,[47] who also opposed the rabbis, adopted the Catholic faith in Lwów, Warsaw and Kamieniec-Podolski.[48] Subsequently, they had to leave their homes in the Podolia and Red Ruthenia regions, and, from the late 1760s on, began to settle in Warsaw.

Their affiliation to Jacob Frank's community was the main unifier of the Frankists, who otherwise were a socially heterogeneous group. The exact number of Warsaw Frankists cannot be clearly determined, with figures varying greatly, depending on the source. Church records mention up to 2,000[49] in all Poland in around 1760, while anti-Frankist pamphlets speak of 6,000[50] in Warsaw alone in the 1780s. These numbers must be greatly exaggerated, however. Only the lower limit can be stated, as some 600 Frankists converted in 1759–60 in Lwów, Warsaw and Kamieniec-Podolski.[51] For the later periods, we must take into account the fact that the families of the converted Frankists grew, and also some relatives, who at first remained Jewish, converted years later.[52] Frank also gained some new adherents in the late

---

47 When the Frankist movement emerged in the middle of the 18th century, the Sabbatian tradition was still very strong among the Polish Jewry, particularly in the southeastern area bordering the Ottoman Empire: several communities there were dominated by the followers of the Jewish pseudo-messiah Sabbatai Sevi (1626–76). These Sabbatians practised their beliefs secretly, in private only, and did not publicly question the rabbinic authority. It was only after Jacob Frank appeared in that area that they also joined his openly anti-rabbinic movement. Cf. Jan Doktór, "Warszawscy frankiści", in: *Kwartalnik Historii Żydów* 2 (2001), pp. 194–209, at p. 195; Gershom Scholem, "Le mouvement sabbataïste en Pologne", in: *Revue de l'histoire des religions* 143 (1953), pp. 30–90 and pp. 209–232.

48 For recent research on the conversion of Polish Frankists, see Maciejko, *Multitude*.

49 Cf. Konstaty Awedyk, *Kazanie po dysputach contra talmudystów... w kościele katedralnym lwowskim miane. – Historia o contra-talmudystach wszystkie dawniejsze okoliczności nawrócenia ich do wiary swiętej i dalszych postępków opisujące*, Lwów 1760, p. 91; Pikulski Gaudenty, *Złość żydowska przeciwko Bogu y bliźniemu... na trzy części opisana*, Lwów 1760, p. 318; "Cathalogue omnium Contratalmudistarum, hic, Leopoli, tam ex fonte, quam simul cum cerimoniis, baptisatorum, in anno 1759 et subsequent. Conscriputs", in: Alexander Kraushar, *Frank i frankiści polscy*, vol. 1, Krakow 1895, pp. 327–377.

50 Anonymous, *Dwór Franka, czyli polityka nowochrzceńców odkryta przez neofitę jednego dla poprawy rządu Roku 1790*, Warsaw 1790, p. 20. For the edited version, see Anonymous, "Dwór Franka, czyli polityka nowochrzceńców odkryta przez neofitę jednego dla poprawy rządu Roku 1790 [po kwietniu 1790]", in: Janusz Woliński et al. (eds.): *Materiały do dziejów Sejmu Czteroletniego* (MDSC), Wrocław 1955–1969, vol. 6, no. 19, pp. 176–182, at p. 179; cf. Artur Eisenbach, "The Jewish Population in Warsaw at the end of the Eighteenth Century", in: Władysław Bartoszewski/Antony Polonsky (eds.), *The Jews in Warsaw. A History*, Oxford 1991, pp. 95–126, at p. 108.

51 Cf. Bernard D. Weinryb, *The Jews of Poland. A Social and Economic History of the Jewish Community in Poland from 1100 to 1800*, Philadelphia 1976, p. 254.

52 Cf. Teodor Jeske-Choiński, *Neofici Polscy. Materiały historyczne*, Warsaw 1904, pp. 30, 88.

1760s.[53] The Frankists owed much of their religious unity to close family ties, since the core of the community was formed by a relatively small number of families that all originated from the same region, the little towns of Podolia and Red Ruthenia.[54] United by their family background, they also shared vital economic interests: several families had businesses in beer and liquor production. The social composition of the Warsaw community was not homogeneous, though. Even at the start, it consisted of learned rabbis and wealthy merchants, as well as simple innkeepers and retailers. By the end of the 18th century, Warsaw Jews, who had converted in response to Frank's appeal, consisted of civil servants, high-ranking officers, physicians, music teachers, and also tailors and servants, and quite a few inn- and shopkeepers.[55] Yet, as diverse as their community proves on closer inspection, the Frankists were widely perceived as a homogeneous group by people in their surroundings. To the Polish public, the wealthy core of alcohol vendors and merchants from several families – like Wołowski, Najemski, Łabęcki, Szymanowski, Krysiński, Zieliński – all represented Frankists.[56]

In spite of all the differences in occupation and social status, their position in-between the corporate boundaries of early modern Polish society was common to all Warsaw Frankists, although certainly to a different degree and in various forms on the individual level. For them, being baptised meant totally abandoning their traditional way of living, which was based on Jewish rites.[57] In practice, this proved difficult; eating habits in particular proved very hard to change from one day to the next,[58] and at least some

---

53 Jan Doktór (ed.), *Rozmaite adnotacje, przypadki, czynności i anekdoty pańskie*, Warszawa 1996, pp. 70–71 (no. 71) and p. 72 (no. 74).

54 Some of them originated from Walachia, Bukovina, Hungary and Turkey. Doktór, "Warszawscy frankiści", p. 197.

55 This information is based on the data from the town register and surveys of the Warsaw houses and inhabitants conducted between 1784 and 1792: Archiwum Główne Act Dawnych (AGAD), WE, no. 751, 29A, 15–17, 23–28; from the Warsaw civil birth, marriage and death records for the period of 1808–25, Archiwum Państwowe miasta stołecznego Warszawy (AP), Acta Stanu Cywilnego (ASC), cyrkuł no. III, IV, V, and from *Polski Słownik Biograficzny (PSB)*, Krakow since 1935.

56 Cf. Anonymous, *Katechizm o Żydach y neofitach. Czym oni są:... y co z nimi zrobić należy? dla poprawy formy rządu do deputacyi przesłany*, Warsaw 1792, pp. 19f. For the edited version, see MDSC, vol. 6, no. 92, pp. 466–480.

57 At first they actually sought permission to continue some of their Jewish customs (wearing beards and earlocks, Jewish clothing and names, rejection of pork, celebrating the Sabbath and studying the Zohar) after baptism, along with the Christian duties. Weinryb, *Jews*, p. 249.

58 Cf. Jacob Goldberg, "Die getauften Juden in Polen-Litauen im 16.–18. Jahrhundert. Taufe, soziale Umschichtung und Integration", in: *Jahrbücher für Geschichte Osteuropas* 30 (1982), pp. 54–99.

Warsaw Frankists continued to prepare, among other things, traditional Jewish dishes (e.g., *Kugel*) for their family celebrations.[59] The sons of the first converts, who were educated in the 1770s and 1780s in the Warsaw Piarist School, as for example the brothers Jan (c. 1770–c. 1840) and Franciszek Ksawery (c. 1755–1824) Krysiński or Antoni Łabęcki (1773–1854), had certainly adapted more to the Polish-Catholic majority in this regard.[60] Even though Frank's leadership and the cohesion of the Warsaw commune was permanently challenged by internal conflicts,[61] their conversion led them into a simultaneous affiliation to the religious commune of Jacob Frank on the one hand, and to the Catholic community of Poland on the other. This peculiar situation forced the Frankists to split their religious practice into a public profession of faith to the Catholic church and the privately practised Frankist creed; they would meet secretly in Warsovian houses to study cabalistic texts and visited frequently their messiah in his residences – first in Częstochowa, Brno and, from 1786–87 on, in Offenbach am Main (Germany). It was there that some of Frank's adherents participated in the infamous sexual orgies. Otherwise, the Warsaw Frankists attended Catholic services and had their children baptised. This dual religious affiliation puts the Frankists on the boundary of traditional religiosity in 18th – century Catholic Poland. Their contemporaries failed to classify the Frankists among the established categories of religious affiliation. As one anonymous Warsovian burgher wrote about them in 1790: "What do they believe in? … I could not answer, since I do not know. I only do know that they are neither Catholics nor Jews. The one they have left behind, the other they have not reached."[62]

Historians have argued for the religious experience of both groups to be seen in terms of a clear division between "private" and "official" faith. Their everyday strategies have been characterised as a kind of dissimulation caused by persecution, although the religious boundary in the case of the Frankists

59 Cf. Adolf Jellinek, "Nachkommen von Frankisten in Warschau", in: *Das Jüdische Literaturblatt* 11 (1882), p. 107.
60 Cf. Doktór, "Warszawscy frankiści", p. 202; Jan Ziółek, "Krysiński Jan", in: *PSB* 15 (1970), pp. 478 f.; idem, "Krysiński Franciszek Ksawery", ibid., p. 480; Władysław Sobociński, "Łabęcki Antoni", in: *PSB* 16 (1971), pp. 171 f.
61 There are quite a few references in the Frankist sources to the clashes within the Warsaw group, as well as to the conflicts between the community and Frank. Doktór, *Rozmaite adnotacje*, pp. 74 (no. 81), pp. 77–78 (no. 91, 93), p. 80 (no. 98); Jan Doktór (ed.), *Księga słów pańskich. Ezoteryczne wykłady Jakuba Franka*, vol. 1, Warsaw 1997, p. 64 (no. 174); ibid., vol. 2, p. 89 (no. 1182A, 1183) and p. 126 (no. 2155). Cf. Doktór, "Warszawscy frankiści", pp. 198–200; idem, Śladami mesjasza-apostaty, pp. 179–182 and pp. 199–202.
62 Anonymous, *Dwór Franka*, p. 5.

was clearly more boldly pronounced.[63] I shall argue, though, that the religious practices and self-identifications of the Warsaw Frankists and of Tatarinova's associates were too complex to be neatly divided into "public" and "formal" Catholicism or Orthodoxy, and "private" and "sincere" mystical faith. Rather, the way that these believers coped with different religious authorities and affiliations in their everyday life, and the interweaving of these affiliations, can be better described as *situational*. This is why I conceptualise the everyday strategies of these believers as *situational religiosity*.

5. Social Situations

5.1 The Domestic Life of Ekaterina Tatarinova's Associates

Social and religious identifications dominant within the space of domestic life can be traced back not only to family patterns and social contacts, but also to material culture: in other words, to material objects, and their place and significance in everyday life.[64]

After separating from her husband, the officer Ivan Tatarinov, in the mid-1810s, Ekaterina Tatarinova moved to her mother, the baroness Mal'tits, who was the former nurse of Alexander I's daughter Maria, and who occupied an apartment in Mikhailovskii castle which was paid by the court.[65] Here, the first associates of Tatarinova used to gather for prayer until 1822. The

---

63 Clay, *Religion*, pp. 104, 109, 193. Laura Engelstein stresses as well in her analysis of the everyday experience of the Skoptsy the division between "inner spirituality and outward conformity". Laura Engelstein, *Castration and the Heavenly Kingdom. A Russian Folktale*, Ithaca 1999, pp. 23–24, p. 48, pp. 93 f. This division was certainly the central element of their creed. The opposition between the "wordly" and "spiritual" is represented in the texts of the Skoptsy as a division between "iavny" [=evident] and "tainyi" [=secret]. Cf. Panchenko, *Khristovshchina i skopchestvo*, pp. 484, p. 499, but how the clarity of this division on the discursive level can be projected onto their social practice requires further research. Cf. Goldberg, p. 55; Abraham G. Duker, "Polish Frankism's Duration: From Cabbalistic Judaism to Roman Catholicism and from Jewishness to Polishness", in: *Jewish Social Studies* 25 (1963), pp. 288–301, at pp. 298 f.

64 Cf. Rotraud Ries, "Sachkultur als Zeugnis des Selbst. Person und kulturelle Orientierung des Kammeragenten Alexander David (1687–1765) in Braunschweig", in: Birgit E. Klein / Rotraud Ries (eds.), Selbstzeugnisse und Ego-Dokumente frühneuzeitlicher Juden in Aschkenas: Beispiele, Methoden und Konzepte, unter Mitarbeit von Désirée Schostak, Berlin 2011, pp. 47–102.

65 After the early death of Mariia, the baroness was granted permanent residence of the castle. Dubrovin, "Nashi mistiki-sektanty", in: *Russkaia starina* 84 (Oct. 1895), pp. 33–64, at pp. 39–40.

radeniia took place in an oval-shaped hall on the ground floor of the castle, where they were sometimes observed by the neighbouring nobles, the sisters Labat-de-Vivans, who also occupied an apartment in the castle.[66] According to several contemporary accounts, the room was decorated with a large-size icon of the Last Supper on one of the walls.[67] Some testify that the centre of the ceiling was ornamented by a white dove symbolising the Holy Spirit.[68] Others, however, refer to a figure of a dove attached to the ceiling by a hook.[69] Both versions point to the connection of Tatarinova's circle to the Skoptsy tradition with the white dove as a central Skoptsy symbol of purity and the Holy Spirit. It is hardly possible to verify the credibility of these accounts today; however, it is very unlikely that the lodger of the Mikhailovskii castle would have been allowed to make such significant changes to the decoration of a royal residence.

More detailed and reliable information is available on the domestic material culture of Tatarinova and her associates after they moved from the centre to the periphery outside the city near the Moscow gate. Here, Tatarinova settled down with a few of her most fervent adherents in three small country houses, which were registered in the name of her adherents, the physician Kosovich and the Titular Councillor Fedorov.[70] Besides the general contemporary decoration, all three houses featured special praying rooms. In the first house that was occupied by the Privy Councillor Popov, two rooms were especially decorated for meetings of the community with icons and large church candleholders. To the state officials who visited these rooms, they resembled a church, which was missing just its altar and iconostasis. One room was furnished with a table with drawers for church candles, the other with chairs and an armchair for the spiritual leader. Here, Tatarinova's associates gathered for the radeniia – women in simple dresses and men in white overcoats. They started with spiritual songs and continued with whirling, by just one person or the whole group. The house occupied by Tatarinova was also decorated with large icons with candles in front of them. Special ritual items were kept in her sleeping room: for example, a puxis containing

---

66 Filip Filippovich Vigel', *Zapiski*, Moscow 2000, pp. 430–432.

67 Dubrovin, "Nashi mistiki-sektanty", in: *Russkaia Starina* 84 (Nov. 1895), pp. 5–43, at p. 5; Ivan L. Liprandi, *O Sekte Tatarinovoi*, Moscow 1869, p. 4.

68 Dubrovin, "Nashi mistiki-sektanty", in: *Russkaia Starina* 84 (Nov. 1895), pp. 3–43, at p. 5.

69 Orest F. Miller, *Biografiia, pis'ma i zametki iz zapisnoi knizhki F. M. Dostoevskogo*, St. Peterburg 1883, p. 44.

70 GARF, f. 109, op. 12, g. 1837, d. 202: O sekte Tatarinovoi, chast' 1: Ob otkrytii ètoi sekty i obshchie rasporiazhenia posemu predmetu, 1. 1–6 (May 11th, 1837).

a piece of white bread. Especially the house of Nikita Fedorov resembled a luxuriously decorated church, with two praying rooms featuring icons, large church chandeliers, epitaphios and church banners, and several additional rooms decorated with liturgical items.[71] Furthermore, the residents of these three houses possessed a lot of religious literature in different languages. The texts they studied included the works of the French Quietist Guyon, pietistic literature in German, handwritten collections of Christ-Faith songs, and printed Russian hagiographic literature.[72] The material culture of the private sphere of Tatarinova's adherents testifies to their knowledge and practice of diverse religious traditions. Keeping pieces of white bread in a pyxis at home was known from the Russian mystical tradition of Christ-Faith. Those pieces of bread were used by Christ-Faith believers for their own Communion and also for blessing their yearly stock.[73] The decoration of the praying rooms resembled the practice of the Orthodox Church, and the library contained Western pietistic tractates. So, it was a very specific mixture of diverse religious traditions that constituted the material culture of those believers, and their adherence to Russian Orthodoxy was present in their private sphere, too.

5.2 The Religious Practice of Tatarinova's Adherents

The diary[74] of Vladimir L. Borovikovskii (1757–1825), who belonged to Tatarinova's circle from 1819 until his death in 1825, allows rare insights into the daily life between two spiritual authorities that was characteristic of these believers. In 1819, at the age of 62, the known painter and Councillor of the Imperial Academy of Arts, Vladimir Borovikovskii, came into contact with Tatarinova through his friend Martyn Urbanovich-Piletskii, the Director of

---

71 GARF, f. 109, op. 12, g. 1837, d. 202: O sekte Tatarinovoi, chast' 1: Ob otkrytii ėtoi sekty i obshchie rasporiazhenia posemu predmetu, l. 1–6 (May 11th, 1837).

72 RGIA, f. 797, op. 8, g. 1837, d. 23759a: Ob otkrytii sekty Tatarinovoi, bliz S. Peterburga, i o nakazanii uchastvovavshikh v nei lic, chast' I: Obshchiia rasporiazheniia: Spisok knigam i bumagam, naidennym u lic, zhivushchikh na dache Tituliarnogo Sovetnika Fedorova, l. 14–15ob.

73 Cf. Ekaterina Emeliantseva, "Situational Religiosity: Everyday Strategies of the Moscow Christ-Faith Believers and the of the St. Petersburg Mystics Attracted by This Faith in the First Half of the Nineteenth Century", in: Thomas Bremer (ed.), Religion and the Conceptual Boundary in Central and Eastern Europe. Encounters of Faiths, Basingstoke 2008, pp. 98–120, at p. 108.

74 Borovikovskii, Zapiski. Some parts of the diary were published by Petr Bartenev. Cf. "Iz zapisnoi knizhki khudozhnika V. L. Borovikovskogo".

the Institute for the Blind.[75] Borovikovskii subsequently visited the private gatherings at Tatarinova's residence in Mikhailovskii castle nearly every other day and participated in radeniia for several hours, which took place mainly on Sundays and Wednesdays. During the same period, however, especially on Sundays, he went to church for mass before joining Tatarinova's circle in the afternoon, as he recorded in his diary:

15th, Sunday [July 1819]: Heard mass at Kazanskii Cathedral ... In the afternoon, at 4 o'clock, met M. S. [=Martyn Stepanovitch Urbanovich-Piletskii] and continued [radeniia]. [We] got together and sang. Nikita Ivanovich [=Fedorov] prophesied. K. F. [=Ekaterina Filippovna Tatarinova] came down to the gathering and prophesied to me with grace a lot of promises.[76]

Some weeks earlier, one day after Borovikovskii had gone through a special "rite of passage" practised in Tatarinova's commune, he also confessed in church:

26th, Monday [May 1819]: Yesterday [they] put me [to bed?] for Communion, I read ordinary canons to the Holy Spirit, to Jesus and to Mary, to the Holy Guardian Angel and to the Holy Communion. At 6 o'clock in the morning [I did] ordinary prayer, hours, and prayer to the Holy Communion. Came to the Church of soldiers' orphans, confessed to father Aleksei [=Malov]. Martyn Stepanovich [=Urbanovich-Piletskii] gave me 25 Rubles, in commemoration of my having communicated in the brotherhood today.[77]

According to the "rite of passage" as practised in Christ-Faith communities, the novice had to kiss the cross or an icon and to recite a special oath – to swear to keep the life within the community and the Christ-Faith belief secret, especially while confessing in church.[78] This ritual was enriched in Tatarinova's circle by some other peculiar practices and further details. The most surprising moment in Borovikovskii's account of his initiation is that

75 Already before, in his earlier years, Borovikovskii was much interested in mystical teachings and between 1802 and ca. 1804 he was a regular member of the St. Petersburg masonic lodge "The Dying Sphinx". He probably came in contact with this circle through his friends and colleagues at the Academy of Arts. Rather soon he became, however, disappointed in this lodge – for reasons still unknown. Alekseeva, *Borovikovskii*, pp. 212–226. On the "Dying Sphinx", see Aleksandr Etkind, "'Umiraiushchii Sfinks': krug Golitsyna-Labzina i peterburgskii period russkoi misticheskoi traditsii" ["The Dying Sphinx": The Circle of Golitsyn-Labzin and the Petersburg Period of the Russian Mystical Tradition], in: *Studia Slavica Finlandensia* XIII (1996), pp. 17–46; Smith, p. 180.

76 Borovikovskii, Zapiski, l. 40ob.

77 Borovikovskii, Zapiski, l. 37.

78 Panchenko, *Khristovshchina i skopchestvo*, pp. 150–151, 261–270.

he went to church immediately after the incorporation into the brotherhood, even though the clergyman was, as Borovikovskii confessed, sympathetic to the group. The clergyman was Aleksei Ivanovich Malov (1787–1855), at that time the priest in the church of the department for the orphans at the "military seminary", the school for the children of the military clergy. He knew Tatarinova's circle well and was even informed to a certain degree about her gatherings at Mikhailovskii castle.[79] Furthermore, Borovikovskii referred to him in his diary as "our confessor". In the same breath, however, he expressed some fears about the denunciation of the circle by the clergy.[80] So, even though Borovikovskii visited the church after his incorporation into the "brotherhood", and it was one of their sympathisers within the clergy to whom he confessed, he obviously still maintained a distance from the Orthodox institution concerning his religious practice at Mikhailovskii castle.

In his occupation as a painter, Borovikovskii was also devoted to both religious authorities – to the church and to Tatarinova. He painted icons for different churches in St. Petersburg and other cities. At the same time, he also painted for Tatarinova's circle – icons, but also a special group portrait of radeniia participants at Mikhailovskii's which was titled "Sobor". This term could have very different meanings – a gathering or community in general, a "church" in both senses (building and community), a church council or a service held by several clerics, and also a gathering of the believers in the church for celebration on the second day of feasts.[81] In the Christ-Faith and Skoptsy tradition, however, this term was used for their private radeniia-gatherings or for the rooms where they took place.[82] The title of Borovikovskii's painting denotes surely this last meaning, since, he also referred in his diary to the gatherings at Tatarinova's as "Novyi [=new] Sobor".[83] Obviously, he considered Tatarinova's circle as a new "religious community", but one complementing the Orthodox institution and not opposing it in every situation.

---

79 Dubrovin, „Nashi mistiki-sektanty", in: *Russkaia starina* 84 (Nov. 1895), pp. 5–43, at pp. 28f.-29.

80 Borovikovskii, Zapiski, l. 37ob.

81 Cf. Al'bert Baiburin et al., *Polyzabytye slova i znachenia. Slovar' russkoi kul'tury XVIII–XIX vv.* [The Half-Forgotten Words and Meanings. The Dictionary of the Russian Culture in the 18th-19th Century], St. Petersburg 2004, pp. 479f.; Grigorii D'iachenko, *Polnyi tserkovno-slavianskii slovar'* [The Complete Church Slavonic Dictionary], Moscow 1899, p. 1107; *Slovar' russkogo iazyka XI–XVII vv.* [The Dictionary of the Russian Language in the 11th-17th Century], Moscow 1996, vyp. 23, pp. 77–81; Vladimir Dal', *Tolkovyi slovar' zhivogo velikorusskogo iazyka* [The Explanatory Dictionary of the Living Greatrussian Language], vol. 4, St. Peterburg 1882 p. 142; Shevzov, *Orthodoxy*, pp. 6–7, 81f.

82 Panchenko, *Khristovshchina i skopchestvo*, pp. 239, 485, 500.

83 Borovikovskii, Zapiski, l. 53ob-54.

Some information about Borovikovskii's sense of differentiation between Tatarinova's adherents and his other, Orthodox surroundings can be drawn from a remark about a certain friend of Borovikovskii's, Iakov Alekseevich [= Il'in],[84] who did not belong to the brotherhood, but once visited Tatarinova and discussed religious matters with her. Borovikovskii refers to him as an "ordinary Orthodox believer" [russ. obyknovennyi pravoslavnyi].[85] So, he expressed the difference between himself and his friend in the adjective "ordinary", but not in "Orthodox" – otherwise he would not have needed this specification. What can be assumed from this expression is that Borovikovskii considered himself to be different from the "ordinary Orthodox believers", but to be Orthodox nevertheless. For Borovikovskii, it was obviously possible to accept simultaneously both the authority of the church and the guidance of Tatarinova, and to combine an affiliation to the Orthodox institution depending on situation with participation in peculiar radeniia to enrich personal spiritual experience. For his contemporaries, however, this ambiguity was highly suspect – all the more so since the "Orthodox identity" and the sense of belonging to "Orthodoxy" was a matter of debate even amongst those "ordinary Orthodox" contemporaries at a time when the state and church authorities under Nicholas I were vigorously seeking to "standardise" belief and practice of their subjects and to clarify the "limits of acceptable devotion".[86] "Uncertain" affiliations amongst Tatarinova's associates caused public comment. After his death in 1825, Borovikovskii's friends and colleagues within the state and church accused Tatarinova's brotherhood of being superstitious and of plotting against the state.

84 Iakov Alekseevich Il'in, probably the son of an 18th-century freemason Aleksei Iakovlevich Il'in, was one of Borovikovskii's pupils in the first decade of the 19th century. In the 1820s, Il'in was the closest friend and colleague of Borovikovskii and frequently met his master and sometimes spent several days at his home helping to complete details in paintings. Alekseeva, *Borovikovskii*, pp. 324–327.
85 Borovikovskii, Zapiski, l. 52–52ob.
86 Freeze, "Institutionalizing Piety". The whole range of differences in the notion and meaning of Orthodoxy in the lifeworlds of diverse social groups, as well as distinctions which conformed rather to different aspects of the creed, had been in question here. Laura Engelstein, "Old and New, Nigh and Low: Straw Horsemen of Russian Orthodoxy", in: Kivelson / Green, *Orthodox Russia*, pp. 23–32.

5.3 The Domestic Life of the Warsaw Frankists

The domestic life of the Warsaw Frankists in the first generation – which covers the period approximately from 1750 to 1820 – simultaneously encompassed very different elements. Polish meals, Polish clothing and attending church – all this occupied a significant place in the life of the Frankists, along with some Jewish eating habits, celebrating some Jewish festivals and visiting Frank in Offenbach. The decoration of their houses resembled those of the houses of wealthy burghers, and soirées with live music took place there – as for example at Franciszek Wołowski's (ca. 1759 in Lwów – 1839 in Warsaw), who was one of Warsaw's leading Frankists, where his daughter Maria Agata (1789 in Warsaw – 1831 in St. Petersburg) played piano for the guests.[87] However, the houses of Warsaw Frankists were also important localities for Frankist activities, and here the members of the group read and copied Frankist texts, especially after Frank's death in 1791.[88] The family gathering for a Sabbath meal was an important element of domestic life, at least in some families, too.[89] Thus, both Frankism and Jewish culture, along with some traits of secular bourgeois living, constituted the domestic life of Warsaw's Frankists.

5.4 Children's Education by the Warsaw Frankists

Such diverse identifications, simultaneously existing within one individual, can be observed in an even more pronounced way with the children of the Warsaw Frankists. Male children were educated together with the sons of the wealthy Polish nobility in the Warsaw elite school "Collegium Nobilium", where future high-ranking officials of both the military and civil state were educated.[90] This newly opened school provided a unique opportunity for social advancement to the Frankists' children. Designed for the sons of the aristocracy, "Collegium" also accepted some pupils from the wealthy bourgeoisie – such as the sons of the well-to-do Frankists, whose clans could afford the required expenses: Frank's sons Roch (d. 1813 in Offenbach) and Józef

---

87 Teofil Syga / Stanisław Szenic, *Maria Szymanoswska i jej czasy*, Warsaw 1960, pp. 38 f., 46–50.

88 Doktór, "Warszawscy frankiści", p. 208; idem, *Księga*, vol. 1, pp. 21–26.

89 Jellinek, "Nachkommen". Cf. Doktór, "Warszawscy frankiści", p. 204, and idem, *Księga*, vol. 1, p. 86.

90 Andrzej Zahorski, „Kultura umysłowa", in: Maria Bogucka et al. (ed.), *Warszawa w latach 1526–1795*, Warsaw 1984, pp. 400–434, at pp. 428–430.

(d. 1806 in Offenbach) were educated there in the 1770s and 1780s, together with the sons of the first Frankist convert, Dominik Antoni Krysiński, Jan (ca. 1770 – ca. 1840) and Franciszek Ksawery (ca. 1755–1824), or the son of Józef Bonawentura Łabęcki, Antoni (1773–1854).[91] The Frankists' daughters were educated at home by private teachers in literature and music, as for example Maria Agata Wołowska.[92] These same children would also be sent to the court of Jacob Frank in Germany by their parents, where they would be introduced to Frankist doctrine.[93] The socialisation of these children thus took place in both surroundings simultaneously – in Frankist circles and in those of the nobility. Unless they were reminded of their Jewish origins by other students, then, these young Frankists perceived themselves and behaved as "Polish bourgeois" when attending the Warsaw elite school. But outside of the school, there continued to be situations like the Sabbath meal where their Jewish identity moved to the foreground. During Frankist gatherings or at the court of Jacob Frank, their other – Frankist – identifications were certainly more important.

The complexity and ambiguity of these multiple identifications – as Frankists, Jews, and Polish Catholics – that questioned the traditional religious boundaries in late 18thcentury Warsaw, and the group's way of living, which encompassed Jewish, Frankist and Catholic elements, caused public comment. During the period of general social change in the Polish-Lithuanian Commonwealth in the late 18th century, and in particular during the Great Diet of 1789–1792, they were reproached for their "foreign" and "sectarian" behaviour.[94] These accusations were made by Warsaw burghers and had their roots in the conflict between the burghers, the clergy and the aristocracy. At the time, the Frankists were under the protection of the nobility and could thus avoid some taxes that did, however, apply to burghers. Additionally, their unusual way of living and complex religious affiliations made the Frankists even more vulnerable to attack.[95]

---

91   Jan Ziółek, "Krysiński Jan"; idem, "Krysiński Franciszek Ksawery"; Sobociński, "Łabęcki Antoni".
92   Cf. Syga / Szenic, *Maria Szymanowska*.
93   Doktór, "Warszawscy frankiśći", pp. 203, 205.
94   Cf. D. S. [Anonymous], *List przyjaciela Polaka, niegdyś w Warszawie, a teraz w Wrocławie mieszkającego, do obywatela warszawskiego, wyjawiający sekreta neofitów, poprawy rządu wyciągające, pisany dnia 2 miesiący kwietnia roku 1790*, Warsaw 1790; for the edited version, see MDSC, vol. 6, no. 18, pp. 169–175; Anonymous, *Zwierciadło polskie dla publiczności*, Warsaw 1790; see the edited version in MDSC, vol. 6, no. 29, pp. 235–268; Anonymous, *Dwór Franka*; Anonymous, *Katechizm o Żydach i neofitach*.
95   On the conflict between the Frankists and other Warsaw burghers during the last Sejm of the Polish-Lithuanian Republic, see Ekaterina Emeliantseva, "Der fremde Nachbar. Warschauer Frankisten in der Pamphletliteratur des polnischen Vierjährigen Sejms

6. Situational Religious Commitment as a Liminal Experience: A Comparative View

Developing and exploring the concept of situational religiosity as a modus of coping with the general fragmentation of religious commitment does not necessarily need a comparative view. A micro-historical decentralizing comparison of varying possibilities of fragmented religiosity, however, can help to detect in a more comprehensible way "both the agency of difference and the structures of similarity that together comprise the parameters of human action".[96] At this point a comparison can contribute to a more differentiated view on transgressing religious boundaries, showing the possibilities of situational religious commitment in transitional political situations. The way of comparing actions of individuals and groups must differ from a systematic comparative approach assuming a clear catalogue of firm comparative criteria. Not only the sources wouldn't allow for that. It is the very nature of such a micro-level comparison, which transgresses symmetries and hierarchies. Instead, it focuses on in-depth description and analysis of everyday situations, modes of self-perception and representation. A comparative description of diverse situations can nevertheless reveal certain patterns of everyday behaviour that transgressed social and religious boundaries and challenged state and church authorities as well as other contemporaries in their perception of religious loyalties, which I conceptualize as situational religiosity.

Both groups displayed anticlerical attitudes in their daily practice. Their complex and varying commitments to different religious structures transgressed traditional boundaries of religious socialising. The quality of those boundaries, however, was different: the most pronounced boundary between Judaism and Catholicism required formal conversion. This prerequisite only allowed later for multifarious commitments in practice. In the case of Tatarinova's adherents, the boundary between the Russian Orthodoxy and deviant mystical believers bore a different quality: it was less pronounced in terms of canonical and secular law. However, the space for agency and self-identification was limited as well and they faced persecution within the changed political situation.

(1788–1792)", in: Alexandra Binnenkade et al. (eds.), *Vertraut und fremd zugleich: Jüdisch-christliche Nachbarschaften in Warschau – Lengnau – Lemberg*, Cologne 2009, pp. 21–94.

96 Nancy L. Green, "Forms of Comparison", in: Debora Cohen / Maura O'Connor (eds.), *Comparison and History. Europe in Cross-National Perspective*, New York 2004, pp. 41–56, at p.45.

Like Tatarinova's associates in St. Petersburg, who were banned by Alexander I together with all so-called "secret societies" (Masonic lodges and other non-official gatherings), the Warsaw Frankists were suspected of plotting against the state. As a result of denunciation, Grand Duke Constantine ordered observation of Frankist beer producers, but without any serious consequences. A high-ranking officer of Frankist origin used his connections to the Imperial administration to prevent any further persecution.[97] In both cases, non-conformist believers were accused of plotting against the state, but could successfully negotiate their interests with the authorities through personal networks. It was in particular the social and political instability of the Russian Empire that allowed for more diversity in religious matters. After the consolidation in the early 1830s, and the introduction of a rigid religious policy, there was much less space for negotiation between state and church authorities. In Warsaw, the political implications became even more serious after the 1830 uprising. But, in contrast to the St. Petersburg case, Warsaw Frankists remained a clandestine community, although rather loose, for several decades after. Nevertheless, the process of fragmentation and privatisation of faith could not be constricted by the authorities.

97   AGAD, Warszawa, Policja tajna w. Ks. Konstantego 1815–1830, sygn. 51, 62, S. 52, 59, 64, 192.

Markus Hero

Die Religion der Revolte

Zur Adaption des Zen-Buddhismus in den Protestbewegungen
der Nachkriegszeit

1. Einleitung

Die wissenschaftliche Analyse des Kulturtransfers kann nicht bei einer de-
skriptiv-archivierenden Sichtweise der untersuchten Kulturgüter stehen bleiben, sondern muss einen theoretischen Rahmen entwickeln, der kulturelle
Formen und Inhalte auf den gesellschaftlichen Lebenszusammenhang der
Akteure zurückführen kann. Kulturelle Praktiken und Ideen auf ihren sozialen Notwendigkeitscharakter hin zu untersuchen, setzt einen mehr oder
weniger radikalen Bruch mit dem alltäglichen Selbstverständnis der han-
delnden Akteure voraus.[1] Kulturelle Praxis, gleichwohl ob es sich dabei um
Kunst, Literatur, Wissenschaft oder Religion handelt, umgibt sich nur allzu
gerne mit einem Nimbus der unhinterfragbaren Kreativität, der die Werke
als spontan hervorgebrachtes Produkt der Inspiration begreift. Die damit
einhergehende »Ideologie der Interesselosigkeit, der Uneigennützigkeit, die
Berufsideologie der ›Kleriker‹ und Intellektuellen aller Art«[2] leistet im Kul-
turbetrieb vielerorts einer geradezu mystifizierenden Selbstbeteuerung Vorschub. Aus der Innenperspektive der Beteiligten kommt es oftmals einem
Sakrileg gleich, die Ideen des »Schönen«, des »Wahren«, des »Guten« oder
des »Heiligen« zum Objekt einer konsequent sozialgeschichtlichen Analyse
zu machen und nach den *sozialen Interessen* zu fragen, die den betreffenden
Aneignungsweisen zugrunde liegen.

So geht auch der raum-zeitliche Transfer religiöser Ideen nicht aus einem
vermeintlich »freischwebenden« Schöpfertum hervor, sondern ist immer

---

1 Zum Standpunkt »dass Religionen nicht vorwiegend aus der Sicht der Gläubigen stu-
   diert werden sollen«, sondern im Hinblick auf ihre historischen und kulturellen Bedingt-
   heiten vgl. auch: Hans G. Kippenberg / Kocku von Stuckrad, Einführung in die Religionswissenschaft, München 2003, S. 11.
2 Pierre Bourdieu, Delegation und politischer Fetischismus, in: *Ästhetik und Kommunikation* 61 / 62 (1986), S. 192.

auch Ausdruck der gesellschaftlich bedingten Interessen seiner Trägerschichten. Mit anderen Worten: Die gesellschaftliche Relevanz religiöser Ideen ergibt sich nicht aus einer ihnen an und für sich zukommenden »Natur«, sondern aus dem sozio-historischen Interessenkontext ihrer jeweiligen Rezeption. Damit ist impliziert, dass sich religiöse Ideen immer dann in einem Prozess des »Kulturtransfers« befinden, sobald sie von gesellschaftlichen Trägerschichten und Interessen aufgegriffen werden, die von einem bestehenden – als Referenzpunkt gedachten – sozio-historischen Rezeptionskontext abweichen. Die Beweggründe, aus denen gesellschaftliche Akteure und Institutionen Kulturgüter aus ihrem »ursprünglichen Zusammenhang«[3] entnehmen, müssen dabei nicht vorrangig oder ausschließlich »geistiger« oder »ideeller« Natur sein – die genannten Motive sind vielmals von ökonomischen und gesellschaftsstrategischen Interessen begleitet. Letztere ergeben sich aus den Opportunitäten und Zwängen, welche der Rezeptionskontext den Kulturrezipienten nahelegt. Diese Sichtweise des Kulturtransfers fügt sich nahtlos in die Einsicht, wonach religiöse Ideen auf ihrer Wanderung in Zeit und Raum Veränderungen durchlaufen, die sich von der Herkunftstradition ganz ablösen können. Kulturtransfer bedeutet eben »einen Prozess der produktiven Aneignung, nicht etwa eine originalgetreue Übertragung fremder Ideen und Einrichtungen«.[4]

Eine solche Sichtweise des Kulturtransfers, welche »das Augenmerk auf die Träger von Ideen«[5] richtet, die ihrerseits wiederum in spezifischen sozio-historischen Kontexten verortet sind, soll im Folgenden für die Dynamik einer spezifischen religiösen Praxis fruchtbar gemacht werden. Im Mittelpunkt steht dabei die Aneignung des Zen-Buddhismus durch die jugendlichen Protestbewegungen der Nachkriegszeit. Die Untersuchung gilt der Rezeption jener literarischen Avantgarde, die als »Beatniks« oder als »Beat-Generation« bekannt geworden ist. Mit der Vision eines gegenkulturellen, von Selbstfindung, Rastlosigkeit und Exzessen geprägten Lebensvollzugs, fernab des »American Way of Life« der 1950er Jahre, setzte die Beat-Generation dem damaligen Mainstream einen provokanten Lebensentwurf entgegen. Im Mittelpunkt der Beat-Literatur steht die Idee, die Spontaneität und »radikale Authentizität«[6] des Individuums Wirklichkeit werden zu

---

3 Johannes Paulmann, Internationaler Vergleich und interkultureller Transfer. Zwei Forschungsansätze zur europäischen Geschichte des 18. bis 20. Jahrhunderts, in: Historische Zeitschrift 267 (1998), S. 649–685, hier S. 674.
4 Ebd.
5 Ebd., S. 675.
6 Vgl. Steven Watson, Die Beat Generation. Visionäre, Rebellen und Hipsters, 1944–1960, St. Andrä-Wördern 1997, S. V.

lassen. Ermöglicht werden sollte dies über eine Befreiung des Bewusstseins von den Zwängen des gesellschaftlichen Mainstreams. Mit dieser Kampfansage gegen die herrschenden Wertvorstellungen der US-amerikanischen Nachkriegsgesellschaft wurden die Beat-Literaten zu ideologischen Vorgängern jener gesellschaftlichen Aufbrüche, welche die Jugend- und Populärkultur der ersten beiden Nachkriegsjahrzehnte prägte.[7] Der Gedichtband »Howl« des Lyrikers Allen Ginsberg war eine literarische Provokation, der Roman »On the Road« von Jack Kerouac erregte die Gemüter der amerikanischen Leser nahezu in der gleichen Weise wie einige Zeit später der Bestseller »The Dharma Bums«.

Das Aufbegehren gegen die bestehende Gesellschaftsordnung blieb jedoch kein auf den US-amerikanischen Kontext begrenztes Phänomen. Die Idee der Revolte erfuhr in dem Maße eine Verbreitung in den westlichen Industriestaaten, wie sich in den dortigen Nachkriegsverhältnissen neue Denk- und Handlungshorizonte eröffneten. So bekamen auch die europäischen Staaten mit einer gewissen zeitlichen Verzögerung die Rebellion gegen die »Lustfeindlichkeit« und »Borniertheit« der Nachkriegsgesellschaft zu spüren.[8] Wie in den USA erhielt die Revolte auch hier ihre ideologische Schützenhilfe durch einschlägige literarische Vorbilder, so wurden etwa die Figuren aus Jack Kerouacs Romanen zu »Rollenmodell[en] der kollektiven Phantasie«.[9] Die folgenden Ausführungen konzentrieren sich auf die Rezeption der Beat-Literatur in Deutschland,[10] im Mittelpunkt steht die Frage, inwiefern der »Beat-Zen« eine besondere Verbindung zum damaligen Zeitgeist eingehen konnte.

Die Schlüsselwerke der Beatautoren wurden gegen Ende der 1950er Jahre ins Deutsche übersetzt und entwickelten sich alsbald zum literarischen Basisrepertoire der entstehenden jugendlichen Alternativkultur.[11] Damit kam es

---

7 Zur Vorreiterfunktion der Beat-Generation vgl. Thomas Hecken, Gegenkultur und Avantgarde 1950–1970: Situationisten, Beatniks, 68er, Tübingen 2006; vgl. auch Watson.

8 Vgl. hierzu Dagmar Herzog, Antifaschistische Körper. Studentenbewegung, sexuelle Revolution und antiautoritäre Kindererziehung, in: Klaus Naumann (Hg.), Nachkrieg in Deutschland, Hamburg 2001, S. 521–551.

9 Watson, S. V.

10 Zum amerikanischen Rezeptionskontext vgl. Paul Goodman, Aufwachsen im Widerspruch. Über die Entfremdung der Jugend in der verwalteten Welt, Darmstadt 1971.

11 Vgl. Volker Drehsen, Vom Beat zum Bricolage. Synkretismus als jugendliches Protestverhalten, in: Wolfgang Greive / Raul Niemann (Hg.), Neu glauben? Religionsvielfalt und neue religiöse Strömungen als Herausforderung an das Christentum, Gütersloh 1990, S. 114–145, hier S. 114 ff.; vgl. auch Roman Schweidlenka, Buddhismusrezeption der Gegenkultur und Alternativbewegung im deutschen Sprachraum seit 1968, in: Manfred Hutter (Hg.), Buddhisten und Hindus im deutschsprachigen Raum, Frankfurt a. M. 2002, S. 199–212.

auch hierzulande zu der »modischen Buddhismus-Begeisterung, wie sie damals an der Westküste zu grassieren«[12] begann; eine besondere Popularität erreichte Jack Kerouacs Bestseller »Gammler, Zen und hohe Berge«.[13] Die »Bibel der Rucksackrevolution«[14] soll im Folgenden exemplarisch im Hinblick auf die Fragestellung dieses Aufsatzes untersucht werden: Welche Interessen sind mit der Zen-Rezeption im Rahmen der jugendlichen Gesellschaftskritik verbunden, wie sie seit Mitte der 1950er Jahre von den schriftstellerischen Avantgarden der Beatniks vorgedacht und vorgelebt wurde? Im Rückgriff auf Kerouacs Bestseller soll gezeigt werden, wie sich mit dem Verweis auf die »exotische« Religiosität etablierte gesellschaftliche Selbstverständlichkeiten abwerten und die Merkmale einer »alternativen« Lebensführung positiv hervorheben ließen: die Fähigkeit zu Spontaneität und Improvisation, die Flexibilität bei der Suche nach neuen gesellschaftlichen Orientierungen, das Gefühl für »authentische« menschliche Beziehungen und die Betonung sinnlicher, körperlicher Aspekte des Lebens.

Nach einem kurzen Überblick über historische Entwicklungspfade des Zen-Buddhismus richtet der Aufsatz sein Augenmerk auf die Beat-Literatur und deren Aufnahme in Deutschland. Die gesellschaftlichen Visionen und Utopievorstellungen, welche die Figuren in Kerouacs Roman mit dem Zen-Buddhismus verbinden, stehen im Mittelpunkt des folgenden Abschnittes. Aus einer sozialgeschichtlichen Perspektive soll darauf der Frage nachgegangen werden, warum der sozio-historische Kontext der Nachkriegsgesellschaft die gegenkulturellen Aufbrüche hervorgebracht hat. Der folgende Abschnitt widmet sich der Frage, wodurch religiöse Ideen, Symbole und Praktiken zu einem tragenden Moment für die alternative Existenz der einschlägigen Milieus wurden. Im Hinblick auf die Theorie des Kulturtransfers schließt der Aufsatz mit einer Zusammenfassung der Interessenkonstellation, die der Zen-Rezeption der Gegenkultur zugrunde liegt.

---

12 Hans-Christian Kirsch, On the Road. Die Beat Poeten William S. Burroughs, Allen Ginsberg, Jack Kerouac, München 1995, S. 239.
13 Das englischsprachige Original erschien im Jahre 1958 unter dem Titel »The Dharma Bums«, die deutsche Übersetzung »Gammler, Zen und hohe Berge« wurde 5 Jahre später im Rowohlt Verlag veröffentlicht.
14 Watson, S. 263.

2. Historische Kontexte des Zen-Buddhismus

Während die religionswissenschaftliche Literatur zum Zen-Buddhismus vorrangig auf die Ideengeschichte fokussiert ist,[15] ist es für den Zweck dieser Arbeit von ebensolcher Bedeutung, auf die variierenden gesellschaftlichen Interessen hinzuweisen, welche mit der Ausbreitung und Veränderung der betreffenden religiösen Ideen verbunden sind.[16] Wie die Geschichte Chinas[17] und Japans[18] zeigen, sind es die Interessen staatstragender, gesellschaftlich mächtiger Gruppen oder avantgardistischer Zirkel, welche dem Zen-Buddhismus wechselnde Impulse verliehen haben.

Das chinesische Wort *Ch'an* ist abgeleitet vom Sanskrit-Begriff *Dhyana*, der »Meditation« oder »meditative Versenkung« bezeichnet. Der Chan konnte in China über seine indischen Wurzeln hinaus an eine Tradition meditativer Versenkung im Daoismus anknüpfen, die das indische Vorbild weiterentwickelte. Wie Erik Zürcher ausführt, entwickelte sich der Buddhismus in China seit dem späten 3. Jahrhundert nach Christus, er wurde von einer »upper class« Kultur getragen, die von den Mönchen ausgehend die oberen Gesellschaftsschichten erfasste.[19] Seine erste Erwähnung in zeitgenössischen chinesischen Quellen erfährt der Buddhismus um die Mitte des ersten

15 Vgl. John McRae, Seeing through Zen. Encounter, Transformation, and Genealogie, Berkeley 2003; ders., Introduction, in: Heinrich Dumoulin, Zen Buddhism. A History, Bd. 1: India and China, Bloomington 2005, S. xxvii-xlii.
16 Die akademischen Debatten, die sich zwischen Vertretern eines »idealized image[s] of an iconoclastic, anti-institutional ›pure‹ Chan / Zen Buddhism« (S. 311) und den Protagonisten einer »historical critique of Chan Origins« (S. 312) ergeben, resümiert James Robson in seinem Literaturüberblick: Formation and Fabrication in the History and Historiography of Chan Buddhism, in: Harvard Journal of Asiatic Studies 2 (2011), S. 311–349.
17 Zu den politischen, wirtschaftlichen und intellektuellen Interessen, die mit der Ausbreitung des Chan-Buddhismus (Zen) während der Tang Dynastie (618–907) verbunden waren vgl. Alan Cole, Fathering Your Father. The Zen of Fabrication in Tang Buddhism, Berkeley 2009. Den gesellschaftlichen Einflüssen während der ersten Jahrhunderte der Song Dynastie (960–1279), in welcher der Chan zur dominanten Form des Buddhismus in China aufstieg, widmet sich Morton Schlütter, How Zen became Zen: The Dispute over Enlightenment and the Formation of Chan Buddhism in Song-Dynasty China, Honululu 2008.
18 Vgl. Klaus Vollmer, Zen-Buddhismus in Japan, in: Universität Hamburg (Hg.), Buddhismus in Geschichte und Gegenwart. Weiterbildendes Studium, Hamburg 1998, S. 179–199; ders., Japanischer Buddhismus und Zen, in: Weiterbildendes Studium: Buddhismus in Geschichte und Gegenwart, Bd. V, Hamburg 2001, S. 151–164; vgl. auch Philip Yampolsky, The Development of Zen in Japan, in: Kenneth Kraft (Hg.), Zen, Tradition and Transition, London 1989, S. 140–156.
19 Erik Zürcher, The Buddhist Conquest of China, The spread and adaption of Buddhism in early medieval China, Leiden 1959, S. 18.

Jahrhunderts nach Christus, rund 700 Jahre nach dem Tod des historischen
Buddha.[20] *Zen* ist die sino-japanische Aussprache des chinesischen Schrift-
zeichens für *Ch'an*. In Japan wurde die Meditationspraxis ab dem 13. Jahrhundert als eigene Lehrrichtung verbreitet,[21] wo sie das kulturelle Leben über
Jahrhunderte nachhaltig beeinflusste. Das meditative Sich-Versenken wurde
und wird zwar von vielen Buddhisten praktiziert, auch schon bevor sich Zen
als eigene Richtung etablierte – im Zen wird aber auf diesen Aspekt besonderen Wert gelegt.

Zu den wichtigsten historischen Entwicklungsetappen gehört die Zen-
Rezeption der Kamakura-Zeit.[22] Hier bildeten sich zwei Hauptströmungen
des japanischen Zen, *Sōtō-shū* und *Rinzai-shū*. Sōtō Zen war ursprünglich
die asketischere und strengere Richtung, ihr Begründer war Dōgen Kigen
(1200–1253), der heute einer der bekanntesten Vertreter des japanischen Zen
überhaupt ist. Die Rinzai-Schule, gegründet durch Esai (1141–1215), erfuhr
eine massive Förderung durch das im Jahre 1185 gegründete Bakufu oder
Shogunat in Kamakura. Die historische Bedeutung des Zen ist daher eng mit
der Etablierung einer Herrschaftsordnung durch den Kriegeradel der Kamakura Zeit verknüpft: Zen ging eine ideelle Verbindung mit dem japanischen
Schwertadel, den Samurai, ein.[23]

Ab dem 17. Jahrhundert, mit dem Beginn des Tokugawa-Shogunats (1603–
1867) verlor der Zen-Buddhismus an politischer Patronage,[24] auch wenn
beide Schulen weiterhin große Meister hervorbrachten. Die wichtigste Gestalt dieser Zeit war Hakuin Ekaku (1685–1768), der Reformator des Rin-
zai-Zen. Bereits eine Generation zuvor hatte Gesshu Soko (1618–1696), »der
große Wiederbeleber«, damit begonnen, den Soto-Zen zu erneuern, der in
der Zeit der Bürgerkriege in eine Krise geraten war, da etliche der feudalen Adelsclans, die die in den nördlichen Provinzen konzentrierten Klös-
ter und Tempel patronisiert hatten, Gegner der siegreichen Tokugawa gewesen waren. Gesshus Wirken war in erster Linie auf eine Rückbesinnung auf
die Lehren des Gründers Dōgen gerichtet. Gesshus Werk wurde fortgesetzt
von Hakuins Zeitgenossen Manzan Dohaku (1636–1714), genannt »der große
Reformator«.

Mit der Meiji-Periode (1868–1912) begann in der japanischen Gesellschaft
und Kultur eine radikale Umwälzung. Kennzeichnend für diese Epoche ist

---

20 Vgl. ebd., S. 23.
21 Vollmer, Japanischer Buddhismus, S.157.
22 Kamakura ist der Name einer Stadt im Süden der Kantō Ebene. Sie war Sitz des Mina-
    moto Shogunats oder Bakufu in der Zeit von 1185–1333 (= Kamakura-Zeit).
23 Vgl. Vollmer, Japanischer Buddhismus, S. 158.
24 Ebd., S. 159.

die Modernisierung und Industrialisierung der Gesellschaft, vor allem auch die Restauration der kaiserlichen Gewalt. In kultureller Hinsicht waren die Bestrebungen charakteristisch, eine nationale Ideologie zu schaffen, deren Bausteine man in neo-konfuzianischem Gedankengut und im Shintoismus suchte. Shinto- und buddhistische Institutionen wurden voneinander getrennt und von staatlicher Seite eine regelrechte Anti-Buddhismus-Kampagne eingeleitet (Haibutsu-Kishaku). Der Buddhismus wurde als eine importierte, nicht originär japanische Kulturpraxis diffamiert.[25] Dies führte zu einer Unterordnung buddhistischer Institutionen und ihrer Repräsentanten gegenüber einem zunehmend militaristischen und chauvinistisch auftretenden Staat. Eine erst in jüngster Zeit in der Wissenschaft diskutierte Epoche der Zen-Rezeption verweist auf die Beziehungen der japanischen Zen-Institutionen zum Nationalismus und zum Expansionskrieg in den 1930er und 1940er Jahren.[26]

Die Geschichte des japanischen Zen macht ihn zu einer nur schwierig zu klassifizierenden Strömung des Buddhismus. Die wechselhaften soziopolitischen Kontexte sowie die »Scheu vor jeglicher Form von Dogmatisierung und Verbalisierung«[27] haben unterschiedliche Auslegungen und Aneignungsweisen des Zen mit sich gebracht. Zweifellos liegt in diesen Momenten auch seine besondere Anziehungskraft: Die Meditationspraxis ist für »Neu-« und »Wiederentdeckungen« zugänglicher als jene Varianten des Buddhismus, die historisch durchgängige Institutionalisierungsprozesse durchlaufen haben und somit stärker an konkrete Lehrgebäude, Bilder und Vorstellungen gebunden sind. Stattdessen lässt sich, wie Heinrich Dumoulin zusammenfasst, das Selbstverständnis des Zen-Buddhismus seit seinen chinesischen Ursprüngen durch ein Primat der Praxis sowie durch eine besondere Betonung der Innerlichkeit charakterisieren.[28] Weil es zudem zum Selbstverständnis des Zen ge-

---

25 Wie James Edward Ketelaar ausführt, schlagen sich die langfristigen Konsequenzen der Verfolgungsjahre nicht nur in den zehntausenden zerstörten oder konfiszierten buddhistischen Tempeln nieder, tiefe Spuren hat die anti-buddhistische Bewegung auch in der erneuerten religiösen Erziehung, dem Aufkommen neuer Geschichtserzählungen sowie neuer rechtlicher und politischer Strategien der Verfolgung von religiösen Sekten hinterlassen, James Edward Ketelaar, Of Heretics and Martyrs in Meiji Japan: Buddhism and Its Persecution, Princeton, 1990, S. 76.

26 Hierzu Brian Victoria, Zen at War, Lanham 1999. Die unterstellte Verbindung von Buddhismus, Nationalismus und Militarismus hat eine kontroverse Diskussion hervorgerufen, vgl. dazu u. a. die Literaturhinweise und kritischen Stellungnahmen bei Daniel A. Metraux, A Critical Analysis of Brian Victoria's Perspectives on Modern Japanese Buddhist History, in: Journal of Global Buddhism 5 (2005), S. 66–81.

27 Sybille Fritsch-Oppermann: Christliche Existenz im buddhistischen Kontext: Katsumi Takizawas und Seiichi Yagis Dialog mit dem Buddhismus in Japan, Münster 2000, S. 51.

28 Dumoulin, S. 85.

hört, dass er »unabhängig von Wort und Schriftzeichen«[29] (in Lehrer-Schüler Verhältnissen) tradiert wird, bieten sich in unterschiedlichen Kontexten immer wieder neue Anknüpfungs- und Interpretationsmöglichkeiten.

So finden sich auch in den christlich geprägten Gesellschaften des Westens keine allzu großen Schwierigkeiten, Zen mit den dortigen kulturellen Überzeugungen in Einklang zu bringen. Der Kulturtransfer asiatischer Spiritualität in den Westen lässt sich nach Hummel in einem dreiphasigen Modell abbilden.[30] Demnach nahm die Rezeptionswelle im späten 18. Jahrhundert ihren Ausgang, wo »ein kleiner Kreis westlicher Gebildeter«[31] mit der künstlerischen und literarischen Aneignung fernöstlicher Ideen und Symbole begann. Die zweite Rezeptionsphase wird auf die Wende vom 19. zum 20. Jahrhundert terminiert, kennzeichnend ist die über die rein intellektuelle Beschäftigung hinausgehende institutionelle Etablierung des Buddhismus im Westen.[32] Es entstanden Organisationen wie der »Buddhistische Missionsverein für Deutschland«, die »Deutsche Pali-Gesellschaft« oder der »Bund für Buddhistisches Leben«. Die damaligen europäischen Buddhisten rekrutierten sich vorrangig aus den kulturell privilegierten Kreisen der Oberschicht.[33] Der Verweis auf die »andere« Weltanschauung des Ostens kam vor allem den intellektuellen Bedürfnissen der Trägerschichten entgegen, insbesondere dort, wo es um die Distinktion gegenüber dem westlichen Denken ging.[34]

Zu den kulturellen Avantgarden, welche sich des Zen-Buddhismus bemächtigten, gehörten u. a. auch die Anhänger des Jesuitenordens, wo sich ein Naheverhältnis entwickelte, das die Zen-Rezeption in der westlichen Welt entscheidend prägte. Als Meilenstein der westlichen Zen-Rezeptionen muss zweifelsohne auch die Abfassung von Eugen Herrigels »Zen und die Kunst des Bogenschießens« (1948) genannt werden, die bis heute den Mythos vom todesverachtenden Zen-Mönch, bzw. vom inspirierten Samurai prägt. Als weitere kulturelle Mittler des Zen im Westen gelten neben dem Jesuiten und Zen-Meister Hugo Makibi Enomiya-Lassalle (1898–1990) auch Karlfried

29 Ebd.
30 Vgl. Reinhart Hummel, Indische Mission und neue Frömmigkeit im Westen. Religiöse Bewegungen Indiens in westlichen Kulturen, Stuttgart 1980, S. 18 f.
31 Ebd., S.18.
32 Vgl. ebd., S.19.
33 Frank Usarski, Das Bekenntnis zum Buddhismus als Bildungsprivileg. Strukturmomente ›lebensweltlicher‹ Theravaada-Rezeption in Deutschland während des Zeitraums zwischen 1888 und 1924, in: Peter Antes/Donate Pahnke (Hg), Die Religion von Oberschichten, Marburg 1989, S. 75–86, hier S. 76.
34 Vgl. dazu Alfred Bertholet, Buddhismus im Abendland der Gegenwart, Tübingen 1928, S. 26.

Graf Dürckheim (1896–1988) und Daisetsu Teitaro Suzuki (1870–1966), deren Vorträge und Publikationen einen wesentlichen Beitrag dazu geleistet haben, die »Zen-Meditation aus ihrem genuinen Kontext« zu lösen und »die entsprechende Methode gesellschaftsfähig und für [...] ›bürgerliche Kreise‹ konsumierbar zu machen«.[35]

Trotz dieser Kulturimporte blieb der Zen-Buddhismus bis zum Ende des Zweiten Weltkrieges nur eine Randerscheinung unter den Religionen im Westen. Größtenteils reduziert auf ein Intellektuellenphänomen, stand die »Entdeckung des Orients« vorrangig im Zeichen bildungsbürgerlicher Distinktion,[36] wohingegen die lebensweltlich-praktischen Aspekte buddhistischer Religiosität kaum Eingang in den westlichen Lebensstil fanden. Seit der Nachkriegszeit deutet sich jedoch eine Veränderung in den gesellschaftlichen Aneignungsweisen an. Hummel spricht in diesem Zusammenhang von einer dritten Phase der westlichen Buddhismus-Rezeption, in der »nach dem 2. Weltkrieg eine neue Generation einen vorwiegend nichtintellektuellen Zugang zu religiöser Erfahrungen mit Hilfe von Meditationspraktiken und Ritualen suchte«.[37] Eingeleitet wurde die neue Rezeptionsphase von »alternativkulturelle[n] Literaten«,[38] es waren die Pionierleistungen einer schriftstellerischen Avantgarde in den Vereinigten Staaten, deren Neu-Entdeckung des Buddhismus bald eine Popularität auslöste, die auch die westlichen europäischen Länder erfasste. Mit den so genannten Beatniks begann eine neue Phase des Kulturtransfers asiatischer Religiosität. Bevor die spezifischen gesellschaftlichen Randbedingungen reflektiert werden, welche der alternativkulturellen Buddhismus-Rezeption ihren fruchtbaren Boden sicherten, soll zunächst auf das literarische Selbstverständnis der Beat-Generation eingegangen werden.

---

35 Frank Usarski, Asiatische Spiritualität als gegenkulturelles Phänomen. Überlegungen zu Bedingungen der Rezeption östlichen Gedankenguts im Kontext einer säkularisierten Umwelt, in: Kurt Rudolph / Gisbert Rinschede (Hg.), Beiträge zur Religion-Umwelt-Forschung. Erster Tagungsband des interdisziplinären Symposiums in Eichstätt, 5.–8. Mai 1988, Berlin 1989, S. 87–101, hier S. 89.
36 Vgl. ebd, S. 88 f.
37 Hummel, S. 19.
38 Usarski, Das Bekenntnis, S. 77.

3. Die Beat-Literatur und ihre Rezeption in Deutschland

Die Beat-Generation erfuhr ihre Benennung in Analogie zur »Lost Generation« der 1920er Jahre, als deren Vertreter Literaten wie Francis Scott Fitz-
gerald, Ernest Hemingway, Gertrude Stein gelten. Wie seinerzeit die Prosa
der »Lost Generation« hat auch die Beatnik-Literatur beträchtliches – wenngleich nicht immer wohlwollendes – gesellschaftliches Aufsehen hervorgerufen. Die Abkehr der Beatniks vom Mainstream der amerikanischen Nachkriegsgesellschaft vollzog sich in Form einer demonstrativ alterierenden
Lebenspraxis. Das gesellschaftliche Anderssein wurde über ein freizügiges,
möglichst intensives und berauschendes Dasein zur Schau gestellt.[39]

Die Beat-Generation bestand aus einem Zirkel von Schriftstellern, die allesamt in den 20er Jahren des vorigen Jahrhunderts geboren sind. Für die
einschlägige »Literaturgeschichte« stehen in erster Linie drei Namen: Der
Lyriker Allen Ginsberg (1926–1997) zählt neben seinen engsten Wegge-
fährten Jack Kerouac (1922–1969) und William Burroughs (1914–1997) zu
den Zentralfiguren der Szene, die vornehmlich aus einem Netzwerk von ge-
sellschaftskritischen Intellektuellen bestand. Am Beginn stand das Zusam-
mentreffen der Schlüsselautoren und deren spirituelle Inszenierung, gefolgt
vom Verfassen der Schlüsselwerke, woraufhin eine Phase des Kampfes gegen die Zensur einsetzte. Schließlich brachten es die Beat-Literaten zu zwei-
felhaftem Ruhm. Die steigende Popularität zeitigte bald ihre paradoxen
Effekte, insbesondere Jack Kerouac blieb die Wandlung vom Antihelden
zum gefragten TV-Star nicht erspart.[40] Einst von der Peripherie des Kultur-
betriebs ausgehend, avancierte die Beat-Bewegung alsbald zum Gegenstand
der »Unterhaltungsindustrie«.

Gemeinsam ist den Schriftstellern Jack Kerouac, William S. Burroughs
und Allen Ginsberg ihr Interesse am Zen-Buddhismus, mit dem die Sehnsucht nach gesellschaftlicher Befreiung spirituell überhöht wurde. Die Hin-
wendung zur fernöstlichen Religiosität diente den Romanciers zur Entwicklung ihres kritischen Bewusstseins.[41] Unter den »Propheten« und »Heiligen«
des neuen Lebensgefühls nahm insbesondere Jack Kerouac eine besondere

---

39 Ein frühes Portrait des Lebensstils der amerikanischen Beatniks findet sich bei Lawrence
    Lipton, The Holy Barbarians, New York 1959.
40 Um dem korrumpierenden Wohlstand der bürgerlichen Gesellschaft entgegenzutreten,
    gehörte es ursprünglich zum Ethos der Beatniks, sich »der offenen und versteckten Pro-
    paganda« zu entziehen, die von Fernsehen und Radio ausgeübt wurde, Walter Hollstein,
    Der Untergrund, Berlin 1970, S. 36.
41 Vgl. Kirsch, S. 239 ff.

Rolle ein. 1950 veröffentlichte die Galionsfigur der Beat-Generation »The Town and the City«, sieben Jahre später den »Kult-Roman« »On the Road«. Letzterer ist die Chronologie einer »Erweckungsreise« quer durch die Vereinigten Staaten bis nach Mexiko, die Kerouac mit seinem Freund, dem Buddhisten Neal Cassady unternommen hatte. Kerouac verfasste anschließend mehrere Arbeiten, welche explizit auf buddhistische Ideen Bezug nehmen: Eine Lebensgeschichte des Buddha mit dem Titel »Wake up«, den Klassiker der Gammler-Literatur »The Dharma Bums« sowie eine hundertseitige Zusammenstellung von buddhistischen Ideen unter dem Titel »Some of the Dharma«.

Die Schlüsselwerke der Beat-Autoren erreichten das deutsche Publikum gegen Ende der 1950er Jahre. Die deutschsprachigen Ausgaben der Werke wurden zunächst vom Limes Verlag (Wiesbaden) sowie vom Rowohlt Verlag (Reinbek) veröffentlicht. »On the Road« (Unterwegs) von Jack Kerouac und Allen Ginsbergs »Howl« (Das Geheul und andere Gedichte) erschienen 1959 in der Bundesrepublik – »Das Geheul« als literarische »Sensation«[42] bei Limes und »Unterwegs« bei Rowohlt. Die prospektive Rezeption der »Junge[n] amerikanische[n] Literatur«[43] setzte im selben Jahr ein, der Literaturwissenschaftler Walter Höllerer verschaffte in der Zeitschrift »Akzente« dem deutschen Publikum einen ersten Überblick die Werke der Beat-Autoren. Die gesellschaftlichen Ideale, die Affinität zum Buddhismus und die Lebensstilmerkmale der neuen Avantgarde wurden der deutschen Leserschaft im Jahre 1960 durch die Übersetzung van Lawrence Liptons »The Holy Barbarians« (Die heiligen Barbaren)[44] nahegebracht. Liptons Portrait der Beatniks war dem »Spiegel«[45] und der »Zeit«[46] eine relativ ausführliche Widmung Wert. Im selben Jahr publizierte Walter Höllerer seine umfangreiche Anthologie »Junge amerikanische Lyrik« im Hanser Verlag, ebenfalls im Jahr 1961 widmete die Literaturzeitschrift »Rhinozeros« den Beat-Autoren eine Sonderausgabe.[47] Ein Jahr später wartete der Rowohlt Verlag mit der Sammlung »Beat« auf, herausgegeben von Karl Otto Paetel.[48] Ebenfalls 1962 erschienen auch »Kaddisch« von Ginsberg sowie die Rauschgiftsüchtigen- und Homosexuellen-Phantasmagorie »Naked Lunch« von Burroughs bei Limes in

---

42 So Walter Höllerers Ankündigung im Klappentext von Allen Ginsberg, Das Geheul, Reinbek bei Hamburg 1959.
43 Walter Höllerer, Junge amerikanische Literatur, in: Akzente 1 (1959), S. 29–43.
44 Lawrence Lipton, Die heiligen Barbaren, Düsseldorf 1960.
45 Beat Generation. Bohème mit Bart, in: Der Spiegel 4 (1961), S. 59–61.
46 Ludwig Marcuse, Die Revolution unter den Rippen. Die Beatniks, einmal verklärt, einmal kritisiert, in: Die Zeit vom 2.6.1961.
47 Klaus-Peter Dienst / Rolf-Gunter Dienst (Hg.), Rhinozeros 5 (1961).
48 Karl Otto Paetel (Hg.), Beat. Eine Anthologie, Reinbek 1962.

Wiesbaden; 1963 schob Limes das autobiographische Burroughs-Bekenntnis »Junkie« nach, Rowohlt brachte unter dem Namen »Gammler, Zen und hohe Berge« eine geschickt auf das jugendliche Zielpublikum zugeschnittene deutsche Ausgabe von »The Dharma Bums« auf den Markt.

Die Reaktionen der deutschen Kritiker auf die amerikanischen Literaturimporte fielen zunächst wenig wohlwollend aus. Im Vorwort seiner Anthologie »Junge amerikanische Literatur« sprach Walter Hasenclever von einer »primitiven« und »polemischen« Lyrik, von »mittelmäßigen Jazzromanen und Abhandlungen über Zen-Buddhismus«.[49] Die »Frankfurter Allgemeine Zeitung« vermisste die »sensitiven Zeilen«, die »magische Naturdeutung« sowie die »abstrakten Wortformationen« der einheimischen, »sich so tiefgründig gebenden Metaphernlyrik.«[50] Unverhohlener fällt der kritische Ton bei Hans Magnus Enzensberger aus. In Anspielung an Jack Kerouacs Bestseller »Unterwegs« war seine Replik in der Zeitschrift »Neue Deutsche Hefte« mit dem Titel »Die Dummheit unterwegs« überschrieben.[51] Analog bezeichnet er die Beat-Generation als »saudumme« Generation. Diese Stellungnahmen führten im Nachrichtenmagazin »Der Spiegel« zu einer Kontroverse zwischen Enzensberger und dem Herausgeber der Beat-Anthologie Karl Otto Paetel,[52] der entgegen einer rein literaturwissenschaftlichen oder ästhetischen Rezeption darauf insistierte, das deutsche Publikum für die Protesthaltung einer neuen amerikanischen Schriftstellergeneration empfänglich zu machen, die sich gerade über die Abkehr von herrschenden Literaturstandards profilierte.

Unabhängig von den Auseinandersetzungen um den literarischen Gehalt der Beat-Literatur nahm die gesellschaftliche Rezeption der Beat-Kultur ihren Fortgang. Einerseits förderte sie unter den zeitgenössischen Beobachtern das Bewusstsein für eine neue Jugendbewegung,[53] bei den Jugendlichen selbst fungierten die literarisch formulierten Inhalte als Anleitung zum gesellschaftlichen Aufbruch. Die Werke der amerikanischen Autoren gehörten alsbald zum Handgepäck der entstehenden Jugendbewegungen der 1960er Jahre: »Der Abscheu vor der entmenschlichten Zivilisation, den Allen

---

49 Walter Hasenclever, Amerikas junge Schriftstellergeneration, in: ders. (Hg.), Junge amerikanische Literatur, Frankfurt a. M. 1959, S. 14.

50 Horst Bienek, Die neuen Dichter Amerikas, in: Frankfurter Allgemeine Zeitung vom 23.6.1962, S. 50.

51 Hans Magnus Enzensberger, Die Dummheit unterwegs, in: Neue Deutsche Hefte 64 (1959), S. 758 f.

52 Ders., Beat. Eine Anthologie, in: Der Spiegel 45 (1962), S. 118 f.

53 Vgl. dazu den Artikel in der »Zeit« von Ludwig Marcuse, Revolution, sowie die 1961 erschienene Abhandlung von Klaus Th. Günter, »Protest der Jungen« – Eine kritische Würdigung aus den eigenen Reihen, München 1961.

Ginsberg in seinem Poem ›Howl‹ formulierte, und das Gegenbild des einfachen, brüderlichen, ekstatischen [...] Dasein der ›beat-generation‹, wie es
Kerouac in seinen Romanen ›On the Road‹ und ›The Dharma Bums‹ beschrieb, prägten die Protestexistenz.«[54] Gerade ihre »deutliche Orientierung
an der gesprochenen Sprache«[55] war es, die der Beat-Literatur ihre Popularität bei einem breiteren, jugendlichen Publikum sicherte. Diese praktisch-ge-
sellschaftliche Relevanz erkannte auch der zeitgenössische Literaturkritiker,
wenn er polemisch formulierte: Trotz der mageren »literarischen Existenz«
haben »Millionen von Querköpfen, haltlosen Existenzen, Halbstarken, ver-
kommenen Genies, Kriminellen und Perversen plötzlich entdeckt, daß sie
der Beat Generation von Rechts wegen angehören.«[56]

Im weiteren Verlaufe der 1960er Jahre setzte in Deutschland »eine breite
und produktive Rezeption der Beat-Generation«[57] ein. So wurden die Begriffe »Beat«, »Beatnik« oder »Beat-Generation« integraler Bestandteil der
damaligen Jugendbewegungen der 1960er Jahre.[58] Eine besondere Popularität erlangt ab Mitte des Jahrzehnts bekanntlich die Beat-Musik – aber
auch die einschlägige Lebenshaltung und politische Gesinnung werden in
der deutschen Öffentlichkeit verstärkt rezipiert. Im Jahr 1965 informierte
der Bild- und Tonbericht von Gerold Dommermuth, Hans Maier und Jürgen
Seuss die deutsche Öffentlichkeit über »Beat in Liverpool« (48 Seiten Text,
214 Bildtafeln, eine Langspielplatte). Die gesellschaftlichen Kontroversen um
die »Gammler« waren Teil der täglichen Nachrichtenpresse.[59] Spätestens
1968 wurde eine über den engeren Kreis von Kulturbeflissenen hinausgehende Leserschaft mit den einschlägigen Ideen bekannt gemacht; durch den
in der Zeitschrift »Christ und Welt« und im Magazin »Playboy« veröffentlichten Aufsatz »Cross the Border – Close the Gap« von Leslie Fiedler.[60] Der
Autor forderte darin die Ablösung der elitären Hochkultur durch eine Literatur, die auch die Motive des Alltags mit einbezieht. Einer breiteren Leser-
schicht wurde die später so getaufte »Popliteratur« durch junge, rebellische
Schriftsteller wie Rolf Dieter Brinkmann vermittelt, der 1969 zusammen mit

---

54 Hollstein, S. 37.
55 Charis Goer, Neues aus dem Westen, in: Matthias N. Lorenz / Maurizio Pirro (Hg.),
    Wendejahr 1959?, Bielefeld 2011, S. 179–196, hier S. 183.
56 Hasenclever, S. 14.
57 Goer, S. 179.
58 Hollstein, S. 31 ff.
59 Tina Gotthardt, Abkehr von der Wohlstandsgesellschaft. Gammler in den 60er Jahren
    der BRD, Saarbrücken 2007, S. 45–48.
60 Der Aufsatz findet sich neu abgedruckt unter dem Titel: Überquert die Grenze. Schließt
    den Graben, in: Uwe Wittstock (Hg.), Roman oder Leben. Postmoderne in der deutschen
    Literatur, Leipzig 1994, S. 14–39.

Ralf-Rainer Rygulla im März-Verlag die Anthologie »Acid. Neue amerikanische Szene« herausbrachte und damit die amerikanischen »Popliteraten«
in Deutschland vorstellte. Damit platzte Brinkmann in eine durch die res-
taurative Nachkriegszeit sowie durch die »politisch korrekte« Literatur der
Gruppe 47 dominierte Literaturszene.

Die aufkommende Popularität der Protestliteratur brachte der jugendlichen Alternativszene unweigerlich auch die einschlägigen Adaptionswei-
sen des Zen-Buddhismus nahe, wie sie von den Beat-Autoren propagiert wurden. Die in der Beat-Literatur vorgelebte Suche des »Dharma-Gammlers«,
der sich auf seiner Suche nach einem selbstbestimmten Dasein transzen-
denter Ideale bedient, wurde auch für die deutschen Gammler zur Maxime.
Das Portrait, das die »Zeit« im Jahre 1967 den Münchener Gammlern widmete, unterstreicht die Bedeutung der religiösen Symbolik für den alternativen Lebensstil:

Da fand man den Meditierenden und Betenden, den Gammler Mönch mit Ge-
betschnüren und Amuletten auf der nackten Brust, der sich Wärme suggerierte,
bis ihm der Schweiß herunter rann, den Gammler, der allabendlich fünf Minu-
ten Kopf stand. Da fand man die, die still nebeneinanderlagen oder miteinander
sprachen, über Buddha und Marx, Diogenes und Jack Kerouac. Da waren die,
die sich liebten, und andere, die ihre Flaschen an den Säulen zertrümmerten, es
gab Nackttänze zu Gitarrenklängen und zenbuddhistische Orgien mit verrückten
Augenblickseinfällen.[61]

In dem Maße wie der »Beat-Zen« Teil des jugendlichen Lebensstil-Reper-
toires wurde, setzte eine inhaltliche Schwerpunktverschiebung in der deutschen Buddhismus-Rezeption ein.[62] Nicht mehr die bis dahin vorherrschende
denkerische, »intellektuelle« Rezeption bestimmte den Zugang zum Buddhismus, sondern die Praxis.[63] Zen-buddhistische Ideen waren damit nicht
mehr nur für das klassische Bildungsbürgertum eine religiöse Alternative,[64]
sondern zunehmend auch für jüngere Angehörige der modernen Mittelschichten. Hier rückte die körperliche Erlebbarkeit als Teil einer psycholo-

---

61 Margret Kosel, Gammler im Winter: Philosophie und Sonne, in: Die Zeit vom 13.1.1967,
    S. 32.
62 Vgl. Martin Baumann, Deutsche Buddhisten, Geschichte und Gemeinschaften, Marburg
    1993, S. 81 ff.
63 Zur Bedeutung des Alternativmilieus für die Rezeption des Buddhismus vgl. auch:
    Schweidlenka.
64 Den Zusammenhang von sozialer Herkunft und Buddhismusrezeption hat vor allem
    Frank Usarski (Das Bekenntnis, S. 77) thematisiert. Demnach ist die Affinität zu bud-
    dhistischen Ideen bis zum Aufkommen der Nachkriegsgeneration vor allem als »Bildungs-
    privileg« von Philosophen, Kulturschaffenden und anderen Intellektuellen zu verstehen.

gisch-erfahrungsbetonten Neuinterpretation des Zen in den Vordergrund. Anhand von Jack Kerouacs Roman »Gammler, Zen und hohe Berge« sollen im Folgenden die einschlägigen Aneignungsweisen des Zen dargestellt werden, die mit Schwerpunktsetzungen, Reduktionen und innovativen Entwicklungen einhergehen.

4. Der Beat-Buddhismus und die Figur des »Dharma Gammlers«

In Kerouacs »Anleitung zur Rucksackrevolution«[65] wird das rauschhafte Sichausleben junger Menschen und der Protest gegen den Konformismus der amerikanischen Mittelklasse geschildert. Kerouac trampte nach dem Weltkrieg selbst mehrere Jahre als Gelegenheitsarbeiter durch die Vereinigten Staaten, ebenso »gammeln« der Romanheld Ray Smith und sein Kollege Japhy Ryder durch die Seiten des Buches. Letzterer ist ein Jünger des Buddhismus, der Ray in die fernöstliche Ideenwelt einführt. Es kommt zu Partys mit Jazz, Sex und Alkohol, sowie zu Gesprächen mit Personen, in welchen die Welt mit Zen-Weisheiten zu erklären versucht wird. Dabei entwickelt der Erzähler Ray Smith seine »Vision von einer großen Rucksackrevolution«, wo »[t]ausende oder sogar Millionen junger Amerikaner [...] mit Rucksäcken rumwandern«. Dabei handelt es sich um »Zen-Besessene, [...], die durch Freundlichkeit und [...] durch seltsame, unerwartete Handlungen [...] die Vision ewiger Freiheit vermitteln«.[66] Das Wandern des Gammlers steht als Metapher für die Suche nach einem besseren Leben, das nicht zuletzt dem Ziel der spirituellen Erleuchtung gewidmet ist. Ganz nach dem Vorbild des Bodhisattva, dem angehenden Buddha, zieht der »Dharma-Gammler« in die Heimatlosigkeit aus, lässt die weltgebundene Existenz hinter sich, wendet sich von den gegebenen, äußeren und bloß augenfälligen Dingen des Lebens ab, um das Tor zur Erleuchtung zu finden. So werden auch die trampenden Romanhelden Ray und Gary zu Wanderasketen, sie sind den Versprechungen der oberflächlichen Konsumgesellschaft überdrüssig geworden, sie beklagen darin den Verlust an Authentischem, Ursprünglichem und den Mangel an Schöpferischem.

Im Gegenzug erfolgt eine Huldigung des einfachen Lebens, das sich jenseits der Werte und Anforderungen abspielt, welche als »amerikanische« Konsumideale proklamiert werden. Die beiden Zen-Brüder interessieren sich

---

65   So der Wortlaut im Klappentext der Rowohlt-Ausgabe aus dem Jahre 1963.
66   Jack Kerouac, Gammler, Zen und hohe Berge, Reinbek bei Hamburg 1963, S. 75.

in materieller Hinsicht nur für das Notwendigste: Schlafsack, Nahrung und
das, was man auf dem Körper und im Rucksack mit sich tragen kann. Die
Rückkehr zur materiellen Einfachheit stellt eine Lebensform dar, die nicht
durch Not erzwungen, sondern frei gewählt ist. Sie resultiert aus der Überzeugung, dass in der Askese die Freiheit zu finden ist, welche den Menschen
von den Verpflichtungen und Zuschreibungen der Gegenwartsgesellschaft
erlösen kann. Der Romanheld und Zen-Praktiker Ray Smith sieht sich hier
in einer religiösen Mission: »Eines Nachts, in einer visionären Meditation,
sagte Avalokitesvara, der Erhörer und Beantworter des Gebets, zu mir: ›Du
bist ermächtigt, die Leute zu ermahnen und daran zu erinnern, daß sie un-
beschränkt frei sind.‹«[67]

Logistische und ideologische Schützenhilfe erhält Ray Smith in dieser
Mission von seinen Kollegen Japhy Ryder, der »die größten Dharma-Gammler von allen, die wahnwitzigen Zen-Buddhisten aus Japan und China«[68] stu-
diert hat. Die Figur des Japhy steht exemplarisch für das einfache aber ge-
lingende Leben. Die »gesammelten Werke von D. T. Suzuki«[69] im Schrank,
entzieht er sich allen Verlockungen der Konsumgesellschaft, zelebriert die
Verweigerung, inszeniert sich als Aussteiger, schätzt den archaischen Wert
der Naturverbundenheit und bekundet eine emphatische Vorliebe für die
»primitiven« Wurzeln. Statt nach zivilem Wohlstand und gesicherter Zukunft zu suchen, verfolgt der Dharma-Gammler den »inneren« Frieden, den
er im radikalen Loslassen von den Standards der modernen Gesellschaft zu
finden hofft.

Der zweite Motivkomplex, über den Jack Kerouac den Zen-Buddhismus
als sinnstiftende Idee hervortreten lässt, bezieht sich auf den Gedanken der
Solidarität und der Nächstenliebe. Beide Momente, die auch im Christentum
von Wichtigkeit sind, erhalten im Roman eine von der christlichen Tradition
abweichende Bedeutung. Die Zuwendung zu anderen Lebewesen in Liebe
und Solidarität ist für die Romanhelden keinem Gott, keiner Offenbarung
oder Lehre geschuldet, sondern erwächst aus einer Einsicht, die sich im Laufe
der Zen-Praxis einstellt. Daneben bedeutet Liebe oder Güte nicht die Konzentration auf den »Nächsten« als Mitmenschen, sondern das von persönlichen und emotionalen Beziehungen losgelöste Wohlwollen gegenüber allen
lebenden Wesen. Gemäß der »buddhistischen« Auslegung sind Solidarität
und Nächstenliebe als ungebundene und umfassende Identifikation, als An-
teilnahme und Sympathie zu verstehen.

---

67 Ebd., S. 174.
68 Ebd., S. 12.
69 Ebd., S. 18.

Mit dieser Ethik wenden sich die Romanhelden gegen den US-amerikanischen Mainstream, der in weiten gesellschaftlichen Bereichen einen Individualismus des sozialen Aufstiegs huldigt, bei dem sich der einzelne in Konkurrenz zu seinen Mitmenschen bewegt. Die Romanhelden proklamieren stattdessen die zwischenmenschliche Solidarität als einen ihrer obersten Werte, die Solidarität beschränkt sich dabei nicht nur auf die Achtung, die Kollegialität unter den gleichgesinnten »Dharma-Gammlern«, sie impliziert eine Nächstenliebe gegenüber der gesamten Menschheit – ebenso wird der Natur, den tierischen und den pflanzlichen Geschöpfen die entsprechende Achtung entgegengebracht. Das, »was die Buddhisten die ›Vollendung der Nächstenliebe‹ nennen,«[70] wird im Roman ebenfalls durch die Figur des Japhy Ryder verkörpert, dem ein »überragender Sinn für Nächstenliebe«[71] eigen ist, der »unendlich zartfühlend und aufmerksam ist« und »dauernd irgendwas«[72] verschenkt.

Das Reden über die Nächstenliebe, das die Erzählung von Beginn an begleitet, offenbart ein wichtiges Charakteristikum des Religionsverständnisses der Romanhelden. Die hier propagierte »buddhistische« Version der Nächstenliebe ist auf keinerlei systematische, begriffliche Ausformulierung oder gar Dogmatisierung der Idee angewiesen, sie entfaltet ihre Kraft nicht über das Wort, nicht als theologisches Konstrukt, sondern durch eine spontane, in der alltäglichen Lebenspraxis zur Anwendung kommende Selbstverständlichkeit.[73] Die Abneigung gegen eine intellektuell verfasste und sich begrifflich artikulierende Religiosität kommt im Roman immer dann zum Ausdruck, wenn die institutionellen Aspekte von Religion zum Gesprächsthema werden.[74] Den Gammler interessieren keine buddhistischen Zirkel, er »kümmert sich einen feuchten Kehricht um die Mythologie und die ganzen Namen und nationalen Spielarten des Buddhismus«.[75]

Die handlungsleitende Kraft buddhistischer Praxis bezieht sich weiterhin auf eine innere Erfahrung, bei der die Akteure ihre soziale und physi-

---

70 Ebd., S. 59.
71 Ebd.
72 Ebd.
73 Ebd., S. 8.
74 Die Betonung einer authentischen, auf spontaner Erfahrung gründenden Religiosität, die jeder institutionellen Regulierung vorausgeht, findet sich auch bei Lawrence Lipton. Demnach lehnen die Beatniks den organisierten Gottesdienst als »schalen, verwässerten Tee« (S. 131) ab. Statt dessen versuchen sie, »zu den primitiven Wurzeln zurückzufinden und Bedeutung und Funktion zu ergründen, die Mythos und Ritual in ihrer echten Form einst hatten, bevor Herrscher und Priester sie in Organisationen und Institutionen zwängten und jeglichen ästhetischen Genuß und jegliche orgiastische Lust unterdrückten«. Lipton, Barbaren, S. 132.
75 Kerouac, S. 14.

sche Umwelt in einer betont lustvollen, kontemplativen oder ästhetischen Weise anzueignen versuchen. Insbesondere durch Erotik und körperliche Anstrengung versuchen sich Gary Smith und Japhy Rider in einen Zustand der Extase zu versetzen. Ihre Vorstellung von Buddhismus ist eine, bei der die »friedvolle Keuschheit [...] in die Binsen geht«,[76] insbesondere erfährt der Bereich der Sexualität dabei eine Enttabuisierung. Misstraut wird »jeder Art von Buddhismus und jeder Art von Philosophie und sozialem System, in dem das Geschlechtliche schlecht angeschrieben ist.«[77]

Die körperliche Ekstase ist auch ein wesentliches Moment der erschöpfenden aber zugleich einen kontemplativen Hochgenuss vermittelnden Ausflüge in die Zivilisationsferne der kalifornischen Hochgebirgslandschaft. Der Aufstieg in die erhabene Bergwelt kann dabei selbst als religiöse Metapher gelesen werden.[78] Der Berg verbildlicht den biographischen Weg des Romanhelden Gary Smith, der Heimat und Familie hinter sich lässt und mit dem Buddhismus im Gepäck, den Paradoxien der gesellschaftlichen Moderne zu entkommen versucht. So denkt er seine Lebensgeschichte in Analogie zu einem »frühen Kapitel im Leben Buddhas, wie er beschließt, den Palast zu verlassen, sein trauerndes Weib, sein Kind und seinen armen Vater verläßt, [...], und wie er eine trauervolle Reise durch den Wald antritt, um auf ewig die Wahrheit zu finden«.[79] Dem Romanhelden scheint dieser Lebensweg als schicksalhafte Notwendigkeit vorgegeben zu sein. Wäre er dem Vorbild Buddhas nicht gefolgt, bliebe ihm »keine andere Wahl als mit hundert anderen Patienten vor einem entzückenden Fernsehapparat in einem Irrenhaus zu sitzen und [s]ich da ›betreuen‹ zu lassen.«[80]

Betrachtet man die religiös-induzierten Momente der authentischen Einfachheit, der universellen Nächstenliebe und der schöpferischen Ekstase, so wird in ihnen ein durchgängiges gesellschaftskritisches Motiv deutlich – das des Überschreitens der »frozen fifties«,[81] der Wertvorstellungen der US-amerikanischen Nachkriegsgesellschaft. In der Literaturwissenschaft, wo die Beat Bewegung bisher ihre ausführlichste Thematisierung erfahren hat, wird das ihr zugrunde liegende Leitmotiv als »Transgression von Ordnung«[82] bezeichnet. Es artikuliert sich über die Suche nach erfüllenden zwischen-

---

76 Ebd., S. 27.
77 Ebd.
78 Ebd., S. 53.
79 Ebd., S. 166.
80 Ebd., S. 92.
81 Kirsten Okun, Unbegrenzte Möglichkeiten: Brinkmann – Burroughs – Kerouac, Bielefeld 2005, S. 9.
82 Ebd., S. 12.

menschlichen Beziehungen sowie über die Orientierung an authentischen, persönlichen und körperlichen Erfahrungen. Kritisiert wird die Oberflächlichkeit und Lebensferne der gesellschaftlichen Umgebung. Letzterer stellen die Romanfiguren im Rückgriff auf die asiatische Religiosität ein »menschliches«, Körper, Seele und Geist integrierendes Lebenskonzept entgegen. Um zu verstehen, warum das Gegenbild vom einfachen, brüderlichen und ekstatischen Dasein, wie es Jack Kerouac in seinem Roman »Gammler, Zen und hohe Berge« beschrieb, sich seiner Leserschaft auch in Europa sicher sein – gar eine »›pädagogische‹ Wirkung«[83] entfalten – konnte, lohnt sich ein genauerer soziologischer Blick auf die »Protestexistenz, die die Erben der Beats Ende der fünfziger Jahre zu leben begannen.«[84]

5. Im Spannungsfeld von Konservatismus und sozialer Emanzipation: Die kulturellen Avantgarden der Nachkriegszeit

Der Name »Beat-Generation« enthält eine semantische Doppeldeutigkeit, welche auf charakteristische Weise den sozialstrukturellen Hintergrund der Akteure auf den Punkt bringt: Einerseits ist der Beatnik ein »geschlagener«, der sich in einem repressiven gesellschaftlichen Umfeld einzufinden hat, andererseits befindet er sich auf dem Weg zur glückseligen (beatific) Selbstfindung.[85] Hinter dieser doppelten Lesart des Beats tritt ein gesellschaftliches Spannungsverhältnisses hervor, das eine Diskrepanz zwischen dem Selbstverständnis der sozialen Gruppe und den Restriktionen ihres Handlungskontextes bezeichnet. Diese Diskrepanz provoziert einen mehr oder weniger artikulierten Protest, mit dem nicht nur die Beatniks Amerikas, sondern auch Englands »zornige junge Männer«[86] und »Frankreichs Filmhelden der Nouvelle Vague«[87] gegen die moderne Gesellschaft der Jahrhundertmitte zu rebellieren versuchten. Wie Walter Hollstein in seiner 1970 erschienenen So-

---

83 Watson, S. 5.

84 Hollstein, S. 37.

85 Darauf weist Lawrence Lipton hin: »Beat« heißt zwar in der wörtlichen Übersetzung geschlagen, jedoch betrachten sich die Beatniks keineswegs als Geschlagene. Unter »Beat« verstehen sie, laut Lipton, vor allem den rhythmischen Schlag des Jazz und zugleich eine Abkürzung von »beatific« (glückselig). Die unbeabsichtigte Deutung von »beat« als »geschlagen« oder »niedergeschlagen« hätten die Spießer »in ihrer Todesangst vor der Freiheit« dem Begriff unterschoben. Lipton, Barbaren, S. 132.

86 Beat-Generation, S. 59.

87 Ebd.

zialstudie über den jugendlichen »Untergrund« bemerkte, musste »[i]n den
sechziger Jahren [...] in Europa jedes Land einen Namen für jene Jugendlichen finden, die sich der Konformität des Bestehenden bewußt entzogen
und ihr Dasein ungebunden führen wollten. Denn Gammler, wie man die
neuen Protestanten im deutschsprachigen Raum zu nennen pflegte, gab es
seit 1964 überall; sie gehörten zum Bild der europäischen Metropolen.«[88]

So traf die Beat-Literatur, als sie in der ersten Hälfte der 1960er Jahre
in Deutschland rezipiert wurde, bereits auf einen Zeitgeist, der von der
Suche nach einer generationenspezifischen Identität geprägt war. Um die
Vernetzung von Jugendkultur, religiöser Innovation und Protestverhalten
nachzuvollziehen, kommt man nicht umhin, die Trägerschichten und milieu-
spezifischen Verflechtungen in den Blick zu nehmen, welche seit der Nachkriegszeit für die Etablierung neuer Lebenslagen gesorgt haben. Sicherlich ist
das Spektrum der mit den einzelnen Protestbewegungen verbundenen Themenfelder, Ziele und Organisationsformen als heterogen zu betrachten[89] –
die Entstehungsbedingungen der verschiedenen Bewegungen sind jedoch
eng an den sozialen Wandel gekoppelt, welcher die ersten Nachkriegsjahrzehnte in den westlichen Industriestaaten geprägt hat. Spätestens mit der
einsetzenden wirtschaftlichen Prosperität, der Entwicklung des Sozialstaats,
der steigenden Bildungsbeteiligung sowie dem Wandel der Arbeitswelt haben
die Mentalitätsveränderungen, die im Prozess der Modernisierung angelegt
sind, einen massenwirksamen Einfluss erlangt. Eine Vorreiterfunktion nahmen dabei die Vereinigten Staaten ein, wo Wirtschaftswachstum und Frei-
zeitindustrie bereits gegen Ende der 1940er Jahre einen Stand und eine Aus-
formung erreicht hatten, die unter bestimmten Bevölkerungsgruppen eine
scharfe Kritik provozierte. Buddhistische Ideen dienten dabei als ideologische Schützenhilfe im Protest.[90]

Den emanzipatorischen Aufbrüchen, die sich in den Vereinigten Staaten
andeuteten, folgten die europäischen Länder mit einiger Verspätung. Während sich im bürgerlichen Milieu des beginnenden 20. Jahrhunderts schon
längst die Bildungs- und Selbstverwirklichungsideale etabliert hatten, welche
von Aufklärung und Liberalismus vorweggenommen wurden, blieben Wirk-
lichkeitsdeutung und Handlungsorientierung für die Arbeiterschaft und das
Kleinbürgertum bis in die 1950er Jahre hinein eher »außenorientiert« und
machten sich vorwiegend an materiellen Standards fest. Von vorrangiger

---

88 Hollstein, S. 37.
89 Walter Hollstein, S. 5, unterscheidet zwischen Gammlern, Beatniks, Hippies, Provos und
    weiteren Subgruppen.
90 James W. Coleman, The New Buddhism. The Western Transformation of an Ancient
    Tradition, Oxford 2001, S. 61.

Bedeutung war das Überleben, die Mehrung und Sicherung des Besitzstandes und die Vorsorge, dass es die Kinder einmal besser haben werden. Aus der Erfahrung von Knappheit und Mangel hatten sich Verhaltensorientierungen entwickelt, die an den äußeren Lebensbedingungen ansetzten (Disziplin, Sparsamkeit, Ordnung).[91]

Im Zuge der gesellschaftlichen Entwicklungen der Nachkriegszeit, insbesondere mit der einschneidenden Verbesserung der materiellen und kulturellen Versorgungslage verloren die asketischen Pflicht- und Arbeitstugenden jedoch auch für die unteren und mittleren Bevölkerungsschichten an Bedeutung.[92] Dies gilt zumindest für die jüngere Generation, deren Primärsozialisation nicht mehr mit den sozialen Erfahrungen der Kriegs- oder Vorkriegszeit verbunden gewesen ist. An die Stelle der Überlebensorientierung, der Zwangsaskese, der man sich vorher klaglos gebeugt hatte, da sie in Zeiten der Not unumgänglich war, traten nun Werte der Autonomie und Selbstverwirklichung.[93] Als Pioniere dieses jugendlichen Aufbegehrens sind in Deutschland u. a. die »Halbstarken« zu nennen, welche sich ab der zweiten Hälfte der 1950er Jahre provokant in Szene setzten und dabei neue Selbstverwirklichungsansprüche zur Schau stellten.[94]

Um die Entwicklung der jugendlichen Protestbewegungen nachzuvollziehen, ist es wichtig zu sehen, dass das bestehende Wert- und Institutionengefüge der »Kriegsfolgengesellschaft«[95] zunächst kaum Platz für die Verwirklichung der neu aufkommenden Ansprüche ließ. Erst mussten Freiräume geschaffen werden, in denen die abweichenden Überzeugungen ausgelebt und symbolisch zur Darstellung gebracht werden konnten. Dazu gehört an vorderster Stelle die Etablierung von subkulturellen Szenerien, in denen ein Bewusstsein für neue, abweichende Möglichkeiten der Lebensführung im Kampf gegen das »gesellschaftliche Establishment« errungen wurde.[96] Die alternativen Ansprüche beschränkten sich dabei nicht nur auf die Propagie-

---

91 Vgl. Helmut Klages, Wertorientierungen im Wandel. Rückblick, Gegenwartsanalyse und Prognosen. Frankfurt a. M. 1990, S. 18.
92 Vgl. ebd., S. 48–51.
93 Vgl. ebd.
94 Zu den »Halbstarken« liegen mehrere Abhandlungen vor, vgl. u. a. Thomas Grotum, Die Halbstarken: zur Geschichte einer Jugendkultur der 50er Jahre, Frankfurt a. M. 1994; Günther Kaiser, Randalierende Jugend. Eine soziologische und kriminologische Studie über die sogenannten »Halbstarken«, Heidelberg 1959.
95 Vgl. dazu die verschiedenen Beiträge in Klaus Naumann (Hg.), Nachkrieg in Deutschland, Hamburg 2001.
96 Vgl. Michael Vester u. a., Soziale Milieus im gesellschaftlichen Strukturwandel. Zwischen Integration und Ausgrenzung, Frankfurt a. M. 2001, S. 262. Hier wird von einem »symbolischen Fundamentalismus« gesprochen, mit dem die neuen sozialen Milieus ihre gesellschaftlichen Ansprüche gegen die etablierten Milieus zur Darstellung bringen.

rung neuer politischer, ökologischer, sexueller und erzieherischer Ideale –
auch auf dem Gebiet des Religiösen hat die Gegenkultur ihre Spuren hinterlassen. Nicht zufällig verläuft die Entstehung von religiösen Institutionen am
Rande oder außerhalb der traditionellen Kirchen parallel zum Phänomen
der jugendlichen Gegenkultur, die in der Zeit von 1968 bis 1973 ihren Höhepunkt hatte. Die jugendliche Gegenkultur hat neuen Formen der Religiosität
insofern den Weg gebahnt, als sie die Suche nach Erlebnissen, außergewöhn-
lichen Erfahrungen sowie nach unverbindlichen Formen von Religiosität for-
ciert hat.[97] Um nachzuvollziehen, warum religiöse Ideen Eingang in die Gegenkultur gefunden haben und dort eine sozialisatorische Wirkung entfalten
konnten, lohnt sich ein genauerer Blick auf die alternativen Lebenswelten.

6. Alternative Religiosität als Lebensstil

Aus der sozialwissenschaftlichen Außenperspektive betrachtet, lässt sich die
Entstehung der neuen sozialen Milieus mit einem »intergenerationelle[m]
Habitus- und Mentalitätswandel«[98] erklären, welcher sich aus den unterschiedlichen Lebens- und Sozialisationsbedingungen ergibt, denen Vor- und
Nachkriegsgenerationen unterlagen.[99] Die schnell voranschreitende gesellschaftliche Entwicklung führte zu einem Bruch, der neue Wert- und Ein-
stellungsmuster hervorrief, und bei den jüngeren Generationen ein Bedürfnis nach Distinktion, wenn nicht sogar nach demonstrativem Protest gegen
die Welt der Eltern erzeugte.[100] Eine solche sozialwissenschaftliche Erklärung des Mentalitätswandels darf jedoch nicht gleichgesetzt werden mit den
Selbstbeschreibungs- und Legitimationsschemata, welche in der alltäglichen
Praxis der Akteure zum Zuge kommen. Für die Angehörigen der neuen Lebenswelten ist es unumgänglich, dass sie (um ihrer Identität willen) auf Ideen
zurückgreifen können, welche sie in ihrer spezifischen gesellschaftlichen
Existenz bestärken und rechtfertigen. Ein sozialer Aufbruch, der nicht bloß
Eskapismus sein will, ist auf Ideensysteme angewiesen, welche die Kritik an

---

97 Vgl. Markus Hero, Die neuen Formen des religiösen Lebens, Würzburg 2010.
98 Vgl. Vester u. a., Soziale Milieus, S. 215, 324 ff.
99 Vgl. Michael Vester, Alternativbewegungen und neue soziale Milieus, in: Sven Reich-
    hardt, Detlef Siegfried (Hg.), Das alternative Milieu. Antibürgerlicher Lebensstil und
    linke Politik in der Bundesrepublik Deutschland und Europa 1968–1983, Göttingen
    2010, S. 27–60, hier S. 29–31.
100 Zu diesem Motiv: Henri Bents u. a., ›Nicht so wie unsere Eltern‹. Ein neues kulturelles
    Modell?, Opladen 1989.

der Welt der Eltern sowie den herrschenden gesellschaftlichen Institutionen stützen – und zwar in einer für den alltäglichen Verstand plausiblen und zugänglichen Weise. Besonders relevant sind dabei solche Ideensysteme, welche neue Formen des menschlichen Zusammenlebens nahelegen, die Protestierenden in ihren alternativen Werten bekräftigen und den gegenkulturellen Lebensstil symbolträchtig zum Ausdruck bringen können.

Neben den bekannten politischen Ideologien,[101] welche die Gegenkultur seit den 1960er Jahren propagiert hat, kam auch religiösen Ideensystemen zur Entwicklung und Aufrechterhaltung der szenespezifischen Identitäten eine entscheidende Rolle zu. Dabei war es vor allem die im Westen als nicht dogmatisiert empfundene asiatische Spiritualität, welche in den Jahren der jugendlichen Emanzipationsbewegungen einen Boom erlangte.[102] Durch den Rückgriff auf die »andere« Religiosität ließen sich etablierte gesellschaftliche Institutionen abwerten und die eigene »alternative« Lebensführung positiv hervorheben – die Fähigkeit zu Spontaneität und Improvisation, die Flexibilität bei der Suche nach neuen Orientierungen, das Gefühl für authentische menschliche Beziehungen und die Betonung sinnlicher, körperlicher Aspekte des Lebens.[103]

Wie am Beispiel der Beat-Literatur aufgezeigt worden ist, fungiert dabei insbesondere die Zen-Philosophie als »antithetisches Programm«[104] gegenüber dem westlichen Denken.[105] In Kerouacs Roman wendet sich die »innerweltliche Erlösung« gegen das Zusammenspiel von wirtschaftlicher Entwicklung und Konsumkultur, gegen das damit korrespondierende Status- und Distinktionsstreben sowie gegen die mit der Medienmacht des Fernsehens einhergehenden Vereinheitlichungstendenzen. Den mit diesen Entwicklungen verbundenen Wertorientierungen und Wissensbeständen wird mit Hilfe der religiösen Ideen der Kampf angesagt. Eine tragende Rolle nimmt hierbei die über die Zen-Philosophie artikulierte Überzeugung ein, die Zwänge ab-

---

101 Zum ideologischen Repertoire der verschiedenen Bewegungen vgl. Philipp Gassert/ Pavel A. Richter (Hg.), 1968 in West Germany. A Guide to Sources and Literature of the Extra-Parliamentarian Opposition, Washington 1998.

102 Zur Bedeutung asiatischer Spiritualität für die Jugendbewegungen der 1960er Jahre vgl. Carole Tomkinson (Hg.), Big Sky Mind. Buddhism and the Beat Generation, New York 1995; vgl. auch Usarski, Religiosität.

103 Vgl. dazu Hero, S. 83 ff.

104 Usarski, Religiosität, S. 98; Michael Schibilsky, Religiöse Erfahrung und Interaktion, Stuttgart 1976, S. 48, spricht angesichts der alternativen Ideen von der »Religion als Distanzierungsinstrument«.

105 Vgl. Theodore Roszak, Ethics, Ecstasy and the Study of New Religions, in: Jacob Needleman, George Baker (Hg.), Understanding the New religions, New York 1968, S. 49–62; vgl. auch Jacob Needleman, »Preface«, in: ebd., S. IX–XVIII.

legen zu können, welche die »Vernunft« auf das Bewusstsein und das Denken der Menschen ausübt. In der Rezeption der Romanfiguren lehrt die Praxis des Zen, den Nexus von logischem Denken und wissensbasierter Rationalität aufzubrechen.

Während das der abendländischen Rationalität eigene logische Denken auf Trennungen, begrifflichen Abgrenzungen, Zergliederungen und Gegenüberstellungen fußt, verlangt die Zen-Meditation, das Denken von dualistischen Vorstellungen zu befreien, um so die Dinge in ihrer »ursprünglichen« Klarheit erkennen zu können.[106] Mit dem Zen wandte sich der Gammler gegen die Aufgliederung der gesellschaftlichen Wirklichkeit in Dualismen wie Geist und Materie, Oben und Unten, Arm und Reich oder Sinnlichkeit und Verstand. Sein Ziel war es, die gesellschaftlichen Über- und Unterordnungen sowie die einander diametral gegenüberstehenden Kategorien außer Kraft zu setzen. Er wandte sich mit anderen Worten gegen die begrifflichen Markierungen und Gegenüberstellungen, welche das Wahrnehmen, Denken und Handeln der gesellschaftlichen Akteure strukturieren und derart zur Erhaltung der bestehenden gesellschaftlichen Ordnung beitragen. Der Gammler, welcher sich von der bestehenden Ordnung befreien wollte, sah sich dazu angehalten, die konstitutiven Kategorisierungen und Dualismen außer Kraft zu setzen: »Zentrales Anliegen der Beat-Autoren ist es, dualistische Ordnungsmuster zu subvertieren«[107] und vorgegebene, feste Begriffe zu unterminieren.[108]

In dem Maße wie die herrschenden Unterscheidungen über die Zen-Philosophie zu Fall gebracht werden, befreit sich der Dharma-Gammler von den Fesseln der vorgegebenen gesellschaftlichen Identität. Die Befreiung, welcher der Romanheld Gary Smith aus der Zen-Meditation bezieht, ist jedoch nicht nur eine Loslösung von den gesellschaftlich vorgegebenen Denkschemata, sondern auch eine Befreiung vom Denken selbst. Letzterem entzieht er sich im Vorgang des Meditierens und gibt sich stattdessen einer spontanen Bilderflut hin, die er träumend an sich vorübergehen lässt. Zen besteht somit im

---

106 Die Abkehr von dualistischen Weltbildern greift im Zen-Buddhismus auf eine lange Tradition zurück. Sie findet sich bereits in den Schriften des Dōgen Kigen (1200–1253), dem Gründer der Sōtō Schule, vgl. Toby Avard Foshay, Denegation, Nonduality, and Language in Derrida and Dogen, in: Philosophy East and West 44 (1994), S. 543–558.

107 Okun, S. 12.

108 Um das damit verbundene Befreiungsmotiv zu verdeutlichen, sei noch einmal eine Textstelle im Roman genannt, die auf das Diamant Sutra verweist: »»Bilde keine festen Begriffe mehr, weder über die Wirklichkeit des Seins noch über die Unwirklichkeit des Seins‹ […]. Handschellen und Totschläger werden weich wie Wachs sein, und wir werden frei bleiben, was auch geschieht«; Kerouac, S. 75.

»Nichts-denken«[109], mit ihm verfällt Gary in eine »gedankenlose Trance«, bei der sein »ganzer Körper in eine unglaubliche Seligkeit«[110] versinkt.

Zweifelsohne steht die Suspendierung des Denkens für eine Abkehr vom abendländischen Weltbild, negiert sie doch zentrale Grundpfeiler, die Idee der Rationalität oder der Vernunft: »Ha, Ha, da gibt es keine Vernunft«, so betitelte das Nachrichtenmagazin »Spiegel« seinen 1971 erschienen Beitrag über die steigende Popularität der Zen-Meditation in der Alternativkultur. Der »Zen Boom«[111] blieb kein ausschließlich literarisches Ereignis. Parallel zur Popularität des »Beat-Zen« entstand in den deutschen Großstädten sukzessive auch eine institutionelle Infrastruktur, in welcher die Meditationspraxis unter Anleitung unterschiedlicher »Zen-Gelehrter« eingeübt wurde.[112] Ebenso war »die Woge popularisierender Zen-Literatur […] inzwischen bis hin zu kiffenden Land-Kommunarden geschwappt«, die sich »mit dem stoischen Lebensgefühl Jack Kerouacs in seinem Beatnik-Roman ›Gammler, Zen und Hohe Berge‹ […] identifizier[t]en«.[113]

7. Kulturtransfer im Spannungsfeld von Ideen und Interessen

Die beschriebenen Aneignungsweisen des Zen-Buddhismus sollen nun noch einmal als Hintergrundfolie dienen, um Kerouacs Rezeption asiatischer Spiritualität im Lichte des »Kulturtransfers« zu betrachten. Dabei geht es insbesondere um die Frage, welche funktionellen Leistungen der Kulturtransfer im Interessenkontext der Alternativbewegungen erbringt. Hier lässt sich ein spezifischer *modus operandi* ableiten, der die Adaption des Zen-Meditierens charakterisiert. Die soziale, räumliche und zeitliche Distanz zu den chinesischen und japanischen Ursprüngen der Zen-Praxis ließ eine Leerstelle entstehen, die mit neuen, aktuellen Bedeutungen aufgefüllt wurde. Für die Rezeption des Zen-Buddhismus im Rahmen der Beat-Literatur ist dabei kennzeichnend, dass es zu einer expliziten Dichotomisierung zwischen einem positiv konnotierten östlichen Bezugssystem und dem negativ besetzten westlichen Denken kommt. Der Kulturtransfer ist konstitutiver Teil der Auseinandersetzung der Alternativbewegung mit ihrer gesellschaftlichen Umwelt.

---

109 Ebd., S. 106.
110 Ebd., S. 102.
111 Baumann, S. 82.
112 Vgl. ebd., S. 79 ff.
113 »Ha, ha, ha, da gibt es keine Vernunft«, in: Der Spiegel 42 (1971), S. 170–174, hier S. 170.

Das antithetische Profil der einschlägigen religiösen Ideen haftet diesen
nicht per se an, sondern ist Teil einer ideologischen Arbeit, es wurde von
den literarischen Vordenkern der Alternativszene »hergestellt«. Wie bereits
von verschiedenen Autoren angemerkt, wird die östliche Spiritualität dabei »zum wesentlichen Bestandteil eines Antiparadigmas bzw. zum zentralen Legitimationsinstrument für einen gesellschaftlichen Gegenentwurf«.[114]
Der Dharma-Gammler wendet sich gegen eine Entwicklung, die das Authentische verdrängt und ein konformistisches, vereinheitlichtes Massenverhal-
ten hervorbringt. Die Zen-Praxis hilft den Romanhelden, der entmenschten
und technisierten Zivilisation einen ideellen Kontrapunkt entgegenzustellen.
Im Konkreten erbringt der kulturelle »Import« des Zen-Buddhismus dabei
zwei ideologische Leistungen.

Die erste besteht in der baren Umkehrung der herrschenden gesellschaftlichen Dualismen. Über den Kulturtransfer wird eine *Inversion* der bestehenden Ordnung eingeleitet: Die Hierarchie der Wertvorstellungen wird auf
den Kopf gestellt. Im historischen Kontext des vorliegenden Romans betrifft
es in erster Linie die Gegenüberstellung von Arm und Reich, von Zivilisation und Natur, sowie von gesellschaftlicher Anerkennung und Außensei-
tertum. Der Dharma-Gammler markiert durch seine Einstellung, Haltung
und Kleidung den Gegenpol zum Mainstream der Nachkriegsgesellschaft.[115]
Die zweite Form der Auseinandersetzung mit den herrschenden gesellschaftlichen Vorstellungen besteht in ihrer *Subversion*. Während die Inversion bestehende Dualismen in ihrer Wertigkeit umkehrt, wird hier die Zweiwertig-
keit oder Bipolarität zugunsten der Anerkennung von Differenz, Pluralität
oder Koexistenz aufgehoben. Mit der subkulturellen Lebenswelt entsteht ein
Raum, in dem sich das Schwebende und Uneindeutige verwirklichen kann,
welches sich der »Entweder-oder-Logik« widersetzt, sich den bestehenden
gesellschaftlichen Kategorien und Grenzziehungen entzieht und somit von
den Akteuren als befreiend empfunden wird. Nicht umsonst wird im Roman
die Figur des »Grenzers« zu einer Metapher der sozialen Emanzipation. Als
Grenzgänger zwischen den Welten sehen sich auch die Romanfiguren Japhy
und Gary, in ihrer Mission als »Dharma-Gammler« kommt ihnen die Aufgabe zu, »Ost und West« einander zu versöhnen.[116]

Der Kulturtransfer zwischen »Ost und West« ist mit einer Utopie verbunden, die auf einer Mystifizierung fernöstlicher Spiritualität beruht. Um-

---

114 Usarski, Spiritualität, S. 91; vgl. auch die Materialzusammenstellung bei Tomkinson.
115 Anschauliche Beispiele für den unorthodoxen Lebensstil der jugendlichen Aussteiger
    werden der deutschen Leserschaft im dem Spiegel-Artikel »Beat-Generation. Boheme
    ohne Bart« geliefert.
116 Kerouac, S. 149.

gekehrt formuliert: Der Kulturtransfer geht mit einem Verdrängen oder
Vergessen-machen der Geschichte des Zen-Buddhismus einher. Stattdessen
bemüht der Rezeptionskontext vorrangig die »romantischen« Konnotatio-
nen, die mit buddhistischen Mythen verbunden sind. Ermöglicht wird dies
im Falle des Zen-Buddhismus dadurch, dass er im Vergleich zu westlichen
Wissenssystemen kaum eine durchgehende Institutionalisierung und Dogmatisierung erfahren hat und somit ein breites Spektrum an Interpretationsmöglichkeiten bereithält. Nur so lässt sich die Mystifizierung und Romanti-
sierung dieses Kulturimports erklären, welcher seinen Adepten das Gefühl
gibt, hinauszuwachsen »über die einseitig rationale Orientierung der herrschenden Bewusstseinsform, die sich auf Kosten der Sensibilität, der gelebten
Vitalität, der Intuition und des Glaubens entwickelt habe«.[117]

Wie bereits der zeitgenössische Kommentator zu Beginn der 1960er Jahre
bemerkte, vollzog sich diese Form der Buddhismus-Rezeption von vorneher-
ein als eine Art Patchwork-Religiosität, die einzelne traditional Elemente se-
lektiv herausgriff und andere Aspekte und Aneignungsweisen in den Hintergrund stellte. Zentral dürfte dabei die Umstellung von der »literarischen
Zen-Rezeption«,[118] im Sinne einer Lesereligion, hin zu einer praktisch-le-
benswelttlichen Aneignung gewesen sein: »Dort, im Zen-Buddhismus – oder
dem, was sie darunter verstehen –, suchen […] die Beatniks ihr Heil. Die religiöse Praxis […] besteht weniger im Studium der heiligen Schriften als in
der Übung der Selbstversenkung.«[119] Die Meditation des »Beat-Zen« steht jedoch nicht für strenge meditative Disziplin, auch nicht für ein gehorsames
Ausrichten nach fest vorgeschriebenen Lebensregeln, sondern für eine undogmatische Integration von Teilelementen buddhistischer Lehren in eine
allgemein gegenkulturelle Attitude. Da sich diese zu großen Teilen über
einen distinktiv zur Schau getragenen Lebensstil artikulierte, rückte auch
der ornamentale Gebrauch buddhistischer Ritualgegenstände in den Vordergrund: Die Alternativkultur richtete sich mit Altären, Räucherstäbchen,
Blumen, meditativen Bildern, indischer Kleidung und Buddhadarstellun-
gen ein.[120] Neben der Betonung praktischer und ästhetischer Aspekte verweist die Zen-Rezeption der Alternativkultur nicht zuletzt auf eine weitere

---

117 Roland Steckel, Aus: Herz der Wirklichkeit, in: Ingrid Riedel (Hg.), Der unverbrauchte
    Gott. Neue Wege der Religiosität, Bern 1976, S. 209–222, hier S. 216 f.
118 Zur literarischen Zen-Rezeption vgl. Manfred Bergeler, Ein Abriß der Rezeptions-
    geschichte des Zen Buddhismus in Deutschland. Unter besonderer Berücksichtigung des
    Beitrages von Graf Karlfried von Dürckheim, in: Zeitschrift für Religions- und Geistes-
    geschichte 1 (1984), S. 39–52.
119 Beat Generation, S. 60 f.
120 Vgl. dazu Schweidlenka, S. 202.

Transformation, die der Ökonomie der religiösen Praxis geschuldet ist. Der zeitaufwendige, mit Askese und weltlicher Enthaltsamkeit verbundene Weg zum meditativen Heil, der weite Stränge der bürgerlichen Zen-Rezeption kennzeichnete,[121] erfährt seine Beschleunigung durch den Gebrauch weltlicher Hilfsmittel, welche die »Pforten der Wahrnehmung« öffnen: »Das Gefühl der Zeitlosigkeit [...], das der Zen-Buddhist durch Kontemplation im Sitzen herbeiführt, provoziert der Beatnik auf weitprofanere Weise: durch Genuß von Alkohol, Heroin und Meskalin, vor allem aber von Marihuana, im Beat-Rotwelsch ›Pot‹ genannt.«[122]

---

121 Die asketische Weltabkehr ist ein Grundakkord, der lange Zeit in der deutschen Buddhismus-Rezeption mitschwingt. Als Beispiel sei die »asketische und quasi monastische Lebensweise« (Baumann, S. 62) Paul Dahlkes genannt, der den Buddhismus hierzulande wesentliche Impulse verlieh und dessen »Buddhistisches Haus« als Zwischenstufe zwischen Wohnhaus und Kloster einst zum Mittelpunkt des deutschen Buddhismus wurde, vgl. dazu auch die Ausführungen bei Kurt Fischer, Dr. Paul Dahlke. Eine Lebensskizze, in: Buddhistisches Leben und Denken 1 (1930), S. 12–18, hier S. 16.
122 Beat Generation, S. 61.

Religion in den kulturellen
Verflechtungen Nordamerikas

Ulrike Kirchberger

»The First Man Was Red«

Indianische Schöpfungsmythen in den Berichten
britisch-protestantischer Missionare in der zweiten Hälfte
des 18. Jahrhunderts

1. Einleitung

Auf den ersten Blick scheint die christliche Mission ein Paradebeispiel für religiöse Grenzüberschreitungen zu sein. Da die Missionare danach strebten, ihren Glauben in aller Welt zu verbreiten, lag es gleichsam in der Natur der Dinge, dass sie dabei Grenzen verschiedener Art überquerten. Zunächst waren dies geographische Grenzen, wenn sie weite Entfernungen über Ozeane und Kontinente zurücklegten, um in fernen Erdteilen bei ihnen fremden Gesellschaften ihre Missionsstationen aufzubauen. Falls dann vor Ort eine Kommunikation zwischen christlichen Missionaren und Vertretern nicht-christlicher Ethnien zustande kam, wurden kulturelle Grenzen überschritten und Transfer- und Adaptionsprozesse eingeleitet. Über ihre Erfahrungen mit den außereuropäischen »Heiden« berichteten die Missionare häufig und ausführlich in Tagebüchern, Rechenschaftsberichten, Briefen und anderen Aufzeichnungen, die nicht selten publiziert wurden. In der neuesten Forschung gelten sie deshalb als wirkmächtige Akteure in globalen Transferprozessen. Mit der Tätigkeit der Missionare sei ein Wissens- und Kulturtransfer über riesige geographische Distanzen einhergegangen. Ihre Schriften hätten für einen Zuwachs an Kenntnis über die außereuropäische Welt in Europa gesorgt.[1]

---

1 Sebastian Conrad / Rebekka Habermas (Hg.), Mission und kulturelle Globalisierung, Themenheft Geschichte und Gesellschaft 36 (2010); Ulrich van der Heyden / Andreas Feldtkeller (Hg.), Missionsgeschichte als Geschichte der Globalisierung von Wissen. Transkulturelle Wissensaneignung und -vermittlung durch christliche Missionare in Afrika und Asien im 17., 18. und 19. Jahrhundert, Stuttgart 2012; über Kommunikations- und Transferprozesse im Kontext der Jesuitenmission liegen verschiedene Arbeiten von Renate Dürr vor; siehe beispielsweise Renate Dürr, Der »Neue Welt-Bott« als Markt der Informationen? Wissenstransfer als Moment jesuitischer Identitätsbildung, in: Zeitschrift für histo-

Gerade das letzte Drittel des 18. Jahrhunderts wird von vielen Historikern als Zeitalter der globalen Wissensverdichtung gesehen, zu der die Missionare wesentlich beitrugen. In den Berichten der Missionare finden sich immer wieder Naturbeschreibungen und anthropologische Studien über die Gesellschaften, bei denen sie das Christentum zu verbreiten versuchten. Manche Missionare entfalteten ein reges wissenschaftliches Interesse. Sie legten Sammlungen an, die sie nach Europa zurückbrachten, und verfassten maßgebliche Werke über Sprachen, Kulturen und die Naturräume, die sie an ihren außereuropäischen Wirkungsstätten vorfanden.[2] Was die Frage der Grenzüberschreitungen anbetrifft, so scheinen in einer Zeit, in der sich in Europa die modernen akademischen Fachdisziplinen auszubilden begannen, die Grenzen zwischen Mission und wissenschaftlicher Forschung nicht klar zu ziehen zu sein. Mission und Wissenstransfer, so wird vielfach argumentiert, waren untrennbar ineinander verwoben.[3]

Ein weiterer grenzüberschreitender Aspekt, dem vor allem britische Historiker viel Aufmerksamkeit widmen, liegt im Verhältnis zwischen Mission und kolonialer Machtexpansion. Es werden sehr unterschiedliche Thesen zu der Frage vertreten, inwiefern die Mission mit wirtschaftlichen, militärischen und politischen Belangen verzahnt war und als Rad im Getriebe imperialen Machtstrebens gewertet werden muss, oder ob die Missionare nicht vielmehr ihren eigenen Interessen nachgingen und eine kritische Distanz zu den verschiedenen Facetten der kolonialen Expansion einnahmen.[4]

Der folgende Beitrag wird sich am Beispiel der Schöpfungsmythen, die Missionaren von indianischen Sprechern in Kontaktsituationen erzählt wurden, mit kulturellen und religiösen Transferprozessen befassen. In den Mythen wurde dem christlichen Schöpfungsakt ein polytheistisches Modell

---

rische Forschung 34 (2007), S. 441–466; siehe auch die einschlägigen Kapitel in Christine Roll u.a. (Hg.), Grenzen und Grenzüberschreitungen. Bilanz und Perspektiven der Frühneuzeitforschung, Köln 2010.

2 Siehe dazu beispielsweise Reinhard Wendt (Hg.), Sammeln, Vernetzen, Auswerten. Missionare und ihr Beitrag zum Wandel europäischer Weltsicht, Tübingen 2001; Heike Liebau u.a. (Hg.), Mission und Forschung. Translokale Wissensproduktion zwischen Indien und Europa im 18. und 19. Jahrhundert, Halle 2010.

3 Tony Ballantyne, Empire, Knowledge and Culture: From Proto-Globalization to Modern Globalization, in: Anthony G. Hopkins (Hg.), Globalization in World History, London 2002, S. 115–140; Sujit Sivasundaram, Nature and the Godly Empire: Science and Evangelical Mission in the Pacific, 1795–1850, Cambridge 2005; Wolf Lepenies, Das Ende der Naturgeschichte. Wandel kultureller Selbstverständlichkeiten in den Wissenschaften des 18. und 19. Jahrhunderts, Frankfurt a.M. 1978.

4 Einen epochen- und regionenübergreifenden Überblick über die verschiedenen Zugänge zu diesem inzwischen sehr komplexen und facettenreichen Forschungsfeld bietet Norman Etherington (Hg.), Missions and Empire, Oxford 2005.

von der Erschaffung der Menschheit entgegengestellt. Anhand dieses von Missionaren aufgezeichneten indianischen Gegenentwurfs zur christlichen Schöpfung sollen Transfers verschiedener Art auf unterschiedlichen Ebenen nachgezeichnet werden. So soll die Übersetzung der in mündlicher Rede vorgetragenen indianischen Schöpfungsgeschichte in den von den Missionaren aufgeschriebenen englischsprachigen Texten untersucht werden. Damit zusammenhängend wird aufgezeigt werden, welche inhaltlichen Intentionen die indianischen Sprecher mit den Mythen verbanden, wie diese von den Missionaren interpretiert und von einem transatlantischen Lesepublikum rezipiert wurden.

Hinsichtlich des transatlantischen Übertragungsprozesses und der Diffusion und Rezeption der Texte in Großbritannien soll der Frage nachgegangen werden, ob die Überlieferung der indianischen Schöpfungsmythen durch die Missionare als Beitrag zur Verdichtung von Wissen über die Indianer in Europa gewertet werden kann. Es wird die dieser These zugrunde liegende Annahme hinterfragt werden, dass die Aufzeichnungen der Missionare, einmal über den Atlantik übertragen und publiziert, automatisch von einer wie auch immer zu definierenden breiten Leserschaft rezipiert wurden. Die Texte der Missionare, so wird in diesem Beitrag nachgewiesen, richteten sich jedoch an ein ganz bestimmtes Zielpublikum und wurden auch nur von diesem wahrgenommen. In anderen transatlantischen Kommunikationszusammenhängen blieben die Texte der Missionare und damit auch die indianischen Schöpfungsmythen gänzlich unbeachtet. Die Überlieferung der Mythen stieß also schnell und oft an Grenzen, die nicht überschritten wurden.

Über Kultur- und Religionstransfer zwischen nordamerikanischen Indianern und europäischen Kolonisten ist in den letzten Jahren viel geschrieben worden. Besonders einflussreich ist das von Richard White entwickelte Konzept vom »middle ground«, als den er die Kontaktzone definiert, in der europäische Siedler und Indianer zusammenlebten. Im »middle ground«, so White, fand ein intensiver wirtschaftlicher, politischer, kultureller und religiöser Austausch statt. Entgegen der inzwischen überholten Annahme, dass die europäischen Kolonialmächte den vermeintlich unterlegenen Indianern ihre Kultur und Religion aufzwangen, geht White davon aus, dass das indianisch-europäische Zusammenleben im »middle ground« von gegenseitiger Adaption und Anpassung geprägt gewesen sei.[5] Diesem auf Nordamerika

---

5 Richard White, The Middle Ground. Indians, Empires and Republics in the Great Lakes Region, 1650–1815, Cambridge 1999, 1. Aufl. 1991. Einen Überblick über den gegenwärtigen Stand der Forschung zum »middle ground« gibt ein Themencluster in The William and Mary Quarterly 63 / 1 (2006), S. 3–96.

bezogenen Befund entspricht der aus der postkolonialen Theorie entwickelte Ansatz von Homi Bhabha, der transkulturelle Kontaktzonen als einen »Dritten Raum« definiert, in dem aus multilateralen Anpassungs- und Austauschprozessen (Mimikry) neue kulturelle Formen und Hybriditäten entstünden.[6] In diesem Sinne sollen auch im folgenden Beitrag kulturelle und religiöse Transferprozesse zwischen Indianern und Missionaren nicht auf ein bipolares Oszillieren zwischen dem »Eigenen« und dem »Fremden« reduziert werden. Vielmehr wurden im »middle ground« ständig Grenzen überschritten, aufgeweicht und durch Neues überwunden. Gleichzeitig wurden aber auch immer wieder neue Grenzen definiert oder alte rückbestätigt. Kulturelle und religiöse Identitäten waren fließend, und Transferprozesse konnten sehr vielschichtig und kompliziert sein.

Dies bezieht sich nicht zuletzt auf den Bereich der christlichen Mission. Die Konversion im Kontext christlicher Missionsinitiativen war selten ein klarer und vollständiger Wechsel zwischen zwei Religionen. Man geht vielmehr davon aus, dass es komplexe, facettenreiche Aushandlungsprozesse waren, in denen sich Menschen aus ganz verschiedenen Motiven zum Christentum bekannten. Oftmals ließen sich die Indianer zwar taufen, blieben aber in vieler Beziehung in den spirituellen Welten ihrer Familienverbände verhaftet. Die Konversion zum Christentum konnte aus bestimmten Gründen vorgetäuscht werden, und nicht selten integrierten die Indianer den christlichen Gott in ihre polytheistischen Glaubenshorizonte, was nicht den Vorstellungen der christlichen Missionare von einer vollständigen Loslösung von der alten Religion und einem vorbehaltlosen und uneingeschränkten Bekenntnis zum Christentum entsprach.[7]

Vor dem Hintergrund dieser komplexen Transferprozesse, die sich in der transkulturellen Kontaktzone des »middle ground« vollzogen, muss auch die Überlieferung der indianischen Schöpfungsmythen in den Berichten der Missionare betrachtet werden. Es soll aufgezeigt werden, wie vielschichtig die Übertragungen der Mythen vor Ort und auf der transatlantischen Ebene waren und wie die Mythen in verschiedenen Kontexten unterschiedlich re-

---

6 Homi Bhabha, Of Mimicry and Man: The Ambivalence of Colonial Discourse, in: Frederick Cooper / Ann Laura Stoler (Hg.), Tensions of Empire: Colonial Cultures in a Bourgeois World, Berkeley 1997, S. 152–161; einen Überblick über die neuere Forschung zum Kulturtransfer in kolonialen Zusammenhängen und diverse Fallstudien bietet Sünne Juterczenka / Gesa Mackenthun (Hg.), The Fuzzy Logic of Encounter. New Perspectives on Cultural Contact, Münster 2009.

7 David Lindenfeld / Miles Richardson, Introduction: Beyond Conversion and Syncretism, in: dies. (Hg.), Beyond Conversion & Syncretism. Indigenous Encounters with Missionary Christianity, 1800–2000, New York 2012, S. 1–23.

zipiert und interpretiert wurden.[8] Damit soll ein Beitrag zu der Frage geleistet werden, inwieweit die Berichte der Missionare über fremde Kulturen in der zweiten Hälfte des 18. Jahrhunderts zu einem Wissenszuwachs über die außereuropäische Welt in Europa beitrugen.

2. Das Problem der Authentizität

In den Aufzeichnungen der Missionare wurden immer wieder ähnliche Szenen beschrieben: Ein Missionar begab sich zu einem indianischen Siedlungsplatz und versuchte, die dortigen Anwohner von der protestantischen Religion zu überzeugen. Wenn er die christliche Schöpfungsgeschichte von der Erschaffung der Welt durch den einen christlichen Gott erzählte, dann konnte es geschehen, dass sich ein indianischer Sprecher erhob und den Missionar mit einem Gegenentwurf zur christlichen Schöpfungsgeschichte konfrontierte. In diesen indianischen Schöpfungsmythen wurde in unterschiedlichen Versionen erklärt, dass die Menschheit keineswegs von einem einzigen Gott erschaffen worden sei, sondern verschiedene Götter verschiedene Völker erschaffen hätten, Menschen mit unterschiedlichen Hautfarben von unterschiedlichen Göttern erschaffen worden seien oder verschiedenen Völkern im Schöpfungsakt verschiedene Attribute mitgegeben worden seien, nach denen sie ihr Leben ausrichten müssten.[9] Solche Schöpfungsgeschichten hatten nichts mit dem Schöpfungsakt in indigenen Religionen zu tun.[10] Die indianischen Sprecher hatten nicht die Absicht, den Missionaren ihre eigenen Glaubensvorstellungen zu erklären. Es ging ihnen vielmehr darum, die christliche Schöpfungsgeschichte in Frage zu stellen und sich damit von der christlichen Lehre zu distanzieren.

Das Erzählen von Mythen war für die Indianer ein wichtiges Instrument, um den Europäern ihre politischen Interessen und Forderungen mitzuteilen. Nicht nur im Kontakt mit Missionaren, sondern beispielsweise auch in rechtlichen Kontexten, wenn es um die Lösung von Landkonflikten ging, formu-

---

8 Allgemein zur Transformation von Denkmustern, Wissensbeständen und Ideologien in verschiedenen kulturellen Kontexten siehe Mieke Bal, Travelling Concepts in the Humanities. A Rough Guide, Toronto 2002.

9 Ulrike Kirchberger, Konversion zur Moderne? Die britische Indianermission in der atlantischen Welt des 18. Jahrhunderts, Wiesbaden 2008, S. 206–210.

10 Lee Irwin, »Native American Spirituality: History, Theory, and Reformulation«, in: Philip J. Deloria / Neal Salisbury (Hg.), A Companion to American Indian History, Malden (Mass.) 2002, S. 103–120.

lierten die indianischen Parteien ihre Ansprüche über Mythen, in denen ihnen die Götter das von ihnen beanspruchte Land zugesprochen hätten. In der zweiten Hälfte des 18. Jahrhunderts traten eine ganze Reihe namhafter Propheten in den Vordergrund, die über Mythen, Visionen und Prophezeiungen den Erhalt der indianischen Kultur gegen das europäische Vordringen propagierten. In diesen Mythen wurde zwar einerseits die indianische Identität klar von der europäischen abgegrenzt, gleichzeitig lassen sich aber deutliche christliche Einflüsse in den Erzählungen über Begegnungen mit Gottheiten oder göttlichen Eingebungen feststellen.[11] Daran zeigt sich die Ambivalenz und die Komplexität religiöser Transferprozesse, die sich in solchen Schöpfungsmythen und in deren Überlieferung spiegelt.

Im Zentrum dieses Beitrags werden die indianischen Schöpfungsgeschichten stehen, die sich in den Berichten der beiden presbyterianischen Missionare David und John Brainerd finden lassen. Die Brüder waren in der Mitte des 18. Jahrhunderts im Auftrag der »Society in Scotland for Propagating Christian Knowledge« (SSPCK) bei den Delaware-Indianern in der Gegend des heutigen Pennsylvania tätig. Die SSPCK war eine transatlantisch organisierte Gesellschaft, die ihr Zentrum in Edinburgh hatte und sich neben der Verbreitung des Protestantismus unter den katholischen Bewohnern der schottischen Highlands die Bekehrung der nordamerikanischen Indianer zum Ziel gesetzt hatte.[12] David Brainerd wurde 1742 von der SSPCK zu den Delaware entsandt. Er starb mit 29 Jahren an Tuberkulose und wurde wegen seines intensiven Gottesglaubens und seiner Opferbereitschaft von den Anhängern des britischen Evangelikalismus sehr verehrt. Seine Tagebücher und Aufzeichnungen wurden bis ins 19. Jahrhundert immer wieder neu verlegt und viel gelesen. David Brainerds Nachfolge bei den Delaware trat sein Bruder John an. Beide Brainerds verbrachten in den vierziger und fünfziger Jahren viel Zeit bei den Delaware. Sie interessierten sich sehr für deren Sprache, Kultur und religiöse Praktiken und zeichneten auf, was ihnen bemerkenswert erschien. In diesem Kontext verwiesen sie auf die polytheistischen Schöpfungsmythen, mit denen sie bei den Delaware konfrontiert wurden.[13]

---

11 Allgemein zur Bedeutung indianischer Mythen siehe Peter Nabokov, A Forest of Time. American Indian Ways of History, Cambridge 2002, S. 85–104; Bruce Lincoln, Theorizing Myth. Narrative, Ideology, and Scholarship, Chicago 1999, S. 47–100.
12 Kirchberger, S. 31–51.
13 Zu den Brainerds siehe Norman Pettit (Hg.), Jonathan Edwards, The Life of David Brainerd, Boston 1749, New Haven 1985; Lives of Jonathan Edwards and David Brainerd, Boston 1837; John Brainerd, A Genuine Letter from Mr. Brainerd, employed by the Scotch Society for Propagating the Gospel. A Missionary to the Indians in America, and Minis-

Wenn die indianischen Schöpfungsmythen nur von den britisch-protestantischen Missionaren in der Mitte des 18. Jahrhunderts überliefert worden
wären, dann wäre zu überlegen, ob die Indianer diese Geschichten wirklich
erzählten oder ob es sich um Erfindungen der Missionare handelte, die auf
diese Weise das Heidentum der Indianer illustrieren wollten. Vergleichbare
Mythen wurden jedoch auch in anderen indianisch-europäischen Kontaktzusammenhängen aufgezeichnet. Was die Delaware anbetrifft, so berichteten nicht nur die Brainerds, sondern auch der Herrnhuter Missionar David Zeisberger, der in den siebziger Jahren bei den Delaware tätig war, dass
über die Erzählung von Schöpfungsmythen die von ihm gepredigte christliche Lehre in Frage gestellt worden sei. Zeisberger schilderte in seinen Tagebüchern die Vision des Delaware-Predigers Scattameek, dem von einer göttlichen Erscheinung eingeschärft worden sei, »[...] daß so wie die Indianer
eine andre Haut und Farbe als die weissen Leute hätten, (weil es ihm beliebt
habe sie so zu schaffen) so wolte er auch haben, daß sie durch einen anderen
Weg als die weissen Leute zu ihm kommen sollten [...]«. Diese Prophezeiung hätte sich sehr schnell bei den Delaware und den Shawnee verbreitet und
Zeisbergers Missionsarbeit sehr geschadet.[14]

Ein anderes, früheres Beispiel, das nicht aus dem Kontext der protestantischen Mission stammt, geht auf das Jahr 1725 zurück und wurde in
den Verhandlungsprotokollen einer französischen Delegation in Mobile in
der Gegend des heutigen Florida überliefert. In einer französisch-indianischen diplomatischen Unterredung wurde von einem Sprecher der Taensas-Indianer erklärt, die Menschheit sei in drei verschiedenfarbigen Kategorien erschaffen worden. Der Text der englischsprachigen Übersetzung
lautet »one white, one red and one black«.[15] Neben diesem Beispiel aus dem
französischen Zusammenhang, das deutlich früher als die Geschichten der
Brainerds aufgezeichnet wurde, finden sich weitere Mythen, die zeitlich später, bis in die Mitte des 19. Jahrhunderts von protestantischen Missionaren
verschriftlicht wurden. So berichteten Missionare, die in der ersten Hälfte
des 19. Jahrhunderts bei den Cherokee tätig waren, von indianischen Schöp-

ter to a Congregation of Indians, at Bethel in East Jersey, to his Friends in England, London 1753. Die neueste Biographie über David Brainerd stammt von John A. Grigg, The
Lives of David Brainerd. The Making of an American Evangelical Icon, Oxford 2009.

14 Hermann Wellenreuther / Carola Wessel (Hg.), Herrnhuter Indianermission in der Amerikanischen Revolution. Die Tagebücher von David Zeisberger 1772 bis 1781, Berlin 1995,
S. 126.

15 Nancy Shoemaker, A Strange Likeness: Becoming Red and White in Eighteenth-Century
North America, Oxford 2004, S. 130 f.

fungsgeschichten, denen eine getrennte Erschaffung von roten, weißen und schwarzen Menschen zugrunde lag.[16]

Somit wurden vergleichbare Mythen über einen sehr langen Zeitraum, über große geographische Entfernungen hinweg und bei unterschiedlichen indianischen Ethnien aufgezeichnet. Die Mythen kamen im französisch-katholischen wie auch im protestantischen Umfeld vor und wurden nicht nur von Missionaren, sondern auch von diplomatischen Unterhändlern aufgezeichnet. Dies beweist, dass es sich bei diesen Mythen nicht um einen Topos oder eine Erfindung der neuenglischen Missionare der Mitte des 18. Jahrhunderts handelte. Die Indianer erzählten solche Mythen tatsächlich. Fraglich bleibt allerdings, inwieweit in der Überlieferung durch die Missionare deren christliche Perspektive in den Text einfloss und inwiefern es möglich ist, aus diesen Texten indianische Positionen und Perspektiven zu rekonstruieren.[17]

3. Der Widerstand der Nativisten und die Überlieferung durch die Missionare

David Brainerd berichtete über die Delaware, dass sie vor der Ankunft der Europäer in Nordamerika verschiedene polytheistische Konzepte gehabt hätten. Nach der Ankunft der »Weißen«, so Brainerd, hätte sich der Glaube an drei Gottheiten durchgesetzt, die drei verschiedene Menschenarten erschaffen hätten:

But after the coming of the white People, the Delaware seem'd to suppose there were three Deities, and three only, because they saw People of three different Kinds of Complection, viz. English, Negroes and themselves.

'Tis a Notion pretty generally prevailing among them, that 'twas not the same God made them who made us; but that they were made after the white people, which further shews, that they imagine a Plurality of divine Powers. And I fancy they suppose their God gain'd some special Skill by seeing the white People made, and so

---

16   William G. McLoughlin, Fractured Myths: The Cherokees' Use of Christianity, in: ders., The Cherokees and Christianity, 1794–1870. Essays on Acculturation and Cultural Persistence, Athens 1994, S. 152–187, hier S. 162–170; William G. McLoughlin / Walter H. Conser, Jr., »The First Man Was Red« – Cherokee Responses to the Debate over Indian Origins, 1760–1860, in: American Quarterly 41 (1989), S. 243–264, hier bes. 258–264.

17   Zur postkolonialen Kritik hinsichtlich der Möglichkeiten, indigene Perspektiven aus europäischen Texten zu rekonstruieren siehe beispielsweise Gareth Griffiths, The Myth of Authenticity, in: Bill Ashcroft u. a. (Hg.), The Post-Colonial Studies Reader, London ²2006, S. 165–168.

made them better: For 'tis certain they look upon themselves and their Methods of living (which, they say, their God expressly prescib'd for them) vastly preferable to the white People and their Methods. And hence will frequently sit and laugh at them, as being good for Nothing else but to plough and fatigue themselves w[i]th hard Labour; while they enjoy the Satisfaction of stretching themselves on the Ground, and sleeping as much as they please, and have no other Trouble but now and then to chase the Deer [...]. And now altho‹ they suppose our Religion will do well enough for us, because prescib'd by our God, yet 'tis no ways proper for them, because not of the same Make and Original.[18]

Die polytheistische Schöpfungsgeschichte der Delaware sollte die Missionare provozieren und den christlichen Absolutheitsanspruch, mit dem die Missionare den biblischen Schöpfungsakt präsentierten, in Frage stellen. Die getrennte Erschaffung der Menschheit in drei ethnischen Gruppen stand im Gegensatz zum Weltbild der Missionare, die, aufbauend auf der monogenetischen christlichen Schöpfungsgeschichte, die Menschheit zunächst in zwei Gruppen einteilten, nämlich in Christen und »Heiden«. Diese Zweiteilung prägte das Indianerbild der Missionare und reproduzierte sich in den Tätigkeitsfeldern, die entlang dieser Trennlinie definiert wurden. Unter dem Oberbegriff der »Heiden« wurden die Indianer und die afroamerikanischen Sklaven zusammengefasst, wobei in den Berichten der Missionare die Binnendifferenzierung gelegentlich verschwamm. Es war dann von »black heathen«, »black Indians« oder »black faces« die Rede, und die ethnische Zuordnung wurde nicht genau benannt.[19] Dieses christliche Weltbild, in dem afroamerikanische Sklaven und Indianer gemeinsam als »Heiden« klassifiziert wurden, attackierten die indianischen Sprecher über die von ihnen vorgetragenen dreiteiligen Schöpfungsgeschichten. Es war ihnen wichtig, sich als eigenständige, dritte Ethnie sowohl von den afroamerikanischen Sklaven als auch von den Europäern abzugrenzen.

Die Missionare berichteten immer wieder von indianischen Sprechern, die versuchten, die Indianer vom Sklaventum zu distanzieren. Es wurde den Missionaren vorgeworfen, sie wollten sich das Vertrauen der Indianer erschleichen, damit diese ihres Landes beraubt und zu Sklaven gemacht werden könnten. In der von David Brainerd kolportierten Schöpfungsgeschichte wurde dies nur indirekt thematisiert, an anderer Stelle wurde der Verdacht

---

18 David Brainerd, Divine Grace display'd or the Continuance and Progress of a remarkable Work of Grace among some of the Indians belonging to the Provinces of New-Jersey and Pennsylvania, justly represented in a Journal kept by Order of the Honourable Society (in Scotland) for propagating Christian Knowledge ..., Philadelphia o.J., S. 214 f.
19 Kirchberger, S. 130–250.

klar ausgesprochen. So berichtete John Brainerd von einer Abstammungsgeschichte, die ihm Repräsentanten der Delaware 1751 bei einem Council in
Wyoming am Susquehanna River erzählt hätten:

> They told me that the great God first made three men and three women [...] the In-
> dian, the Negro and the White Man. That the White Man was the youngest brother,
> and therefore the White people ought not to think themselves better than the Indi-
> ans. That God gave the White Man a book, and told him that he must worship him by
> that; but gave none either to the Indian or Negro, and therefore it could not be right
> for them to have a book, or be any way concerned with that way of worship. And fur-
> thermore, they understood that the White people were contriving a method to de-
> prive them of their country in those parts, as they had done by the sea-side, and to
> make slaves of them and their children as they did of the Negroes; that I [Brainerd]
> was sent on purpose to accomplish that design [...].[20]

Mit ähnlichen Argumenten attackierte ein Krieger der irokesischen Seneca-
Indianer 1766 den presbyterianischen Missionar Samuel Kirkland bei einer
Ratsversammlung:

> This white man we call our Brother has come upon a *dark design* [...]. He brings with
> him the white peoples Book, which they call [...] *God's Book* or the *holy Book*. Brot-
> hers, you know this book was never made for *Indians*. Our great Superintendent
> Thaonghyawagon *ie Upholder of the Skies* gave us a *book*. He wrote it in our heads &
> in our minds & gave us rules about worshipping him. And these ancient usages & ri-
> tes our Forefathers strictly observed time immemorial [...]. *This* will be the condition
> of our children & grandchildren in a short time if we *change* or renounce our religion
> for that of the white people [...]. We shall be sunk so low as to hoe corn & squashes
> in the field, chop wood & milk cows like negroes among the dutch people [...] [if] we
> allow this white skinned Brother to continue with us [...].[21]

Die »Weißen« hätten im Zuge der göttlichen Schöpfung ein Buch bekommen,
die beiden anderen Ethnien jedoch nicht. Wenn die Indianer die protestantische Buchreligion übernähmen, so hätte dies nicht nur den Verlust der eigenen kulturellen Identität, sondern auch wirtschaftliche Armut in der expan-
dierenden Kolonialgesellschaft zur Folge. Letzten Endes würden die Indianer
durch das Verlassen ihrer eigenen, dritten Sphäre auf die Ebene der afroamerikanischen Sklaven herabsinken, wenn nicht gar direkt versklavt werden. Da
die Mitglieder vieler indianischer Ethnien tatsächlich in verschiedener Form

---

20 Zit. nach Daniel K. Richter, Facing East from Indian Country. A Native History of Early
    America, Cambridge (Mass.) 2001, S. 181 f.
21 Walter Pilkington (Hg.), Journals of Samuel Kirkland, 18th-century Missionary to the
    Iroquois, Government Agent, Father of Hamilton College, Clinton 1980, S. 23 f.

in die Sklaverei involviert waren, war die Furcht der indianischen Sprecher durchaus berechtigt.[22] Die dreigeteilten Schöpfungsmythen waren ein wichtiges Mittel, sich gegenüber europäischen Missionaren, Diplomaten und anderen Interessenvertretern von den afroamerikanischen Sklaven zu distanzieren und getrennte Sphären zu schaffen.

Diejenigen indianischen Sprecher, die die Missionare mit dreiteiligen Schöpfungsmythen konfrontierten, gehörten einer bestimmten politischen Richtung an, die seit der Mitte des 18. Jahrhunderts an Zulauf gewann. Sie waren Vertreter des Nativismus, einer Bewegung, die alles Europäische ablehnte und eine Rückbesinnung auf die eigene Kultur, Sprache und Religion verlangte. Nur indem man sich der Religion, Lebens- und Wirtschaftsweise der Europäer vollkommen verweigere, könne man sich deren Vordringen in Nordamerika widersetzen. Der Nativismus war eine panindianische Bewegung, die in der zweiten Hälfte des 18. Jahrhunderts in vielen Ethnien an der Ostküste und im Gebiet der Großen Seenplatte an Rückhalt gewann.[23] Die Forderung der Nativisten nach einem ethnienübergreifenden Widerstand gegen die Europäer stand im Gegensatz zur wachsenden Fraktionalisierung innerhalb der einzelnen Ethnien. Nicht nur waren die verschiedenen Ethnien in komplizierte Beziehungsgeflechte miteinander verwoben, führten Kriege in unterschiedlichen Allianzen gegeneinander, standen in verschiedenen Bündnissituationen mit den europäischen Kolonialmächten und behandelten die Missionare unterschiedlich. Auch innerhalb einzelner Ethnien konnten je nach Interessenlage einzelne Klans zum Christentum übertreten, während andere Fraktionen die Missionare zurückwiesen und sich auf ihre tradierte Religion beriefen. Gerade die Delaware, bei denen die Brainerds missionierten, waren tief gespalten. Während auf der einen Seite der Nativismus zahlreiche Anhänger fand, standen andererseits viele Klans dem Protestantismus aufgeschlossen gegenüber. Sie waren der Herrnhuter Brüdergemeine beigetreten oder sympathisierten mit den Brainerds.[24] Die von den Nativisten heraufbeschworene monolithische dritte Großgruppe zwischen

22 Zur Versklavung von Indianern siehe Alan Gallay, The Indian Slave Trade. The Rise of the English Empire in the American South, 1670–1717, New Haven 2002; Brett Rushforth, »A Little Flesh We Offer You«: The Origins of Indian Slavery in New France, in: William and Mary Quarterly 60 (2003), S. 777–808; Joyce E. Chaplin, Enslavement of Indians in Early America: Captivity without the Narrative, in: Elizabeth Mancke / Carole Shammas (Hg.), The Creation of the British Atlantic World, Baltimore 2005, S. 45–70.

23 Hierzu Gregory Evans Dowd, A Spirited Resistance. The North American Indian Struggle for Unity, 1745–1815, Baltimore 1992; ders., War under Heaven: Pontiac, the Indian Nations, & the British Empire, Baltimore 2002.

24 Carola Wessel, Delaware-Indianer und Herrnhuter Missionare im Upper Ohio Valley, Halle 1999, S. 123, 290–293, 305–311.

den Blöcken der »Weißen« und der »Negroes« existierte nicht und hatte nichts mit den Realitäten der nordamerikanischen Ureinwohner im 18. Jahrhundert zu tun.

Die von den Missionaren überlieferten Schöpfungsmythen vermitteln dem Historiker des 21. Jahrhunderts einen Eindruck von den politischen Positionen der Nativisten. Die Dreiteilung der Menschheit kommt in allen zitierten Berichten klar zum Ausdruck. In vieler Hinsicht wurde die nativistische Ideologie durch die christliche Weltsicht der Missionare stark verfremdet. Dies zeigt sich, wenn man die Kriterien analysiert, anhand derer die einzelnen ethnischen Gruppen klassifiziert wurden. Hier bleibt vielfach unklar, was davon indianisches Original war und was auf die englischsprachige Übersetzung zurückzuführen ist.[25]

Ein Aspekt, der in Brainerds Text zum Ausdruck kommt, ist die Einteilung nach Hautfarben. Die Delaware hätten, so Brainerd, aufgrund der Hautfarbe zwischen den drei ihnen bekannten Menschenarten unterschieden: »they saw People of three different Kinds of Complection, viz. English, Negroes and themselves.«[26] Auffällig ist der innere Widerspruch der Aussage. Zwar behauptet Brainerd, die Delaware hätten nach Hautfarben kategorisiert. Allerdings nennt er daraufhin Begriffe, von denen nur die Bezeichnung »Negroes« in weitestem Sinne in Zusammenhang mit der Hautfarbe steht. Diese Vagheit im Bezug auf Hautfarben und andere Formen der biologischen Zuschreibung war charakteristisch für die Perspektive der Missionare, die sich hier in die indianischen Schöpfungsgeschichten einflocht. Das wichtigste Kriterium, nach dem die Missionare sowohl Indianer als auch Afroamerikaner beurteilten, war das des Heidentums. Sowohl der ethnischen Dreiteilung als auch der damit verbundenen Ausdifferenzierung nach biologischen Kriterien standen sie distanziert gegenüber. Diejenige Hautfarbe, die häufig in den Texten der Missionare vorkam war »weiß«. Die Europäer wurden als »weiß« bezeichnet. Wenn die Missionare indianische Redner zitierten, dann wurden die Europäer in diesen Wiedergaben meist über ihre weiße Hautfarbe als »white brethren« oder »white people« adressiert.[27]

---

25 Allgemein zur Problematik der europäischen Überlieferung indianischer Reden siehe James H. Merrell, »I desire all that I have said ... may be taken down aright«: Revisiting Teedyuscung's 1756 Treaty Council Speeches, in: William and Mary Quarterly 63 / 4 (2006), S. 777–826.

26 David Brainerd, Grace, S. 214.

27 Als leicht zugängliche Belege für diesen Befund ließen sich die publizierten Tagebücher von Samuel Kirkland oder, als Beispiel für deutschsprachige Aufzeichnungen eines Herrnhuter Missionars, die Tagebücher von David Zeisberger anführen; Pilkington (Hg.), Journals of Samuel Kirkland, beispielsweise S. 73; Wellenreuther / Wessel (Hg.), Herrnhuter Indianermission, beispielsweise S. 101 u. 126; allgemein zur Rolle der Haut-

Erst sehr spät, in den neunziger Jahren des 18. Jahrhunderts, begannen
die britisch-protestantischen Missionare, die Indianer als »red« zu bezeichnen. Auch biologistisches Denken, das die Reinheit des Blutes thematisierte,
fand erst am Ende des 18. Jahrhunderts in die Berichte der Missionare Eingang. Als beispielsweise dem Missionar Gideon Hawley, der bei den Mash-
pee in Massachusetts tätig war, in den neunziger Jahren des 18. Jahrhunderts
die hohe Zahl an Mischehen zwischen Indianerinnen und Afroamerika-
nern in seiner Gemeinde auffiel, begann er den Anteil an sogenannten »pure
bloods« und »mixed bloods« zu berechnen.[28] Bis weit in die zweite Hälfte
des 18. Jahrhunderts hinein wurden die Indianer in den Texten der britisch-
protestantischen Missionare nach kulturellen Kriterien beurteilt. Auch mit-
leidig-abwertende Bezeichnungen wie »poor heathen« oder »savages« waren
gängig. Die Hautfarbe wurde jedoch nur selten erwähnt. Wenn überhaupt
wurden die Indianer als »tawney«, als »olive« oder auch als »black« bezeichnet. Die Zuschreibung »black« hatte im 18. Jahrhundert eine sehr weite Bedeutung und konnte für fast alle Völker der außereuropäischen Welt verwendet werden.[29]

In einem Bericht über eine Diskussion mit den Delaware-Indianern über
die Erschaffung der Menschheit legte David Brainerd einem Sprecher, der
die monogenetische Abstammung aller Menschen bezweifelte, die Frage in
den Mund: »How the Indians became black, if they had the same original parents with the white people?«[30] Auch in dieser Auseinandersetzung kritisierten die Delaware die christliche Schöpfungsgeschichte und begründeten
ihre Skepsis mit den unterschiedlichen Hautfarben von Europäern und Indianern. Anhand des Textes kann allerdings nicht geklärt werden, ob sich die
Delaware selbst als »black« bezeichneten oder ob dies eine Zuschreibung war,
die von Brainerd in der englischsprachigen Aufzeichnung eingeführt wurde.

Die Frage nach der Rolle der Hautfarben als Klassifizierungsmerkmal
stellt sich nicht zuletzt angesichts des von Nancy Shoemaker überzeugend
geführten Nachweises, dass die im Süden Nordamerikas siedelnden Indianer sich bereits zu Beginn des 18. Jahrhunderts in Verhandlungen mit den
Europäern als rothäutig bezeichneten.[31] Es läge also durchaus im Bereich

farben im frühneuzeitlichen Indianerbild siehe den kurzen Überblick von Kathleen
Brown, Native Americans and Early Modern Concepts of Race, in: Martin Daunton/
Rick Halpern (Hg.), Empire and Others. British Encounters with Indigenous Peoples,
1600–1850, Philadelphia 1999, S. 79–100.
28 Kirchberger, S. 248.
29 Siehe dazu beispielsweise Jack D. Forbes, Africans and Native Americans. The Language
    of Race and the Evolution of Red-Black Peoples, Urbana ²1993, S. 85f.
30 David Brainerd, Grace, S. 220.
31 Shoemaker, Likeness, S. 130f.

des Möglichen, dass auch die Delaware die »rote« Hautfarbe anführten, um sich als dritte Ethnie von afroamerikanischen Sklaven und Europäern abzugrenzen. Aus den Berichten der Brainerds lässt sich dies jedoch nicht rekonstruieren. Indianische und europäische Perspektiven gingen im Text ineinander über.

Wichtiger als die Kategorisierung nach Hautfarben war die Zuordnung bestimmter Kulturtechniken und Attribute, die den einzelnen Ethnien im Schöpfungsakt mitgegeben worden waren. So wurde häufig darauf hingewiesen, dass den Europäern im Schöpfungsakt ein Buch gegeben worden sei, während die Afrikaner zu niedrigen handwerklichen und landwirtschaftlichen Arbeiten verpflichtet worden seien. Die Indianer selbst hätten von ihrem Schöpfergott kein Buch bekommen, sondern seien für ein Leben als Jäger und Krieger ausstaffiert worden. Auf diese Weise distanzierten sich die Nativisten sowohl von der protestantischen Buchreligion der Europäer als auch vom Sklaventum und den damit verbundenen Tätigkeiten, vor allem von der Feldarbeit, die bei den Delaware von den Frauen erledigt und von den Männern als erniedrigend empfunden wurde.[32] Die nativistischen Sprecher definierten über die Schöpfungsmythen nicht nur die indianische Identität, sie legitimierten auch ihre politischen Forderungen, wobei sich erneut die Frage stellt, was davon aus den indianischen Originalreden überliefert wurde und was aus dem Sprachgebrauch und der Weltsicht der Missionare in den Text einfloss. Beispielsweise geht aus David Brainerds Bericht hervor, dass er die Ablehnung der Feldarbeit durch die Krieger der Delaware aus seiner europäischen Sicht als Zeichen der Faulheit deutete, womit er die Geschlechterrollen bei den Delaware aus christlicher Sicht bewertete.[33]

32 Zur sozialen Struktur, den Geschlechterverhältnissen und Verwandtschaftsbeziehungen bei den Delaware siehe Wessel, Delaware-Indianer, S. 39. Die Gesellschaft der Delaware war wie die der Irokesen matrilinear aufgebaut. Die Frauen waren nicht nur für den Feldbau zuständig, das Ackerland wurde auch über die weibliche Linie vererbt; siehe dazu Elizabeth Tooker, Women in Iroquois Society, in: Michael Foster u. a. (Hg.), Extending the Rafters. Interdisciplinary Approaches to Iroquoian Studies, Albany 1984, S. 109–123, hier S. 112; David J. Silverman, »We chuse to be bounded«: Native American Animal Husbandry in Colonial New England, in: The William and Mary Quarterly 60/3 (2003), S. 511–548, hier S. 518; allgemein zur Matrilinearität siehe Thomas Bargatzky, Ethnologie. Eine Einführung in die Wissenschaft von den urproduktiven Gesellschaften, Hamburg 1997, S. 138–140; allgemein zu den Geschlechterverhältnissen bei den indianischen Ethnien siehe Nancy Shoemaker (Hg.), Negotiators of Change: Historical Perspectives on Native American Women, New York 1995, S. 1–25; Gunlög Fur, »Some Women are Wiser than some Men«: Gender and Native American History, in: Nancy Shoemaker (Hg.), Clearing a Path. Theorizing the Past in Native American Studies, New York 2002, S. 75–103; Theda Perdue, Cherokee Women. Gender and Culture Change, 1700–1835, Lincoln 1998.
33 Kirchberger, S. 188–193.

In den Schöpfungsgeschichten, die die protestantischen Missionare im 19. Jahrhundert bei den Cherokee aufzeichneten, wiederholten sich die Muster, die bereits die Mythen des 18. Jahrhunderts charakterisierten. Gott teilte jeder Ethnie einen speziellen Tätigkeitbereich zu, die Jagd für die Indianer, die harte Feldarbeit den Afrikanern, die Wissenschaft und die Industrie den Europäern. Damit wurde zum Ausdruck gebracht, dass es Gottes Wille widerspreche, wenn die Europäer versuchten, den Indianern ihre eigenen Kulturtechniken aufzudrängen oder sie gar zu landwirtschaftlicher Arbeit verdammten. In einer anderen Version platzierte der Schöpfergott jede der drei Menschenarten auf einen eigenen Kontinent. So wurden die europäischen Missionare darauf hingewiesen, dass es gegen den göttlichen Plan sei, wenn die Europäer sich in Amerika ausbreiteten und die Afrikaner als Sklaven nach Amerika deportierten.[34]

Auch bezüglich des Aspekts der Hierarchiebildung zwischen den drei Ethnien ist es schwierig, die indigene von der europäischen Perspektive zu trennen. Während sich in manchen Mythen keine Hierarchien zwischen den drei Ethnien erkennen lassen, wurden in anderen Fällen über die Reihenfolge der Erschaffung Über- und Unterlegenheiten definiert. Die Delaware, so berichtete David Brainerd, postulierten, dass sie von ihrem Gott später erschaffen worden seien als die Europäer und deshalb als eine verbesserte Version der Weißen zu betrachten seien.[35] In anderen Mythen wurden die Indianer als erste hervorgebracht und standen deshalb über den beiden anderen Ethnien. Manchmal wurden auch über die Attribute, die der Schöpfergott der jeweiligen Ethnie mitgab, hierarchische Ordnungen hergestellt.[36]

Es handelte sich bei den von nativistischen Sprechern vorgetragenen Schöpfungsmythen um ein Kommunikationsmedium, über das die Nativisten in metaphorischer Form politische und weltanschauliche Gegenpositionen zum Christentum und zur europäischen Expansion in Nordamerika zum Ausdruck brachten. Mit der Verschriftlichung durch die Missionare wurden europäisch-christliche Weltsichten in die Überlieferungen eingebracht. Darüber hinaus wurden die Mythen im Zusammenhang der Berichte der Brainerds mit einer anderen Bedeutung aufgeladen als ursprünglich von den Nativisten intendiert. In den Aufzeichnungen der Brainerds waren die Mythen keine ernstzunehmenden politischen Gegenpositionen zum Chris-

---

34 William G. McLoughlin, Cherokees, S. 129–187; McLoughlin / Conser, S. 243–264.
35 David Brainerd, Grace, S. 214 f.
36 Kirchberger, S. 208 f.; McLoughlin / Conser, S. 258 f.; weiter ins 19. Jahrhundert führt Claudio Saunt, Telling Stories: The Political Uses of Myth and History in the Cherokee and Creek Nations, in: The Journal of American History 93 / 3 (2006), S. 673–697.

tentum mehr, sondern sie wurden zum Ausdruck indianischer Zurückgebliebenheit und heidnischer Naivität. Die ursprüngliche inhaltliche Absicht der
Nativisten erfuhr durch die Missionare eine Neuinterpretation.

4. Die transatlantische Dimension

Die Brainerds zeichneten die Mythen auf und sandten sie als Teil ihrer Berichte an die Organisationszentrale der SSPCK in Edinburgh. Die Journale
der Brainerds wurden Ende der vierziger und Anfang der fünfziger Jahre
im Auftrag der SSPCK in London und Philadelphia publiziert.[37] Auf diese
Weise fanden die indianischen Schöpfungsmythen aus dem lokalen Kontext
in die transatlantische Kommunikation Eingang. Es fragt sich, was dies für
die Diffusion der Mythen im atlantischen Raum bedeutete. Inwiefern waren
die Missionare Vermittler, die einen Beitrag zur Verdichtung des Wissens
über die außereuropäische Welt in Europa leisteten, indem sie die Positionen,
die die Nativisten vor Ort vertraten, auf die transatlantische Ebene hoben?
    Diese Frage ist nicht zuletzt deshalb relevant, weil die Einteilung der
Menschheit in drei Ethnien, wie sie von den Nativisten vorgenommen wurde,
in der zweiten Hälfte des 18. Jahrhunderts Entsprechungen auf europäischer
Seite fand. Seit der Mitte des 18. Jahrhunderts begannen europäische Wissenschaftler, sich von der frühneuzeitlich-christlichen Wahrnehmung der
außereuropäischen Gesellschaften als »heidnisch« zu lösen und sie nach biologischen Kriterien zu kategorisieren. Wichtige Vertreter der Aufklärung
wie Carl von Linné, Georges-Louis Leclerc de Buffon, Johann Friedrich Blu-
menbach und Immanuel Kant entwickelten wissenschaftliche Klassifizierungsschemata, in denen sie die Menschheit nach Hautfarben, Gesichtszü-
gen, Schädelformen und Körperbau in verschiedene »Rassen« einteilten. Carl

---

37 Zu diesen Publikationen gehören unter anderem David Brainerd, An Abridgment of
    Mr. David Brainerd's Journal among the Indians. Or, the Rise and Progress of a Remar-
    kable Work of Grace among a Number of the Indians. In the Provinces of New-Jersey and
    Pensylvania. ... To which is prefix'd a Dedication to the said Society, By P. Doddridge,
    D.D., London 1748; ders., Divine Grace display'd; ders., Mirabilia Dei inter Indicos, or
    the Rise and Progress of a remarkable Work of Grace amongst a Number of the Indians
    in the Provinces of New-Jersey and Pennsylvania, justly represented in a Journal kept by
    Order of the Honourable Society (in Scotland) for propagating Christian Knowledge ...,
    Philadelphia 1746; John Brainerd, A Genuine Letter from Mr. Brainerd, employed by the
    Scotch Society for Propagating the Gospel. A Missionary to the Indians in America, and
    Minister to a Congregation of Indians, at Bethel in East Jersey, to his Friends in England,
    London 1753.

von Linné gilt als der erste europäische Wissenschaftler, der die Indianer 1740 als »rothäutig« klassifizierte. Thomas Jefferson war einer der führenden Politiker in Nordamerika, der bereits im späten 18. Jahrhundert in seiner Schrift »Notes on the State of Virginia« die Menschen nach einem Dreifarbenschema in schwarz, weiß und rot einteilte. Derartige Zuschreibungen konnten zwar zunächst in einer wertneutralen Analyse biologischer Äußerlichkeiten verhaftet bleiben, in wachsendem Maße ging damit jedoch eine Abwertung der nicht-europäischen Ethnien gegenüber den Europäern einher. Die »weißen« Europäer wurden zum Ideal stilisiert. Die Vertreter des biologischen Rassismus des 19. Jahrhunderts diskutierten polygenetische Abstammungstheorien im Zusammenhang mit dem Postulat, dass Europäer und die ihnen unterlegenen Afrikaner aufgrund ihrer jeweils ererbten unterschiedlichen geistigen und körperlichen Voraussetzungen nicht gleicher Abstammung sein könnten.[38]

Weder bei den Schöpfungsmythen der indianischen Nativisten noch bei den Klassifizierungen der europäischen Gelehrten der Aufklärung waren die Hierarchisierungen von Anfang an eindeutig. Während sich jedoch auf europäischer Seite das weiß-rot-schwarze Gefälle am Ende des 18. Jahrhunderts immer deutlicher herauskristallisierte, blieben die biologischen Zuschreibungen und die hierarchischen Anordnungen in den durch die Missionare aufgezeichneten indianischen Mythen weit weniger klar. An biologischen Markern wurde vor allem die weiße Hautfarbe genannt. Wichtiger waren Kriterien wie das Sklaventum oder kulturelle Attribute, wobei manche dieser Zuschreibungen möglicherweise durch die Überlieferung der Missionare transformiert wurden. Inwieweit die nativistischen Sprecher die Indianer in ihren Reden über biologische Kriterien definierten, lässt sich den Texten der Missionare nicht entnehmen.

Die Publikationen der presbyterianischen Missionare, über die die indianischen Schöpfungsmythen einem britischen Lesepublikum zugänglich gemacht wurden, bildeten trotz dieser Parallelen keine Schnittstelle, an der die Klassifizierungsschemata der Aufklärung mit den ethnischen Kategorisierungen der indianischen Nativisten zusammengetroffen wären. Die Missionare waren keine Wissensvermittler, die die Gelehrten der Aufklärung mit

---

38 Alden T. Vaughan, From White Man to Redskin: Changing Anglo-American Perceptions of the American Indian, in: American Historical Review 87 (1982), S. 920–922; Ivan Hannaford, Race. The History of an Idea in the West, Washington D.C. 1996, S. 203–213; George M. Fredrickson, Racism. A Short History, Princeton 2002, S. 56f.; Bruce Dain, A Hideous Monster of the Mind: American Race Theory in the Early Republic, Cambridge (Mass.) 2002, S. 6–39; Colin Kidd, The Forging of Races: Race and Scripture in the Protestant Atlantic World, 1600–2000, Cambridge 2006, S. 1–167.

vergleichbaren Schemata auf indianischer Seite bekannt gemacht hätten, obwohl einige wichtige schottische Aufklärer der SSPCK durchaus nahe standen.[39] Ein aus den Quellen nachvollziehbarer Transferprozess fand in dieser
Hinsicht nicht statt.

Dies lag zunächst daran, dass die presbyterianischen Missionare eng in
das transatlantische Kommunikationssystem der SSPCK eingebunden waren. Dieses wurde von einem »Committee of Directors« in Edinburgh und
»Boards of Correspondence« in den wichtigsten schottischen Städten, in
London und in den nordamerikanischen Kolonien getragen. Die Brainerds
wie auch Samuel Kirkland waren dem »Committee of Directors« in Edinburgh rechenschaftspflichtig. Sie mussten vierteljährlich über den Fortgang
ihrer Missionstätigkeit nach Edinburgh berichten, wo die Berichte und Briefe
in den Mitgliederversammlungen und Direktoriumssitzungen vorgelesen
und auszugsweise in den Sitzungsprotokollen zitiert wurden.[40] Hier wurden
auch die Entscheidungen darüber beeinflusst, was davon publiziert werden
sollte. Die informellen Briefnetzwerke, auf denen die transatlantischen Korrespondenzen der verschiedenen protestantischen Konfessionen zu großen
Teilen beruhten, überschnitten sich mit der fest reglementierten, regelmäßigen Kommunikation innerhalb der SSPCK. Diese Kommunikationskanäle
werden von der historischen Forschung zwar vielfach unterschätzt, für den
transatlantischen Transfer waren sie jedoch von großer Bedeutung.[41]

Innerhalb der Leitungsgremien der SSPCK in Edinburgh, bei denen die
Berichte und Aufzeichnungen der Brainerds eingingen, waren presbyte-
rianische Geistliche, Gelehrte der schottischen Universitäten, Kaufleute, Juristen und Politiker vertreten. Unter den Mitgliedern der SSPCK befanden
sich einige bedeutende Vertreter der schottischen Aufklärung. Profilierte
Denker wie der Rhetorikprofessor Hugh Blair und der Historiker William
Robertson predigten vor den Jahresversammlungen der SSPCK. Die Gelehrten der schottischen Aufklärung interessierten sich sehr für die nordamerikanischen Indianer. Vor dem Hintergrund des von ihnen entwickelten Konzepts der »stadial history«, dem eine stufenweise Entwicklung der
Menschheit durch verschiedene gesellschaftliche Stadien zugrunde lag, erschienen die nordamerikanischen Indianer als ideales Beispiel für eine Gesellschaft im Urzustand. William Robertson, der Verfasser einer wirkmäch-
tigen Geschichte Amerikas, befasste sich besonders eingehend mit der Kultur
und der Lebensweise der amerikanischen Ureinwohner. Dennoch finden sich

39 Kirchberger, S. 35–38 u. 49–51.
40 Die Akten der SSPCK werden in den National Archives of Scotland in Edinburgh
     aufbewahrt.
41 Kirchberger, S. 18–91.

keine Hinweise darauf, dass er oder andere Philosophen der schottischen Aufklärung Brainerds Berichte über die Delaware in irgendeiner Form rezipiert hätten. Sie bedienten sich anderer Informationsquellen.[42]

Dass kein Wissensaustausch zwischen Brainerd und den an den Indianern interessierten Gelehrten der schottischen Aufklärung zustande kam, erklärt sich ferner vor dem Hintergrund der Lagerbildung innerhalb der presbyterianischen Kirche, die sich auch auf die SSPCK auswirkte. Ein Teil der presbyterianischen Geistlichkeit stand der Aufklärung nahe, ein anderer gehörte der Erweckungsbewegung an, die in der Jahrhundertmitte das protestantische Nordamerika, Großbritannien und weite Teile Kontinentaleuropas erfasste.[43]

David Brainerd war ein wichtiger Vertreter der Erweckungsbewegung und fest in deren transatlantische Kommunikationszusammenhänge integriert. Den Anhängern des »Awakening« auf beiden Seiten des Atlantik lag sehr daran, die Indianer zu christianisieren. Sie korrespondierten viel über deren fremde Kultur und Lebensweise und versuchten, sie aus ihrer christlichen Perspektive zu verstehen. Eine Frage, die die Geistlichen beschäftigte, bestand darin, wie die nordamerikanischen Indianer, die in der Bibel nicht explizit erwähnt wurden, in die alttestamentarische Schöpfungsgeschichte einzuordnen seien. Es wurde leidenschaftlich darüber diskutiert, von welchem Sohn Noahs die Indianer abstammten und ob es sich bei den Indianern eventuell um die Nachfahren der zehn verlorenen Stämme Israels handeln könnte, die in vorchristlicher Zeit aus dem Gelobten Land vertrieben worden waren und deren Zufluchtsort nie endgültig bestimmt werden konnte. In dieser von den Geistlichen auf beiden Seiten des Atlantik mit großer Freude am Detail geführten Debatte galt David Brainerd als wichtiger Informant. Er war der Mann vor Ort, der in direktem Kontakt mit den Indianern stand.

---

42 Stewart J. Brown (Hg.), William Robertson and the Expansion of Empire, Cambridge 1997; Roger L. Emerson, Conjectural History and Scottish Philosophers, in: Historical Papers of the Canadian Historical Association 1984, S. 63–90; Harro M. Höpfl, From Savage to Scotsman: Conjectural History in the Scottish Enlightenment, in: Journal of British Studies 17 (1978), S. 19–40; Alfonso M. Iacono, The American Indians and the Ancients of Europe: The Idea of Comparison and the Construction of Historical Time in the 18th Century, in: Wolfgang Haase / Reinhold Meyer (Hg.), The Classical Tradition and the Americas, Bd. I: European Images of the Americas and the Classical Tradition, Berlin 1994, S. 658–681; Joseph S. Lucas, The Course of Empire and the Long Road to Civilization: North American Indians and Scottish Enlightenment Historians, in: Explorations in Early American Culture 4 (2000), S. 166–190.

43 Allgemein zur Lagerbildung in der presbyterianischen Kirche siehe John R. McIntosh, Church and Theology in Enlightenment Scotland: The Popular Party, 1740–1800, East Linton 1998, S. 3–124; Richard B. Sher, Church and University in the Scottish Enlightenment. The Moderate Literati of Edinburgh, Edinburgh 1985, S. 13–17.

Seinen Korrespondenten dies- und jenseits des Atlantik gab er bereitwillig Auskunft darüber, ob die Sitten und Gebräuche der Indianer denen der Juden ähnlich seien. Er wurde zum Beispiel darüber befragt, inwiefern die Sprache der Indianer dem Hebräischen verwandt sei und ob sich indianische Begräbnis- und Opferrituale auf jüdische Traditionen zurückführen ließen.[44]

Während die Anhänger der Erweckungsbewegung versuchten, die Indianer in ihrem christlichen Weltbild zu verorten, setzten die Gelehrten der Aufklärung andere thematische Schwerpunkte, wenn sie sich mit den Indianern beschäftigten. Sie befassten sich im Rahmen der Frage, ob die unterschiedliche Physiognomie der Menschen in verschiedenen Erdteilen eventuell mit dem Klima zusammenhängen könne, beispielweise mit dem Problem, welchen Einfluss die amerikanischen Umweltgegebenheiten auf die körperliche Beschaffenheit der Ureinwohner haben könnten. Gelehrte wie William Robertson nahmen die Diskussionen um die Einordnung der Indianer in die Abstammungsgeschichte des Alten Testaments zwar zur Kenntnis, standen ihr aber mit großer Skepsis gegenüber.[45] Im Gegenzug lehnten viele Anhänger der Erweckungsbewegung Modelle wie die Klimatheorien der Aufklärung zur Erklärung der menschlichen Evolution dezidiert ab.

Was die Übertragung der von den Delaware erzählten Schöpfungsmythen auf die Ebene der transatlantischen Kommunikation angeht, so handelt es sich insofern um einen grenzüberschreitenden Transferprozess, als dass die indianischen Reaktionen aus einem lokalen Kontext in durch die christliche Perspektive transformierter Form auf die Ebene der transatlantischen Kommunikation übertragen wurden. In verschiedener Hinsicht verlief dieser Transfer jedoch in Grenzen, die nicht überschritten wurden. Die politische Absicht der indianischen Nativisten wurde in der Überlieferung der Missionare in keiner Weise berücksichtigt. In den Berichten über ihre Missionsarbeit dienten die indianischen Schöpfungsgeschichten dazu, das Ausmaß der »heidnischen Verblendung« zu demonstrieren. Sie sollten in Großbritannien einen Eindruck davon vermitteln, wie schwierig es war, die Indianer zum Protestantismus zu bekehren. Die Missionare referierten die indianischen Schöpfungsmythen und polytheistischen Abstammungsentwürfe aus christlicher Sicht. Sie nahmen eine interessierte, aber distanziert-kritische Haltung ein und lehnten sie genauso ab wie die biologistischen Theorien der Aufklärung.

Dies galt auch für die Leserschaft der Texte in Großbritannien. Die Publikationen der Brainerds wurden nicht nur von den Zeitgenossen viel gelesen,

---

44 Kirchberger, S. 158–165.
45 William Robertson, The History of America, Bd. 1, Cork ²1778, S. 266.

sondern erfuhren auch im frühen 19. Jahrhundert große Aufmerksamkeit, als eine zweite Welle evangelikaler Begeisterung über die atlantische Welt hinwegging und der Missionsgedanke erneut in den Vordergrund rückte. Den Anhängern des »Second Awakening« dienten die Schriften der Brainerds genauso wie den Zeitgenossen der religiösen Erbauung. David Brainerds Berichte wurden von einem Publikum rezipiert, das nicht sein Wissen über die inneren Angelegenheiten der Delaware erweitern, sondern sich dem vielbewunderten Missionswerk seines Helden nähern wollte. Die Wahrnehmung der Indianer veränderte sich dadurch nicht. Die Publikationen der Brainerds können daher nicht als Beitrag zur Verdichtung von säkularem, »wissenschaftlichem« Wissen über die Indianer gewertet werden. Vielmehr wurden in diesen Texten die immer gleichen Stereotypen kolportiert, die auf beiden Seiten des Atlantik das Indianerbild der Geistlichkeit prägten.

5. Schluss

Das Denkmodell vom Missionar als kulturellem Globalisierer, der in seinen Berichten Informationen über fremde Kulturen nach Europa transferierte und damit zu einer für das letzte Drittel des 18. Jahrhunderts postulierten Verdichtung von Wissen und zur Entstehung von globalen »knowledge infrastructures« beitrug, sollte einer differenzierteren Betrachtung unterzogen werden. Am Beispiel der in den Texten der presbyterianischen Missionare überlieferten indianischen Schöpfungsmythen zeigt sich, wie sehr die Übersetzung der indianischen Aussage in den englischsprachigen Text von der christlichen Perzeption der Missionare überfrachtet war. Christliche Perspektiven und indianische Reaktionen wurden auf der lokalen Ebene, auf der der mündliche Vortrag verschriftlicht wurde, in einer Vielzahl kleinteiliger Transfer- und Abgrenzungsprozesse untrennbar miteinander verwoben.

Zwar wurden die englischsprachigen Versionen der indianischen Aussagen dann über weite geographische Entfernungen nach Großbritannien übertragen und dort im Rahmen der Erfahrungsberichte der Brainerds publiziert, aber die Missionare, die diese Mythen aufzeichneten, können nur sehr eingeschränkt als Vermittler bewertet werden, die säkulares Wissen über die Indianer nach Europa kolportierten. Die Publikationen der Brainerds wurden aus religiösem Erkenntnisinteresse gelesen. Die Auseinandersetzung mit den Indianern fand im Rahmen eines festgefügten christlichen Weltbildes statt. Die indianischen Schöpfungsmythen wurden von den Missionaren aufgezeichnet, um auf den Irrglauben und die Naivität der Indianer

hinzuweisen. Unter diesen Vorzeichen wurden die Mythen von den Zeitgenossen rezipiert. So erfuhren die Leser aus den Berichten nichts Neues über
die Indianer. Stattdessen wurden bereits bestehende Stereotypen durch die
Missionare rückbestätigt.

Eine Rezeption der Berichte, die über die transatlantischen Kommunikationszusammenhänge der Erweckungsbewegung hinausgereicht hätte, lässt
sich nicht feststellen. Selbst die an den Indianern sehr interessierten Gelehrten der schottischen Aufklärung, die in direktem Kontakt mit der SSPCK
standen, beriefen sich in einschlägigen Publikationen nicht auf die Texte der
Brainerds. Gerade für den Bereich der atlantischen Geschichte, die einen dezidiert transnationalen Ansatz verfolgt und sich deshalb sehr auf die Analysekategorien des Transfers, des Netzwerks und der Verflechtung stützt,
wäre es wichtig, diese methodischen Instrumentarien differenzierter anzuwenden als es gegenwärtig oft der Fall ist. Was den transatlantischen
Religionstransfer angeht, so sollte man detaillierter herausarbeiten, wie bestimmte Kommunikationsformationen aufgebaut waren und was im Einzelnen an religiösem und säkularem Wissen und an Stereotypen zwischen
welchen Absendern und Rezipienten übertragen wurde. Es sollte der Frage,
wie breit das transferierte Material in Europa rezipiert wurde, mehr Aufmerksamkeit geschenkt werden und überhaupt das Problem der Diffusion
als Folge eines Transfers schärfer in den Blick genommen werden. Auf diese
Weise ließen sich Schlagworte wie das von der »Wissensverdichtung« am
Ende des 18. Jahrhunderts genauer ausloten und mit konkreten Inhalten
füllen.

Trotz der problematischen Überlieferung handelt es sich bei den in den
Berichten der Missionare niedergeschriebenen indianischen Schöpfungsmythen um Quellen, die angesichts der Knappheit indianischer Schriftzeug-
nisse aus der Zeit wichtige Rückschlüsse über die ideologischen Standpunkte
zulassen, die in den indianischen Dörfern in der zweiten Hälfte des 18. Jahrhunderts vertreten wurden. Die indianischen Schöpfungsmythen wurden
von den Missionaren zwar als Beispiele für die Zurückgebliebenheit und das
Heidentum der Indianer aufgezeichnet, sie sollten von den Historikern des
21. Jahrhunderts jedoch als wichtige politische Äußerungen ernst genommen werden. Die Präsenz der Missionare stellte für die indianischen Nativisten eine Möglichkeit dar, politische Positionen mittels religiöser Metaphern
zu formulieren und sich von den Europäern und vom Protestantismus zu distanzieren. Dies wurde über den Gegenentwurf zur christlichen Schöpfungsgeschichte getan.

Felicity Jensz

Gesetze, Bildung und »Rasse« in der Britischen Kolonialwelt des 19. Jahrhunderts

Missionsgesellschaften und ihre rechtlichen Rahmenbedingungen
in Australien und Kanada

1. Einleitung

Missionsgeschichte ist von Natur aus eine Geschichte von Transfer und Vergleich. Besonders im 19. Jahrhundert war die Missionierung sogenannter »Heiden« von europäischen oder nordamerikanischen Missionaren mit Transfer und Vergleich verbunden. Sowohl innerhalb einer Mission als auch zwischen Missionen, Konfessionen und Ländern wurden beispielsweise Menschen oder kulturspezifische Werte verglichen. Ferner wurden Kultur und religiöses Wissen transferiert. In zeitgenössischen Missionsquellen finden sich Texte, die einen Vergleich zwischen »heidnischen« und deswegen »unzivilisierten« und zum Christentum bekehrten Menschen aufstellen. Solche Vergleiche betonen die Notwendigkeit, den Transfer von europäischer Kultur und europäischem Wissen durch das Christentum zu beschleunigen, um die noch nicht bekehrten Menschen zu »retten«. In der neueren Missionsforschung, vor allem in der von Profanhistorikern und -historikerinnen geschriebenen, steht das Thema »Transfer« häufig im Mittelpunkt des Interesses, insbesondere in Bezug auf Kultur- und Wissenstransfer.[1] Solche Herangehensweisen, die man unter dem Begriff »Imperial Turn« subsummieren kann,[2] fördern einen Einblick in die wechselhafte Beziehung zwischen

---

1 Zu nennen sind: Rebekka Habermas, Mission im 19. Jahrhundert – Globale Netze des Religiösen, in: Historische Zeitschrift 287 (2008), S. 629–679; dies., Wissenstransfer und Mission. Sklavenhändler, Missionare und Religionswissenschaftler, in: Geschichte und Gesellschaft 36 (2010), S. 257–284; Catherine Hall, Civilising Subjects. Metropole and Colony in the English Imagination 1830–1867, Cambridge 2002; Helge Wendt, Mission transnational, trans-kolonial, global. Missionsgeschichtsschreibung als Beziehungsgeschichte, in: Schweizerische Zeitschrift für Religions- und Kulturgeschichte 105 (2011), S. 95–116, hier S. 96.

2 Zum »Imperial Turn« siehe Elizabeth Prevost, Assessing Women, Gender, and Empire in Britain's Nineteenth-Century Protestant Missionary Movement, in: History Compass 7/3 (2009), S. 765–799, hier S. 775 f.

Metropole und Peripherie sowie in die Beziehung zwischen Menschen unterschiedlicher Kulturen, was auch oft eine implizite oder explizite Methodik des Vergleichs und Transfers voraussetzt. Weiterhin haben sich in den letzten Jahrzehnten immer mehr historische international vergleichende Studien der indigenen Bevölkerung unter Fremdherrschaft gewidmet.[3] Nichtdestotrotz ist vergleichende Geschichte selten ein Bestandteil der Missionsgeschichtsschreibung. Nicht selten werden zwar innerhalb eines Aufsatzes oder Buches mehrere Missionsgebiete thematisiert, jedoch fehlt ein systematischer Vergleich. Vergleichende Perspektiven auf Geschichte haben das Potential, den Handlungsspielraum verschiedener Akteure an unterschiedlichen Orten und zu unterschiedlichen Zeitpunkten zu erläutern. Durch diese Herangehensweise wurden auf dem Gebiet der Missionsgeschichte neue Erkenntnisse gewonnen, die die Gemeinsamkeiten und Unterschiede sowie die Grenzen der Handlungsspielräume an den jeweiligen Orten und zu den jeweiligen Zeitpunkten deutlich machen. In diesem Beitrag werden die Missionsgeschichten von Australien und Kanada, insbesondere die Geschichte der Bildung indigener Bevölkerungen auf Missionsstationen, verglichen. Um die Handlungsspielräume der betreffenden indigenen Bevölkerung zu erläutern, werden die jeweiligen Strukturen und Gesetze dieser zwei geopolitischen Orte einander gegenübergestellt.

Im Gegensatz zur Vorgehensweise der transnationalen Geschichte oder Transfergeschichte müssen die zwei zu vergleichenden Untersuchungsgegenstände nicht in Verbindung miteinander stehen. Deshalb ist es wichtig, ein klares Ziel des Vergleichs im Blick zu behalten. Hilfreich ist zudem eine reflektierte theoretische Herangehensweise. In diesem Sinn sind auch die Überlegungen von Historikern wie Frederick Cooper zu verstehen. Er unterscheidet in seinen Überlegungen über die Voraussetzungen und Ziele eines Vergleichs zwischen »Comparative History« und einer »history that compares«. Laut Cooper müssen internationale Beziehungen und ihre Auswirkungen in Bezug auf alle geographischen Gegenstände der zu vergleichenden Geschichten beachtet werden. Ein häufiger Fehler unter Historikern und Historikerinnen, die sich mit vergleichender Geschichte beschäftigen, sei der Versuch, ganze Geschichten (»entire histories«) zu vergleichen. Problematisch wird es für ihn dann, wenn in der Suche nach Allgemeinheit die Spezi-

---

3 Zu nennen sind hier zum Beispiel die Arbeiten von Catherine Hall, Penelope Edmonds, und Kate Ellinghaus. Vgl. Penelope Edmonds, Urbanizing Frontiers: Indigenous Peoples and Settlers in 19th-Century Pacific Rim Cities, Vancouver 2010; Hall; Katherine Ellinghaus, Taking Assimilation to Heart: Marriages of White Women and Indigenous Men in the United States and Australia, 1887–1937, Lincoln 2006.

fizität der lokalen Akteure und geographischen Gebiete verloren geht.[4] Um dies zu vermeiden, liegt der Fokus bei Cooper und anderen Historikern nicht nur auf der lokalen Geschichte, sondern auch auf den transnationalen und globalen Dimensionen. In der Geschichtsschreibung ist eine deutliche Tendenz zur globalen Geschichte zu erkennen, besonders in der Geschichte der britischen kolonialen Welt innerhalb der letzten dreißig Jahre. Diese geht davon aus, dass die untersuchten Gegenstände in die Rubrik »Nationen« einzuordnen sind. Die Vorgehensweise wird von Historikern und Historikerinnen zu Recht kritisiert, da man Kategorien wie »Nationen« in der frühen Neuzeit sowie in einem Großteil nicht-europäischer Gesellschaften nicht lokalisieren kann.[5] Trotz der Existenz transnationaler und globaler Dimensionen liegt der Fokus der Forschungsansätze von Historikern wie Cooper, der einen postkolonialen Ansatz vertritt, oft auf den Akteuren und nicht auf den Strukturen des geopolitischen Bereiches (sei es eine Nation oder eine Kolonie). Eine solche Perspektive, so der Historiker John Gascoigne, rückt die Bedeutung von kulturellen Veränderungen in den Mittelpunkt.[6] Allerdings verlieren in diesem transnationalen, vergleichenden Ansatz die Spezifitäten der kolonialen und nationalen Politik innerhalb der neueren Geschichtsschreibung des Kolonialismus und des Imperialismus ihre Signifikanz. Für die Missionsgeschichte, die oft als ortsspezifische Geschichte geschrieben wird, wurde selten ein Vergleich zwischen der Missionsarbeit unter wechselnder kolonialer Politik getätigt. Vielmehr führte die historische Auseinandersetzung mit der Mission dazu, diese entweder als Teil des Kolonialapparats oder als Gegenkämpfer des Kolonialsystems darzustellen, was oft zu einer Polarisierung in der Literatur führte. Diese Erkenntnis ist durch die neue Literatur nur langsam zu einem nuancierten Bild der Missionsarbeit aufgearbeitet worden.[7]

In den 1930er Jahren bemühte sich ein bedeutender Teil der Geschichtsschreibung der britischen Kolonien darum, die Gesetze, Verwaltung und

4　Vgl. Frederick Cooper, Review: Race, Ideology, and the Perils of Comparative History, in: The American Historical Review 101/4 (1996), S. 1122–1138, hier S. 1135.

5　Vgl. Michael Werner/Bénédicte Zimmerman, Vergleich, Transfer, Verflechtung. Der Ansatz der Histoire Croisée und die Herausforderung des Transnationalen, in: Geschichte und Gesellschaft 28 (2002), S. 607–636, hier S. 610; Wendt, S. 96.

6　Vgl. John Gascoigne, The Expanding Historiography of British Imperialism, in: The Historical Journal 49/2 (2006), S. 577–92.

7　Vgl. Patricia Grimshaw/Andrew May (Hg.), Missionaries, Indigenous Peoples and Cultural Exchange, Brighton 2010; Andrew Porter, Religion Versus Empire? British Protestant Missionaries and Overseas Expansion, 1700–1914, Manchester 2004; Brian Stanley. The Bible and the Flag. Protestant Missions and British Imperialism in the Nineteenth and Twentieth Centuries, Leicester 1992.

Verfassungen als »den allmählichen aber unvermeidlichen Triumph der Institutionen und Ethiken des Commonwealths« aufzuzeigen.[8] Die Verfassungsgeschichte des Commonwealth wurde zu einer Art »Whig-Geschichte«, die die dazugehörige Idee vom kolonialen Fortschritt unter britischem Einfluss vertritt.[9] Aus diesem Grund lag sie in der letzten Zeit nur selten im Blickfeld der Forschung. Dieser Beitrag greift auf die Methodik der Verfassungsgeschichtsschreibung zurück und legt seinen Schwerpunkt auf strukturelle Aspekte wie Gesetze, politische Strukturen und Staatsangelegenheiten.[10] Ziel dieser Herangehensweise ist es, die Handlungsmöglichkeiten der indigenen Bevölkerung auf den Missionsstationen in den zwei Gebieten im Rahmen der jeweiligen Gesetze zu untersuchen und zu vergleichen. Bis zum jetzigen Zeitpunkt wurden erst wenige Werke, die die Handlungsmöglichkeiten der Einheimischen unter verschiedenen Aspekten der Verfassungsgeschichte in unterschiedlichen kolonialen Gebieten vergleichen, veröffentlicht.[11] Auch in der Forschungsliteratur zum Thema europäische Ausbildung indigener Kinder im 19. Jahrhundert sind vergleichende Studien selten zu finden.[12]

Im Folgenden soll zunächst ein vergleichender Überblick über die Geschichte der Haltung der europäischen Missionare und auch der breiteren Gesellschaft gegenüber den indigenen Einwohnern Kanadas und Australiens gegeben werden, um Unterschiede in der gesetzlichen Behandlung der indigenen Bevölkerung von Seiten der britischen kolonialen Regierung und der nicht-indigenen Gesellschaft in die Kolonien herauszustellen. Darüber hin-

---

8   William Roger Louis, Introduction, in: Robin W. Winks (Hg.), The Oxford History of the
     British Empire, Bd. V: Historiography, Oxford 1999, S. 1–42, hier S. 27.
9   Louis, S. 27.
10 Vgl. Gascoigne.
11 Die Ausnahmen sind meistens Sammelbände. Vgl. Julie Evans u. a. (Hg.), Equal Subjects,
     Unequal Rights: Indigenous Peoples in British Settler Colonies, 1830–1910, Manchester
     2003.
12 Ausnahmen sind zum Beispiel: Ana Isabel Madeira, Portuguese, French and British Dis-
     courses on Colonial Education: Church & State Relations, School Expansion and Mis-
     sionary Competition in Africa, 1890–1930, in: Paedagogica Historica 41/1–2 (2005),
     S. 31–60; Clive Whitehead, Education in British Colonial Dependencies, 1919–39: A Re-
     Appraisal, in: Comparative Education 17/1 (1981), S. 71–80. Die Studien von Anthony
     R. Welch aus dem Jahr 1988 und von Larry Prochner aus dem Jahr 2004, die beide west-
     liche Einflüsse in der Schulbildung für die australischen Aborigines und die nordame-
     rikanischen Indianer vergleichend untersuchen, sind hier auch nennenswert. Vgl. Larry
     Prochner, Early Childhood Education Programs for Indigenous Children in Canada,
     Australia and New Zealand: An Historical Review, in: Australian Journal of Early Child-
     hood 29/4 (2004), S. 7–16; Anthony R. Welch, Aboriginal Education as Internal Colonia-
     lism: The Schooling of an Indigenous Minority in Australia, in: Comparative Education
     24/2 (1988), S. 203–215.

aus sollen die Gründungsgeschichten sowie die Strukturen der jeweiligen Behörden für indigene Angelegenheiten sowie der staatlichen Gesetze analysiert werden. Schließlich widmet sich der Beitrag anhand von zeitgenössischen britischen, kanadischen und australischen Gesetzen und Berichten den Bedeutungen sowie den Erwartungen an Bildung für die indigene Bevölkerung dieser Länder. Als roter Faden dient die Spannung zwischen Religion und Politik, die sich anhand der Missionsgeschichte beider Länder offenbart. Gewiss ist der Versuch, ganze Missionsgeschichten zu vergleichen, äußerst komplex. Nicht alle Missionsgesellschaften waren gleich. Es gab Unterschiede in Konfessionen und auch Denominationen, die wiederum die Arbeit der Missionsgesellschaft prägten. Da der Gegenstand dieses Vergleiches die unterschiedlichen Handlungsspielräume der betreffenden indigenen Bevölkerung unter verschiedenen kolonialen Gesetzen sind und nicht die Missionsgesellschaften selbst, wird der Vergleich nicht auf der Ebene der Missionsgesellschaften vollzogen. Nichtsdestotrotz wurden die allgemeinen Gemeinsamkeiten und Unterschiede zwischen den verschiedenen Missionsgesellschaften wahrgenommen, besonders weil mehrere Missionsgesellschaften sowohl in Kanada als auch Australien tätig waren. Beispiele hierfür sind die Church of England Missionary Society, die Presbyterien Church, die Herrnhuter (auf Englisch: Moravian Church) und die Wesleyaner Missionary Society.

Ferner ist zu berücksichtigen, dass eines der größten Probleme der britischen kolonialen und imperialen Geschichtsschreibung die Beschreibung der Vielfältigkeit des Empires ist.[13] Unter den Begriff des »Britischen Empires« fallen Länder wie beispielsweise Indien, Südafrika, Jamaika und Singapur, die zwar Teile des Britischen Empires waren, jedoch mit Hilfe unterschiedlicher Herrschaftsmodelle regiert wurden. Dieser Umstand wirft die Frage der Vergleichbarkeit auf. Da Nationalstaaten und ihre Kolonien nicht als ein homogener Untersuchungsgegenstand betrachtet werden können,[14] müssen die Unterschiede zwischen den Kolonien selbst und zwischen den Kolonien und dem Nationalstaat berücksichtigt werden, um in einem Vergleich analoge Beispiele verwenden zu können. In Anlehnung an eine Typologie des Historikers Jürgen Osterhammel werden hier die Kolonien Australien und Kanada miteinander verglichen, die Osterhammel als »Überseeische Siedlungskolonien« bezeichnet.[15] Diese Kolonien sind, so Osterhammel, ein »Resultat

---

13 Vgl. Alan Lester, Imperial Circuits and Networks: Geographies of the British Empire, in: History Compass 4 / 1 (2006), S. 124–41.
14 Vgl. Madeira, S. 32.
15 Vgl. Jürgen Osterhammel, Kolonialismus. Geschichte. Formen. Folgen, München ⁶2009, S. 11.

militärisch flankierter Kolonisationsprozesse« und haben die »Nutzung billigen Landes und billiger (fremder) Arbeitskraft« sowie die »Praktizierung minoritärer sozio-kultureller Lebensformen, die im Mutterland in Frage gestellt werden«, zum Zweck.[16] Die »koloniale Präsenz [wird] primär in Gestalt permanent ansässiger Farmer und Pflanzer« mit »frühe[n] Ansätze[n] zur Selbstregierung der ›weißen‹ Kolonisten unter Missachtung der Rechte und Interessen der indigenen Bevölkerung« beschrieben.[17] Ferner werden Kanada und Australien der Variante »neuenglischer« Typ zugeordnet, die durch die »Verdrängung, z. T. Vernichtung der ökonomisch entbehrlichen Urbevölkerung« gekennzeichnet ist.[18]

Als überseeische Siedlungskolonien »neuenglischen« Typs standen solche geopolitischen Gebiete bis zu ihrer Unabhängigkeit von Großbritannien durch die Annahme des Nations-Status unter der Aufsicht des britischen »War and Colonial Office« (1801–1854) und seines Nachfolgers, des »Colonial Office« (1854–1925). Als Kolonien wurde ihnen das Recht, Gesetze zu beschließen, zuerkannt. Dieses Recht wurde durch das 1865 vom britischen Parlament beschlossene Gesetz »An Act to remove Doubts as to the Validity of Colonial Laws (28. & 29. Vict. c. 63)« gestärkt. Des Weiteren deutet dieses Gesetz auf die Tatsache hin, dass die Kolonien, die eine Legislative hatten, selbst Gesetze beschließen durften, solange diese sich nicht gegen die Herrschaft Britanniens richteten. Die parlamentarischen Strukturen der Kolonien spiegelten die von England wider, indem es jeweils einen Senat und ein »House of Commons« gab. Die Gründung einer »Representative Legislature« erlaubte es den verschieden geopolitischen Gebieten zudem, ortsspezifische Gesetze einzuführen. Diese Gesetze mussten vom Vertreter der Krone vor Ort, dem Gouverneur General, bewilligt werden.[19] Obwohl sowohl Kanada als auch Australien als Siedlungskolonien dem »neuenglischen« Typ zuzuordnen sind, bestehen Unterschiede in Bezug darauf, wie die Struktur der Regierungen die indigenen Angelegenheiten vor Ort beeinflussen konnte. Diese Unterschiede können für den größeren Vergleich von Bedeutung sein und sollen deswegen an dieser Stelle herausgearbeitet werden.

---

16 Ebd., S. 17 f.
17 Ebd.
18 Ebd., S. 18.
19 Vgl. 30 & 31 Vict. c. 3 (U. K.), ergänzter Titel: »An Act for the Union of Canada, Nova Scotia, and New Brunswick, and the Government thereof; and for Purposes connected therewith«; Russel Ward, Australia, Sydney 1965, S. 45 f.

2. Die Geschichte Kanadas und Australiens und die Diskurse über »Rassen« im 19. Jahrhundert

Im Jahr 1608 begann die dauerhafte europäische Geschichte Kanadas mit der Gründung der französischen Siedlung Quebec City. In der Hoffnung, Handelspartner zu gewinnen, hatten französische Kaufleute bereits im 16. Jahrhundert Kontakt zu den »First Nation People« in Nordamerika aufgenommen. Die britische Unternehmung »Hudson Bay Company« hingegen wurde erst im Jahr 1670 gegründet, um aus den Naturwaren Kanadas, insbesondere aus Tierpelzen, Gewinn zu erwirtschaften. Um Handel betreiben zu können, benötigten britische Händler die Hilfe der indigenen Bevölkerung, die durch ihre bessere Kenntnis der Landschaft und ihre erfolgreiche Jagdpraxis den Respekt der Europäer gewonnen hatte.[20] Die Regierung versuchte, die »First Nation People« auch als Alliierte gegen die Franzosen zu gewinnen. Da aber die Franzosen – samt Händler und katholischer Missionare – ein längeres und besseres Verhältnis zu den »First Nation People« hatten,[21] war der Aufbau einer ähnlichen Beziehung zwischen der britischen Herrschaft in Kanada und der indigenen Bevölkerung mit Schwierigkeiten verbunden.

Um die britischen Interessen im ehemaligen französischen Teil Kanadas zu vertreten, wurde im Jahr 1791 der »Constitutional Act« (31 Geo. III. c. 31) verabschiedet, der die Kolonien Upper und Lower Kanada schuf.[22] Diese zwei Kolonien wurden 1840 durch den »Act of Union« (3 & 4 Vict. c. 35) vereinigt. Die resultierende »Province of Canada« bekam ab 1848 die Erlaubnis, als »responsible government« zu fungieren. Dies beinhaltete das Recht, eigene Gesetze zu verabschieden. Im Jahr 1867 wurde die »Dominion Kanada« (Dominion of Canada) durch den »North American Act« (30 & 31 Vict. c. 3) gegründet.[23] Durch diese Konföderation wurden die vier Bundesländer (Provinces) Ontario, Quebec, New Brunswick und Nova Scotia etabliert. Auf der

---

20   Vgl. Ann M. Carlos / Frank D. Lewis, Trade, Consumption, and the Native Economy: Lessons from York Factory, Hudson Bay, in: The Journal of Economic History 61 / 4 (2001), S. 1037–1064, hier S. 1061.

21   Vgl. Leslie Choquette, »Ces Amazones du Grand Dieu«: Women and Mission in Seventeenth-Century Canada, in: French Historical Studies 17 / 3 (1992), S. 627–655.

22   Vgl. 31 Geo. 3, c. XXXI., ergänzter Titel: »An Act to repeal certain Parts of an Act, passed in the fourteenth Year of his Majesty's Reign, intituled, An Act for making more effectual Provision for the Government of the Province of Quebec, in North America; and to make further Provision for the Government of the said Province (1791).«

23   Vgl. 30 & 31 Vict. c. 3 (U. K.), vollständiger Titel: »An Act for the Union of Canada, Nova Scotia, and New Brunswick, and the Government thereof; and for Purposes connected therewith (1867).«

Ebene der Bundesregierung wurden alle zukünftigen Gesetze, die die »First Nation People« betrafen, verabschiedet. Zur Zeit der Konföderation Kanadas lebten ungefähr 24.500 »First Nation People« in 63 verschiedenen Gruppen, auch »Bands« genannt,[24] und ungefähr 3,5 Millionen Menschen anderer Nationalitäten in Kanada.[25] Mit der Aufnahme von Provinzen in die Konföderation wurde diese Zahl noch größer. In der Zeit vor den ersten europäischen Siedlungen war die Lebensart der »First Nation People« großenteils nomadisch geprägt. Nach europäischer Ansicht betrieben die »First Nation People« wenig Ackerbau, weshalb sie als ungeeignete Landbesitzer angesehen wurden. Die Regierung hatte schon seit Beginn der Kolonialisierung Kanadas Verträge mit der indigenen Bevölkerung geschlossen, die sowohl dem Landerwerb als auch dem Schutz der »First Nation People« dienen sollten. Viele »First Nation People« wurden auf Reservate verdrängt und erhielten eine jährliche Zahlung als Besoldung für den Kauf ihres Landes von der Regierung.

Die Haltung der Europäer gegenüber der indigenen Bevölkerung wurde mit der zunehmenden Zuwanderung und Ansiedlung von Europäern innerhalb der Landmasse Kanadas immer negativer. Je mehr Europäer in das Land einwanderten, desto mehr beanspruchten sie das Land für sich und desto stärker sank die Achtung vor der indigenen Bevölkerung. Dies führte dazu, dass die indigene Bevölkerung im 19. Jahrhundert ausschließlich als »Problem« angesehen wurde, das von Seiten der Regierung gelöst werden müsse.[26] Oft waren die einzigen, die sich bereit erklärten, den »First Nation People« zu helfen, Missionare. Die Regierung billigte die Hilfe der Missionare, um das »Problem« günstig zu lösen.

In den Kolonien Australiens war die Einstellung der europäischen Siedler gegenüber der indigenen Bevölkerung ähnlich. Im Jahr 1788 wurde die erste europäische Siedlung an der Ostküste des australischen Kontinents gegründet. Man schätzt die Größe der indigenen Bevölkerung zum Zeitpunkt des europäischen Eindringens auf weniger als eine Million Menschen, die sich auf über zweihundert Sprachgruppen aufteilten und die seit über 40.000 Jahren verteilt über den ganzen Kontinent angesiedelt waren.[27] Zunächst war der tatsächliche Einfluss der europäischen Siedlungen begrenzt, da sie sich

---

24 Vgl. Annual Report of the Secretary of State for the Year 1868 (Indian Office), Ottawa 1869, S. 33 f.
25 Vgl. <http://www.statcan.gc.ca/pub/98-187-x/4151287-eng.htm#50> [Zugriff am 22.2.2011].
26 Vgl. Mark Francis, The »Civilizing« of Indigenous People in Nineteenth-Century Canada, in: Journal of World History 9/1 (1998), S. 51–87.
27 Vgl. Derek J. Mulvaney, Encounters in Place: Outsiders and Aboriginal Australians 1606–1985, St. Lucia 1989, S. xvif.

um das heutige Sydney konzentrierten,[28] aber die Gier nach Land war groß, und so wurde 1835 »Port Phillip Protectorate« im Südosten des Festlands gegründet. Aus diesen Siedlungen entstand im Jahr 1851 die Kolonie Victoria. Sie war als Siedlungskolonie und nicht als Strafkolonie vorgesehen.[29] Als – besonders nach 1851, in Folge eines weltweiten Goldrausches – viele Europäer nach Victoria kamen, änderte sich das Leben der überwiegend nomadischen indigenen Bevölkerung grundlegend. Die Zahl der Europäer in den Städten und Dörfern der Kolonien stieg in beiden Ländern an, woraufhin die indigene Bevölkerung an den Rand der neu entstandenen Gesellschaft verdrängt wurde.[30] Ihr Land wurde von der Regierung beschlagnahmt, ohne dass ein einziger Vertrag geschlossen oder eine jährliche Pacht bezahlt wurde. Stattdessen bekamen sie jährliche »Geschenke« wie Lebensmittel und Wolldecken.[31] Um 1860 lebten ungefähr fünfhundert Menschen indigener Abstammung in sechs Reservaten, von denen vier gleichzeitig Missionsstationen waren.[32] Die Anzahl von »First Nation People« in Kanada mag im Vergleich zu der indigenen Bevölkerung Australiens sehr groß sein, die Erwartung an beide Völker war aber die gleiche: Assimilation.

Zu Beginn des Kulturkontakts zwischen den »First Nation People« und den Europäern wurden die »First Nation People« als potenzielle Alliierte und Handelspartner angesehen. Sie genossen somit den Respekt der Europäer, den sie allerdings im Laufe der Zeit verloren, als sie immer weniger nützlich für die Kolonie erschienen. Eine solche Rolle wurde der indigenen Bevölkerung in Australien nicht zugesprochen. Stattdessen wurde ihr seit Beginn des Kulturkontaktes keine wichtige Rolle innerhalb der europäischen Gesellschaft zugebilligt.[33] Anders als mit den »First Nation People« in Kanada wurde mit der indigenen Bevölkerung Australiens kaum Handel getrieben. Auch die Missionsarbeit hatte in Australien keine Priorität, und so wurde erst nach 33 Jahren der erste Missionar zu der indigenen Bevölkerung geschickt.[34] So entstanden kaum Berührungspunkte zwischen indigener und

28 Obwohl die Präsenz der Europäer begrenzt sein mochte, hatten europäischen Krankheiten schon von den Anfängen der Siedlung an große Schaden unter der indigenen Bevölkerung bewirkt.
29 13. & 14. Vict. c. 59 (Vic).
30 Vgl. Henry Reynolds (Hg.), Aborigines and Settlers. The Australian Experience 1788–1939, North Melbourne 1972.
31 Vgl. Victorian Government Gazette vom 29.5.1860, S. 984.
32 Vgl. ebd. vom 2.12.1859, S. 2607.
33 Eine Ausnahme ist die Rolle als »Native Police«. Vgl. Marie Hansen Fels, Good Men and True: The Aboriginal Police of the Port Phillip District, 1837–1853, Carlton 1988.
34 Vgl. John Harris, One Blood. 200 Years of Aboriginal Encounter with Christianity: A Story of Hope, Sutherland 1990, S. 49.

europäischer Bevölkerung, mit Ausnahme des Kontaktes über die Missiona-re.[35] Die indigene Bevölkerung wurde als sub-menschlich, elend und verdor-ben beschrieben.[36] Schon im Jahr 1850 wurde allgemein angenommen, dass die indigene Bevölkerung Australiens aussterben werde. Die Schuld dafür lag nach Meinung der Europäer bei ihr selbst, da sie nicht fähig sei, sich der europäischen Zivilisation anzupassen.[37] Als sie bis zum Ende des Jahrhun-derts weder ausgestorben noch Teil der Gesellschaft geworden war, wurde sie als das »Aboriginal Problem« bezeichnet, das von Seiten der Regierung »gelöst« werden müsse.[38]

Sowohl das Fremdbild der »First Nation People« in Kanada als auch das der indigenen Bevölkerung in Australien war im 18. Jahrhundert vor allem von Ideen und Schriften von Philosophen der Aufklärung wie Jean-Jacques Rousseau (1712–1778) geprägt. Indigene Völker wurden in der Neuen Welt als »Edle Wilde« angesehen und damit mit einer gewissen Neugier – wenn nicht sogar mit Würde und Respekt – betrachtet. Demgegenüber machte sich im 19. Jahrhundert eine immer strengere Trennung zwischen Europä-ern und indigenen Bevölkerungen bemerkbar. Die Einteilung von Völkern in verschiedene »Rassen« gewann in diesem Jahrhundert eine bedeutende Rolle für Naturwissenschaftler.[39] Eine Hierarchie der Rassen wurde etabliert, in der die weißen Europäer ganz oben und »Naturvölker«, als sogenannte un-zivilisierte Wilde, ganz unten standen.[40] Eine solche wissenschaftlich fun-dierte differenzierte Hierarchie schien der Idee Glaubwürdigkeit zu verlei-hen, dass die britische Kolonialherrschaft über außereuropäische Menschen legitimiert war, besonders, wenn diese Menschen als »unzivilisiert« galten.[41] Die indigene Bevölkerung Australiens stand ganz unten in der Hierarchie. Die »First Nation People« Nordamerikas wurden nicht viel weiter oben ein-gestuft. Sowohl in Kanada als auch in Australien besaß die Urbevölkerung nicht die gleichen Rechte wie die europäischen Siedler. Dementsprechend wurden die indigenen Völker in beiden Gebieten im Laufe des 19. Jahr-

---

35 Eine Ausnahme ist der ausgebrochene Sträfling William Buckly (1780–1856), der über 30 Jahre unter den Aborigines in Port Phillip lebte. Vgl. Tim Flannery (Hg.), The Life and Adventures of William Buckley. Thirty-Two Years a Wanderer amongst the Aborigines of the then unexplored Country Round Port Phillip, Melbourne 2002.

36 Vgl. Harris, S. 25.

37 Vgl. Jean Woolmington (Hg.), Aborigines in Colonial Society: 1788–1850 from »Noble Savage« to »Rural Pest«, North Melbourne 1973, S. ix.

38 Vgl. Felicity Jensz, German Moravian Missionaries in the British Colony of Victoria, Australia, 1848–1908: Influential Strangers, Leiden 2010, S. 53.

39 Vgl. Nancy Stepan, The Idea of Race in Science: Great Britain 1800–1960, Oxford 1982.

40 Vgl. Paul Turnbull, British Anatomists, Phrenologists and the Construction of the Abo-riginal Race, C.1790–1830, in: History Compass 5 / 1 (2007), S. 26–50, hier S. 27.

41 Vgl. Stepan, S. 4 u. 46.

hunderts von einem großen Teil der Gesellschaft mit abnehmendem Respekt, ja sogar als gesellschaftliches Problem betrachtet. Welche Rolle die Geschichte und die Funktion der Behörden für indigene Angelegenheiten der jeweiligen Regierungen in diesem Zusammenhang spielt, soll im nächsten Absatz erläutert werden.

3. Behörden

Obwohl es keine Abteilung der britischen Kolonialherrschaft gab, die sich ausschließlich mit den Angelegenheiten der indigenen Bevölkerungen des britischen Empires beschäftigte, wurde die Regierung durch Berichte, wie dem im Jahr 1837 veröffentlichten »Select Committee on Aborigines (British Settlements)«, über die Lage der Einheimischen informiert.[42] Der vollständige Name des Komitees lautet »The Select Committee to consider what measures ought to be adopted with regard to the Native Inhabitants of Countries where British Settlements are made, and to the neighbouring Tribes, in order to secure to them the due observance of Justice and the protection of their Rights; to promote the spread of Civilization among them, and to lead them to the peaceful and voluntary reception of the Christian Religion«. Ein thematischer Schwerpunkt des Komitees war die Frage, wie man die Zivilisierung und Konvertierung der indigenen Bevölkerung zum Christentum am besten ermöglichen könnte. Das Komitee gab in seinem Bericht mehrere Empfehlungen ab, unter anderem die, dass unter den einheimischen Bevölkerungen des britischen Empires Schulen gegründet werden sollten (Suggestion VI).[43] Diese Empfehlung wurde von den Ideen des Gründers der »Aborigines' Protection Society«, Dr. Thomas Hodgkin (1798–1866), der auch Mitglied des »Select Committee« war, geprägt.[44] Unter den Mitgliedern waren zudem Thomas Fowell Buxton (1786–1845) und Joseph Sturge (1793–1859), die in engem Kontakt zu den Mitgliedern der Religiösen Gesellschaft der Freunde (Quäker) standen. Die religiöse Prägung solcher Männer spiegelte sich in ihren Vorschlägen, wie zum Beispiel der Unterstützung der Missionsarbeit, wider (Suggestion IX).[45] Laut dem Historiker Michael Blackstock war die

---

42 Vgl. Report of the Parliamentary Select Committee on Aboriginal Tribes, (British Settlements), Reprinted, with Comments, by The Aborigines Protection Society, London 1837.
43 Vgl. Report 1837, S. 119 f.
44 Vgl. Ronald Rainger, Philanthropy and Science in the 1830's: The British and Foreign Aborigines' Protection Society, in: Man 15 / 4 (1980), S. 702–717, hier S. 703 f.
45 Vgl. Report 1837, S. 121.

Motivation für den Drang des Komitees nach »Zivilisierung« ideologisch, wirtschaftlich und von dem Blick auf die Sicherheit der Kolonien geprägt.[46] Die Historikerin Elizabeth Elbourne gibt zudem zu bedenken, dass der Bericht im Zusammenhang mit dem Erfolg der Sklaven-Emanzipationsbewegung kurz zuvor betrachtet werden muss. Infolgedessen ist auch der transnationale Aspekt des Berichts zu beachten.[47] Beide Bewegungen wurden von evangelischen Mitgliedern der britischen Gesellschaft unterstützt. Ferner wurden die Arbeit und die Berichte von Missionaren vor Ort als Beweise für die Notwendigkeit, indigene Bevölkerungen in den britischen Kolonien besser zu behandeln, benutzt. Erkennbar sind die Auswirkungen des Berichts beispielsweise an der Gründung des »Port Phillip Protectorate« in der Kolonie Victoria,[48] das den Schutz der indigenen Bevölkerung in seinen Gesetzen rechtlich verankert hat.[49] Aufgabe des Chief Protector (»Chef-Beschützers«) und seiner vier Mitarbeiter war es, die ungefähr zweitausendfünfhundert Menschen indigener Abstammung dieses Gebietes sowohl von dem potentiellen negativen Einfluss des weißen Teils der Gesellschaft zu schützen, als auch sie zu »zivilisieren«.[50] Weiterhin sollten die Beschützer der indigenen Bevölkerung auch die christliche Lehre nahebringen.[51] Das Protektorat wurde im Jahr 1849 aufgelöst. Nichtsdestotrotz wurde die Arbeit unter der indigenen Bevölkerung von Missionaren sporadisch weiter betrieben. Elf Jahre nach der Auflösung des Protektorats wurde »The Central Board to watch over the Interests of the Aborigines of the Colony of Victoria« durch einen behördlichen Erlass etabliert.[52] Das »Central Board« war der Meinung, dass Missio-

---

46 Vgl. Michael Blackstock, The Aborigines Report (1837): A Case Study in the Slow Change of Colonial Social Relations, in: The Canadian Journal of Native Studies XX / 1 (2000), S. 67–94, hier S. 80.

47 Vgl. Elizabeth Elbourne, The Sin of the Settler: The 1835–36 Select Committee on Aborigines and Debates over Virtue and Conquest in the Early Nineteenth-Century British White Settler Empire, in: Journal of Colonialism and Colonial History 4 / 3 (2003), <http://muse.jhu.edu/journals/journal_of_colonialism_and_colonial_history/v 004/4.3elbourne.html> [Zugriff am 10.4.2011].

48 Vgl. Patricia Grimshaw / Elizabeth Nelson, Empire, »the Civilising Mission« and Indigenous Christian Women in Colonial Victoria, in: Australian Feminist Studies 16 / 36 (2001), S. 295–309, hier S. 299.

49 Vgl. New South Wales Government Gazette vom 12.12.1829, S. 1085.

50 Vgl. Michael Cannon (Hg.), Aborigines and Protectors 1838–1839, Bd. 2 B, Melbourne 1983; National Archives Australia, Victorian Branch (hiernach NAA / V), B332 / 0 Reports – Protection of the Aborigines, 1861–1906, First Report of the Central Board appointed to watch over the interest of the Aborigines in the Colony of Victoria, Presented to both houses of Parliament by his Excellency's command, Melbourne 1861, S. 10.

51 Vgl. Sievwright an Lord Glenelg (13.3.1838), in: Cannon, S. 381.

52 Vgl. Victorian Government Gazette vom 29.5.1860, S. 998.

nen innerhalb der Kolonie gefördert werden sollten. Ferner vertrat es die Ansicht, dass die Siedlungen der indigenen Bevölkerung Victorias auf Reservate beschränkt werden sollten.[53] Seine Aufgabe war es unter anderem, Berichte über den Zustand der indigenen Bevölkerung zu veröffentlichen und sie mit Lebensmitteln und Kleidung zu versorgen. Im Jahr 1869 wurde das »Central Board« durch das »Board for the Protection of the Aborigines (BPA)« ersetzt.[54] Aus diesem Namenswechsel lässt sich schließen, dass die indigene Bevölkerung von einem Objekt des Interesses zu einem Objekt des Schutzes geworden war.

In Ontario, Kanada, kann man ähnliche Veränderungen in der Stellung der »First Nation People« beobachten. Der entscheidende Unterschied zwischen den jeweiligen Behörden für die Angelegenheiten der indigenen Bevölkerung liegt dabei darin, dass die Behörde in Kanada auf Bundesebene, die in Victoria hingegen auf Kolonialebene geführt wurde. In Kanada wurde das erste »Indianerdepartment« 1755 als Teil des britischen Militärs gegründet. Folglich wurden die »First Nation People« als potentielle Verbündete gegen die Franzosen angesehen. Die französische Übergabe ihrer Kolonien im Norden Amerikas an die britische Regierung als Folge des Vertrags von Paris (1763) führte dazu, dass die Gefahr eines Krieges zwischen Großbritannien und Frankreich auf nordamerikanischem Boden zunächst abgewendet wurde. Trotzdem blieb die Möglichkeit eines Krieges mit den Vereinigten Staaten von Amerika bestehen. Demzufolge war das britische Militär bis ins 19. Jahrhundert für die Kontrolle über die Angelegenheiten der »First Nation People« zuständig. Erst als im Jahr 1841 die zwei Kolonien Upper Canada und Lower Canada wiedervereinigt wurden, ging das »Indianerdepartment« in die Zuständigkeit des General Gouverneurs über. Damit wurde dem Militär die Kontrolle über die »First Nation People« endgültig abgenommen. Laut dem Historiker J. Donald Wilson deutet die Übergabe der Angelegenheiten der »First Nation People« vom Militär zum »Indianerdepartment« darauf hin, dass die Regierung die »First Nation People« nicht mehr nur als militärische Alliierte, sondern zunehmend auch als potentielle Staatsbürger betrachtete.[55]

Im Jahr 1873 wurde das Ministerium für das Binnenland gegründet.[56] Der zuständige Minister wurde als »Superintendent General of General Affairs«

---

53 Vgl. NAA / V, B332 / 0, First Report of the Central Board, Melbourne 1861.
54 Vgl. 33. Vict. no. 349 (Vic).
55 Vgl. J. Donald Wilson, »No Blanket to Be Worn in School«: The Education of Indians in Nineteenth-Century Ontario, in: Jean Barman u. a. (Hg.), Indian Education in Canada, Bd. 1, Vancouver 1986, S. 66.
56 Vgl. 36 Vict. c. 4, (Prov. Can.), 1873.

und damit als Chef des Indianerbüros (Indian Office) tätig.[57] Missionare und Missionsgesellschaften haben eng mit dieser Behörde zusammengearbeitet, da viele »First Nation People« auf Missionsstationen unter der Aufsicht von Missionaren lebten. Fernerhin, wie man in den jährlichen Berichten des Indian Office lesen kann, waren Missionare für das Indian Office eine sehr wichtige Informationsquelle über das alltägliche Leben der »First Nation People«. Als die Kontrolle über das Büro für Angelegenheiten der »First Nation People« vom Militär an das Bundesministerium für das Binnenland abgegeben wurde, wurde die veränderte politische Bedeutung der kanadischen Ureinwohner für die Regierung Kanadas deutlich.[58] Sie spiegelt zunächst die Bedeutung männlicher Indianer als Alliierte der britischen Regierung, sowie später die Betrachtung der »First Nation People« als Teil der Naturschätze Kanadas wider. Beide Betrachtungsweisen machen deutlich, dass sowohl die »First Nation People« als auch die indigene Bevölkerung Australiens als Randgruppen der Gesellschaft, und nicht als Teil der allgemeinen Siedlergesellschaft, behandelt wurden. Als Randgruppen wurden sie jedoch nicht gänzlich von der Gesellschaft vergessen, da Missionare und Missionarinnen und andere Humaninsten und Humannistinnen sich ständig um den seelischen und auch körperlichen Zustand der indigenen Bevölkerung kümmerten, oft auch mit Unterstützung der Regierung.

4. Gesetze für die Kontrolle und den Schutz der indigenen Bevölkerung

Da sowohl die »First Nation People« als auch die indigene Bevölkerung Australiens als Randphänomene betrachtet wurden, mussten besondere Gesetze bezüglich ihrer rechtlichen Stellung innerhalb der Kolonien festlegt werden. Um die »First Nation People« zu einem Teil der Mehrheitsgesellschaft zu machen, wurde im Jahr 1857 das Gesetz »An Act to encourage the gradual Civilization of the Indian Tribes in this Province, and to amend the Laws respecting Indians (20. Vict. c. 26 [Prov. Can.])« verabschiedet. Sektion III dieses Gesetzes erlaubt das »enfranchisement« eines Indianers, wenn er »is

---

57 Dieses Amt war auch für die Raumnutzung und die Rohstoffquellen des Landes verantwortlich. Parliament of Canada, History of Departments, 1867 to date, <http://www2.parl.gc.ca/Parlinfo/Legacy/pages/DepHist.asp?lang=E&Dept=C&SubDept=All&Key=36> [Zugriff am 22.2.2011].
58 Wilson.

able to speak, read and write either the english or the french language readily and well, and is sufficiently advanced in the elementary branches of education and is of good moral character and free from debt [sic]«.[59] Nach dem Prozess des »enfranchisement« wurde ein »First Nation People« gesetzlich nicht mehr als »First Nation People« angesehen, sondern als nicht-indianischer Teil der Gesellschaft mit den gleichen Verantwortungen und Privilegien wie alle anderen Bürger. Ferner bekam ein »enfranchised« »First Nation People« sowohl einen Teil des Geldes, das bei der Zwangsenteignung seines Landes in einem Fonds angelegt worden war, als auch einen Teil des für seine Gruppe (Band) bestimmten Reservats, mit dem er sich und seine Familie durch Ackerbau versorgen sollte, zugeteilt.[60] Die ersten Reservate waren bereits im Jahr 1763 durch eine königliche Proklamation gesetzlich gegründet worden.[61] Der Drang, die »First Nation People« durch »enfranchisement« zu »zivilisieren«, um sie in die Mehrheitsgesellschaft zu assimilieren, war laut dem Rechtshistoriker Richard H. Bartlett ein einzigartiges Feature der kanadischen Gesetzgebung.[62]

Im Jahre 1876 wurde der »Indian Act of Canada (39. Vict. c. 18 [Prov. Can.])« (Indianergesetz) von der Bundesregierung Kanadas verabschiedet. Vorgänger für dieses Gesetz waren unter anderem das im Jahr 1850 verabschiedete Gesetz »An Act for the better protection of the Lands and Property of the Indians in Lower Canada (13. & 14. Vict. c. 42 [Prov. Can.])« und das im gleichen Jahr verabschiedete Gesetz »An Act for the protection of the Indians in Upper Canada from imposition, and the property occupied or enjoyed by them from trespass and injury (13. & 14. Vict. c. 74 [Prov. Can.])«. Dem erstgenannten Gesetz zufolge wurde man von Seiten der Regierung als »First Nation People« betrachtet, wenn man eines der folgenden Kriterien erfüllte: Ein »First Nation People« musste erstens, »of Indian blood« sein; zweitens eingeheiratet oder Nachwuchs aus einer Mischehe sein; drittens unter den Indianern leben, mindestens ein indianisches Elternteil haben und selbst als Indianer anerkannt sein oder viertens als Kleinkind von Indianern adoptiert worden sein und unter den Indianern leben.[63] Obwohl der Name auf eine Verbesserung des Schutzes von Land und Eigentum der »First Nation People« hindeutet, implizierte das Gesetz vor allem eine gesetzliche Klassifizierung von Indianern und nicht-Indianern, die sowohl unter dem

---

59 20. Vict. c. 26 (Prov. Can.), 1857, § 3.
60 Vgl. Richard H. Bartlett, The Indian Act of Canada, in: Buffalo Law Review 582/27 (1977–78), S. 581–615, hier S. 590 u. 608.
61 Vgl. ebd., S. 581.
62 Vgl. ebd., S. 582 u. 590.
63 Vgl. 13. & 14. Vict. c. 42, § V. (Prov. Can.)

Dominion Kanada als auch unter dem modernen Bundesstaat Kanada fort-
geführt wurde.[64]

In Victoria wurde durch den im Jahr 1869 verabschiedeten »Aboriginal
Act (33 Vict. no. 349)« sogar eine biologische Definition von der indigenen
Bevölkerung gesetzlich verankert, die wie folgt lautet: »Every aboriginal native of Australia and every aboriginal half-caste or child of a half-caste, such
half-caste or child habitually associating and living with aboriginals, shall be
deemed to be an aboriginal within the meaning of the Act.«[65] Durch dieses
Gesetz konnte die Regierung unter anderem den Aufenthaltsort eines Menschen indigener Abstammung bestimmen und entscheiden, ob Kinder ihren Eltern weggenommen werden sollten. Des Weiteren gab es dem Gouverneur die Macht, weitere gesetzliche Regulierungen »for the care custody
and education of the children of aborigines« zu schaffen.[66] Um noch mehr
Kontrolle über die sogenannten »Half-Castes« (»Mischlinge«) zu gewinnen,
wurde im Jahr 1886 der »Aborigines Protection Act 1886« (50 Vict. no. 912)
erlassen. Zweck dieses Gesetzes war es, die sogenannten »Half-Castes« in die
Gesellschaft zu assimilieren. So durften die nicht »reinen« Anteile der indigenen Bevölkerung nicht mehr auf einer Missionsstation oder in einem Reservat wohnen und bekamen von der Regierung keine langfristigen Beihilfen
mehr.[67] Aus diesem Grund wurde dieses strenge Gesetz, das erst im Jahr 1910
abgeschafft wurde, auch »Half-Caste Act« genannt.[68]

Sowohl in Victoria als auch in Kanada wurde die indigene Bevölkerung
durch Gesetze kontrolliert. Die kanadischen Bundesgesetze von 1869, der sogenannte »Indian Act«, gab den »First Nation People« die Möglichkeit, sich
zu »enfranchisen« und damit gesetzlich nicht mehr als »First Nation People«
angesehen zu werden. Im Gegensatz dazu gab es in Victoria für die indigene
Bevölkerung keine gesetzlich fundierten Möglichkeiten, sich als etwas anderes zu klassifizieren, als von Seiten der Regierung vorgegeben wurde.[69] Um

---

64 Vgl. 31. Vict. c.42 (Prov. Can.), 1868; Indian Act (R.S., 1985, c. I-5).
65 33. Vict. no. 349 (Vic), §8.
66 Vgl. ebd., §2.(v).
67 Vgl. Clare Land, Law and the Construction of »Race«: Critical Race Theory and the
    Aborigines Protection Act, 1886, Victoria, Australia, in: Penelope Edmonds/Samuel
    Furphy (Hg.), Rethinking Colonial Histories: New and Alternative Approaches, Mel-
    bourne 2006, S. 137–155.
68 Vgl. Linda Wilkinson, Fractured Families, Squatting and Poverty: The Impact of the 1886
    »Half-Caste« Act on the Framlingham Aboriginal Community, in: Ian Duncanson/Di-
    ane Kirkby (Hg.), Law and History in Australia, Bundoora 1986, S. 1–25; vgl. An Act to
    extend the powers of the Board for the Protection of Aborigines. (No. 2255 of 1910), Vic.
69 Es bestand aber für Aborigines die Möglichkeit, ein Ausnahmezertifikat von der BPA
    zu bekommen, um von den Bestimmungen des Gesetzes ausgenommen zu werden. Vgl.
    Tenth Report of the Board for the Protection of the Aborigines, Melbourne 1874, S. 4.

»enfranchisement« zu realisieren, musste ein Indianer eine grundlegende europäische Bildung vorweisen können, was weiterhin nur durch eine europäisch geprägte Ausbildung möglich war. Ferner bestimmte der »Indian Act«, wer in einem Reservat wohnen durfte und wer nicht. Eine solche Exklusion wurde durch den »Half-Caste Act« gesetzlich weiter verstärkt. Welche Auswirkungen diese Gesetze für die Schulbildung der indigenen Völker in Kanada und Australien hatten, soll in den folgenden Kapiteln erläutert werden.

5. Bildung im 19. Jahrhundert

Im Zuge des sozialen Aufstiegs der Massen stieg im Laufe des 19. Jahrhunderts die Aufmerksamkeit der britischen Regierung gegenüber der Bildung. Diese veränderte Wahrnehmung war Teil einer größeren europäischen Bewegung für eine soziale Reform, in der Bildung für alle Kinder als Gut für die ganze Gesellschaft galt.[70] Im Jahr 1870 wurde der »Elementary Education Act (Britain)« eingeführt, der durch die Zusammenarbeit von anglikanischer Kirche und Regierung zustande gekommen war.[71] Zu dieser Zeit wurden auch in Kanada und Victoria Bildungsgesetze eingeführt, um die Entwicklung den Kolonien zu unterstützen.[72] Die Bildung von nicht-Europäern wurde aber bereits in den 1830er Jahren zum ersten Mal im britischen Parlament thematisiert. So informiert das »Select Committee on Aborigines (British Settlements)« im Jahr 1837 über die Lage der Einheimischen.[73] Trotz dieses Berichts gab es keine allgemeingültigen britischen Gesetze oder Regeln für die (Aus-) Bildung der nicht-europäischen Bevölkerung. Die Vorschläge des »Select Committee«, obwohl weitwirkend, waren keine Gesetze und folglich gestaltete und regulierte jedes Land die Bildung nach seinen eigenen Vorstellungen. Dementsprechend wurde sie zum Beispiel von den Wünschen der indigenen Bevölkerung, der Verfügbarkeit europäischer Arbeitskräfte, dem Kostenaufwand oder den Bedürfnissen der Menschen vor Ort geprägt.

Obwohl die einheimische Bevölkerung in allen Ländern selbst formell oder informell für Bildung gesorgt hatte, wurde dies oft von den britischen

---

70 Vgl. Volker Barth, Displaying Normalisation: The Paris Universal Exhibition of 1867, in: Journal of Historical Sociology 20/4 (2007), S. 462–485, hier S. 470.

71 Vgl. Glen W. Cunningham, The Elementary Education Act, 1870, with introduction, notes, and index, and appendix containing the incorporated statutes, London 1870.

72 Vgl. 36 Vict. no. 447 (Vic.); George William Ross, Report on Compulsory Education in Canada, Great Britain, Germany and the United States, Toronto 1891, S. 5.

73 Vgl. Report 1837.

Kolonialbehörden nicht als Bildungsmaßnahmen angesehen oder als minderwertig im Vergleich zu britischen Bildungsmaßnahmen bewertet. In vielen kolonialen Gebieten wie Kanada und Victoria wurde Bildung benutzt, um die Indianerkinder zu »zivilisieren« und ihnen das Wort Gottes zu verkünden. Seit Beginn der europäischen Besiedlung Ontarios und Victorias spielte dieses Ziel für die Missionare eine zentrale Rolle.[74]

Wie oben bereits beschrieben wurde, wurden im Laufe des 19. Jahrhunderts mehrere Gesetze über die Kontrolle der »First Nation People« in Kanada verabschiedet. Die Angelegenheiten der »First Nation People« wurden im Allgemeinen durch Bundesgesetze bestimmt, die Bildungsgesetze hingegen wurden von den Provinzialregierungen verabschiedet. Da die »First Nation People« keine Steuern zahlten und ihnen somit der Zugang zu provinziell geförderter Bildung verwehrt blieb, blieb die Schulbildung von »First Nation People«, die nicht »enfranchised« waren, unter der Kontrolle des Bundes. Die Trennung in ein Schulsystem für Indianer und eines für nicht-Indianer führte zu diversen Unterschieden wie beispielsweise der Einführung der Schulpflicht zu unterschiedlichen Zeitpunkten.[75] Im »Indian Act« aus dem Jahr 1876 wurde die Bildung der »First Nation People« nicht ausdrücklich berücksichtigt. Lediglich Sektion 59 des Gesetzes weist darauf hin, dass Teile des Indianer-Fonds für die Schulen, die Indianerkinder besuchten, verwendet werden dürften.[76] Da ein Indianer ein bestimmtes Niveau an Bildung nachweisen musste, um als »enfranchised« zu gelten, war Bildung für die »First Nation People« eng mit dem »Zivilisierungsprojekt« verbunden. Weiterhin bestand eine enge Verbindung zwischen Bildung und Religion. So legte Absatz 74.1 des »Indian Act, 1880« fest, dass der Chef eines Bandes die religiöse Gesinnung des Lehrers, der die Schule für die Indianerkinder leitete, mit der Zustimmung des Gouverneurs des Indianerdepartments bestimmen dürfte.[77] Die Einführung dieser Bestimmung beruhte sowohl auf der Annahme, dass alle »First Nation People« Christen waren oder werden sollten, als auch auf einer engeren Zusammenarbeit der methodistischen und katholischen Kirchen mit der Regierung in Bezug auf Schulbildung für indigene Kinder seit 1876. Einige dieser Verträge versprachen, Schulen auf den

---

74 Vgl. James R. Miller, Shingwauk's Vision: A History of Native Residential Schools, Toronto 2009.

75 Für nicht-Indianer wurde die Schulpflicht schon im 19. Jahrhundert eingeführt, für Indianerkinder wurde sie erst im Jahr 1920 gesetzlich vorgeschrieben. Vgl. Diane Persson, The Changing Experience of Indian Residential Schooling: Blue Quills, 1931–1970, in: Barman, S. 150–167, hier S. 151.

76 Vgl. 39. Vict. c. 18 (Prov. Can.), 1876, § 59.

77 Vgl. 43. Vict. c. 28 (Prov. Can.), 1880, § 74.1.

Reservaten zu gründen, die oft von Missionsgesellschaften geleitet wurden.[78] Im Jahr 1869 gab es zum Beispiel 24 Schulen auf Reservaten der »First Nation People« in Ontario, von denen 13 von Missionsgesellschaften oder Kirchen finanziert wurden. Darüber hinaus wurden acht Schulen nur von den Geldern der Bands unterstützt.[79] Manche Schulen waren sogenannte »day schools«, wo die Kinder tagsüber zu Schulen gingen und abends zuhause wohnen konnten. In vielen diese Schulen waren Lehrer und Lehrerinnen tätig, die selbst den »First Nation People« angehörten.[80] In den sogenannten »residential schools« (auch »boarding schools« genannt) waren die Bedingungen wesentlich schlechter. Dort wurden die Kinder in Internaten fernab vom Einfluss ihrer Kultur und Gesellschaft unterrichtet.[81] Die Ausbildung in den »Residential Schools« wurde oft mit Kultur- und Sprachverlust sowie mit Gewalt und Demütigung der Kinder verbunden. Sie verfolgte den Zweck, die Kinder von ihrer eigenen Kultur zu trennen, um sie in die europäische und christliche Gesellschaft zu assimilieren.[82] Der Regierung wurde vorgeworfen, dass sie durch diese enge Zusammenarbeit mit der Kirche die Kontrolle über die Schulbildung verloren habe, was die rechtsstaatliche Trennung zwischen Staat und Kirche in Frage stellte.[83] Nichtsdestotrotz wurde die weitere Zusammenarbeit zwischen Kirche und Staat gefördert, da Missionare und Missionarinnen weitreichende Erfahrungen im Bereich der Bildung hatten und der Staat davon profitieren wollte.

Die Situation in Victoria spiegelte in mancher Hinsicht die Situation in Kanada wider, obwohl dort sowohl die Behörde für Indigene Angelegenheiten (Board for the Protection of the Aborigines, BPA) als auch die Schulbildung von der Kolonialregierung und nicht auf nationaler Ebene beaufsichtigt wurden. Seit Beginn der Kolonialisierung hatten Missionare Schulen für die indigene Bevölkerung gegründet, die in unterschiedlichem Ausmaß besucht wurden. Um von dem Bildungssystem der Kolonie zu profitieren, haben sich manche Missionsschulen in staatliche Schulen umwandeln las-

---

78 Vgl. Bartlett, S. 608.
79 Vgl. Annual Report of the Secretary of State for the Year 1868 (Indian Office), Ottawa 1869, S. 33 f.
80 Vgl. Alison Norman, Race, Gender and Colonialism: Public Life among the Six Nations of Grand River, 1899–1939, PhD Thesis, Department of Theory and Policy Study, University of Toronto 2010.
81 Vgl. Jamie S. Scott, Penitential and Penitentiary: Native Canadians and Colonial Mission Education, in: Jamie S. Scott / Gareth Griffiths (Hg.), Mixed Messages: Materiality, Textuality, Missions, New York 2005, S. 111–133.
82 Vgl. Miller.
83 Vgl. Richard A. Enns, »But What Is the Object of Educating These Children, If It Costs Their Lives to Educate Them?« Federal Indian Education Policy in Western Canada in the Late 1880s, in: Journal of Canadian Studies 43 / 3 (2009), S. 101–123, hier S. 112–114.

sen.[84] Demzufolge wurden die Lehrer und Lehrerinnen dieser Schulen von der Regierung und nicht von der Missionsgesellschaft bezahlt. Als staatliche Schulen standen sie unter Kontrolle der staatlichen Schulbehörde (Board of Education).[85] Das führte dazu, dass Missionare einerseits zu staatlichen und säkularen Lehrern wurden,[86] aber andererseits nicht alle Missionare bereit waren, als staatliche Lehrer bzw. Lehrerinnen zu arbeiten.[87] Die BPA war von den Fortschritten der Kinder unter einer Lehrkraft des Board of Education an den staatlichen Schulen auf den Missionsstationen so überzeugt, dass sie ausdrücklich alle Schulen für Aborigines unter der Kontrolle des Board of Education sehen wollte.[88] Im Jahre 1891 wurden tatsächlich alle Schulen in den Reservaten unter die Aufsicht des Board of Education gestellt, was zur Säkularisierung der Lehrkräfte und des Lehrplans der Missionsschulen beitrug. Für manche Missionsbehörden, wie die Herrnhuter in Deutschland, war die Tatsache, dass die koloniale Regierung ohne Einfluss der Kirche über den Einsatz von Lehrerinnen und Lehrern als Leitung der Schulen auf den Missionsstationen entscheiden konnte, »ein abnormer Zustand.« Vielmehr wurden diese Schulen, da »die Regierung so ohne weiteres für die Schule Lehrer sendet, [...] freilich als Regierungsschule angesehen [...]«.[89]

In Vergleich zu Kanada, wo es ein getrenntes Schulsystem gab, wurde ab 1872 die Schulbildung indigener Kinder in Victoria denselben Bedingungen wie die Schulbildung euro-australischer Kinder unterworfen. Trotz der Gleichheit, die der indigenen Bevölkerung teilweise unter diesen Gesetzen zugestanden wurde, wurde sie noch immer als Unterklasse angesehen. Dementsprechend waren auch ihre Möglichkeiten, mehr als nur rudimentäre Bildung zu bekommen, beschränkt. Ferner gibt die Einstellung der BPA zur Bildung von indigenen Kindern Aufschluss über die gesellschaftliche Position, die die BPA als geeignet für die indigene Bevölkerung ansah. Sie betrachtete Kinder zugleich als Teil der niederen Gesellschaftsschicht. Der Unterricht praktischer Elemente sollte die Aborigines, mit wenigen Ausnahmen, auf eine spätere Tätigkeit als ungelernte Arbeiter vorbereiten und

---

84 Vgl. Twenty-seventh Report of the Board for the Protection of the Aborigines in the Colony of Victoria, Melbourne 1891, S. 4.
85 Vgl. Leslie James Blake (Hg.), Vision and Realisation. A Centenary History of State Education in Victoria, Bd. 3, Melbourne 1973, S. 1071; ebd., Bd. 2, S. 205.
86 Vgl. National Library Australia, MS 3343: Hagenauer Letter Book: Hagenauer an Mackie (8.7.1868), S. 269.
87 Vgl. Public Record Office, Melbourne, Australien, PRO/VPRS640/P000/657, Central Inward Primary Schools Correspondence, Ramahyuck (No. 1008).
88 Vgl. Twelfth Report of the Board for the Protection of the Aborigines in the Colony of Victoria, Melbourne 1876, S. 4.
89 Vgl. Unitäts-Archiv, Herrnhut, Protokoll des Missionsdepartementes (11.2.1880), #7, S. 74 f.

nicht auf qualifizierte Berufe wie beispielsweise Lehrer oder Facharbeiter.[90] Die Historikerin Amanda Barry erkennt einen Ideentransfer zwischen den Überlegungen der christlichen Missionare in London in Bezug auf die dortige Schulbildung der armen Kinder und den Ideen hinter der Bildung der indigenen Kinder in der Kolonie, und damit eine Verknüpfung von Rassen und Klassen.[91] Ähnliche Schlüsse ziehen Burnett aus ihrer Arbeit über Kanada[92] sowie Catherine Hall aus ihrer grundlegenden Arbeit über die Verflechtung Großbritanniens und Kolonial-Jamaikas und deren Auswirkung auf die britische »Imagination«.[93] Was hier bemerkbar ist, ist der Transfer von Ideen zwischen der Metropole und der Peripherie, die die gesellschaftliche Position der indigenen Bevölkerung beschränkten.

Da die Schulen für die indigene Bevölkerung staatliche Schulen waren, wurden die gleichen Schulklassen sowohl von weißen als auch von indigenen Kindern besucht. Dies war in den getrennten Schulsystemen Kanadas nicht denkbar. Nichtsdestotrotz bevorzugten weiße Eltern Schulen, in denen keine Aborigines unterrichtet wurden, für ihre Kinder.[94] Trotz Beschwerdeschriften hatte die indigene Bevölkerung keinen großen Einfluss auf das Schulsystem und darauf, wie und von wem ihre Kinder ausgebildet wurden.[95] Interessanterweise wurden Beschwerdeschriften sowohl an die BPA als auch an den Board of Education geschickt. Das weist darauf hin, dass die indigene Bevölkerung Bildung als Aufgabe der BPA und auch als Aufgabe des Board of Education ansah, wenngleich alle Schulen der Kolonie dem Board of Education zugeordnet waren.

In Kanada fand eine Ausgrenzung der »First Nation People« aus der Gesellschaft durch reine Indianerschulen statt. Dies führte zur Abgrenzung der »First Nation People«, aber auch zu mehr Selbständigkeit in Schulangelegenheiten. Aus den im 18. und 19. Jahrhundert abgeschlossenen Verträgen zwischen den »First Nation People« und der britischen beziehungsweise kanadischen Regierung ergaben sich jährliche Auszahlungen für die »First Nation

---

90 Vgl. Ninth Report of the Board for the Protection of the Aborigines in the Colony of Victoria, Melbourne 1873, S. 3; Thirty-Eighth Report for the Board for the Protection of the Aborigines, Melbourne 1902, S. 8.

91 Vgl. Amanda Barry, »Equal to Children of European Origin«: Educability and the Civilising Mission in Early Colonial Australia, in: History Australia 5 / 2 (2008), S. 41.1–41.16, hier S. 41.3.

92 Vgl. Kristin Burnett, Building the System: Churches, Missionary Organizations, the Federal State, and Health Care in Southern Alberta Treaty 7 Communities, 1890–1930, in: Journal of Canadian Studies 41 / 3 (2007), S. 18–41, hier S. 21.

93 Vgl. Hall.

94 Vgl. Blake, S. 1073.

95 NAA / V, B313 / 95 / 30, Correspondence: R. Stewart, A. Combs & P. Cameron to Board for the Protection of the Aborigines (22.9.1879).

People«. Diese Gelder konnten für die Gehälter der Lehrer an den Indianer-schulen ausgegeben werden, was wiederum durch den Indian Act unterstützt wurde. Aus diesem Grund war es möglich, dass »First Nation People« häufig als Lehrer oder Lehrerinnen an solche Schulen tätig waren,[96] was in Austra-lien nur sehr selten vorkam. Fernerhin konnte jeder Band bestimmen, wer als Lehrer oder Lehrerin angestellt werden würde. Allerdings musste diese Ent-scheidung vom Indian Office genehmigt werden. Nicht nur in der Frage der Lehrkraft, sondern auch in der Frage der Gründung neuer Schulen durften die Bands Entscheidungen treffen, da die Gelder für den Bau und die Unter-stützung der Schule aus ihren Fonds stammten. So wurde zum Beispiel die Schule auf einer Missionsstation in New Fairfield, Kanada, von den »First Nation People« selbst geründet und geleitet. Demzufolge schwand auf die-sen Missionsstationen der Einfluss der Herrnhuter Missionare auf die Kin-der, da die meisten Kinder von der Missionsschule in die Schule der Bands gewechselt haben.[97] In Victoria gab es für die indigene Bevölkerung keine Möglichkeit, selbst eine Schule zu gründen oder zu leiten, da unter anderem keine Verträge, aus denen Geldmittel hätten fließen können, abgeschlossen worden waren. Da die Schulen in Victoria staatliche Schulen waren, standen sie außerdem unter der Kontrolle der Behörde für Bildung. Diese vertrat eine feste Einstellung bezüglich Lehrtätigkeiten und Qualifikationen von Lehrern und Lehrerinnen. Bedeutsam für das Verhältnis zwischen Religion und Poli-tik war, dass die indigene Bevölkerung Victorias, indem sie selbst keine Schu-len gründen und leiten durfte, keine Möglichkeit hatte, sich vom Einfluss der jeweiligen Missionsgesellschaft abzulösen.

6. Fazit

In der Geschichtsschreibung der Missionsgesellschaften liegen bislang nur wenige systematische Vergleiche über die Bildungsmöglichkeiten für die in-digene Bevölkerung in britischen Kolonien vor. Wie die Beispiele Kanada und Victoria zeigen, kann ein vergleichender Ansatz Unterschiede und Ge-meinsamkeiten herausstellen. In beiden britischen (post)kolonialen Gebieten

---

96 Vgl. Report [for the year 1864] of the Deputy Superintendent of Indian Affairs, Quebec 1865, S. 25; Report of the Department of Indian Affairs for the Year Ended 31st December, 1880, Ontario 1881, S. 65.

97 Vgl. Felicity Jensz, Moravian Mission Education in the Nineteenth Century: Global Patterns and Local Manifestations at New Fairfield, Upper Canada, in: Journal of Mora-vian History 11 (2011), S. 7–28.

wurden einheimische Menschen als minderwertig im Vergleich zur weißen Gesellschaft angesehen. Dementsprechend wurden sie durch »rassen«-spezifische Gesetze kontrolliert und von Seiten der Missionare und Missionarinnen als Objekte der Bekehrung und »Zivilisierung« angesehen. Allerdings spielten die strukturellen Unterschiede innerhalb der Herrschaftssysteme Kanadas und Victorias eine große Rolle für die Möglichkeiten einer Mitwirkung der indigenen Bevölkerung an der Leitung von Schulen für einheimische Kinder. Innerhalb Kanadas bot das Schulsystem für »First Nation People« die Möglichkeit, an den Entscheidungen über die Ausbildung ihrer Kinder teilzuhaben, was die Abhängigkeit von Missionaren und Missionarinnen förderte. Obwohl diese Schlussfolgerung ohne die theoretischen und methodischen Überlegungen zur vergleichenden Geschichte nicht möglich gewesen wäre, ist diese Erkenntnis nicht nur dem vergleiche Ansatz zu verdanken, sondern auch dem »Imperial Turn«, der nicht nur von der neuen Kolonialgeschichte, sondern auch von der neuen Missionsgeschichte vertreten wird. Sowohl die Kolonial- als auch die Missionsgeschichte ist von Natur aus eine Geschichte von Transfer und Vergleich. Um allerdings falsche Erkenntnisse aus dem Vergleich zwischen Kolonien zu vermeiden, müssen auch die wechselnden sozialen, politischen und rechtlichen Kontexte innerhalb der Metropole im Blick behalten werden.[98] Die Komplexität der Kolonialgeschichte spiegelte sich in den aufwendigen methodischen und theoretischen Überlegungen, die für einen vergleichenden Ansatz in der Kolonialgeschichte notwendig sind, wider.

---

98 Zoe Laidlaw, Integrating Metropolitan, Colonial and Imperial Histories – the Aborigines Select Committee of 1835–37, in: Tracey Banivanua Mar / Julie Evans (Hg,) Writing Colonial Histories: Comparative Perspectives, Carlton 2002, S. 75–91.

Dominik Höink

»Declaration of Independence in Art«

Nationales Denken und das US-amerikanische Oratorium
im 19. Jahrhundert

1. Einleitung

Everything that becomes purely national in its character is formed from the necessi-
ties or desires of the people who form the country. In America up to the present time
the people have depended largely upon Europe for everything that was strictly artis-
tic, as far as regards music at least. Even our patriotic songs, which are few in number, have depended mostly upon foreign airs for a musical setting. In regard to orig-
inality in musical composition we have been largely borrowers of the inspiration
furnished by other lands.[1]

Fraglos war die Diskussion um die Merkmale, bisweilen gar die Existenz
einer amerikanischen Musik ein zentraler Streitpunkt in der amerikanischen
Musikpresse des 19. Jahrhunderts.[2] In der Auseinandersetzung mit kulturellen Produktionen aus Europa, die, sei es durch Kulturmittler oder als Werke,
aus der »alten« in die »neue« Welt transferiert worden sind, erwuchs eine öffentliche, bisweilen polemisch geführte Kontroverse über die Schaffung bzw.
Förderung einer eigenen nationalen Musiktradition.[3] Wurde auf der einen
Seite einer Hegemonie der europäischen Musikkultur Vorschub geleistet, indem – bis zum Auftreten eines »wahren« Genies – jeder aufkeimenden amerikanischen Musikproduktion Minderwertigkeit bescheinigt wurde, so formierte sich auf der anderen Seite ein Protest gegen jene Zementierung des

---

1 Sources of Inspiration for American Music, in: Chicago Daily Tribune vom 23.3.1884,
S. 12.
2 Diesbezüglich sei exemplarisch die ab 1891 erscheinende Zeitschrift »Music. A Monthly
Magazine, Devoted to the Art, Science, Technic and Literature of Music« genannt. In zahlreichen Artikeln wurde auf die besondere Bedeutung der Musik für die Förderung einer
nationalen Identität hingewiesen.
3 Zugrunde gelegt wird ein Verständnis von Nation, das diese nicht allein als politisches
Phänomen begreift, sondern vielmehr auf eine »vorgestellte Gemeinschaft« (*imagined
community*) abhebt. Vgl. Benedict Anderson, Die Erfindung der Nation. Zur Karriere eines
folgenreichen Konzepts, Frankfurt ²2005, S. 15.

Machtgefüges auf musikalischem Gebiet, der in nicht wenigen Fällen nach Aufführungsmöglichkeiten, mitunter regelrechten Aufführungsquoten, für genuin US-amerikanische Kompositionen verlangte.

Vergleichbar der europäischen Musiktradition war somit auch in den Vereinigten Staaten von Amerika die Kategorie des *Nationalen* musikhistorisch von Bedeutung, wenngleich die Ausgangsbedingungen im Vergleich zu Europa stark divergierten: »Zentral hierfür ist die Tatsache, daß in diesem Einwanderungsland par excellence, diesem ›melting pot‹, weder eine gemeinsame Religion noch eine bestimmte kulturelle Tradition, ja nicht einmal (oder nur partiell) eine gemeinsame Sprache jene Basis darstellt, auf der ein Nationalbewußtsein wachsen konnte.«[4]

Der vorliegende Beitrag untersucht den Diskurs über die Genese und Förderung einer amerikanischen Musik schlaglichtartig und versucht exemplarisch herauszuarbeiten, welche Positionen in der Öffentlichkeit kursierten. Die Betrachtung konzentriert sich dabei auf die musikalische Gattung Oratorium. Diese vokal-instrumentale Musikform, die eindeutig dem Bereich der religiösen Musik zuzuordnen ist, ist im 19. Jahrhundert nicht allein zur Vertonung biblischer Sujets herangezogen worden, sondern wurde überdies zum Medium für weltliche, national-historische Stoffe, ohne dabei aber ihre religiöse Grundierung einzubüßen.[5] Leitend ist die Frage, wie Vorstellungen von einer amerikanischen Nation im theoretischen und publizistischen Diskurs über das Oratorium aufschienen und inwiefern sich Auswirkungen in der kompositorischen Produktion und der nachfolgenden Rezeption der Einzelwerke zeitigten. Als gattungsgeschichtlicher Vergleichspunkt dient das deutsche Oratorium. Dies liegt aus zwei Gründen nahe: Zum einen prägten deutsche Oratorien – neben den englischen Gattungsbeiträgen Georg Friedrich Händels – maßgeblich das Repertoire in Amerika.[6] Zum anderen lassen sich auch (freilich früher) für den deutschsprachigen Raum Einflüsse nationalen Denkens auf die Oratorienproduktion und -rezeption aufzeigen.

Die nationalen Gattungsentwicklungen in Deutschland und den Vereinigten Staaten stellen somit nicht zwei autonome und unverbundene Prozesse dar. Daher ist nachfolgend insbesondere die Frage nach dem Kulturtransfer zentral, die – Matthias Middell folgend – immer einen Vergleich

---

4 Hermann Danuser, Auf der Suche nach einer nationalen Musikästhetik, in: ders. u. a. (Hg.), Amerikanische Musik seit Charles Ives. Interpretationen, Quellentexte, Komponistenmonographien, Laaber 1987, S. 51–59, hier S. 51.

5 Eine einschlägige Definition bietet Günther Massenkeil, Oratorium und Passion, Teil 1, Laaber 1998, S. 5.

6 Vgl. Howard E. Smither, A History of the Oratorio, Bd. 4: The Oratorio in the Nineteenth and Twentieth Centuries, Chapel Hill 2000, S. 399.

voraussetzt.[7] Sind es einerseits Migrationsbewegungen der »sozialen Träger des Kulturimports«,[8] insbesondere in Richtung der Vereinigten Staaten, die es zu berücksichtigen gilt, so ist es andererseits der Transfer von Oratorienkompositionen. Aus dem Ex- und Import von Werken sowie der transnationalen Wanderung von schaffenden bzw. praktizierenden Musikern (zu diesen werden beispielsweise auch die zahlreichen Deutschamerikaner gerechnet, die sich in Chorvereinigungen organisiert haben und ihre Festkultur pflegten)[9] ergeben sich eine »Durchmischung« der Kulturen sowie eine »Integration« des europäischen Kulturguts.[10] Im Zentrum steht primär die Betrachtung der »Rezeptionsbedürfniss[e] in der Aufnahmekultur«, d.h. in den Vereinigten Staaten.[11] Die »Bereitschaft zum Import« wird zum wesentlichen Marker,[12] der in einem reziproken Verhältnis zum Streben nach einer eigenen nationalen Musiktradition steht. Die vorliegende – freilich exemplarische – Untersuchung stützt sich auf die publizistische Musikkritik. Anhand dieses Materials wird die Rezeption des »Import-Guts« dargestellt, woraufhin Aspekte und vor allem Argumente eines sich formierenden nationalen musikalischen Selbstbewusstseins präsentiert werden, das sich u. a. in der berühmten Forderung einer Unabhängigkeitserklärung durch William Henry Fry äußerte. Überdies wird in umgekehrter Richtung die Rückwirkung der Emanzipationsbestrebungen betrachtet. Abschließend werden einzelne Beobachtungen zum Einfluss nationalen Denkens auf das deutsche und das US-amerikanische Oratorium verglichen. Diese mit der Kulturtransferanalyse einhergehende, komparative Betrachtung der transatlantischen Differenzen verdeutlich nicht allein die US-amerikanische Emanzipation von europäischen »Import-Kompositionen«, sondern lässt überdies eine stärkere Konturierung der spezifisch deutschen Variante des Einflusses von nationalem Denken auf das Oratorium zu.

---

7 Vgl. in Opposition zu Haupt und Kocka: Matthias Middell, Von der Wechselseitigkeit der Kulturen im Austausch. Das Konzept des Kulturtransfers in verschiedenen Forschungskontexten, in: Andrea Langer / Georg Michels (Hg.), Metropolen und Kulturtransfer im 15. / 16. Jahrhundert. Prag – Krakau – Danzig – Wien, Stuttgart 2001, S. 15–51, hier S. 31.

8 Michael Espagne, Der theoretische Stand der Kulturtransferforschung, in: Wolfgang Schmale (Hg.), Kulturtransfer. Kulturelle Praxis im 16. Jahrhundert, Innsbruck 2003, S. 63–75, hier S. 64.

9 Vgl. dazu u. a. Heike Bungert, Feste und das ethnische Gedächtnis: Die Festkultur der Deutschamerikaner im Spannungsfeld zwischen deutscher und amerikanischer Identität, 1848–1914, Habil. Köln 2004.

10 Middell, S. 17.

11 Ebd., S. 18.

12 Ebd.

2. »Oratorium und Nation« im deutschsprachigen Raum: Die Vergleichsfolie

In der Zeit des Kulturkampfes erschienen die berühmt gewordenen Vorträge des königlich-preußischen Musikdirektors Hermann Küster in Leipzig. Es war jene Zeit des Kaiserreichs, in der man sich – ähnlich wie zu Beginn des Jahrhunderts – den Sieg über die Franzosen vergegenwärtigte und die eigenen nationalen Wurzeln beschwor.[13] In dieser Zeit betonte Küster, dass gerade das Oratorium *die* musikalische Form sei, in der sich auf beste Weise jene »höchsten und idealsten Gegenstände, für die sich eine Nation zu begeistern« vermöge, ausdrücken ließen.[14] Hatte Richard Wagner 1850 das Oratorium als »geschlechtslose[n] Opernembry[o]«[15] verworfen, so hob Küster beinahe dreißig Jahre später, freilich geprägt von der nationalen Begeisterung infolge der Reichsgründung, die besondere Bedeutung dieser Gattung für die *deutsche* Nation hervor:

> Namentlich ist dem Oratorium in Deutschland wohl noch eine grosse Zukunft gesichert, da es, abgesehen von den unzähligen Gesangvereinen, die ihm hier bereits den ergiebigsten Boden geschaffen haben, durch seine jüngsten grossen nationalen Ereignisse einen Impuls erfahren hat, welcher ächte Künstlerseelen früher oder später zu wahren Nationalwerken begeistern muss. Damit ist indessen keinesweges gesagt, dass diese Ereignisse selbst immer den Inhalt solcher Werke bilden sollen, sondern nur, dass in der Auffassung des Inhaltes sich das schöne Nationalbewusstsein wiederspiegeln werde, das in der letzten grossen Epoche sich bei allen Deutschen in so erhebender Weise gezeigt hat.[16]

Eindrucksvoll deutlich wird, wie emphatisch die politische Gegenwart als Katalysator musikalischer Komposition empfunden wurde, und gleichzeitig, wie eng die Verbindung dieser religiösen Gattung zu politisch-nationalen Stoffen war. Überdies ist die besondere Bedeutung der Gesangvereine thematisiert, die zu den maßgeblichen Trägern der Oratorienpflege gehörten.

Es bedarf jedoch nicht des Blicks auf die Zeit des Kaiserreichs, um der Beziehung oratorischer Kompositionen zu nationalem Gedankengut nach-

---

13 Vgl. u. a. Michael Jeismann, Das Vaterland der Feinde. Studien zum nationalen Feindbegriff und Selbstverständnis in Deutschland und Frankreich 1792–1918, Stuttgart 1992.
14 Hermann Küster, Vierter Vortrag. Die geistliche Musik und das Oratorium, in: ders., Populäre Vorträge über Bildung und Begründung eines musikalischen Urteils, Bd. 4, Leipzig 1877, S. 108.
15 Richard Wagner, Das Kunstwerk der Zukunft, Leipzig 1850, S. 102.
16 Küster, S. 108.

zuspüren. Küster selbst verwies beispielsweise auf »Das Weltgericht« von
Friedrich Schneider und damit auf das frühe 19. Jahrhundert, auf die Zeit
des Aufbegehrens gegen die französische Besatzung unter Napoleon. Die in
Schneiders (zwischen 1816 und 1819 entstandenem) Werk thematisierte Apo-
kalypse wurde von den Zeitgenossen sogleich auf die historische Gegenwart
bezogen.[17] Küster schilderte dies aus seiner späteren Perspektive heraus und
bemerkte:

An sich ist es auch ein sehr beachtungswerthes Werk, doch kam der so überaus
günstigen Aufnahme desselben wohl die Gunst des Augenblickes zu statten, indem gleich nach der Zeit der Freiheitskriege, in welcher es zur Aufführung gelangte,
die religiös gehobene Stimmung unserer Nation für solche Musik besonders empfänglich war und der Inhalt der letzteren speziell auf den Sturz Napoleons bezogen
wurde.[18]

Nicht allein der zitierte Hermann Küster oder das Werk Schneiders sind als
Beispiele für eine politisch-nationale Deutung anzuführen: Die Oratorien
Händels beispielsweise, insbesondere dessen berühmtes Oratorium »Judas
Maccabaeus«, wurden im gesamten 19. Jahrhundert als geeignete Werke zur
Illustration der kollektiven Identität verstanden.[19] Es ließen sich unzählige
weitere Beispiele nennen, die illustrieren, wie in der Berichterstattung über
Konzerte und vor allem auch Musikfeste (denn diese waren von ganz beson-
derer Bedeutung für den aufkommenden Nationalismus) über die politische
Botschaft oratorischer Kompositionen geurteilt wurde.[20]

Die Zahl der von Hermann Küster so bezeichneten »wahre[n] National-
werke« ist groß: Waren es einerseits Personen aus der deutschen Geschichte
wie Widukind der Sachsenherzog, Heinrich der Finkler oder Otto der Große,
die kompositorisch revitalisiert wurden, so wurden andererseits – vor allem
in der Zeit des Kaiserreichs – konfessionell verengte Stoffe zugrunde gelegt,

17 Vgl. Rebekka Sandmeier, Oratorium im Zeichen des Weltendes: Friedrich Schneider und
    Louis Spohr, in: Simone Hohmaier (Hg.), Jahrbuch 2010 des Staatlichen Instituts für
    Musikforschung Preußischer Kulturbesitz, Mainz u. a. 2010, S. 213–234.
18 Küster, S. 105.
19 Mittels allegorischer Gleichsetzung des Sieges über die Franzosen mit dem Sieg des Vol-
    kes Israel im Makkabäer-Oratorium wurde in der musikalischen Presse vielfach eine
    Bedeutung der Komposition für die Gegenwart generiert. Vgl. Dominik Höink, ›Wer
    interessiert sich für den Heldenmuth eines Juden, der vor 4000 Jahren gekämpft hat?‹ –
    Zur Pflege und publizistischen Rezeption des Judas Maccabaeus im deutschsprachigen
    Raum von 1800 bis 1900, in: ders. / Jürgen Heidrich (Hg.), Gewalt – Bedrohung – Krieg.
    Georg Friedrich Händels Judas Maccabaeus. Interdisziplinäre Studien, Göttingen 2010,
    S. 101–124.
20 Vgl. u. a. Samuel Weibel, Die deutschen Musikfeste des 19. Jahrhunderts im Spiegel der
    zeitgenössischen musikalischen Fachpresse, Kassel 2006.

die gleichsam als »komponierter Kulturkampf« verstanden werden können, wie die beachtliche Reihe von Luther- und Bonifatius-Vertonungen[21] oder auch ein Werk wie Max Bruchs »Gustav Adolf«[22] deutlich machen.

Diese Kompositionen befriedigten nicht nur das Bedürfnis des erwachenden Nationalismus nach Ursprungsmythen und Symbolfiguren in allgemeiner Hinsicht, sie wurden überdies durch Widmungen auch mit ihrer jeweiligen politischen Gegenwart in konkrete Verbindung gebracht: So ist beispielsweise Carl Adolf Lorenz' Oratorium »Otto der Große« Kaiser Wilhelm I. gewidmet, während Max Bruch sein biblisches Mose-Oratorium als Würdigung Bismarcks verstand.[23]

Als Ausgangspunkt bzw. Vergleichsbasis ist demnach festzuhalten, dass im deutschsprachigen Raum einerseits durch den Komponisten selbst, mittels Verwendung national-historischer Sujets und Widmungszueignungen ein politischer Konnex hergestellt wurde, während andererseits in der öffentlichen Wahrnehmung – i. e. vor allem in der musikalischen Presse – Bezüge zur politischen Gegenwart (teils mittels allegorischer Umdeutung zunächst rein religiöser, unpolitisch scheinender Stoffe) generiert wurden. Wenngleich ein umfassender Überblick über die deutsche Oratorienproduktion des 19. Jahrhunderts fehlt, so ist dennoch auffällig, dass eine politisch-nationale Deutung der Werke (wie sie beispielsweise die Beurteilung von Händels »Judas Maccabaeus« nach den napoleonischen Kriegen und dem deutsch-französischen Krieg prägte) oder eine besondere Wertschätzung der Gattung zur patriotischen Erhebung (wie es der Vortrag Hermann Küsters oder die Oratorien Max Bruchs aus der Zeit des Kaiserreichs unterstreichen) im Kontext der historischen Zäsuren und kriegerischen Auseinandersetzungen jenes Jahrhunderts gehäuft vorzufinden waren.

21 Vgl. u. a. Linda Maria Koldau, Träger nationaler Gesinnung: Luther-Oratorien im 19. Jahrhundert, in: Tatjana Böhme (Hg.), Musik zwischen ästhetischer Interpretation und soziologischem Verständnis, Essen 2006, S. 55–84; dies., Apostel der Deutschen: Bonifatius-Oratorien als Spiegel einer patriotischen Bonifatiusverehrung im 19. Jahrhundert, in: Dieter R. Bauer (Hg.), Patriotische Heilige. Beiträge zur Konstruktion religiöser und politischer Identitäten in der Vormoderne, Stuttgart 2007, S. 337–395.

22 Vgl. Martin Geck, Max Bruchs Oratorium ›Gustav Adolf‹ – ein Denkmal des Kultur-Protestantismus, in: Archiv für Musikwissenschaft 27 (1970), S. 138–149.

23 Vgl. Matthias Schwarzer, Die Oratorien von Max Bruch. Eine Quellenstudie, Berlin 1988, bes. S. 270 f.

3. Kulturelle Hegemonie: Die deutsche Musik als Vorbild

Eingangs ist bereits auf die Bedeutung deutscher (und englischer, präziser: Händelscher) Oratorien für die amerikanische Musikpflege hingewiesen worden. Bevor allerdings die Gattungstradition in den Vereinigten Staaten in den Blick genommen wird, gilt es einen Eindruck von der Rezeption des transferierten Kulturguts in der aufnehmenden Gesellschaft zu gewinnen.

Der Transferprozess wurde getragen von einer großen Zahl deutscher Einwanderer,[24] die nach heimischem Vorbild Musik- und Gesangvereine gründeten und eine – musikalisch fundierte – Festkultur entwickelten.[25] Diese Festkultur half bei der Schaffung und Bewahrung einer deutschamerikanischen Ethnizität.[26] Eines der Ziele musikfestlicher Aktivität war dabei, »deutsche Musik und deutsche Kultur in die Vereinigten Staaten einzuführen und durch ihr kulturelles Kapital Anerkennung von den Angloamerikanern und ein Ende fremdenfeindlicher Tendenzen zu erreichen.«[27] Überdies war Deutschland in den Jahren nach dem Amerikanischen Bürgerkrieg bis zum Ende des 19. Jahrhunderts zentral für die Ausbildung amerikanischer Musiker. Eine Reihe namhafter Komponisten reiste in die »alte Welt«, um insbesondere in Berlin, Leipzig und München Unterricht zu nehmen, und

---

24 Zu den deutschen Einwanderern vgl. Kathleen Neils Conzen, Germans, in: Stephen Thernstrom u.a. (Hg.), Harvard Encyclopedia of American Ethnic Groups, Cambridge (Mass.) 1980, S. 405–425.

25 Einen zeitgenössischen Eindruck von dem Wirken der deutschen Einwanderer auf dem Gebiet der musikalischen Festkultur bietet ein 1858 anonym erschienener Beitrag: Deutsche Musik in Nordamerika, in: Süddeutsche Musik-Zeitung 7 (1858), S. 134 f. Zur Bedeutung deutscher Männerchöre vgl. u.a. Mary Sue Morrow, Somewhere between Beer and Wagner: The Cultural and Musical Impact of German Männerchöre in New York and New Orleans, in: Michael Saffle (Hg.), Music and Culture in America, 1861–1918, New York 1998, S. 79–109.

26 Vgl. grundlegend Bungert, Feste.

27 Heike Bungert, Deutschamerikanische Sängerfeste und Lieder als Medium der Ethnizitätsbildung, 1849–1914, in: Lied und populäre Kultur/Song and Popular Culture. Jahrbuch des Deutschen Volksliedarchivs 55 (2010), S. 41–76, hier S. 47. Ausdruck einer solchen Anerkennung spiegeln Dwights Ausführungen zur Bedeutung der Musik für die kulturelle Bildung, die zugleich Ausdruck der Vorstellungen des Amerikanischen Transzendentalismus sind: »This genial, childlike faculty of social enjoyment, this happy art of life, is just what our countrymen may learn from the social ›Liedertafel‹ and the summer singing-festival of which the Germans are so fond. There is no element of national character which we so much need; and there is no class of citizens whom we should be more glad to adopt and own than those who set us such examples.« John Sullivan Dwight, Music a means of culture, in: Atlantic Monthly 26 (1870), S. 321–331, hier S. 329.

derart gleichsam eine »collective stylistic identity« zu entwickeln.[28] Der Einfluss dieser in Deutschland geschulten Komponisten war umso größer, als drei von ihnen an den bedeutendsten musikalischen Ausbildungsstätten in den Vereinigten Staaten wirkten: George Whitefield Chadwick wurde Direktor des New England Conservatory of Music in Boston, während John Knowles Paine am Music Department der Harvard University unterrichtete und Horatio Parker die Yale School of Music führte.[29]

Eine entsprechende Hegemonievorstellung mit Blick auf die Musikgeschichte ist auch in der amerikanischen Presse auszumachen: Das Organ der amerikanischen Transzendentalisten, »The Harbinger«, betonte – anlässlich der Aufnahme der Berichterstattung aus Deutschland 1847 – die vorbildliche Stellung deutscher Musik und nutzte sogleich die Gelegenheit zu einem Seitenhieb auf das amerikanische Publikum:

[…], but more and more we feel that the idea of a true musical life, of the highest conception of music realized, not only in itself intrinsically as composition, but also in its audiences, can never be gathered from anything that America yet affords. We must look for that to Germany. We have had prodigies and virtuosos, without number: but the real, deepest artists stay at home. […] How unlike the rude unmusical behavior of our audiences, who yawn and talk during the best passages, and spoil every delicate effect by the interruption of their gross and untimely applause![30]

Exemplifiziert wurde der Hinweis darauf, dass die bedeutenden Musiker und Komponisten Deutschlands die Vereinigten Staaten nicht erreichten, sondern es vorzogen, in der Heimat zu bleiben (»where they can find ›fit audience‹ at least«), an Mendelssohn und Spohr.[31] Die Oratorien beider wurden jedoch, wie diejenigen Haydns, Neukomms, Beethovens, Bruchs und Schumanns, breit rezipiert.[32] Sogar eine Feierlichkeit wie die 1893 in Chicago

---

28 Alan Howard Levy, Musical Nationalism. American Composers' Search for Identity, Westport (Conn.) 1983, S. 4.

29 Vgl. die einschlägigen Artikel in The New Grove Dictionary of Music and Musicians, Bd. 5, New York ²2001, S. 419–422 (zu Chadwick); ebd., Bd. 18, S. 902–904 (zu Paine); ebd., Bd. 19, S. 134–138 (zu Parker).

30 Music in Germany, in: The Harbinger, devoted to social and political progress 4 (1847), S. 138–140, hier S. 138. Zu »The Harbinger« vgl. Sterling F. Delano, Brook Farm. The Dark Side of Utopia, Cambridge (Mass.) 2004, S. 217–241.

31 Ersterer wurde als »one of the great universal geniuses of our time« verehrt. »Mendelssohn«, in: American Whig Review 8 (1848), S. 305. »Mendelssohn unites in himself almost all the elements which are to be admired in other composers.« Music, in: Atlantic Monthly 34 (1874), S. 247. Vgl. ebenso die Ausführungen in Mendelssohn and his Music, in: Putnam's Monthly, Magazine of American Literature, Science and Art 10 (1857), S. 185–192, bes. S. 191.

32 Vgl. Smither, Bd. 4, S. 399 f.

veranstaltete World's Columbian Exposition, die – folgt man der offiziellen Anzeige – unter anderem der zentralen Idee verpflichtet war, der Welt den musikalischen Fortschritt des Landes zu präsentieren,[33] war dominiert von deutschen Künstlern und »importierter« Musik.[34]

4. Die Suche nach einer »musikalischen Identität«: Stimmen zur Emanzipation der US-amerikanischen Musik

Die bisweilen als bedrückend und innovationshemmend empfundene Übermachtstellung der europäischen Musikkultur provozierte im 19. Jahrhunderts eine Reihe von Zeitungsrezensenten, programmatische Plädoyers für die Förderung einer nationalen US-amerikanischen Musik zu formulieren.[35] Appelle dieser Art zogen allerdings ein Problem nach sich, welches mehrfach durch den Hinweis auf konkrete Maßnahmen, wie die Ermöglichung von Darbietungen, die Gründung einer nationalen Komponisten- und Musikerschule sowie die Bildung des Publikums, zwar indirekt thematisiert schien, aber dennoch nicht grundlegend – keineswegs nachhaltig – geklärt wurde, nämlich die Frage, wie das »Amerikanische« in der Musik zu definieren sei. Vielmehr herrschte eine gewisse Pluralität an Antworten vor, die von der jeweiligen Generation abhingen.[36]

Wie Benedict Anderson deutlich gemacht hat, fehlte in den Vereinigten Staaten eine eigene Sprache, die als Distinktionsmerkmal hätte wirken können.[37] Insbesondere dieser Aspekt ist aber für die Abgrenzung vokal-

---

33 Theodore Thomas, Music at the World's Fair, in: Music. A Monthly Magazine, Devoted to the Art, Science, Technic and Literature of Music 2 (1892), S. 323.

34 Vgl. Kiri Miller, Americanism Musically: Nation, Evolution, and Public Education at the Columbian Exposition, in: 19th-Century Music 27 (2003), S. 137–155, bes. S. 144f.

35 Vgl. exemplarisch: »But the truth remains that we are dependent on Europe for the supply of the higher vocal and instrumental music which is demanded by our public, and even for light entertainment the bands play chiefly the waltzes of foreign composers.« Vor dem Hintergrund dieser als überlegen empfundenen europäischen Musik wurde der Cincinnati Musical Prize verliehen, der der Förderung einer eigenen Musik dienlich sein sollte. Vgl. New York Times vom 10.2.1879.

36 Vgl. Barbara A. Zuck, A History of Musical Americanism, Ann Arbor (Michigan) 1980, S. 12. Auch Carl Dahlhaus wies darauf hin, dass »das Nationale – in der Musik wie in anderen Bereichen – nicht als feste, immer gleiche Gegebenheit, sondern als geschichtlich veränderliches Moment begriffen werden« müsse. Carl Dahlhaus, Die Idee des Nationalismus in der Musik, in: ders., Zwischen Romantik und Moderne. Vier Studien zur Musikgeschichte des späteren 19. Jahrhunderts, München 1974, S. 75.

37 Vgl. Anderson, S. 55.

musikalischer Nationalausprägungen von grundlegender Bedeutung. Wenngleich sich beispielsweise das englische Oratorium auch in kompositorischer Hinsicht, unter anderem durch die Implementierung der anglikanischen Anthem-Tradition, vom deutschen unterscheidet, so ist dennoch allein die Textsprache ein fundamentales Merkmal. Eine sprachlich begründete Distinktion zu anderen Nationen greift in diesem Fall für das US-amerikanische Oratorium nicht.[38]

Zentral für die Emanzipation der US-amerikanischen Musik und den öffentlichen Diskurs nachhaltig prägend ist die »Declaration of Independence« William Henry Frys.[39] Der durch seine Tätigkeit als Korrespondent in Europa geprägte Fry versuchte in einer groß angelegten Vortragsreihe das Interesse der amerikanischen Öffentlichkeit für die Musik zu wecken.[40] Jene Serie von Vorlesungen war es, in der er in einem Parforceritt von den basalsten musiktheoretischen Zusammenhängen bis zur amerikanischen Musik vordrang und schließlich am elften Abend jenes Plädoyer formulierte, welches zum diskursiven Zündstoff wurde. Überliefert ist die »Declaration« in »Dwight's Journal of Music«, damit nur sekundär, nämlich innerhalb eines Berichts über die Vorlesung:

It is time we had a Declaration of Independence in Art, and laid a foundation of an American School in Painting, Sculpture, and Music. [...] Until this Declaration of Independence in Art shall be made – until American composers shall discard their foreign liveries and found an American School – and until the American public shall learn to support American artists, Art shall not become indigenous to this country, but will only exist as a feeble exotic, and we shall continue to be provincial in Art.[41]

Neben dem Werben um eine stärkere Akzeptanz der heimischen Musik ist in Frys Plädoyer die Forderung nach der Bildung einer regelrechten Kom-

---

38 Dies ist freilich nur ein einzelner Aspekt. Keineswegs soll damit einer »Einzigartigkeit eines angeblich ›reinen‹ und ›uneuropäischen‹ amerikanischen Nationalismus« das Wort geredet werden. Auf die diesbezügliche Problematik hat Andreas Etges hingewiesen: Andreas Etges, Wirtschaftsnationalismus. USA und Deutschland im Vergleich (1815–1914), Frankfurt a. M. 1998, S. 145. Bezogen auf das Oratorium bedarf es weitergehender vergleichender Studien.

39 Fry, der 1845 mit »Leonora« die erste Oper eines Amerikaners vorgelegt hat, war anschließend für den Zeitraum von drei Jahren als Korrespondent in Paris tätig, ehe er ab 1852 als Musikredakteur für den »New York Tribune« berichtete. Zu Fry vgl. William Treat Upton, William Henry Fry. American Journalist and Composer-Critic, New York 1954.

40 Zur Vortragsreihe Frys vgl. Vera Brodsky Lawrence, William Henry Fry's Messianic Yearnings: The Eleven Lectures, 1852–53, in: American Music 7 (1989), S. 382–411; überdies Zuck, S. 25 f.

41 Mr. Fry's ›American Ideas‹ about Music, in: Dwight's Journal of Music 2 (1853), S. 181.

ponistenschule zentral.[42] Vergleichbar der Konjunktur von Gründungen musikalischer Ausbildungsstätten in Europa sollte auch in den Vereinigten Staaten über eine institutionalisierte Schule ein musikalisch-kompositorisches Handwerk vermittelt werden.[43] Dies führte gleichzeitig dazu, dass allein über die Zugehörigkeit zu einer »American School« eine nationale Tradition etabliert würde. Dem entgegen, das heißt gegen eine handwerkliche Schulung in einem Konservatorium, stand ein romantischer Geniekult, dem beispielsweise John Sullivan Dwight anzuhängen schien. Entsprechend formulierte dieser seine Sehnsucht nach einem wahren Genie auf musikalischem Gebiet, das über den nationalen Rahmen hinaus strahlt:

We too want, hope for and believe in, not an ›American system‹ in music, but an American new era of musical Art; a new manifestation of musical genius, which would be distinguished not by narrow nationality but by the universality, the generous humanity, the broad and glorious inspiration that shall make it the language of a brighter period of a whole human family redeemed and reconciled.[44]

Mit dem Wort gegen ein sogenanntes »American system«, das beispielsweise wirtschaftspolitisch auf die »Schaffung einer starken, geeinten und unabhängigen Nation« abzielte,[45] unterstreicht Dwight seine übernationale Perspektive.

Innerhalb der nachfolgenden Debatte um einen amerikanischen Nationalismus in der Kunst, zu deren Protagonisten neben Fry vor allem der musikpublizistisch äußerst einflussreiche Dwight gehörte,[46] markierten die Extreme auf der einen Seite das Streben nach einer distinkten eigenen US-amerikanischen Kunst und auf der anderen Seite die Sorge vor einem aus der Enge nationalen Denkens rührenden Provinzialismus. Für den Gesamtdiskurs des 19. Jahrhunderts in den Vereinigten Staaten kann diese Debatte als geradezu paradigmatisch gelten.[47]

---

42 Auch Leopold Damrosch sah noch rund 30 Jahre später die Notwendigkeit einer besseren Ausbildung der amerikanischen Komponisten. Es fehle nicht an Talenten, sondern an einer systematischen und fundierten Schulung, vgl. New York Times vom 19.3.1884.
43 Für Europa sei exemplarisch auf das international bedeutende Leipziger Konservatorium hingewiesen. Vgl. dazu Yvonne Wasserloos, Das Leipziger Konservatorium der Musik im 19. Jahrhundert. Anziehungs- und Ausstrahlungskraft eines musikpädagogischen Modells auf das internationale Musikleben, Hildesheim u. a. 2004.
44 Dwight's Journal of Music 3 (1853), S. 167, zit. nach: Christopher Hatch, Music for America: A Critical Controversy of the 1850s, in: American Quarterly 14 (1962), S. 578–586, hier S. 582.
45 Etges, S. 161.
46 Vgl. Edward Downes, The Taste Makers: Critics and Criticism, in: Paul Henry Lang (Hg.), One hundred years of Music in America, New York 1985, S. 230–244, hier S. 234.
47 Vgl. dazu den einschlägigen Artikel von Betty E. Chmaj, Fry versus Dwight: American Music's Debate over Nationality, in: American Music 3/1 (1985), S. 63–84; vgl. ebenso

Ein eindrucksvolles Zeugnis von den Emanzipationsbestrebungen gegenüber Europa legt der Rezensent der »New York Sun« mit seinem Bericht
über das 1869 in Boston abgehaltene Musikfest zur Feier des nach dem Bürgerkrieg wiedererlangen Friedens, des Peace Jubilee, ab.[48] Das in seinen Dimensionen gigantische Fest, das in der amerikanischen Presse äußerst kon-
trovers beurteilt wurde,[49] galt dem New Yorker Redakteur als Beweis dafür,
dass auch in den Vereinigten Staaten (und dort nicht allein von den Einwanderern initiiert) ein bedeutendes Musikfest – gleichsam das größte Musikfest
überhaupt – veranstaltet werden konnte:

England has looked down on us. Germany has supposed that no festival could be
given here except by her Sängerbunds. Italy and France have recognized for us no
higher possibilities than the production of their operas. At one step, without any pre-
liminaries, without more special preparation than could be crowded into a few weeks,
we have lifted ourselves, so far as great musical art gatherings are concerned, to an ar-
tistic level with these nations. Hereafter, when the noted musical festivals of the world
are enumerated, not only will it not be possible to ignore America, but she must head
the list. The journals of Europe, heretofore silent on all questions concerning our musical art, are now called upon to tell their surprised readers that the largest gathering
of singers and players ever brought together has just been held in the United States.[50]

In der Tat hat das Musikfest auch in Deutschland Resonanz gefunden:
Der Rezensent der Leipziger »Allgemeinen musikalischen Zeitung« berichtete einerseits mit einer gewissen Faszination von den Dimensionen sowie dem »Enthusiasmus besonders bei dem patriotischen Theile«,[51] und sah
darin »aufs Neue die amerikanische Energie, Liberalität und den Unter-
nehmungsgeist« gezeigt, stellte aber andererseits klar: »vom rein musikalischen Standpunkte aus möge es nie in Europa Nachahmung finden«. Zudem sei »die wahre musikalische Cultur [...] auch für jenes Land nicht auf
diesem, sondern auf einem ganz anderen Wege zu erlangen, [nämlich] durch

den älteren Beitrag von Hatch. Die Differenzen zwischen beiden Musikpublizisten ver-
blieben dabei nicht allein bei der Frage, ob eine Musik national sein müsse oder nicht,
vielmehr geht Dwights Forderung nach Universalität mit einem Plädoyer für absolute
Musik einher, das wiederum Frys Opernpräferenz entgegenstand.

48 Vgl. dazu Patrick Sarsfield Gilmore, History of National Peace Jubilee and Great Musi-
cal Festival, Held in the City of Boston, June, 1869, to Commemorate the Restoration of
Peace Throughout the Land, Boston 1871. Zu diesem und weiteren Friedensfeiern vgl.
Steven H. Cornelius, Music of the Civil War Era, Westport (Conn.) 2004, S. 226f.

49 Zu einigen Pressestimmen vgl. Dwight's Journal of Music 29 (1869), S. 57ff.

50 New York Sun vom 23.6.1863, S. 2.

51 Allgemeine musikalische Zeitung 4 (1869), S. 278. Der Artikel rekurriert in Teilen auf
einen Bericht der Hamburger Nachrichten. Vgl. dazu ebenso Allgemeine musikalische
Zeitung 4 (1869), S. 207.

vollendete musikalische Ausbildung der Solokräfte und kleinerer Sing- und Instrumentalvereine«.[52] Die Besprechung dieses Musikfestes, dessen nationale Bedeutung nicht zuletzt durch die Anwesenheit des Präsidenten, Ulysses S. Grant, und weiterer Staats- und Militärvertreter gegeben war, stellt ein Beispiel für die Rückwirkung von transferiertem Kulturgut dar.

Dwight hob am Ende seines Berichtes über das Peace Jubilee vor allem auf die gesellschaftliche Bedeutung von Musik ab, die sich an diesem Fest in besonderer Weise gezeigt habe: Sei zum einen eine Reihe von Chorvereinen gegründet worden, deren erste verbindende Tätigkeit die praktische Auseinandersetzung mit »*good* music«,[53] nämlich den importierten Werken Händels, Haydns, Mozarts und Mendelssohns war, die also gleichsam unweigerlich zu einer gewissen »Bildung« der Ausübenden führen würde. So habe sich zum anderen durch das kollektive Erleben des Festes ein gewisses Gefühl für »Country« und »Brotherhood« eingestellt. Resümierend betonte Dwight: »Public opinion, henceforth, will count [music] among the essentials of that ›liberal education,‹ which is the birthright of a free American, and no longer as a superfluous refinement of an over-delicate and fashionable few.«[54]

Gegen Ende des 19. Jahrhunderts, als mit dem Böhmen Antonín Dvořák ein Komponist die Vereinigten Staaten erreichte, dessen 9. Symphonie als »Meilenstein in der Geschichte der Entwicklung einer amerikanischen Nationalmusik«[55] gefeiert wurde, schien eine Reihe von Problemen, folgt man dem Empfinden des Komponisten und seinem (1894 publizierten) Artikel in »Harper's New Monthly Magazine«, nicht nachhaltig gelöst: Dvořák beklagt in seinem Beitrag über »Music in America« ein fehlendes Engagement auf dem Feld der Musik. Es mangele an einer ausreichenden Förderung talentierter Nachwuchsmusiker und Komponisten. Vielfach sei ein künstlerischer Karriereweg von der Notwendigkeit eines anders gearteten Broterwerbs versperrt. Ferner seien die Möglichkeiten der Publikation stark eingeschränkt.[56]

---

52 Ebd., S. 279.
53 Dieses und die nachfolgenden Zitate entstammen: John Sullivan Dwight, The Peace Jubilee Summed Up, in: Dwight's Journal of Music 29 (1869), S. 60–64, hier S. 63 f.
54 Ebd., S. 64.
55 Danuser, S. 53.
56 Vgl. Antonín Dvořák, Music in America, in: Harper's New Monthly Magazine 90 (1894), S. 429–434.

5. Einige Beobachtungen zum US-amerikanischen Oratorium

Die Anfänge der Oratorienpflege in den USA können auf das Jahr 1788 datiert werden, als mit Samuel Felsteds »Jonah« das erste vollständige oratorische Werk in New York aufgeführt wurde. Zuvor sind lediglich partielle Darbietungen in New York, Boston und Philadelphia seit etwa den 1770er Jahren zu verzeichnen.[57] Die anfänglich punktuell stattfindenden Konzerte wurden verstetigt durch die Gründung von Chorvereinigungen wie der Handel and Haydn Society (1815), der New York Sacred Music Society (1823) und der New York Choral Society (ebenfalls 1823).[58] Die Bedeutung (insbesondere der deutschen) Einwanderer für die Etablierung musikalisch-praktizierender Gemeinschaften und das Entstehen einer musikalischen Festkultur ist eingangs bereits erwähnt worden.[59] Diese Tendenz der Übernahme von importierten kulturellen Praktiken setzte sich ebenso auf dem Gebiet der Komponistenausbildung fort. Die namhaftesten Exponenten oratorischer Komposition in den Vereinigten Staaten, wie beispielsweise Paine und Paker, sind somit »Mittler im Transferprozess«, indem sie das transatlantisch gewonnene Wissen in ihre Heimat mitbrachten.[60]

Zur Illustration einzelner Positionen im Diskurs um die Bedeutung, die dem Oratorium in den Vereinigten Staaten zugemessen wurde, sei zunächst ein Artikel zitiert, der anlässlich der Publikation der ersten Notenausgaben von John Knowles Paines »St. Peter« und Dudley Bucks »Forty-sixth Psalm« unter dem Titel »American Oratorios« erschienen ist:

The oratorio, or sacred cantata, is for the present the only available sphere for the development of the American composer, for the public is not yet far enough advanced to understand music not explained by words; and, at the same time, the composers themselves have not had the elementary training, especially the unconscious absorption of a musical spirit from a surrounding musical atmosphere, in childhood, which would fit them to give their germinal ideas an easy development in the form of the symphony.[61]

---

57 Vgl. Smither, Bd. 4, S. 383.
58 Zu den bedeutendsten Chorvereinigungen für die Oratorienpflege vgl. Choral Societies in Selected Cities, in: ebd., Bd. 4, S. 390–414.
59 Vgl. dazu auch ebd., S. 389. Zu den amerikanischen Musikfesten vgl. William Arms Fisher, Music Festivals in the United States. An Historical Sketch, Boston 1934.
60 Auf diesen Umstand hat bereits Arnold Schering hingewiesen, vgl. Arnold Schering, Geschichte des Oratoriums, Leipzig 1911, S. 597.
61 American Oratorios, in: The Nation vom 13.2.1873, S. 116.

Spiegelt sich einerseits in dem Artikel eine gewisse Bedeutung, die der Rezensent dem Oratorium als Gattung für die kompositorische Tätigkeit seiner Zeitgenossen zugemessen hat, wider, so wird dies sogleich relativiert beziehungsweise geradezu ins Negative gewendet durch den Hinweis, dass die
Verfertigung von oratorischen Werken lediglich dem noch nicht geschulten
Publikum entgegenkomme, sodann auch dem kompositorischen Niveau der
Künstler eher entspräche als eine – höherrangig zu verortende – Gattung der
absoluten Musik, wie der Symphonie.

Die Vorstellung, musikalische Gattungen könnten nach einer Wertigkeit
differenziert werden, äußert sich in einer beißenden Kritik, die zudem eine
frappierende Nähe zu Diskursen erkennen lässt, die in der deutschsprachigen Musikkritik verhandelt wurden. Vergleichbar den Debatten in der deutschen Presse um die Beurteilung des Innovationspotentials der Gattung Oratorium, adaptierte der Autor einer 1885 publizierten Aufführungskritik von
»The Rose of Sharon« des Schotten Alexander C. Mackenzie dies für den
amerikanischen Raum:

Hence in America the oratorio is the most unpopular form of music – so unpopular, indeed, that sometimes it is deemed advisable to suppress the word oratorio in
advertising the performance of a choral work. And in this aversion to oratorio the
American people are guided by a correct instinct, for it is at best an illogical, unaes-
thetic, hybrid form of art. There is some sort of a plot, a scenic background is imagined, the singers impersonate distinct characters; but there is no scenery, no action,
no costumes – nothing but evening dress and gloves. The oratorio might be defined
as a major and minor premise, of which the logical conclusion is the music drama.[62]

Die Besprechung illustriert, wie aus einer Begeisterung für das Musikdrama
eine Abwertung des Oratoriums resultiert – vergleichbar mit Richard Wagners einige Dezennien zuvor formulierter polemischer Kritik. Selbst die Dik-
tion, das heißt das Sprechen vom Oratorium als einer Voraussetzung beziehungsweise Vorstufe des Musikdramas, erinnert sogleich an Wagners
abfällige Polemik.

Wie Howard E. Smither herausgearbeitet hat, waren die US-amerikanischen Choral societies deutlich passiver in der Anregung zur Komposition
und der Aufführung von neuen Oratorien ihrer Landsleute als die euro-

---

62 The Rose of Sharon, in: The Nation vom 23.4.1885, S. 349. George P. Upton beklagt 1898,
    dass Oratorienaufführungen zu sehr nach rein wirtschaftlichen Gesichtspunkten beur-
    teilt würden und die musikalische Qualität unzureichend sei. Vgl. George P. Upton, Re-
    cent development of musical culture in Chicago, in: Harper's New Monthly Magazine 96
    (1898), S. 473–478.

päischen.[63] Mit rund fünfzig Kompositionen im 19. Jahrhundert nimmt sich das Oratorienschaffen in den Vereinigten Staaten neben der Produktion im deutschsprachigen Raum vergleichsweise schmal aus.[64] Ähnlich wie in der europäischen Gattungstradition dominierten auch in Amerika biblische Stoffe, obschon sich eine Differenz darin äußert, dass die Sujets der amerikanischen Oratorien zu etwa gleichen Teilen aus dem Alten und dem Neuen Testament entnommen wurden, wohingegen in Deutschland neutestamentliche Stoffe bevorzugt Verwendung fanden.[65]

Wie eingangs dargestellt, dienten in Deutschland historische Sujets der Förderung einer nationalen, »kollektiven Identität«. Für das amerikanische Oratorium können unter den »weltlichen Oratorien« allerdings weniger Beispiele mit national-historischen Sujets ausgemacht werden: Exemplarisch verwiesen sei auf Charles Hess' »The pilgrims of 1620« und Anthony Philip Heinrichs »The Jubilee: A Grand National Song of Triumph«.

Der gebürtige Böhme Anthony Philip Heinrich, der zunächst mit »The Dawning of Music in Kentucky« (1820) eine patriotisch motivierte Stücksammlung vorgelegt hat, komponierte 1841 sein »great national American historical work«,[66] das Oratorium »The Jubilee«. Heinrichs berühmtes Nationalwerk erzählt (aus einer dezidiert neuenglischen Sicht)[67] die »Ursprungsgeschichte« der Amerikaner von der Landung der Mayflower über den Unabhängigkeitskrieg bis zum Jubel über die Gründung der Vereinigten Staaten von Amerika. Das Oratorium verarbeitet damit geradezu beispielhaft *den* für die »kollektive Identität« der Anglo-Amerikaner zentralen Stoff. »The Jubilee« sollte später, ebenso wie sein historisches Oratorium »The Adieu of the Pilgrims«, in ein noch größeres national-patriotisches Werk eingehen (»The Wild Wood Spirits' Chant or The Pilgrims to the New World«), welches Heinrich jedoch nie fertiggestellt hat.[68]

Darüber hinaus ist Heinrich in weiterer Hinsicht von Interesse: An prominenter Stelle, nämlich im Vorwort zu »The Dawning«, formulierte er den Wunsch, dass er, der mit der Herausgabe der Sammlung auf die Kritik an

63 Vgl. Smither, Bd. 4, S. 390.
64 Vgl. Thurston J. Dox, American Oratorios and Cantatas: A Catalog of Works Written in the United States from Colonial Times to 1985, Metuchen (New Jersey) 1986.
65 Vgl. Smither, Bd. 4, S. 90 u. 446.
66 William Treat Upton, Anthony Philip Heinrich. A Nineteenth-Century Composer in America, New York 1967, S. 160.
67 Zur besonderen Bedeutung Neuenglands für den frühen amerikanischen Nationalismus vgl. Wilbur Zelinsky, Nation into State. The Shifting Symbolic Foundations of American Nationalism, Chapel Hill 1988, S. 231.
68 Vgl. Loren Harold Filbeck, The Choral Works of Anthony Philip Heinrich, Ann Arbor (Michigan) 1975, S. 114–122.

der amerikanischen Musik reagiere, als amerikanischer Musiker bezeichnet werden möge.[69] Als Einwanderer ist für Heinrich damit die Fremdzuschreibung von Bedeutung, um als Vertreter der nationalen Musik wahrgenommen zu werden. Insgesamt ist festzuhalten, dass Heinrichs Bemühungen mit den zögerlichen Anfängen des musikalischen Nationalismus in den USA zusammenfallen.[70]

Neben dem Aspekt der Stoffwahl soll an einem zweiten Beispiel gezeigt werden, wie in der Rezeption die Begründung einer nationalen Gattungstradition an Bedeutung gewinnt: Obschon bereits die beiden 1828 und 1829 komponierten Werke Filippo Trajettas, »Jerusalem in Affliction« und »Daughters of Zion«, als die ersten in Amerika komponierten Oratorien und John Hill Hewitts 1845 fertig gestelltes Stück »Jephtha's Rash Vow« als erstes Oratorium eines in Amerika geborenen Komponisten gelten können,[71] wurde 1873 »the first appearance of an American oratorio«[72] oder »the first performance of an Oratorio composed by an American«[73] gefeiert. Zwischen diesen Ereignissen liegt freilich der für die »Erneuerung der nationalen Identität« fundamentale Bürgerkrieg.[74] Waren in den Jahren zwischen der Revolution und dem Bürgerkrieg zunehmend regionale Identitäten von Bedeutung, so trat mit dem Sezessionskrieg und dem Sieg der Union die nationale Identität in den Vordergrund.[75] Anlass zur Feier des ersten amerikanischen Oratoriums gab die erste vollständige Aufführung von John Knowles Paines »St. Peter«:

For music-lovers in America the great event of the season has been the performance of Mr. Paine's oratorio, St. Peter, at Portland, June 3. This event is important, not only as the first appearance of an American oratorio, but also as the first direct proof we have had of the existence of creative musical genius in this country.[76]

---

69 Anthony Philip Heinrich, Preface, in: ders., The Dawning of Music in Kentucky, New York 1972.

70 Vgl. Betty E. Chmaj, ›Father Heinrich‹ as Kindred Spirit: or, How the Log-House Composer of Kentucky Became the Beethoven of America, in: American Studies 24 (1983), S. 35–57, hier S. 43.

71 Zudem ist mit George Frederick Bristows Daniel-Oratorium zuvor bereits ein bedeutendes amerikanisches Oratorium entstanden.

72 Music, in: Atlantic Monthly 32 (1873), S. 248.

73 An American Oratorio, in: New York Times vom 7.6.1873, S. 3. In gleicher Weise urteilt auch die Chicagoer Presse: Vgl. Chicago Daily Tribune vom 12.5.1874.

74 Dazu Erich Angermann, Abraham Lincoln und die Erneuerung der nationalen Identität der Vereinigten Staaten von Amerika, München 1984.

75 Vgl. Samuel P. Huntington, Who are we? Die Krise der amerikanischen Identität, Hamburg 2004, S. 142, sowie das Kapitel »Nationale Identität versus andere Identitäten«, in: ebd., S. 148–155.

76 Music, in: Atlantic Monthly 32 (1873), S. 248.

Vor dem Hintergrund der geschilderten Debatten um eine amerikanische
Musik zeichnete sich im Verständnis der Zeitgenossen Paine als das lang er-
sehnte musikalische Genie aus:

And, with the exception of Mr. Paine, we know of no American hitherto who has
shown either the genius or the culture requisite for writing music in the grand style,
although there is some of the Kapellmeister music, written by our leading organists
and choristers, which deserves very honorable mention.[77]

Der enge Freund Paines und Autor des zitierten Artikels, John Fiske, stilisierte
auf diese Weise den Bostoner »Lokalhelden« zum nationalen Vorzeigekom-
ponisten.[78] Als Reaktion auf die bereits zitierte Besprechung William Smythe
Babcock Mathews[79] setzte sich wiederum William Foster Apthorp, ein Schüler
Paines in Harvard, mit der ihm unzutreffend erscheinenden Kritik auseinander.[80] Derart erwuchs bereits vor der Aufführung in Portland eine hochbrisante
Kontroverse, die gleichzeitig den nationalen Rang Paines deutlich macht.[81]

Die eindeutig tendenziöse Aufführungskritik Fiskes' ist vor dem Hintergrund der Frage nach einer Emanzipation der US-amerikanischen Musik
weiterhin aufschlussreich, weil darin der Aspekt des Messens mit den etablierten Autoritäten Mendelssohn und Händel thematisiert wird:

Concerning the rank likely to be assigned by posterity to St. Peter it would be foolish
now to speculate; and it would be unwise to bring it into direct comparison with mas-
terpieces like the Messiah, Elijah, and St. Paul, the greatness of which has been so long
acknowledged. Longer familiarity with the work is needed before such comparisons,
always of somewhat doubtful value, can be profitably undertaken. But it must at least
be said, as the net result of our impressions derived from the performance at Portland,
that Mr. Paine's oratorio has fairly earned for itself the right to be judged by the same
high standard which we apply to these noble works of Mendelssohn and Handel.[82]

Es scheint, als markierte das als »milestone in American music«[83] – zumindest in bestimmten Kreisen der amerikanischen Musikpresse – bezeichnete

---

77 Ebd.
78 »Fiske, […], who was a far closer personal friend of Paine, continued to champion his
    compositions. The earlier St. Peter review that he wrote following the Portland perfor-
    mance was the first of many such occasions.« Vgl. John C. Schmidt, The Life and Works
    of John Knowles Paine, Ann Arbor (Michigan) 1980, S. 111.
79 William S. B. Mathews, American Oratorios, in: The Nation. A Weekly Journal Devoted
    to Politics, Literature, Science, Drama, Music, Art, Industry vom 13.2.1873, S. 116 f.
80 Vgl. Atlantic Monthly 31 (1873), S. 506 f.
81 Vgl. Schmidt, S. 102 f.
82 Music, in: Atlantic Monthly 32 (1873), S. 248.
83 Schmidt, S. 102.

Werk einen wichtigen Schritt bei der Etablierung des US-amerikanischen Oratoriums in der Zeit nach dem Bürgerkrieg.

6. Resümee

Vor dem Hintergrund dieses (freilich knappen und notwendigerweise kursorischen) Vergleichs der nationalen Traditionen der religiös fundierten Musikgattung sollen abschließend einige Aspekte resümiert und ein vorsichtiger Versuch der Erklärung unternommen werden: Das US-amerikanische Oratorium im 19. Jahrhundert stand auf dreierlei Art und Weise mit nationalem Denken in Beziehung: (1) in der Stoffwahl, (2) der Etablierung einer nationalen Gattungstradition und (3) der Nationalität des Komponisten.

In Bezug auf die zugrundeliegenden Sujets fällt sogleich ins Auge, dass in der amerikanischen Gattungsgeschichte Vertonungen gänzlich fehlen, die das Leben beziehungsweise Wirken einzelner, für die nationale Geschichte bedeutender – oder zumindest als bedeutend verstandener – Personen in das Zentrum rücken. Obwohl mit Charles Hess' »The pilgrims of 1620« und Anthony Philipp Heinrichs »The Jubilee« zwei Oratorien mit national-historischen Sujets vorliegen, hat sich diesbezüglich keine dem deutschen Oratorium vergleichbare Tradition ausgebildet. Noch dazu ist auffällig, dass mit Heinrich ein eingewanderter Komponist, und gerade nicht ein gebürtiger Amerikaner, ein national-patriotisches Sujet vertont hat.[84] Möglicherweise ist der Befund geringerer Relevanz historischer Stoffe mit dem unterschiedlichen Nationsbildungsprozess und dem republikanischen System der Vereinigten Staaten zu erklären: Die »republikanische Zustimmungsgemeinschaft« durfte als etwas Neues, Zukunftsweisendes gelten.[85] Dementsprechend war, wie Marcus Gräser deutlich gemacht hat, »der Verzicht auf eine Identitätssetzung durch den beständigen Rekurs auf eine ›große‹ Vergangenheit [...] passgenau für eine Nation, die eher einen Raum zu füllen als ein ›Volk‹ zu essenzialisieren hatte«.[86] Als die Bürger Neuenglands ihre Unabhängigkeit erklärten, »ließen sie ihre Vergangenheit und Herkunft als britische Kolonisten hinter sich, vereinten und formierten sich im Namen universaler, von ethnischer Herkunft, Religion und Kultur unabhängiger Ziele

---

84 Über Charles Hess fehlen bislang leider jegliche Informationen.
85 Marcus Gräser, Der Bürgerkrieg und das amerikanische 19. Jahrhundert, in: Margarete Grandner / ders. (Hg.), Nordamerika, Wien 2009, S. 52–73, hier S. 56.
86 Ebd., S. 55.

und Prinzipien, durch die sie sich fortan als Amerikaner definierten«.[87] Den
USA fehlten, wie Hans Vorländer es ausgedrückt hat, »jene Elemente eines
operativen Nationalismus« wie u. a. ein eindeutig umgrenztes Staatsgebiet,
aber auch ein Repertoire gemeinsamer Mythen, Traditionen und Symbole,
»die allgemein für nationales Selbstverständnis und Selbstwertgefühl als
Voraussetzungen angesehen werden«.[88] Die Zukunftsorientierung war somit das verbindende Element, nicht so sehr eine kollektive Erinnerung. Dementsprechend verwies Hermann Danuser darauf, dass vielmehr die »Ideale,
welche bei der Emanzipation Amerikas von Europa leitend waren,« konstitutiv für die amerikanische Musik gewesen seien.[89]

Führt man sich überdies vor Augen, dass nationales Denken in Deutschland vielfach im Zusammenhang mit kriegerischen Auseinandersetzungen
Konjunktur hatte,[90] und dass die amerikanische Nation sich nach 1815 keiner Bedrohung von außen ausgesetzt sah, so ist der damit verbundene Be-
deutungsschwund der nationalen Identität sowie die Fragmentierung in sub-
nationale Identitäten[91] ein weiterer möglicher Erklärungsgrund, zumindest
für die Zeit bis zum amerikanischen Bürgerkrieg. Anders als auf dem europäischen Kontinent war für den Nationsbildungsprozess nicht ein politischer Führer entscheidend, vielmehr »erzeugten gemeinsame Erfahrungen
und die Führung durch weit verstreute Eliten ein gemeinsames Bewußtsein
bei den Menschen.«[92] Vor diesem Hintergrund ist es weniger verwunderlich,
dass politische »Führergestalten«, wie sie beispielsweise für Deutschland in
den Oratorien Max Bruchs erscheinen,[93] als Figuren innerhalb eines musikalischen Nationalwerkes – zumindest eines nationalen Oratoriums – uninte-
ressant vorkommen. Es wäre überdies zu prüfen, inwiefern der evangelikale
Protestantismus, der in der amerikanischen Gesellschaft des 19. Jahrhunderts dominierte,[94] eine gewisse Säkularisierung der religiösen Gattung,
wie sie in den sogenannten »weltlichen« Oratorien geschieht, ablehnte, weshalb für die Vertonung national-historischer Sujets andere Gattungen bevor-

---

87 Ernst-Wolfgang Böckenförde, Staat, Nation, Europa. Studien zur Staatslehre, Verfas-
  sungstheorie und Rechtsphilosophie, Frankfurt a. M. 1999, S. 46.
88 Hans Vorländer, Hegemonialer Liberalismus. Politisches Denken und politische Kultur
  in den USA 1776–1920, Frankfurt a. M. 1997, S. 33.
89 Danuser, S. 51.
90 Vgl. exemplarisch zur entsprechenden Interpretation von Händels »Judas Maccabaeus« vgl. Höink, S. 106–108 (zur Interpretation nach den napoleonischen Kriegen) und
  S. 112–116 (zur Interpretation nach dem deutsch-französischen Krieg).
91 Vgl. Huntington, S. 35, sowie das Kapitel »Nationale Identität versus andere Identitäten«,
  in: ebd., S. 148–155.
92 Huntington, S. 146.
93 Vgl. Schwarzer, S. 271.
94 Zur Bedeutung des Protestantismus in Amerika vgl. Huntington, S. 85–93.

zugt wurden.[95] Angesichts der bisher lediglich rudimentären Forschungen zum US-amerikanischen Oratorium und vor dem Hintergrund der religiösen Fundierung des Nationalbewusstseins in den Vereinigten Staaten ist die genaue Funktion dieser genuin religiös-erbaulichen Musikgattung genauer zu beleuchten. So ist beispielsweise (in einem größeren Rahmen) der Frage nachzugehen, ob beziehungsweise inwiefern das Selbstverständnis der Amerikaner als »elected nation« von Bedeutung für die Rezeption biblischer Oratorien war.[96]

Nach dem Sezessionskrieg »bildete sich die Vorrangstellung der nationalen Identität voll heraus, und die hundert Jahre von 1870 bis 1970 waren für die Amerika die Ära des triumphierenden Nationalismus«.[97] Dies wiederum führte zwar – zumindest nach dem derzeitigen Kenntnisstand – nicht zu einer vermehrten Verarbeitung national-patriotischer Sujets in Oratorien, aber dennoch wurde gerade in jenen 1870er Jahren mit Paines »St. Peter« die Geburtsstunde des US-amerikanischen Oratoriums gefeiert. Insofern spielt nationales Denken jenseits der Sujetwahl aber für die Emanzipation auf kompositorischem Gebiet eine wesentliche Rolle.

Das Beispiel Heinrichs sowie die »Declaration« Frys und die sonstigen Bemühungen um eine Förderung der amerikanischen Musik zeigen die fundamentale Bedeutung der Nationalität des Komponisten für die Generierung einer US-amerikanischen Musik. Es waren gerade keine musikalischen Idiome oder ein spezifischer Stil, die nationale Kompositionen charakterisierten.[98] Auf diese Weise spiegeln sich in der amerikanischen Musik die Veränderungen, die sich in der Vorstellung von »Nationalstilen« vom 18. zum 19. Jahrhundert ergeben haben: War im 18. Jahrhundert ein bestimmter nationaler Stil eine »Schreibweise«, so erwuchs im 19. Jahrhundert die Vorstellung, »daß ›originelle Nationalität‹ in der Musik ›von innen heraus‹ wirksam sei«.[99] In anderer Weise war dann wiederum bei Komponisten, die nicht gebürtige Amerikaner waren, die Zuschreibung zur amerikanischen Musik

---

95 Chadwick, der ebenfalls ein Werk mit dem Titel »The Pilgrims« vorgelegt hat, bezeichnete dies beispielsweise nicht als Oratorium. Vielmehr wird – wie häufiger anzutreffen – lediglich von einem weltlichen Chorwerk gesprochen. Vgl. Bill F. Faucett, George Whitefield Chadwick. A Bio-Bibliography, Westport (Conn.) 1998, S. 143.

96 Die Identifikation mit dem biblischen Volk Israel ist beispielsweise in Europa ein wichtiges Vehikel bei der allegorischen Umdeutung des biblischen Geschehens in Oratorienvertonungen auf die jeweilige historische Gegenwart. Exemplarisch sei auf Händels »Judas Maccabaeus« verwiesen. Verschiedene Aspekte dieser Verbindung sind beleuchtet in Höink / Heidrich.

97 Huntington, S. 142.

98 Vgl. u. a. Richard Crawford, America's Musical Life. A History, New York 2005.

99 Dahlhaus, S. 83.

über das musikalische Material (beispielsweise die Sammlung genuin amerikanischer Musik in Heinrichs »Dawning«) oder die kompositorische Implementierung volkstümlich erscheinender Musik beziehungsweise ihrer kompositorischen Elemente (wie in Dvořáks 9. Symphonie) von Bedeutung.

Die Konstruktion einer nationalen Musiktradition aus den Werken indigener Komponisten machte die Frage virulent, inwiefern das kompositorische Niveau mit demjenigen der bisher importierten Werke konkurrieren kann. Da allerdings vor allem die europäischen Autoritäten auf dem Gebiet der Oratorienkomposition, nämlich Händel, Haydn und Mendelssohn, aufgeführt wurden, wurde der kompositorische Maßstab durch diese Werke bestimmt. Dies mag, neben dem Erläuterten aus musikalischer Perspektive begründen, warum gerade Paines »St. Peter« den Zeitgenossen als das erste amerikanische Oratorium galt: »[…] St. Peter is the earliest American oratorio that is fully comparable to the oratorios then being composed in England and to most of those composed in Germany.«[100]

---

100 Smither, Bd. 4, S. 492.

Autoren und Herausgeber

Stefan Ehrenpreis, PD Dr. phil., ist Lehrstuhlvertreter für die Geschichte der Neuzeit an der Universität Innsbruck. Seine Forschungsschwerpunkte sind u. a. die Verfassungs- und Sozialgeschichte des Alten Reiches, die Geschichte der Konfessionalisierung in Europa und die frühneuzeitliche Bildungsgeschichte.

Ekaterina Emeliantseva, Dr. phil., ist Lecturer für Geschichte der Neuzeit an der School of History, Welsh History and Archaeology der Bangor University (Wales). Zu ihren Veröffentlichungen zählen Aufsätze über polnische und russische Religionsgeschichte, ein gemeinsam mit Arié Malz und Daniel Urpsrung verfasster Einführungsband in die Osteuropäische Geschichte und zahlreiche Aufsätze über jüdisch-christliche Beziehungsgeschichte in Osteuropa.

Iris Fleßenkämper, Dr. phil., ist wissenschaftliche Geschäftsführerin des Münsteraner Exzellenzclusters »Religion und Politik«. In ihren Veröffentlichungen befasst sie sich mit Aspekten der britischen Kultur- und Sozialgeschichte des 18. Jahrhunderts sowie der Religions- und Rechtspolitik protestantischer deutscher Städte im konfessionellen Zeitalter.

Dominic Green, Dr. phil., ist Dozent der Geschichtswissenschaften und vormaliger Research Fellow an der Brandeis University. Unter seinen Publikationen finden sich Arbeiten über den Islam im Nahen Osten unter kolonialer Herrschaft und biographische Studien über Agenten des Kulturtransfers im 18. Jahrhundert.

Markus Hero, Dr. phil., ist Wissenschaftlicher Mitarbeiter am Lehrstuhl für Religionswissenschaft der Ruhr-Universität Bochum. Seine Forschungsschwerpunkte liegen im Bereich neuer religiöser Bewegungen sowie Fragen der Institutionalisierung und Pluralisierung des Religiösen.

Dominik Höink, Dr. phil., ist Projektleiter am Münsteraner Exzellenzcluster »Religion und Politik« mit dem Schwerpunkt Musikgeschichte der Spätneuzeit. Zu seinen Publikationen zählen Arbeiten über die politische Dimension musikalischer Werke im Barock und im 19./20. Jahrhundert sowie über die Kirchenmusik des 19. Jahrhunderts, insbesondere Anton Bruckners.

Felicity Jensz, Dr. phil., ist Postdoktorandin und Mentorin in der Graduiertenschule des Münsteraner Exzellenzclusters »Religion und Politik«. Ihre Forschungsschwerpunkte und Veröffentlichungen konzentrieren sich auf Missionsgeschichte, Missionszeitsschriften des 18. und 19. Jahrhunderts und Kolonialgeschichte des 19. Jahrhunderts.

Hartmut Kaelble, Prof. Dr. Dr. h.c., ist emeritierter Professor für Sozialgeschichte an der Humboldt-Universität zu Berlin. Sein umfangreiches und in zahlreiche Sprachen übersetztes Werk umfasst u.a. Arbeiten über die europäische Geschichte der Spätneuzeit, die deutsche Sozialgeschichte und die Methodik des historischen Vergleichs.

Ulrike Kirchberger, PD Dr. phil., ist Lehrbeauftragte an der Universität Bayreuth. Ihre Forschungsschwerpunkte liegen im Bereich der europäischen Kolonialgeschichte vom 18. bis 20. Jahrhundert.

Christian Müller, Master of Studies (Oxon.) M.A., ist Nachwuchsgruppenleiter am Münsteraner Exzellenzcluster »Religion und Politik«. Seine Forschungsschwerpunkte und Veröffentlichungen konzentrieren sich auf die vergleichende Verfassungs- und Parteiengeschichte Mittel- und Westeuropas, die transnationalen Verflechtungen von wissenschaftlichen Netzwerken und Kongressen und die Geschichte des Völkerrechts im langen 19. Jahrhundert.

Thies Schulze, Dr. phil., ist Projektleiter am Münsteraner Exzellenzcluster »Religion und Politik«. Seine Forschungsschwerpunkte liegen in den Bereichen der Geschichte Südeuropas im 19. und 20. Jahrhundert, der Diplomatie- und Kirchengeschichte sowie der Geschichte autoritärer Staaten vor 1945.

Jens Späth, Dr. phil., ist wissenschaftlicher Mitarbeiter für den Bereich der Geschichte des 19. und 20. Jahrhunderts am Deutschen Historischen Institut in Rom. Seine Forschungsinteressen gelten insbesondere der vergleichenden europäischen Verfassungsgeschichte mit Schwerpunkt auf Italien und Spanien, der südeuropäischen Geschichte im 19. Jahrhundert sowie der Geschichte des westeuropäischen Sozialismus im 20. Jahrhundert in vergleichender und transnationaler Perspektive.

Personenregister

Ortsregister